테마별 실무서 10

2025
세액공제·감면 바이블

한국세무사회

발간사

세무사는 공공성있는 세무전문가로 납세자권익 보호와 성실한 납세의무 이행에 이바지하는 사명이 있습니다. 이 때문에 세무사는 모름지기 높은 전문성과 책임성을 갖춰야 하고 이를 위한 연구와 교육은 아무리 강조해도 지나치지 않습니다.

한국세무사회는 그동안 많은 세법책과 실무서를 발간하면서 회원의 전문성과 책임성을 함양하기 위해 노력해왔습니다. 하지만 회원보다는 관성적인 출판에 그치고 저자 편의가 앞서 사업현장의 회원님을 만족시키는데 부족함이 참 많았습니다.

제33대 한국세무사회는 도서출판까지 혁신하여 사업현장의 회원들의 직무 요령, 리스크 관리 및 컨설팅기법 등을 망라해 회원들이 책상머리에 두고 무시로 회원을 돕는 '실사구시 지침서'를 어떻게 마련할지 고민해왔습니다.

그 결과 세목별 기본서, 신고실무도 회원친화적으로 형식과 콘텐츠도 바꾸고 회원님이 전문적인 핵심직무를 수행할 때 유용한 길잡이가 될 '테마별 실무서 시리즈'를 새롭게 내게 되었습니다.

'한국세무사회 테마별 실무서'는 사업현장에서 부딪히는 핵심주제 50개를 추출하고 각 테마마다 최고의 전문가가 참여하여 관계법령, 예규 및 판례의 나열 아닌 직무요령과 리스크 관리, 컨설팅 기법 등 권위있는 전문 집필자의 노하우까지 담아냈습니다.

조세출판사에 큰 획을 그을 책이 될 '한국세무사회 테마별 실무서 시리즈'가 앞으로 개정과 증보를 거듭하면서 사업현장의 회원님을 최고의 조세전문가로 완성시키는 기념비적인 책이 되리라 믿어 의심치 않습니다.

어려운 여건에도 남다른 열정과 전문성으로 '한국세무사회 테마별 실무서'가 탄생하는데 함께해주시는 집필진 세무사님과 한국세무사회 도서출판위원회 위원님께 고마움을 전합니다.

2025년 2월

한국세무사회 회장 구재이

CONTENTS

세액공제 · 감면 바이블

》 Ⅰ · 개요 ·········· 9
- 01. 2025.01.16. 시행령 주요 개정안 ·········· 9
- 02. 조세특례제한법 총론 ·········· 23
- 03. 조세특례제한법상 주요 세액면제 및 세액감면 ·········· 28
- 04. 조세특례제한법상 세액감면 공통사항 ·········· 32
- 05. 조세특례제한법상 주요 세액공제 ·········· 38
- 06. 조세특례제한법상 세액공제 공통사항 ·········· 42
  1. 세액공제 이월공제 ·········· 42
  2. 중복지원 배제 ·········· 44
  3. 관련 서식 ·········· 48
- 07. 조세특례제한법상 세액감면 vs 세액공제 ·········· 51
- 08. 세액감면 및 세액공제 적용시 공통 주의사항 ·········· 53

》 Ⅱ · 중소기업에 대한 조세특례 ·········· 73
- 01. 창업중소기업 등에 대한 세액감면 ·········· 73
- 02. 중소기업에 대한 특별세액감면 ·········· 114
- 03. 상생결제 지급금액에 대한 세액공제 ·········· 131

》 Ⅲ · 연구 및 인력개발에 대한 조세특례 ·········· 137
- 01. 연구·인력개발비에 대한 세액공제 ·········· 137
- 02. 성과공유 중소기업의 경영성과급에 대한 세액공제 ·········· 167

CONTENTS

Ⅳ 투자촉진을 위한 조세특례 177
- 01. 통합투자세액공제 177

Ⅴ 고용지원 주요 세액공제 193
- 01. 고용지원 주요 조세특례 193
- 02. 근로소득을 증대시킨 기업에 대한 세액공제 194
  - 1. 일반 근로소득 증대 세액공제 194
  - 2. 정규직전환근로자 근로소득증대 세액공제 198
- 03. 고용을 증대시킨 기업에 대한 세액공제 213
- 04. 통합고용 세액공제 243
- 05. 중소기업 사회보험료 세액공제 267

Ⅵ 지역 간의 균형발전을 위한 조세특례 287
- 01. 지방이전 기업에 대한 조세지원 287
  - 1. 공장의 대도시 밖 이전에 대한 법인세 과세특례 288
  - 2. 법인 본사를 수도권과밀억제권역 밖으로 이전하는데 따른 양도차익에 대한 법인세 과세특례 297
  - 3. 수도권 밖으로 공장을 이전하는 기업에 대한 세액감면 302
  - 4. 수도권 밖으로 본사를 이전하는 법인에 대한 세액감면 310
- 02. 지방이전 기업에 대한 조세지원 : 지방세편 319
- 03. 영농·영어·농업회사법인의 법인세 면제등 322

CONTENTS

1. 영농조합법인에 대한 법인세 면제 등 ·················· 322
   - 1-1. 영농조합법인에 대한 법인세 면제 ············· 322
   - 1-2. 조합원의 배당소득세 감면 ······················· 324
   - 1-3. 현물출자 양도소득세 면제 ······················· 325
   - 1-4. 현물출자 양도소득세 이월과세 ················· 326
   - 1-5. 관련 예규 및 판례 ································· 327
   - 1-6. 관련 서식 ·· 328
2. 영어조합법인에 대한 법인세의 면제 등 ················ 330
   - 2-1. 영어조합법인에 대한 법인세의 면제 ··········· 330
   - 2-2. 조합원의 배당소득세 감면 ······················· 331
   - 2-3. 현물출자 양도소득세 면제 ······················· 331
   - 2-4 관련 예규 및 판례 ································· 332
   - 2-5. 관련 서식 ·· 333
3. 농업회사법인에 대한 법인세 면제 등 ··················· 335
   - 3-1. 농업회사법인에 대한 법인세 면제 ············· 335
   - 3-2. 현물출자에 따른 양도소득 감면 ················ 337
   - 3-3. 현물출자에 따른 양도소득세 이월과세 ········· 337
   - 3-4. 출자자의 배당소득 ································· 338
   - 3-5. 관련 최근 예규 및 판례 ·························· 339
   - 3-6. 관련 서식 ·· 340

>>> Ⅶ · 공익사업지원을 위한 조세특례 ···················· 343

01. 사회적기업 및 장애인 표준사업장에 대한 세액감면 ······ 343

Ⅷ. 국민생활의 안정을 위한 조세특례 ·· 351
    01. 소형주택 임대사업자에 대한 세액감면 ························ 351
    02. 상가건물 장기 임대사업자에 대한 세액감 ···················· 356
    03. 상가임대료를 인하한 임대사업자에 대한 세액공제
        (착한임대인 세액공제) ·· 360

Ⅸ. 그 밖의 직접국세 특례 ·· 371
    01. 전자신고 세액공제 ·· 371

Ⅹ. 그 밖의 소득공제 특례 ·· 375
    01. 개인투자조합의 벤처투자에 대한 소득공제 ··················· 375

Ⅺ. 참고자료 ··· 379
    01. 조세특례법상 중소기업의 범위 ···································· 379
    02. 상시근로자수 계산 ·· 386

Ⅰ 개요

01 2025.01.16. 시행령 주요 개정안

(1) 연구개발의 범위에서 제외되는 활동 명확화 (조특령 §1의2)

현 행	개 정 안
□ 조특법상 **연구개발에 해당하지 않는 활동**	□ **연구개발 범위 명확화**
ㅇ 일반적인 관리 및 지원활동, 시장조사, 판촉활동 및 일상적인 품질시험, 반복적인 정보수집 활동 등	ㅇ (좌 동)
〈추 가〉	ㅇ 상용화·사업화된 제품·기술·서비스·설계·디자인 등을 단순 보완·변형·개선하는 활동

〈개정이유〉 세제지원의 대상이 되는 연구개발 범위 명확화

(2) 중소기업 범위 합리화 (조특령 제2조 제1항)

현 행	개 정 안
□ 조특법상 중소기업 제외대상	□ 제외업종 등 추가
ㅇ 소비성서비스업	ㅇ (좌 동)
	ㅇ 부동산임대업
〈추 가〉	ㅇ 성실신고확인대상 소규모 법인* * ❶~❸요건을 모두 갖춘 법인 ❶ 지배주주 등 지분율 50% 초과 ❷ 부동산임대업이 주된 사업이거나 부동산임대·이자·배당 소득이매출액의 50% 이상 ❸ 상시근로자 수가 5인 미만

〈개정이유〉 개인·법인 간 과세형평 제고
〈적용시기〉 영 시행일 이후 개시하는 과세연도부터 적용

(3) 중견기업 범위 합리화 (조특령 §6의4·§9④)

현 행	개 정 안

☐ 조특법상 중견기업 제외대상
 	
○ 소비성서비스업
○ 금융업
○ 보험 및 연금업
○ 금융 및 보험 관련 서비스업
 	
〈추 가〉
	☐ 제외업종 등 추가
	
	○ (좌 동)
	
	○ 부동산임대업
	
	○ 성실신고확인대상 소규모 법인*
	  * ❶~❸요건을 모두 갖춘 법인
	  ❶ 지배주주 등 지분율 50% 초과
	  ❷ 부동산임대업이 주된 사업이거나 부동산임대·이자·배당 소득이매출액의 50% 이상
	  ❸ 상시근로자 수가 5인 미만

〈개정이유〉 기업규모별 조세특례 적용대상 합리화
〈적용시기〉 영 시행일 이후 개시하는 과세연도부터 적용

(4) 창업중소기업 세액감면 조문 정비 (조특령 §5①·②·㉕)

현 행	개 정 안
□ 감면기간 중 요건 충족여부 변경시 감면방법	□ 법 개정에 따른 조문 정비
❶ 청년창업자 요건 미충족시 　잔존기간 적용 감면율 | 창업지역	감면율
수도권과밀억제권역 밖	100분의 50
수도권과밀억제권역	감면배제		❶ 창업일에 따라 구분 o '25.12.31. 이전 창업한 경우 　: 현행과 같음 o '26.1.1. 이후 창업한 경우 | 창업지역	감면율
수도권 밖 및 수도권 내 인구감소지역	100분의 50
수도권 (과밀억제권역 및 인구감소지역 외)	100분의 25
수도권과밀억제권역	감면배제	
❷ 과밀억제권역으로 이전, 지점 또는 사업장 설치 시 - 해당 사유 발생 **연도부터 과밀억제권역 창업**으로 간주	❷ 감면율이 낮은 지역으로 사업장 이전, 지점 또는 사업장 설치 시 - 해당 사유가 발생한 **연도부터 감면율이 낮은 해당 지역 창업**으로 간주

〈개정이유〉 지역 균형발전 지원 및 과세형평 제고
〈적용시기〉 영 시행일이 속하는 과세연도에 창업하는 분부터 적용

(5) R&D 세액공제 대상 비용 범위 확대 (조특령 §9 · 별표6 · 조특칙 §7)

현 행	개 정 안
□ R&D 세액공제가 적용되는 비용	□ 적용범위 확대
ㅇ 일반 분야 : ❶ ~ ❽ 국가전략기술, 신성장·원천 기술 분야 : ❶ ~ ❽	ㅇ 일반 분야 : ❶ ~ ❾ 국가전략기술, 신성장·원천 기술 분야 : ❶ ~ ❾
❶ 위탁·공동 연구개발비 ❷ 재료비	ㅇ (좌 동)
❸ 인건비 * 국가전략기술, 신성장·원천기술과 일반 R&D를 공동으로 수행하는 경우 일반 R&D 공제율 적용	❸ 인건비 * **주된 시간**을 국가전략기술 또는 신성장·원천기술 R&D에 투입한 경우 투입시간만큼 **안분 적용**
❹ 소프트웨어 대여·구입비 - 단, 문화상품 제작 목적에 한정	❹ 소프트웨어* 대여·구입비 * 사무 등 범용소프트웨어 제외 〈삭 제〉
❺ R&D용 시설 임차료 ❻ 기술정보비, 기술지도비 ❼ 디자인 개발지도비 ❽ 특허 조사·분석비	ㅇ (좌 동)
〈추 가〉	❾ 클라우드 이용료

〈개정이유〉 기업의 연구개발 지원 확대

〈적용시기〉 영 시행일이 속하는 과세연도에 발생하는 분부터 적용

(6) R&D 세액공제(신성장·원천기술, 국가전략기술) 및 통합투자세액공제 적용 시 중소기업 졸업유예기간 규정 (조특령 §9⑳·§21⑫)

현 행	개 정 안
〈신설〉	□ 신성장·원천기술 및 국가전략기술의 연구·인력개발비에 대한 세액공제와 **통합투자세액공제 적용 시 중소기업 졸업유예기간** ❶ '23.12.31.이 속하는 과세연도 이전에 중소기업 규모 기준을 초과한 경우 : **3년간** 유예 ❷ '23.12.31.이 속하는 과세연도의 **다음 과세연도 이후**에 **중소기업 규모기준을 초과한 경우 : 5년간** 유예 (코스피·코스닥 상장 중소기업은 7년간 유예) ❸ 「중소기업기본법 시행령*」 개정으로 졸업 : **3년간** 유예 * 중소기업 요건인 업종별 매출액 기준, 실질적 독립성 기준 등을 규정

〈개정이유〉 중소기업 졸업기준 합리화
〈적용시기〉 영 시행일이 속하는 과세연도부터 적용

(7) 중소기업 졸업유예기간 관련 조문 정비 (조특령 §9⑧·§126②)

현 행	개 정 안
□ 일반연구 및 인력개발비 세액공제, 최저한세 적용 시 중소기업 졸업유예기간 ❶ 규모기준 초과로 졸업 : 3년간 유예 ❷ 「중소기업기본법 시행령*」개정으로 졸업: 3년간 유예 * 중소기업 요건인 업종별 매출액 기준, 실질적 독립성 기준 등을 규정	□ **인용조문 개정에 따른 조문정비** ❶ 규모기준 초과로 졸업 : **5년간 유예**(코스피·코스닥 상장 중소기업은 **7년간** 유예) ❷ (좌 동)

〈개정이유〉 인용 조문 개정에 따른 조문정비

〈적용시기〉 영 시행일 이후 신고하는 과세연도에 최초로 중소기업 규모기준을 초과한 분부터 적용

(8) 통합투자세액공제 적용 제외되는 임대용 자산의 범위 설정(조특령 §21)

현 행	개 정 안
〈신설〉	□ 통합투자세액공제 적용 제외되는 임대용 자산 ㅇ 자신의 사업에 직접 사용하지 않고 다른 사람에게 **임대할 목적(임대사업자의 임대 포함)**으로 취득한 자산

〈개정이유〉 투자지원제도 합리화

〈적용시기〉 '25.01.01. 이후 개시하는 과세연도에 투자하는 분부터 적용

(9) 중소기업 청년근로자 및 핵심인력 성과보상기금 수령액에 대한 소득세 감면 적용대상 공제사업의 범위 규정 (조특령 §26의6①)

현 행	개 정 안
〈신 설〉	□ 성과보상기금 수령액에 대한 소득세 감면 적용 대상이 되는 공제사업의 범위 ㅇ 기획재정부 장관이 정하는 고시*에 위임 * 내일채움공제, 중소기업 재직자 우대 저축 공제

〈개정이유〉 감면대상 공제사업 범위 명확화

(10) 북한이탈주민 통합고용세액공제 우대대상 추가 (조특령 §26의8)

현 행	개 정 안
□ 통합고용세액공제 우대대상	□ 북한이탈주민을 통합고용세액공제 우대대상에 추가
ㅇ 청년 정규직·장애인·60세 이상·경력단절 근로자	ㅇ (좌 동)
〈추 가〉	ㅇ 북한이탈주민* 근로자 　* 「북한이탈주민의 보호 및 정착지원에 관한 법률」 제2조 제1호에 따른 북한이탈주민

〈개정이유〉 북한이탈주민 취업 및 고용유지 지원
〈적용시기〉 '25.01.01. 이후 개시하는 과세연도를 최초 공제연도로하여 통합고용세액공제를 신청하는 분부터 적용
※ (경과규정) '24.12.31. 이전에 개시하는 과세연도에 고용한 북한이탈주민에 대해서는 종전 규정 적용

(11) 통합고용세액공제 신청시 제출서류 추가 (조특령 §26의8⑪)

현 행	개 정 안
□ 통합고용세액공제 신청서류	□ 신청시 제출서류 추가
ㅇ 세액공제신청서, 공제세액계산서	ㅇ (좌 동)
〈추 가〉	ㅇ 상시근로자 명세서

〈개정이유〉 공제제도의 합리적 운용 및 조세회피 방지
〈적용시기〉 영 시행일이 속하는 과세연도 분부터 적용

(12) 중소기업 취업자에 대한 소득세 감면 대상 업종 정비 (조특령 §27③)

현 행	개 정 안
□ 중소기업 취업자 소득세 감면 대상업종 (농어업등 23개 업종)	□ 대상 업종 정비
ㅇ 운수 및 창고업 〈제 외〉	ㅇ (좌 동) - 「관세사법」에 따른 통관업
ㅇ 정보통신업(비디오물 감상실 운영업 제외) 〈제 외〉	ㅇ (좌 동) - 가상자산 매매 및 중개업
ㅇ 기타 전문, 과학 및 기술 서비스업 〈제 외〉	ㅇ (좌 동) - 수의업
ㅇ 부동산업 〈제 외〉	ㅇ (좌 동) - 부동산 임대업

〈개정이유〉 중소기업 취업자 소득세 감면 대상 업종 합리화

〈적용시기〉 영 시행일 이후 취업하는 분부터 적용

(13) 기회발전특구 창업기업 세액감면 업종 추가 (조특령 §116의36)

현 행	개 정 안
□ 기회발전특구 창업기업 세액감면 대상 업종	□ 업종 추가
ㅇ 제조업, 연구개발업, 기타 과학기술 서비스업 등	ㅇ (좌 동)
ㅇ 신·재생에너지를 이용해 전기를 생산하는 사업	ㅇ (좌 동)
〈추 가〉	ㅇ 신·재생에너지를 **사업자**에게 **공급**하는 사업 ㅇ **천연가스**를 **사업자**에게 **공급**하는 사업

〈개정이유〉 기회발전특구 활성화를 통한 지방투자 촉진
〈적용시기〉 영 시행일이 속하는 과세연도에 발생하는 소득분부터 적용

(14) 인력개발비 세액공제 적용범위 확대 (조특령 별표6)

현 행	개 정 안
□ 인력개발비 세액공제	□ 적용대상 추가
ㅇ (적용대상) - 연구요원의 위탁훈련비 - 사내직업능력개발훈련 및 직업능력개발 훈련 소요 비용 - 중소기업에 대한 인력개발, 기술지도 비용 - 사내기술대학, 사내대학 운영비 - 산업수요 맞춤형 고등학교 등과의 계약을 통해 설치·운영되는 직업교육훈련과정, 학과 등 운영비 등	ㅇ (좌 동)
〈추 가〉	- 사내 교육프로그램을 청년 등 일반에게 **제공**하는데 **추가로 소요**되는 **비용*** 　* (예) 강사에게 지급하는 강의료 등
ㅇ (공제율) 대기업 : 최대 2% 　　　　　 중견기업 : 8~15% 　　　　　 중소기업 : 25%	ㅇ (좌 동)

〈개정이유〉 기업의 인력개발 촉진

〈적용시기〉 영 시행일이 속하는 과세연도에 발생하는 분부터 적용

(15) 국가전략기술, 신성장·원천기술의 대상이 되는 소재·부품·장비 관련 기술의 범위 구체화 (조특령 별표7·별표7의2)

현 행	개 정 안
□ 국가전략기술, 신성장·원천기술의 범위	□ 소재·부품·장비 관련 기술의 범위 명확화
ㅇ 14개 분야 270개 기술	ㅇ (좌 동)
〈신 설〉	ㅇ 소재·부품·장비 관련 기술 : **첨단기술** 또는 **고부가가치 기술*** *「소재부품장비산업법 시행령」§2 ① 최종생산물의 고부가가치화에 기여가 큰 것 ② 첨단기술 또는 핵심고도기술을 수반 + 기술 파급 효과 또는 부가가치 창출 효과가 큰 것

〈개정이유〉 세제지원의 대상 구체화

〈적용시기〉 영 시행일이 속하는 과세연도에 발생하는 분부터 적용

(16) R&D비용 세액공제 중 신성장·원천기술 범위 확대 (조특령 별표7)

현 행	개 정 안
□ 신성장·원천기술 대상	□ 신성장·원천기술 대상 확대
○ 14개 분야* 270개 기술 　* ① 미래차, ② 지능정보, ③ 차세대S/W, ④ 콘텐츠, ⑤전자정보 디바이스, ⑥ 차세대 방송통신, ⑦ 바이오·헬스, ⑧ 에너지·환경, ⑨ 융복합소재, ⑩ 로봇, ⑪ 항공·우주, ⑫ 첨단 소재·부품·장비, ⑬ 탄소중립, ⑭ 방위산 〈추 가〉	○ 14개 분야* 270개 기술 - (기술) 신규 3개, 확대 3개 ■ (신규) 3개

■ (신규) 3개

분야	세부기술
탄소중립 (3개)	선박용 암모니아 기반 수소 생산 기술
	가스터빈 **복합발전용 암모니아** 기반 수소 생산 기술
	그린수소 생산 **해양 플랫폼** 설계기술

■ (확대) 3개

분야	세부기술
첨단소부장 (2개)	첨단 장비 설계·제조기술 → 국제기준 반영
탄소중립 (1개)	바이오케미칼 원료 생산기술 → 바이오 합성고무 추가

〈개정이유〉 미래 유망산업 R&D 투자 활성화
〈적용시기〉 '25.01.01. 이후 발생하는 분부터 적용

(17) R&D비용 세액공제 중 국가전략기술 범위 확대 (조특령 별표7의2)

현 행	개 정 안
□ 국가전략기술 대상	□ 국가전략기술 대상 확대
○ 7개 분야 66개 기술* 　* ① 반도체 22개, ② 이차전지 9개, ③ 백신 7개, ④ 디스플레이 6개, ⑤ 수소 9개, ⑥ 미래형이동수단 5개, ⑦ 바이오의약품 8개 〈추 가〉	○ 7개 분야 71개 기술 - (기술) 신규 5개, 확대 5개 ■ (신규) 5개

■ (신규) 5개

분야	세부기술
반도체 (1개)	차세대 3D 적층형 반도체 설계·제조 및 관련 신소재 개발 기술
이차전지 (1개)	양극재용 금속 화합물 제조·가공기술
디스플레이 (2개)	하이브리드 커버 윈도우 소재 기술
	마이크로LED 소부장 기술
수소 (1개)	수소 처리 바이오에너지 생산 기술

■ (확대) 5개

분야	세부기술
반도체 (4개)	차세대 메모리반도체 관련 소부장설계·제조 기술 → HBM 등 추가
	에너지효율향상 전력 반도체 설계, 제조 기술 → **전력관리반도체(PMIC)** 추가
	차세대 디지털기기 SOC 설계, 제조 기술 → **UWB(ultra wide band)** 추가
	고성능 마이크로 센서의 설계, 제조, 패키징 기술 → HDR(high dynamic range) 추가
바이오 (1개)	바이오의약품 소재 기술 → Buffer 소재 추가

〈개정이유〉 첨단 전략산업 R&D 투자 활성화

〈적용시기〉 '25.01.01. 이후 발생하는 분부터 적용

02 조세특례제한법 총론

1) 조세특례제한법의 목적 (조특법 제1조)

이 법은 조세(租稅)의 감면 또는 중과(重課) 등 조세특례와 이의 제한에 관한 사항을 규정하여 과세(課稅)의 공평을 도모하고 조세정책을 효율적으로 수행함으로써 국민경제의 건전한 발전에 이바지함을 목적으로 한다.

2) 조세특례제한법 주요 용어 정의 (조특법 제2조)

(1) 이월과세

개인이 사업용 토지, 건물을 현물출자 등을 통하여 법인에 양도하는 경우 이를 양도하는 개인에 대해서는 양도소득세를 과세하지 않고, 그 대신 이를 양수한 법인이 그 사업용고정자산 등을 양도하는 경우 개인이 그 토지, 건물을 그 법인에 양도한 날이 속하는 과세기간에 다른 양도 자산이 없다고 보아 계산한 양도소득세산출세액 상당액을 법인세로 납부하는 것을 말한다.

① 조특법상 이월과세 해당 조문
　가. 중소기업간의 통합에 대한 양도소득세 등의 이월과세(조특법 제31조)
　나. 법인전환에 대한 양도소득세의 이월과세(조특법 제32조)
　다. 영농·영어·농업회사 현물출자시 양도소득세 이월과세(조특법 제66조, 제67조, 제68조)

② 이월과세 적용 신청서(별지서식 12호)

> ● 감액신청내용과 정부조사내용과의 차이 처리 [조특법 집행기준 2-0-3]
> 이 법에 따라 조세를 감면함에 있어서 감면신청서에 기재한 내용과 정부가 조사결정한 내용이 동일하지 아니한 경우에는 정부가 조사결정한 내용이 감면의 기초가 된다.

■ 조세특례제한법 시행규칙 [별지 제12호서식](2015.03.13 개정)

이월과세적용 신청서

※ 뒤쪽의 작성방법을 읽고 작성하시기 바랍니다.   (앞쪽)

신청인 (양도자)	① 상호		② 사업자등록번호	
	③ 성명		④ 생년월일	
	⑤ 주소			
			(전화번호 :)	

양수인	⑥ 상호		⑦ 사업자등록번호	
	⑧ 성명		⑨ 생년월일	
	⑩ 주소			
			(전화번호 :)	

이월과세적용 대상 자산

⑪ 자산명	⑫ 소재지	⑬ 면적	⑭ 취득일	⑮ 취득가액
⑯ 양도일	⑰ 양도가액	⑱ 이월과세액		⑲ 비고

소멸하는 사업장의 순자산가액의 계산

⑳ 사업용자산의 합계액(시가)	부채		㉓ (⑳-㉒) 순자산가액
	㉑ 과목	㉒ 금액	

「조세특례제한법 시행령」 [ ]제28조제3항
               [ ]제29조제4항
               [ ]제63조제10항   에 따라 이월과세의 적용을 신청합니다.
               [ ]제65조제5항

년   월   일

신청인(양도인)   (서명 또는 인)
양수인   (서명 또는 인)

세무서장 귀하

첨부 서류	1. 사업용자산 및 부채명세서 1부 (전자신고 방식으로 제출하는 경우에는 구비서류를 제출하지 않고 법인이 보관합니다) 2. 현물출자계약서 사본 1부(「조세특례제한법 시행령」 제63조제10항에 따라 신청하는 경우로 한정합니다)	수수료 없음
담당 공무원 확인사항	이월과세적용대상자산의 건물(토지) 등기사항증명서	

210mm×297mm[백상지 80g/㎡ 또는 중질지 80g/㎡]

(2) 과세이연

공장의 이전 등을 위하여 개인이 해당 사업에 사용되는 종전 사업용고정자산을 양도하고 그 양도가액으로 다른 신사업용 고정자산 등을 대체 취득한 경우에, 종전사업용 고정자산 등의 양도에 따른 양도차익 중 다음의 계산식에 따라 계산한 금액에 대해서는 양도소득세를 과세하지 않되, 신사업용 고정자산 등을 양도할 때 신사업용 고정자산 등의 취득가액에서 과세이연 금액*을 뺀 금액을 취득가액으로 보고 양도소득세를 과세하는 것을 말한다.

* 과세이연 금액 = 종전사업용 고정자산 등의 양도에 따른 양도차익 × (신사업용 고정자산 등 취득가액 / 종전자산 양도가액)

① 조특법상 과세이연 해당 조문

　가. 사업전환 통상변화대응지원기업에 대한 과세특례(조특법 제33조)

　나. 주식의 현물출자 등에 의한 지주회사의 설립 등에 대한 과세특례(조특법 제38조의2)

　다. 공장의 대도시 밖 이전에 대한 법인세 과세특례(조특법 제60조)

　라. 대토보상에 대한 양도소득세 과세특례(조특법 제77조의2)

　바. 행정중심복합도시, 혁신도시 개발예정지구 내 공장의 지방이전에 대한 과세특례(조특법 제85조의2)

　마. 어린이집용 토지 등의 양도차익에 대한 과세특례(조특법 제85조의5)

　사. 공모부동산투자회사의 현물출자자에 대한 과세특례(조특법 제97조의8)

　아. 기업 간 주식등의 교환에 대한 과세특례(조특법 제121조의30)

② 과세이연 신청서 (별지서식 12호의4)

[별지 제12호의4서식] <2024. 3. 22. 개정>

과세이연신청서

※ 뒤쪽의 작성방법을 읽고 작성하시기 바라며, [ ]에는 해당되는 곳에 √표를 합니다. (앞쪽)

접수번호		접수일		처리기간 즉시
신청인	① 상호 또는 법인명		② 사업자등록번호	
	③ 대표자 성명		④ 생년월일	
	⑤ 주소 또는 본점 소재지		(전화번호:)	

신 청 내 용

⑥ 과세연도	년 월 일부터 년 월 일까지

(전환전사업의 자산, 대토보상, 기존공장, 종전어린이집, 종전사업용부동산) 양도 명세

⑦ 자산명	⑧ 소재지	⑨ 면적(㎡)·수량(개)	⑩ 양도일	⑪ 양도가액	⑫ 취득가액등
합 계					

(전환사업의 자산, 대토보상, 지방공장, 신규어린이집, 신규사업용부동산) 취득(예정) 명세

⑬ 자산명	⑭ 소재지	⑮ 면적(㎡)·수량(개)	⑯ 취득일	⑰ 취득(예정)가액	⑱ 이연취득가액 (⑰ - ⑲)
합 계					

양도소득세	⑲ 과세이연 금액 [(⑪-⑫)×⑰÷⑪]	⑳ 과세이연 세액 (⑲×세율)

「조세특례제한법시행령」
[ ]제30조제12항
[ ]제73조제6항
[ ]제79조의3제9항
[ ]제79조의6제7항
[ ]제116조의37제9항

에 따라 과세이연신청서를 제출합니다.

년 월 일

제출인 (서명 또는 인)

세무서장 귀하

(3) 조세특례

일정한 요건에 해당하는 경우의 특례세율 적용, 세액감면, 세액공제, 소득공제, 준비금의 손금산입 등 조세감면뿐 아니라 특정 목적을 위한 익금산입, 손금불산입 등 중과세를 포함한 개념이다.

(4) 업종의 분류

조세특례제한법에서 사용되는 업종의 분류는 이 법에 특별한 규정이 있는 경우를 제외하고는 원칙적으로 『통계법』 제22조에 따라 통계청장이 고시하는 한국표준산업분류를 따른다.

다만, 한국표준산업분류가 변경되어 이 법에 따른 조세특례를 적용받지 못하게 되는 업종에 대해서는 한국표준산업분류가 변경된 과세연도와 그 다음 과세연도까지는 변경 전 한국표준산업분류에 따른 업종에 따라 조세특례를 적용한다. 즉, 2년간 적용유예임에 주의해야 한다.

03 조세특례제한법상 주요 세액면제 및 세액감면

1) 종류

〈세액면제〉	1. 공공차관 도입에 따른 과세특례(제20조) 2. 국제금융거래에 따른 이자소득 등에 대한 법인세등 면제(제21조) 3. 해외자원개발투자배당소득에 대한 법인세 면제(제22조) 4. 영농조합법인 등에 대한 법인세 면제 등(제66조 ①) 5. 영어조합법인 등에 대한 법인세 면제 등(제67조 ①) 6. 농업회사법인에 대한 법인세 면제 등(제68조)
〈세액감면〉	1. 창업중소기업 등에 대한 세액감면(제6조) 2. 중소기업에 대한 특별세액감면(제7조) 3. 기술이전에 대한 세액감면(제12조 ①) 3. 기술대여에 대한 세액감면(제12조 ③) 4. 연구개발특구에 입주하는 첨단기술기업 등에 대한 세액감면(제12조의2) 5. 내국인 우수 인력의 국내복귀에 대한 소득세 감면(제18조의3) 6. 중소기업 청년근로자 및 핵심인력 성과보상기금 수령액에 대한 소득세 감면 등(제29조의 6) 7. 중소기업 취업자에 대한 소득세 감면(제30조) 8. 공공기관의 혁신도시 등 이전에 대한 세액감면(제62조 ④) 9. 수도권 밖으로 공장을 이전하는 기업에 대한 세액감면(제63조) 10. 수도권 밖으로 본사를 이전하는 법인에 대한 세액감면(제63조의2) 11. 농공단지 입주기업등에 대한 세액감면(제64조) 12. 영농조합법인 등에 대한 법인세 면제 등(제66조 ④) 13. 영어조합법인 등에 대한 법인세 면제 등(제67조 ④) 14. 농업회사법인에 대한 법인세 면제 등(제68조) 15. 사회적기업 및 장애인표준사업장에 대한 세액감면(제85조의6) 16. 소형주택 임대사업자에 대한 세액감면(제96조) 17. 상가건물 장기임대사업자 세액감면(제96조의2) 18. 위기지역 창업기업에 대한 세액감면(제99조의9) 19. 산림개발소득 세액감면(제102조) 20. 해외진출기업의 국내복귀에 대한 세액감면(제104조의24) 21. 외국인투자에 대한 조세감면(제121조의2) 22. 제주첨단과학기술단지 입주기업 세액감면(제121조의8) 23. 제주투자진흥기구 또는 제주자유무역지역 입주기업에 대한

세액감면(제121조의9)
24. 기업도시개발구역 등의 창업기업 등에 대한 세액감면(제121조의17)
25. 아시아문화중심도시 투자진흥지구 입주기업 등에 대한 법인세 등의 감면 등(제121조의20 ②)
26. 금융중심지 창업기업 등 세액감면(제121조의21 ②)
27. 첨단의료복합단지 입주기업에 대한 세액감면(제121조의22)
28. 기회발전특구의 창업기업 등에 대한 법인세 등의 감면(제121조의33)

2) 총괄 요약표

조문	농어촌 특별세	감가상각 의제	이월공제	최저한세	다른 감면·공제와 중복적용 가능 여부
공공차관 도입에 따른 과세특례 (제20조)	비과세	해당	해당없음	해당안됨	감면 : 중복지원 배제 공제 : 개별판단
국제금융거래 이자소득 면제 (제21조)	비과세	해당	해당없음	해당안됨	감면 : 중복지원 배제 공제 : 개별판단
해외자원개발투자 배당소득 면제 (제22조)	비과세	해당	해당없음	해당안됨	감면 : 중복지원 배제 공제 : 개별판단
창업중소기업 등에 대한 세액감면 (제6조)	비과세	해당	해당없음	해당1)	감면 : 중복지원 배제 공제 : 개별판단
중소기업 특별세액감면 (제7조)	비과세	해당	해당없음	해당	감면 : 중복지원 배제 공제 : 개별판단
기술이전에 대한 세액감면 (제12조 ①)	비과세	해당	해당없음	해당안됨	감면 : 중복지원 배제 공제 : 개별판단
기술대여에 대한 세액감면 (제12조 ③)	비과세	해당	해당없음	해당안됨	감면 : 중복지원 배제 공제 : 개별판단

조문	농어촌 특별세	감가상각 의제	이월공제	최저한세	다른 감면·공제와 중복적용 가능 여부
연구개발특구 세액감면 (제12조의2)	비과세	해당	해당없음	해당안됨	감면 : 중복지원 배제 공제 : 개별판단
내국인 우수 인력 국내복귀 소득세 감면 (제18조의3)	비과세	해당	해당없음	해당안됨	감면 : 중복지원 배제 공제 : 개별판단
중소기업 청년근로자 소득세 감면 (제29조의6)	비과세	해당	해당없음	해당안됨	감면 : 중복지원 배제 공제 : 개별판단
중소기업 취업자 소득세 감면 (제30조)	비과세	해당	해당없음	해당안됨	감면 : 중복지원 배제 공제 : 개별판단
공공기관 혁신도시 이전 세액감면 (제62조 ④)	비과세	해당	해당없음	해당안됨	감면 : 중복지원 배제 공제 : 개별판단
수도권 밖 공장 이전 세액감면 (제63조)	비과세	해당	해당없음	해당	감면 : 중복지원 배제 공제 : 개별판단
수도권 밖 본사 이전 세액감면 (제63조의2)	비과세	해당	해당없음	해당안됨2)	감면 : 중복지원 배제 공제 : 개별판단
농공단지 입주기업 세액감면 (제64조)	비과세	해당	해당없음	해당안됨	감면 : 중복지원 배제 공제 : 개별판단
영농조합법인 법인세 면제 (제66조 ①)	비과세	해당	해당없음	해당안됨	감면 : 중복지원 가능 공제 : 개별판단
영어조합법인 법인세 면제 (제67조 ①)	비과세	해당	해당없음	해당안됨	감면 : 중복지원 가능 공제 : 개별판단
농업회사법인 법인세 면제 (제68조)	비과세	해당	해당없음	해당안됨	감면 : 중복지원 가능 공제 : 개별판단

Ⅰ. 개요

조문	농어촌 특별세	감가상각 의제	이월공제	최저한세	다른 감면·공제와 중복적용 가능 여부
산림개발소득 세액감면 (제102조)	비과세	해당	해당없음	해당안됨	감면 : 중복지원 배제 공제 : 개별판단
해외진출기업 국내복귀 세액감면 (제104조의24)	비과세	해당	해당없음	해당안됨	감면 : 중복지원 배제 공제 : 개별판단
외국인투자 조세감면 (제121조의2)	비과세	해당	해당없음	해당안됨	감면 : 중복지원 배제 공제 : 개별판단
제주첨단과학기술 단지 감면 (제121조의8)	비과세	해당	해당없음	해당안됨	감면 : 중복지원 배제 공제 : 개별판단
제주투자진흥기구 또는 제주자유무역지역 감면 (제121조의9)	비과세	해당	해당없음	해당안됨	감면 : 중복지원 배제 공제 : 개별판단
기업도시 창업기업 감면 (제121조의17)	비과세	해당	해당없음	해당안됨	감면 : 중복지원 배제 공제 : 개별판단
금융중심지 창업기업 감면 (제121조의21)	비과세	해당	해당없음	해당안됨	감면 : 중복지원 배제 공제 : 개별판단
첨단의료복합단지 감면 (제121조의22)	비과세	해당	해당없음	해당안됨	감면 : 중복지원 배제 공제 : 개별판단
기회발전특구 창업기업 감면 (제121조의33)	비과세	해당	해당없음	해당안됨	감면 : 중복지원 배제 공제 : 개별판단

1) 창업중소기업등에 대한 세액감면(조특법6조) 중 감면율 100% 적용받는 경우와 조특법 제6조 제7항에 따라 추가로 감면받는 부분의 세액감면은 최저한세에 해당하지 아니한다.
2) 수도권 밖으로 이전하는 경우 법인에 대한 세액감면등(조특법 63조의2 ④)는 최저한세에 해당한다.

04 조세특례제한법상 세액감면 공통사항

1) 세액감면 계산방법

(1) 원칙적 계산방법

① 세액면제 또는 감면세액 산식 (법인세법 제59조 제1항)

원칙적으로 면제·감면세액은 조세특례제한법상 별도의 규정이 있는 경우를 제외하고, 다음의 산식에 의하여 계산한다.

면제 또는 감면세액 = 법인세 산출세액 × (면제·감면소득/과세표준금액)[*] × 감면비율

*100% 한도로 한다.

② 세부사항

가. 법인세 산출세액

* 포함되지 않는 항목
  - 토지 등 양도소득에 대한 법인세
  - 미환류소득에 대한 법인세[3)]

나. 면제·감면소득 : 면제·감면소득 - 면제·감면소득에 관련된 공제액 등[*]

* 공제액 등의 정의 : 각 사업연도의 과세표준계산 시 공제한 이월결손금·비과세소득 또는 소득공제액

* 공제 방식 : 공제액 등이 면제·감면 소득에서 발생한 것이 명확한 경우 : 해당 공제액 전액 차감

  공제액 등이 면제·감면 소득에서 발생한 것이 불분명한 경우 : 소득금액에 비례하여 안분계산

  → 안분한 금액 = 공제액 등 × (면제·감면소득 / 각사업연도 소득)

(2) 예외적 계산방법

조세특례제한법상 별도의 규정이 있는 경우, 그 규정에 따라 계산한 방법을 적용한다.

---

3) 투자·상생협력 촉진을 위한 과세특례 (조특법 제100조의 32) 적용으로 계산된 법인세

2) 감면대상소득의 범위에 대한 공통사항

(1) 감면기산일 (조특법 제6조 제1항)

① 정의

감면대상사업에서 발생한 소득에 대하여 일정기간동안 감면을 하는 경우 그 일정기간의 개시연도는 "최초로 소득*이 발생한 사업연도부터"이다.

> *소득의 의미
> 조세특례제한법 제6조의 "당해 사업에서 최초로 소득이 발생한 과세연도"에서 "소득"이란 세액감면 대상사업에서 발생한 소득으로서, 법인세법 제14조에서 규정하고 있는 각 사업연도 소득을 의미하는 것임. (법인-4046, 2008.12.17.)

② 해당 사업에서 소득이 발생하지 않는 경우

감면사업 개시일(창업일, 지정일, 확인일, 이전일, 등록일, 전환일, 인증일 등의 날)부터 5년이 되는 날이 속하는 과세연도까지 해당 사업에서 소득이 발생하지 않는 경우 5년이 되는 날이 속하는 과세연도를 최초로 소득이 발생한 사업연도로 보고 감면기간을 계산한다.

> [참고 예규]
> - 수도권과밀억제권역 밖으로 이전하는 중소기업 세액감면은 **이전 후 최초로 소득이 발생한 사업연도부터** 세액감면을 적용받을 수 있음(서면-2019-법령해석법인-3648, 2019.12.26.).
> - 장애인 표준사업장으로 인증받은 내국인은 **그 인증을 받은 날이 속하는 사업연도 이후 해당 사업에서 최초로 발생한 과세연도부터** 장애인 표준사업장에 대한 소득세 감면을 적용하는 것이며, 장애인 표준사업장으로 인증받은 사업에서 발생한 사업소득에 대해서만 장애인 표준사업장에 대한 소득세 세액감면이 적용되는 것임(사전-2020-법령해석소득-0168, 2020.10.13.).
> - 수도권과밀억제권역에 3년(중소기업 2년) 이상 계속하여 공장시설을 갖추고 사업을 한 기업이 공장시설의 전부를 수도권(중소기업은 수도권과밀억제권역) 밖으로 이전하여 사업을 개시한 경우, **이전 후의 공장에서 발생하는 소득**에 대하여 감면을 적용하는 것임(서면법인2023-2119, 2023.08.18.).

> - 수도권 소재 공장시설을 수도권과밀억제권역 밖으로 **이전한 후 그 이전된 공장시설에서의 사업 개시로 새로이 발생하는 소득**만 법인세 감면대상에 해당하고, 수도권과밀억제권역 밖으로 이전하기 전 그 수도권과밀억제권역 밖에 기존에 설치되어 운영되던 공장시설에서 이전 후에 발생하는 소득은 감면대상에 해당하지 아니함(수원지법2017구합6672, 2018.02.07.).

(2) 사업개시일의 정의

사업개시일은 「부가가치세법」 제8조 제1항에 따른 사업개시일을 말한다.

부가집행기준5-6-1 【사업 개시일의 기준】

① 제조업 : 제조장별로 재화의 제조를 시작하는 날
② 광업 : 사업장별로 광물의 채취·채광을 시작하는 날
③ 제조업과 광업 외의 사업 : 재화 또는 용역의 공급을 시작하는 날
④ 법령 개정 등으로 면세사업에서 과세사업으로 전환되는 경우 : 그 과세 전환일
⑤ 부동산임대업은 해당 임대용역의 공급을 개시하는 날이므로 전세금 또는 임대보증금의 과세표준 계산 시 기산일은 그 임대용역의 공급을 개시하는 날이 된다.
⑥ 사업규모를 확장하기 위하여 기존사업장 외의 다른 장소에 있는 사업장을 양수하였을 경우 동 사업장의 개시일은 양수인이 사업장별로 사업을 양수하여 사업을 시작하는 날이 된다.

> *** 이월결손금이 발생한 경우**
> '최초로 소득이 발생한 날이 속하는 과세연도'라 함은 **이월결손금에 관계없이** 해당 사업에서 각 사업연도의 소득이 최초로 발생한 과세연도를 말하는 것이다(법인46012-4658, 1995.12.21.).

(3) 감면대상 소득의 범위에 대한 세부사항

① 감면대상 소득의 정의

감면대상 소득은 그 대상 사업의 영업활동에서 직접 발생한 소득만을 의미하고, 이자수익·유가증권처분이익·유가증권처분손실 등은 포함하지 않는다.

단, 창업중소기업에 대한 세액감면 규정 적용시 감면사업 관련 설비투자 과정에서 발생한 외환차익은 당해 감면사업에서 발생한 소득에 해당한다.

② 서로 무관한 제품을 생산하며 공장별 구분경리가 가능한 경우
동일부지 내에 공장이 있더라도 각 제품별로 제조설비 및 공장건물을 별도로 설치하고 제조공정이 서로 무관한 제품을 생산하여 구분경리가 가능한 경우에는 공장별로 각각 다른 감면을 선택하여 적용받을 수 있다.

③ 분양계약 해지로 인한 위약금 수입이 있는 경우
중소기업특별세액감면을 적용함에 있어서 감면사업인 건설업을 영위하는 법인의 분양계약의 해지로 인한 위약금수입은 감면사업과 직접 관련된 개별 익금으로 보아 감면소득을 계산한다.

● 조세특례제한법 집행기준 7-0-5 에 따른 감면대상 소득의 범위 중 그밖의 사례

사례1. 건설업을 영위하는 중소기업이 건설용역을 대가로 수령한 공사대금을 어음으로 수령함에 있어 어음할인 등에 따른 **손실보상 차원에서 공사대금에 가산하여 받는 금액과 동 어음 할인비용**은 감면사업에 직접 관련하여 발생하는 부수수익 및 비용이므로 중소기업특별세액감면 대상 소득 계산시 이를 가감한다.

사례2. **잡이익과 잡손실**은 직접 관련 여부에 따라 제조업 및 기타사업의 개별 익금 또는 개별손금으로, **지급이자**는 차입한 자금의 실제 사용용도를 기준으로 제조업 및 기타사업의 개별 또는 공통손금으로 구분하여 계산한다.

사례3. 제조업 등을 영위하는 중소기업이 관계법령에 따라 정부와 협약을 체결하여 기술개발용역사업을 수행하면서 사업비로 지급받는 **정부출연금**은 당해 법인의 제조업 등에서 발생한 소득에 해당하지 아니하는 것이나, 당해 법인의 기술개발사업을 수행한 용역이 한국표준산업분류상 연구 및 개발업(분류코드73)에 해당하는 경우에는 감면소득에 해당한다.

사례4. **부가가치세법 제32조의2에 따른 신용카드의 사용에 따른 세액공제액**은 당해 사업에서 발생한 소득이 아니므로 중소기업에 대한 특별세액감면대상 소득에 해당하지 아니한다.

사례5. **건설업 영위 법인이 공사계약 파기에 따른 배상금**으로 하도급업체에 지급한 금액은 감면사업(건설업)의 개별손금으로 구분하여 중소기업에 대한 특별세액감면 규정을 적용할 때 감면소득을 계산한다.

사례6. 중소기업에 대한 특별세액감면 적용대상 사업인 제조업과 기타의 사업을 겸영하는 법인이 구분 경리하는 경우 외화를 차입하여 감면사업인 제조업에 사용하는 기계를 수입한 경우에는 당해 외화차입금의 환율변동에 따른 환율조정차상각액은 감면사업의

> 개별손금에 해당하나, 당해 법인의 사업과 직접 관련 없이 지출한 기부금은 감면사업과 기타의 사업의 공통손금에 해당한다.
> 사례7. 조세특례제한법 제7조의 규정을 적용받는 사업과 기타의 사업을 겸영하는 경우 감면사업과 과세사업의 소득구분시 이월결손금은 이월된 당해 결손금의 범위내에서 이월결손금이 발생한 사업의 소득에서 공제한다.
> 사례8. 각사업연도소득에 대한 법인세 과세표준과 세액을 납세지 관할세무서장에게 신고한 법인이, 중소기업 등에 대한 특별세액감면 대상소득이 있는 경우에, 경정 등의 청구의 방법으로 동 감면을 적용 받을 수 있다.
> 사례9. 「법인세법」에 의하여 경정하는 경우 감면세액은 경정후의 산출세액, 과세표준, 감면대상소득을 기준으로 법인세 세액감면 및 세액공제를 재계산한다.

3) 다른 유형의 세액감면으로의 변경

(1) 경정청구 가능 여부

당초 신고 시 적법하게 적용한 세액감면 유형을 다른 유형으로 변경한 경우 경정청구 가능하다.

(2) 관련 예규 및 판례

① 대도시에서 창업하여 농·어촌지역으로 이전한 중소제조업 영위법인이 착오로 잘못 적용한 조특법 제6조『창업중소기업에 대한 세액감면』을 취소하고 같은 법 제7조의『중소제조업 등에 대한 특별세액감면』을 적용함으로써 납부세액이 변동되는 경우에는 국세기본법 제45조 및 제45조의2의 규정에 의한 수정신고 또는 경정청구를 할 수 있는 것이다(법인46012-1826, 1997.07.04.).

② 『중소기업투자세액감면』을 『중소기업투자세액공제』로 변경하는 경정청구 가능함.
(서면인터넷방문상담 2팀-1082, 2004.05.25.)

4) 감면세액의 승계

(1) 중소기업간 통합 등의 경우

다음의 세액감면을 받는 기업이 감면기간이 지나기 전 중소기업 간의 통합을 하는 경우 승계 받은 사업에서 발생하는 소득에 대해 잔존감면기간 내의 감면세액이 통합법인에 승계된다.

> 창업중소기업 등에 대한 세액감면(제6조)/ 수도권과밀억제권역 밖 이전 중소기업 세액감면(제63조)/ 농공단지입주기업 등 세액감면(제64조)/ 농업회사법인에 대한 법인세 면제(제68조)

(2) 창업중소기업의 합병시 세액감면 승계

창업중소기업에 대한 세액감면을 적용받고 있는 법인이 감면기간이 경과되기 전에 합병으로 소멸하는 경우 합병으로 존속하는 법인이 중소기업에 해당하는 때(중소기업으로 보는 유예기간을 포함)에는 소멸한 창업중소기업에서 발생하는 소득에 한하여 잔존기간에 대한 세액감면을 승계하여 적용받을 수 있다.

(3) 개인사업자가 창업중소기업으로 법인 전환하는 경우

① 현물출자 또는 사업양수도방법에 의한 법인 전환 시에도 개인사업자의 잔존감면기간에 대한 감면세액도 승계된다. 즉, 개인사업자가 창업중소기업으로 법인 전환하는 경우 전환 후 법인이 거주자의 잔존감면기간 동안 창업중소기업에 대한 세액감면을 적용받을 수 있다.

② 단, 개인기업이 감면기간이 지나기 전에 중소기업인 법인으로 전환 시, 조세특례제한법 제32조 및 동법 시행령 제29조 제2항 및 제5항에서 규정한 법인전환에 해당하지 아니한 경우에는 전환 후 법인은 남은 감면기간에 동 세액감면을 적용받을 수 없는 것이다.

(4) 연결법인의 세액감면

① 연결산출세액에서 공제하는 연결법인의 감면세액과 세액공제액은 각 연결법인별로 계산한 감면세액과 세액공제액의 합계액으로 한다. 이경우 연결집단을 하나의 내국법인으로 보아 조세특례제한법상 최저한세를 적용한다.

② 각 연결법인의 감면세액과 세액공제액은 각 연결법인별 산출세액에 따른 세액감면과 세액공제를 적용하여 계산한 금액으로 할 뿐 승계되는 것은 아니다.

05 조세특례제한법상 주요 세액공제

1) 종류

〈세액공제〉
1. 기업의 어음제도개선을 위한 세액공제 (제7조의2)
2. 상생결제 지급금액에 대한 세액공제(제7조의4)
3. 상생협력을 위한 기금 출연 등에 대한 세액공제(제8조의3)
4. 대중소기업 상생협력을 위한 기금출연 세액공제(제8조의3 제1항)
5. 협력중소기업에 대한 유형고정자산 무상임대 세액공제(제8조의3 제2항)
6. 수탁기업에 설치하는 시설 투자에 대한 세액공제(제8조의3 제3항)
6. 교육기관에 기증하는 연구시험용 시설자산에 대한 세액공제(제8조의3 제4항)
7. 신성장 연구·인력개발비에 대한 세액공제(제10조 제1항 제1호)
8. 국가전략기술 연구·인력개발비에 대한 세액공제(제10조 제1항 제2호)
9. 일반 연구·인력개발비 세액공제(제10조 제1항 제3호)
10. 기술취득에 대한 세액공제(제12조 제2항)
11. 기술혁신형 합병에 대한 세액공제(제12조의3)
12. 기술혁신형 주식취득에 대한 세액공제(제12조의4)
13. 내국법인의 벤처기업등 출자에 대한 세액공제(제13조의2)
13. 내국법인의 소재·부품·장비 관련 중소·중견기업등 공동출자에 대한 세액공제(제13조의3)
14. 성과공유 중소기업 경영성과급에 대한 세액공제(제19조)
15. 통합투자세액공제(제24조)
16. 영상콘텐츠 제작비용에 대한 세액공제(제25조의6)
16. 내국법인의 문화산업전문회사에의 출자에 대한 세액공제(제25조의7)
17. 고용창출투자세액공제(제26조)
18. 산업수요맞춤형고등학교등 졸업자를 병역이행 후 복직시킨 중소기업에 대한 세액공제(제29조의2)
19. 경력단절 여성 고용 기업 등에 대한 세액공제(제29조의3)
20. 육아휴직 후 고용유지 기업에 대한 인건비 세액공제(제29조의3 제2항)[4]
21. 근로소득을 증대시킨 기업에 대한 세액공제(제29조의4)
22. 청년고용을 증대시킨 기업에 대한 세액공제(제29조의5)[5]
23. 고용을 증대시킨 기업에 대한 세액공제(제29조의7)[6]
24. 통합고용세액공제(제29조의8)[7]

25. 정규직근로자 전환 세액공제(제30조의2)(삭제)
26. 고용유지중소기업에 대한 세액공제(제30조의3)
27. 중소기업 고용증가 인원에 대한 사회보험료 세액공제(제30조의4 제1항)[8]
28. 동업기업 세액공제 배분액(제100조의18 제5항)
29. 전자신고에 대한 세액공제(제104조의8)
30. 제3자 물류비용 세액공제(제104조의14)
31. 기업의 운동경기부 설치운영비용 세액공제(제104조의22)
32. 석유제품 전자상거래에 대한 세액공제(제104조의25)
33. 금사업자와 스크랩등 사업자 수입금액의 증가 등에 대한 세액공제(제122조의4)
34. 성실신고 확인비용에 대한 세액공제 (제126조의6)
35. 금 현물시장에서 거래되는 금지금에 대한 과세특례(제126조의7 제8항)

2) 총괄 요약표

조문	농어촌특별세	감가상각의제	이월공제	최저한세	다른 감면·공제와 중복적용 가능 여부
기업의 어음제도개선을 위한 세액공제 (조특법 제7조의2)	비과세	해당없음	해당	해당	감면 : 중복지원 배제, 공제 : 개별판단
상생결제 지급금액에 대한 세액공제 (조특법 제7조의4)	과세	해당없음	해당	해당	감면 : 중복지원 배제, 공제 : 개별판단
상생협력을 위한 기금 출연 등에 대한 세액공제 (조특법 제8조의3)	비과세	해당없음	해당	해당	감면 : 중복지원 배제, 공제 : 개별판단

---

4) 2023년부터 통합고용세액공제(제29조의8)로 일원화 하였음
5) 2018년부터 고용창출투자세액공제와 통합·재설계하여 고용증대세액공제(제29조의7) 신설
6) 2023년부터 통합고용세액공제(제29조의8)로 일원화 하였음
7) 23년부터 고용증대세액공제(제29조의7) 사회보험료·경력단절여성·정규직 전환·육아휴직 복귀자 세액공제 제도를 통합하여 신설함.
8) 2023년부터 통합고용세액공제(제29조의8)로 일원화 하였음
9) 중소기업은 최저한세 비해당

조문	농어촌특별세	감가상각의제	이월공제	최저한세	다른 감면·공제와 중복적용 가능 여부
협력중소기업 및 대중소기업 상생협력을 위한 기금출연, 유형고정자산 무상임대, 시설 투자, 교육기관 기증 세액공제 (조특법 제8조의3 제1항~제4항)	비과세	해당없음	해당	해당	감면 : 중복지원 배제, 공제 : 개별판단
신성장 연구·인력개발비에 대한 세액공제 (조특법 제10조 제1항 제1호)	비과세	해당없음	해당	해당	감면 : 중복지원 가능, 공제 : 개별판단
국가전략기술 연구·인력개발비에 대한 세액공제 (조특법 제10조 제1항 제2호)	비과세	해당없음	해당	해당	감면 : 중복지원 가능, 공제 : 개별판단
일반 연구·인력개발비 세액공제 (조특법 제10조 제1항 제3호)	비과세	해당없음	해당	해당9)	감면 : 중복지원 가능, 공제: 개별판단
기술취득에 대한 세액공제 (조특법 제12조 제2항)	비과세	해당없음	해당	해당	감면 : 중복지원 배제, 공제 : 개별판단
기술혁신형 합병 및 주식취득에 대한 세액공제 (조특법 제12조의3~ 제12조의4)	비과세	해당없음	해당	해당	감면 : 중복지원 배제, 공제 : 개별판단
내국법인의 벤처기업 등 출자 및 소재·부품·장비 관련 중소·중견기업	비과세	해당없음	해당	해당	감면 : 중복지원 가능, 공제 : 개별판단

조문	농어촌 특별세	감가상각 의제	이월공제	최저한세	다른 감면·공제와 중복적용 가능 여부
공동출자 세액공제 (조특법 제13조의2~ 제13조의3)					
성과공유 중소기업 경영성과급에 대한 세액공제 (조특법 제19조)	비과세	해당없음	해당	해당	감면 : 중복지원 가능, 공제 : 개별판단
통합투자세액공제 (조특법 제24조)	과세	해당없음	해당	해당	감면 : 중복지원 배제, 공제 : 개별판단
영상콘텐츠 및 문화산업전문회사 출자에 대한 세액공제 (조특법 제25조의6~ 제25조의7)	비과세	해당없음	해당	해당	감면 : 중복지원 가능, 공제 : 개별판단
고용을 증대시킨 법인에 대한 세액공제 (조특법 제29조의7)	과세	해당없음	해당	해당	감면 : 중복지원 가능[10], 공제 : 개별판단
통합고용세액공제 (조특법 제29조의8)	과세	해당없음	해당	해당	감면 : 중복지원 가능, 공제 : 개별판단
금 현물시장에서 거래되는 금지금에 대한 과세특례 (조특법 제126조의7 제8항)	비과세	해당없음	해당	해당	감면 : 중복지원 배제, 공제 : 개별판단

---

10) 창업중소기업감면 중 고용증가인원에 대한 추가감면(조특법 제6조 제7항)은 중복적용 불가

06 조세특례제한법상 세액공제 공통사항

1. 세액공제 이월공제

1) 「조특법」 제144조 〔세액공제액의 이월공제〕

(1) 공제할 세액 중 당해 과세연도에 납부할 세액이 없거나 최저한세의 적용으로 공제받지 못한 부분에 상당하는 금액은 당해 과세연도의 다음 과세연도의 개시일부터 10년이내에 끝나는 각 과세연도에 이월하여 그 이월된 각 과세연도의 소득세 (사업소득에 대한 소득세만 해당한다) 또는 법인세에서 이를 공제한다.

(2) 당초 신고시 최저한세 적용으로 이월공제액이 발생한 경우로서 수정신고·경정결정으로 인하여 해당 사업연도의 공제한도가 증가하는 경우에는 이를 추가로 공제하여 경정·결정할 수 있다.

(3) 각 과세연도의 소득세 또는 법인세에서 공제할 금액과 이월된 미공제 금액이 중복되는 경우에는 이월된 미공제 금액을 먼저 공제하고 그 이월된 미공제 금액 간에 중복되는 경우에는 먼저 발생한 것부터 차례대로 공제한다.

2) 세액공제액의 이월공제 개정연혁 : 2020 개정세법

「조특법」상 모든 세액공제의 이월공제기간을 10년으로 확대(2021.01.01. 이후 소득세·법인세 신고시 이월공제기간이 경과하지 않은 분부터 적용)

> ● 법 부칙51조 (2020.12.29.)
> 2021.01.01 전에 종전의 각 호의 구분에 따른 기간이 지나 이월하여 공제받지 못한 세액에 대해서는 개정규정에도 불구하고 종전의 규정에 따름.

3) 세부사항

(1) 세액공제액의 이월공제 가능기한은 공제금액이 한도액을 초과하는 당해 과세연도의 다음 과세연도 개시일로부터 10년이므로 법인의 경우 당해 법인의 사업연도와는 무관한 것이라는 점(법인 22601-3543, 1985.11.26.)

> ex) 어떤 법인의 사업연도가 6월인 경우에는 20사업연도에 걸쳐서 투자세액공제액의 이월공제가 허용된다.

(2) 이월공제가 적용되는 과세연도를 임의로 선택할 수 없다.

즉, 법인세나 소득세의 산출세액이 있는 과세연도에는 이월공제액을 당연히 동 과세연도의 법인세나 소득세에서 공제하여야 하며, 착오 등으로 인하여 공제받지 못한 경우에는 공제받지 못한 과세연도의 법인세나 소득세를 경정하여야 한다(법인 22601-2550, 1968.08.18.).

(3) 세액공제신청서 등의 기한 내 제출이 투자세액공제액의 이월공제의 필수적인 요건은 아니다.

예를 들어 조특법 제26의 규정에 의한 고용창출투자세액공제를 적용함에 있어서 해당 과세연도에 세액공제신청서 등을 제출하지 않고 지연하여 제출한 경우에도 본조의 규정에 따라 공제세액을 이월하여 공제할 수 있다(소득 22601-1142, 1992.05.22. : 서면2팀-457, 2005.03.29.).

(4) 이월공제의 순서

당해 공제할 금액과 이월된 미공제 금액이 중복되는 경우에는 이월된 미공제 금액을 먼저 공제하고 그 이월된 미공제 금액 간에 중복되는 경우에는 먼저 발생한 것부터 차례대로 공제함.

> **참고 예규 판례**
> ● 제목 : 농어촌특별세 과세의 적법 여부(공제감면세액 중 최저한세 우선적용여부)
> 법인세법 제59조 제1항의 별도의 규정인 조세특례제한법 제132조 제3항을 적용하여 최저한세 적용되는 세액공제를 먼저 적용한 후 최저한세가 적용되지 않은 세액공제를 나중에 적용하고, 최저한세가 적용되는 세액 공제 중 이월공제세액이 있는 경우 그 공제세액을 먼저 적용함(서울청-2023-0145, 2023.07.20.)

◉ 참고 예규 판례

사건 개요 : 원고는 2012 사업연도에 에너지절약시설 투자비용을 지출하였으나, 최저한세 적용 등으로 인해 해당 연도의 법인세에서 세액공제나 이월공제를 받지 못했습니다. 이후 2014년 지방세법 개정으로 법인지방소득세의 과세체계가 부가세 방식에서 독립세 방식으로 변경되었습니다. 원고는 2014 사업연도의 법인지방소득세를 신고·납부하면서, 이전의 세액공제 이월규정을 적용하지 않았습니다. 그러나 이후 경과규정을 근거로 법인지방소득세에서도 이월공제를 적용해야 한다며 경정청구를 하였으나, 피고는 이를 거부하였습니다.

대법원 판단 : 대법원은 경과규정에서 언급한 '종전의 규정'은 개정된 지방세법 본칙만을 의미하며, 조세특례제한법상의 세액공제·이월공제 규정은 이에 해당하지 않는다고 판단하였습니다. 또한, 조세특례제한법의 해당 규정은 법인세에 대한 것이지, 법인지방소득세에 대한 조세감면을 정한 것이 아니라고 보았습니다. 따라서, 2014 사업연도의 법인지방소득세에 대해 경과규정을 근거로 이전 규정을 적용할 수 없다고 판시하였습니다.(대법2023두38516 (2023.11.30.))

2. 중복지원 배제

1) 「조특법」 제127조 ②항 : 투자세액공제 중복적용 배제

(1) 내국인이 조특법에 따라 투자한 자산에 대하여 상생협력을 위한 기금출연 등에 대한 세액공제(제8조의3 제3항), 통합투자세액공제(제24조) 및 고용창출투자세액공제(제26조)가 동시에 적용되는 경우 각각 그 중 하나만을 선택하여 적용받을 수 있다.

(2) 동일한 과세연도에 동시에 적용되는 다음의 경우 각각 그 중 하나만을 선택하여 적용받을 수 있음.

① 성과공유 중소기업의 경영성과급에 대한 세액공제(제19조 제1항)와 근로소득을 증대시킨 기업에 대한 세액공제(제29조의4)

② 고용창출투자세액공제(제26조)와 청년고용을 증대시킨 기업에 대한 세액공제(제29조의5)

③ 고용창출투자세액공제(제26조)와 중소기업 사회보험료 세액공제(제30조의4)

2) 「조특법」 제127조 ④항 : 세액감면과 세액공제의 중복적용 배제

내국법인이 동일 과세연도에 다음의 세액감면과 세액공제가 동시에 적용되는 경우에는 하나만을 선택하여 적용받을 수 있음.

∴ 이 규정의 경우 세액감면과 세액공제가 중복 해당되는 경우 중복적용하지 않는다는 규정이며, 감면간 공제간 중복공제되지 않는다는 규정이 아님 주의.

세액감면	세액공제
① 제6조 : 창업중소기업 등에 대한 세액감면 ② 제7조 : 중소기업에 대한 특별세액감면 ③ 제12조의2 : 연구개발특구에 입주하는 첨단기술기업 등에 대한 법인세 등의 감면 ④ 제31조 제4항, 제5항 : 중소 기업 간의 통합에 대한 소득세의 이월감면 ⑤ 제32조 제4항 : 법인전환시 세액감면 승계 ⑥ 제62조 제4항 : 공공기관이 혁신도시로 이전에 대한 감면 ⑦ 제63조 제1항 : 수도권과밀억제권역 외 지역이전 중소기업에 대한 세액감면 ⑧ 제63조의2 제1항 : 공장 및 본사 수도권외 지역이전에 대한 임시특별세액감면 ⑨ 제64조 : 농공지구입주기업 등에 대한 세액감면 ⑩ 제66조 : 영농조합법인 법인세 면제 ⑪ 제67조 : 영어조합법인 법인세 면제 ⑫ 제68조 : 농업회사법인 법인세 면제 ⑬ 제85조의6 제1항, 2항 : 사회적 기업에 대한 법인세 감면 ⑭ 제99조의9 제2항 : 위기지역 창업기업에 대한 법인세 등의 감면 ⑮ 제99조의11 제1항 : 감염병 피해에 따른 특별재난지역의 중소기업 법인세 등의 감면 ⑯ 제104조의24 제1항 : 해외진출기업 국내복귀에 대한 감면	① 제8조의3 : 대중소기업 상생협력을 위한 기금출연시 세액공제 ② 제13조의2 : 내국법인의 벤처기업등에의 출자에 대한 과세특례 ③ 제24조 : 통합투자세액공제 (중소기업투자, 생산성향상시설, 연구개발설비투자 안전시설, 에너지 절약시설 등 종전의 각종투자세액공제) ④ 제25조의6 : 영상콘텐츠 제작비용에 대한 세액공제 ⑤ 제26조 : 고용창출투자세액공제 ⑥ 제30조의4 : 중소기업 사회보험료 세액공제(2018부터 제7조 중소기업 감면과는 중복적용 가능하다) ⑦ 제104조의 14 : 제3자 물류비용에 대한 세액공제 ⑧ 제104조의15 : 해외자원개발 투자에 대한 과세특례 ⑨ 제104조의22 : 기업의 운동경기부 설치, 운영에 대한 과세특례 ⑩ 제104조의25 : 석유제품 전자상거래에 대한 세액공제 ⑪ 제122조의4 제1항 : 금사업자와 스크랩 등 사업자의 수입금액의 증가 등에 대한 세액공제 ⑫ 제126조의7 제8항 : 금 현물시장에서 거

세액감면	세액공제
⑰ 제121조의8 : 제주첨단과학기술단지 입주기업에 대한 소득세의 감면 ⑱ 제121조의9 제2항 : 제주투자진흥지구 또는 제주 자유무역지역 입주기업 소득세 감면 ⑲ 제121조의17 제2항 : 기업도시 개발구역 입주기업 등에 대한 소득세 감면 ⑳ 제121조의20 제2항 : 아시아문화중심도시 투자진흥지구 입주기업 등에 대한 법인세 등의 감면 ㉑ 제121조의21 제2항 : 금융중심지 창업기업 등에 대한 법인세 등의 감면 ㉒ 제121조의22 제2항 : 첨단의료복합단지 입주기업 감면 ㉓ 제121조의33 제2항 : 기회발전특구의 창업기업에 대한 법인세 등의 감면(24년부터)	래되는 금지금에 대한 과세특례

※ 조특법 제6조 (창업중소기업 감면 중 고용인원증가에 대한 추가감면)에 따라 소득세 또는 법인세를 감면 받는 경우에는 조특법 제29조의7(고용을 증대시킨 기업에 대한 세액공제) 또는 제29조의8 (통합고용세액공제 중 고용인원 증가분)을 중복적용 하지 않음.

※ 중소기업 사회보험료세액공제와 중소기업에 대한 특별세액감면은 동시에 적용가능하다.

3)「조특법」제127조 ⑤항 : 세액감면 간 중복적용 배제

동일한 사업장에 대하여 동일한 과세연도에 다음에 해당하는 세액감면규정이 중복되는 경우에는 그 중 하나만을 선택하여 적용받을 수 있음.

> 제6조 : 창업중소기업 등에 대한 세액감면
> 제7조 : 중소기업에 대한 특별세액감면
> 제12조의2 : 연구개발특구에 입주하는 첨단기술기업 등에 대한 법인세 등의 감면
> 제31조 제4항, 제5항 : 중소 기업 간의 통합에 대한 소득세의 이월감면
> 제32조 제4항 : 법인전환시 세액감면 승계
> 제62조 제4항 : 공공기관 혁신도시로 이전에 대한 세액감면
> 제63조 제1항 : 수도권과밀억제권역 외 지역이전 중소기업에 대한 세액감면

제63조의2 제2항 : 공장 및 본사 수도권외 지역이전에 대한 임시특별세액감면
제64조 : 농공지구입주기업 등에 대한 세액감면
제85조의6 제1항, 제2항: 사회적 기업에 대한 법인세 감면
제99조의9 제2항 : 위기지역 창업기업에 대한 법인세 등의 감면
제99조의11 제1항 : 감염병 피해에 따른 특별재난지역의 중소기업 법인세 등의 감면
제104조의24 제1항 : 해외진출기업의 국내복귀에 대한 세액감면
제121의8 : 제주첨단과학기술단지 입주기업에 대한 소득세의 감면
제121조의9 제2항 : 제주투자진흥지구, 제주자유무역지역 입주기업 소득세의 감면
제121조의17 제2항 : 기업도시개발구역 등의 창업기업 등에 대한 법인세 등의 감면
제121조의20 제2항 : 아시아문화중심도시 투자진흥지구 입주기업 법인세 등의 감면
제121조의21 제2항 : 금융중심지 창업기업 등에 대한 법인세 등의 감면
제121조의22 제2항 : 첨단의료복합단지 입주기업에 대한 법인세 등의 감면
제121조의33 제2항 : 기회발전특구의 창업기업에 대한 법인세 등의 감면(24년부터)
제121조의2 : 외국인투자에 대한 세액감면
제121조의4 : 외국인투자기업 증자에 대한 감면

4) 「조특법」 제127조 ⑥항 : 취득세 및 재산세 감면 중복적용 배제

내국인이 동일한 사업장에 대하여 동일한 과세연도에 외국인 투자에 대한 조세감면(제121조의2) 및 증자의 조세감면(제121조의4)에 따른 취득세 및 재산세의 감면 규정이 모두 적용될 수 있는 경우에는 그중 하나만을 선택하여 적용받을 수 있음.

5) 「조특법」 제127조 ⑩항 : 구분경리하는 경우의 중복지원

구분경리에 따라 세액감면을 적용받는 사업과 그 밖의 사업을 구분 경리하는 경우로서 그 밖의 사업에 공제규정이 적용되는 경우에는 해당 세액감면과 공제는 중복지원에 해당하지 않음.

3. 관련 서식

■ 조세특례제한법 시행규칙 [별지 제1호서식] 〈개정 2024. 3. 22.〉

세액공제신청서

(3쪽 중 제1쪽)

※ 제3쪽의 작성방법 및 유의사항을 읽고 작성하여 주시기 바랍니다.

접수번호	접수일	처리기간	즉시

❶ 신청인	① 상호 또는 법인명	② 사업자등록번호
	③ 대표자 성명	④ 생년월일
	⑤ 주소 또는 본점 소재지 (전화번호:)	

❷ 과세연도   년 월 일부터   년 월 일까지

❸ 신청 내용

⑥ 구 분	⑦ 근거법령	⑧ 코드	⑨ 공제율	⑩ 대상세액	⑪ 공제세액
⑩ 중소기업 등 투자세액공제	영 제4조제8항 (2021.2.17. 대통령령 제31444호로 개정되기 전의 것)	131			
⑩ 상생결제 지급금액에 대한 세액공제	영 제6조의4제4항	14Z			
⑬ 대·중소기업상생협력기금 출연 세액공제	영 제7조의2제4항	14M			
⑭ 협력중소기업에 대한 유형고정자산 무상임대 세액공제	영 제7조의2제8항	18D			
⑮ 수탁기업에 설치하는 시설에 대한 세액공제	영 제7조의2제12항	18L			
⑯ 교육기관 무상 기증 중고자산에 대한 세액공제	영 제7조의2제16항	18R			
⑰ 신성장·원천기술 연구개발비 세액공제 (최저한세 적용대상)	영 제9조제14항	13L			
⑱ 국가전략기술 연구개발비 세액공제 (최저한세 적용대상)	영 제9조제14항	10E			
⑲ 일반 연구 및 인력개발비 세액공제 (최저한세 적용대상)	영 제9조제14항	13M			
⑩ 신성장·원천기술 연구개발비 세액공제 (최저한세 적용제외)	영 제9조제14항	16A			
⑪ 국가전략기술 연구개발비 세액공제 (최저한세 적용제외)	영 제9조제14항	10D			
⑫ 일반 연구 및 인력개발비 세액공제 (최저한세 적용제외)	영 제9조제14항	16B			
⑬ 기술취득에 대한 세액공제	영 제11조제6항	176			
⑭ 기술혁신형 합병에 대한 세액공제	영 제11조의3제14항	14T			
⑮ 기술혁신형 주식취득에 대한 세액공제	영 제11조의4제12항	14U			
⑯ 벤처기업등 출자에 대한 세액공제	영 제12조의2제5항	18E			
⑰ 소재·부품·장비 수요기업 공동출자 세액공제	영 제12조의3제15항	18N			
⑱ 소재·부품·장비 외국법인 등 인수 세액 공제	영 제12조의3제15항	18P			
⑲ 성과공유 중소기업 경영성과급 세액공제	영 제17조제5항	18H			
⑳ 통합투자세액공제(일반)	영 제21조제13항	13W			
㉑ 통합투자세액공제(신성장사업화시설)	영 제21조제13항	13X			
㉒ 통합투자세액공제(국가전략기술사업화시설)	영 제21조제13항	13Y			
㉓ 임시 통합투자세액공제(일반)	영 제21조제13항	1B1			
㉔ 임시 통합투자세액공제(신성장사업화시설)	영 제21조제13항	1B2			
㉕ 임시 통합투자세액공제(국가전략기술사업화시설)	영 제21조제13항	1B3			
㉖ 초연결 네트워크 투자에 대한 세액공제	영 제22조의11제7항 (2021.2.17. 대통령령 제31444호로 개정되기 전의 것)	18I			
㉗ 연구 및 인력개발 설비투자 세액공제	영 제22조 (2021.2.17. 대통령령 제31444호로 개정되기 전의 것)	134			
㉘ 에너지 절약시설투자 세액공제	영 제22조의2 (2021.2.17. 대통령령 제31444호로 개정되기 전의 것)	177			
㉙ 환경보전시설투자세액공제	영 제22조의3 (2021.2.17. 대통령령 제31444호로 개정되기 전의 것)	14A			
㉚ 근로자복지증진설비투자 세액공제	영 제22조의4 (2021.2.17. 대통령령 제31444호로 개정되기 전의 것)	142			
㉛ 안전시설투자 세액공제	영 제22조의5 (2021.2.17. 대통령령 제31444호로 개정되기 전의 것)	136			

210mm×297mm[백상지 80g/㎡ 또는 중질지 80g/㎡]

(3쪽 중 제2쪽)

⑥ 구 분	⑦ 근거법령	⑧ 코드	⑨ 공제율	⑩ 대상세액	⑪ 공제세액
⑬ 생산성향상시설투자 세액공제	영 제22조의6 (2021.2.17. 대통령령 제31444호로 개정되기 전의 것)	135			
⑬ 의약품품질관리개선시설투자 세액공제	영 제22조의8 (2021.2.17. 대통령령 제31444호로 개정되기 전의 것)	14B			
⑭ 신성장기술 사업화를 위한 시설투자 세액공제	영 제22조의9 (2021.2.17. 대통령령 제31444호로 개정되기 전의 것)	18B			
⑮ 영상콘텐츠 제작비용에 대한 세액공제(기본공제)	영 제22조의10제6항	18C			
⑮ 영상콘텐츠 제작비용에 대한 세액공제 (추가공제)	영 제22조의10제6항	1B8			
⑬ 문화산업전문회사 출자에 대한 세액공제	영 제22조의11제5항	1B7			
⑬ 고용창출투자 세액공제	영 제23조제15항부터 제17항까지	14N			
⑬ 산업수요맞춤형고등학교등 졸업자를 병역이행 후 복직시킨 중소기업에 대한 세액공제	영 제26조의2제3항	14S			
⑩ 경력단절 여성 고용 기업에 대한 인건비 세액공제	영 제26조의3제6항	14X			
⑪ 육아휴직 후 고용유지 기업에 대한 인건비 세액공제	영 제26조의3제6항	18J			
⑫ 근로소득을 증대시킨 기업에 대한 세액공제	영 제26조의4제17항	14Y			
⑬ 청년고용을 증대시킨 기업에 대한 세액공제	영 제26조의5제11항	18A			
⑭ 고용을 증대시킨 기업에 대한 세액공제	영 제26조의7제10항	18F			
⑮ 통합고용세액공제	영 제26조의8제11항	18S			
⑯ 통합고용세액공제(정규직 전환)	영 제26조의8제11항	1B4			
⑰ 통합고용세액공제(육아휴직 복귀)	영 제26조의8제11항	1B5			
⑱ 고용유지중소기업에 대한 세액공제	영 제27조의3제3항	18K			
⑲ 정규직근로자 전환 세액공제	법 제30조의2제4항 (2022.12.31. 법률 제19199호로 개정되기 전의 것)	14H			
⑳ 중소기업 고용증가 인원 사회보험료 세액공제	법 제30조의4제5항	14Q			
㉑ 중소기업 사회보험 신규가입에 대한 사회보험료 세액공제	법 제30조의4제5항	18G			
㉒ 상생결제를 이용한 압축사업자에 대한 세액공제	영 제96조의3제8항	10B			
㉓ 선결제 금액에 대한 세액공제	영 제99조의11제4항	18Q			
㉔ 전자신고에 대한 세액공제(납세의무자)	영 제104조의5제6항	184			
㉕ 전자신고에 대한 세액공제(세무법인)	영 제104조의5제6항	14J			
㉖ 제3자 물류비용에 대한 세액공제	영 제104조의14제2항	14E			
㉗ 해외자원개발투자에 대한 과세특례	영 제104조의15제6항	1B6			
㉘ 기업의 경기부 설치운영 세액공제	영 제104조의20제5항	14O			
㉙ 석유제품 전자상거래에 대한 세액공제	영 제104조의22제3항	14P			
⑯ 대학 맞춤형교육비용 세액공제	법 제104조의18제1항 (2020.12.29. 법률 제17759호로 개정되기 전의 것)	14I			
⑯ 대학등 기부설비에 대한 세액공제	법 제104조의18제2항 (2020.12.29. 법률 제17759호로 개정되기 전의 것)	14K			
⑯ 산업수요맞춤형고등학교등 재학생에 대한 현장훈련수당등 세액공제	법 제104조의18제4항 (2020.12.29. 법률 제17759호로 개정되기 전의 것)	14R			
⑯ 우수 선화주 인증 국제물류주선업자 세액공제	영 제104조의27제3항	18M			
⑯ 용역제공자에 관한 과세자료의 제출에 대한 세액공제	영 제104조의29제2항	10C			
⑯ 금사업자와 스크랩등사업자의 수입금액의 증가 등에 대한 세액공제	영 제117조의4제4항	14W			
⑯ 금 현물시장에서 거래되는 금지금에 대한 과세특례	법 제126조의7제13항	14V			
⑯ 세액공제 합계		1A3			

210mm×297mm[백상지 80g/㎡ 또는 중질지 80g/㎡]

(3쪽 중 제3쪽)

「조세특례제한법」 및 같은 법 시행령에 따라 위와 같이 세액공제를 신청합니다.

년   월   일

신청인   (서명 또는 인)

세무서장 귀하

작성방법 및 유의사항

1. 신청 내용 구분별로 ⑨ 공제율란, ⑩ 대상세액란과 ⑪ 공제세액란을 적습니다.
2. ⑨ 공제율란을 작성할 때 법령의 개정에 따라 종전의 규정 또는 개정규정을 적용받는 경우 등에는 해당 공제율을 적습니다.
3. ⑩ 대상세액란: 최저한세액 적용 전의 공제세액을 적습니다.
4. ⑪ 공제세액란: ⑩ 대상세액에서 최저한세액 적용에 따른 공제세액 배제액을 뺀 금액을 적습니다.
5. 법령에 따른 첨부서류는 세액공제신청서를 제출할 때 함께 제출해야 합니다.
6. 법령의 개정으로 종전의 규정 또는 개정규정에 따라 세액공제를 받는 경우에는 해당 법령의 조문순서에 따라 빈칸에 별도로 적습니다.
7. ⑦ 근거법령란에서 '법'은 「조세특례제한법」, '영'은 「조세특례제한법 시행령」을 뜻합니다.

210mm×297mm[백상지 80g/㎡ 또는 중질지 80g/㎡]

07 　 조세특례제한법상 세액감면 vs 세액공제

1) 세액감면 및 세액공제 비교 요약표

구분	세액감면	세액공제
1. 의의	산출세액을 기준으로 특정 사유에 따라 발생된 일정 비율을 산출세액에서 감액하는 방법	산출세액과 관계없이 일정하게 발생된 사유의 금액을 기준으로 산출세액에서 공제하는 방법
2. 이월적용 여부	산출세액의 일정 비율을 감면하므로, 산출세액이 없거나 최저한세 해당하는 경우에는 세액감면이 소멸됨	산출세액이 없거나 최저한세에 해당하는 경우에는 대부분 미공제세액 10년간 이월공제가능(개정)
3. 소득구분계산	감면대상 업종, 범위가 지정되어 있어 해당 업종의 소득에 한정하여 감면되므로 소득 구분해야 함.	소득구분계산서 작성의무 없음.
4. 추가적용 여부	세무서장의 경정 결정 시 부정한 과소 신고소득에 대해서 세액감면이 배제되지만, 그 외 수정신고와 경정 결정 시 증액되는 산출세액에 대해서는 추가감면 적용 가능.	경정 결정, 경정청구, 수정신고 시 공제받지 못한 부분 추가로 세액공제 가능함.
5. 무신고 또는 경정 결정 시	창업중소기업, 중소기업 특별세액감면, 지방 이전감면 등 감면 배제됨.	별도의 배제규정은 없음. ∴ 무신고 또는 경정 결정 시에도 적용 가능.

2) 수정신고, 세무조사로 증가한 산출세액에 대한 세액공제 및 세액감면

(1) 세액감면의 경우

① 무신고 또는 세무조사에 의한 결정으로 인한 부정한 과소신고의 경우에는 증가하는 산출세액에 대하여 추가감면을 적용하지 않는다.

② 경정을 하는 경우와 과세표준 수정신고서를 제출한 과세표준과 세액을 경정할 것을 미리 알고 제출한 경우에는 부당 과소신고금액에 대해 집행기준 128-0-2에 따른 세액감면을 적용하지 않는다.

[참고] 집행기준 128-0-2

무신고 결정 및 기한 후 신고 시 적용 배제되는 조세 지원제도		
① 창업중소기업 등에 대한 세액감면(법 §6)	② 중소기업에 대한 특별세액감면(법 §7)	③ 기술이전에 대한 과세특례(법 §12①, ③)
④ 연구개발특구에 입주하는 첨단기술기업 등에 대한 법인세 등에 대한 감면(법 §12의 2)	⑤ 창업중소기업 등의 통합에 대한 세액감면 승계(법 §31④,⑤)	⑥ 법인전환으로 설립된 법인의 이월감면(법 §32④)
⑦ 공공기관 혁신도시 이전하는 경우 법인세 등 감면(법 §62④)	⑧ 수도권 과밀억제권역 외 지역 이전 중소기업 세액감면(법 §63)	⑨ 법인의 공장 및 본사를 수도권 밖으로 이전하는 경우 법인세 등 감면(법 §63의 2②)
⑩ 농공단지입주기업 등에 대한 조세감면(법 §64)	⑪ 영농조합법인 등에 대한 법인세 면제 등(법 §66)	⑫ 영어조합법인 등에 대한 법인세 면제 등(법 §67)
⑬ 농업회사법인에 대한 법인세 면제 등(법 §68)	⑭ 사회적기업 및 장애인 표준사업장에 법인세 등 감면(법 §85의6①,②)	⑮ 소형주택 임대사업자에 대한 세액감면(법 §96)
⑯ 상가건물 장기 임대사업자에 대한 세액감면(법 §96의2)	⑰ 상가임대료를 인하한 임대사업자에 대한 세액공제(법 §96의3)	⑱ 위기지역 창업기업에 대한 법인세 등의 감면(법 §99의9②)
⑲ 감염병 피해에 따른 특별재난지역의 중소기업에 대한 법인세 등의 감면(법 §99의11①)	⑳ 선결제 금액에 대한 세액공제(법 §99의12)	㉑ 산림개발소득에 대한 세액감면(법 §102)
㉒ 해외진출기업의 국내복귀에 대한 세액감면(법 §104의24①)	㉓ 제주첨단과학기술단지 입주기업에 대한 법인세 감면(법 §121의8)	㉔ 제주투자진흥지구 또는 제주자유무역지역 입주기업에 대한 법인세 등의 감면(법 §121의9②)
㉕ 기업도시개발구역 입주기업 등에 대한 법인세 등의 감면(법 §121의17②)	㉖ 아시아문화중심도시 투자진흥지구 입주기업 등에 대한 법인세 등의 감면(법 §121의20②)	㉗ 금융중심지 창업기업 등에 대한 법인세 등의감면(법 §121의21②)
㉘ 첨단의료복합단지 입주기업에 대한 법인세등 감면(법 §121의22②)	㉙ 기회발전특구의 창업기업 등에 대한 법인세 등 감면(법 §123의33②)	

(2) 세액공제의 경우

① 산출세액과 관계없이 일정한 사유에 의하여 발생되기 때문에 세액공제는 수정신고, 세무조사 등에 의한 증액되는 산출세액에 대하여도 공제받지 못한 이월세액이 있으면 추가로 공제된다.

② 또한, 소득세 법인세는 각종 가산세를 포함하는 개념이므로 신고불성실가산세 등 의무 불이행 가산세에서도 조세특례제한법상 세액공제는 적용되어야 한다.

③ 과세관청의 증액 경정처분으로 인하여 내국법인의 국외 원천소득금액이 증가하였을 경우 증가한 해당사업연도의 국외 원천소득금액을 반영하여 「법인세법」 제57조에 따른 외국납부세액공제액을 재산정한 결과 증가한 외국납부세액공제액에 대하여 「국세기본법」 제45조의2 규정에 따른 경정청구를 할 수 있다.

08 세액감면 및 세액공제 적용시 공통 주의사항

1) 감면배제 (조특법 제128조)

(1) 의의

아래의 감면배제사유에 해당하는 경우 일정 감면을 배제한다.

① 추계신고의 경우

② 결정 및 기한 후 신고의 경우

③ 경정 등의 경우

④ 사업용 계좌 미신고 등의 경우 감면배제

(2) 감면배제사유

① 추계신고의 경우
  가. 소득세법상 추계조사결정 : 업종별 기준경비율 등에 의하여 과세표준과 세액을 결정하는 경우 다만, 간편장부의무자의 경우 추계신고시에 감면 받을 수 있다.

나. 법인세법상 장부기타증빙서류의 미비등으로 소득금액 계산할 수 없는 경우의 추계 조사결정·경정

단, 추계하는 경우에도 거주자에 대해서는 통합투자세액공제(제24조) 및 고용창출투자세액공제(제26조) 적용가능하다(투자에 관한 증거서류를 제출하는 경우에 한한다).

※ 취소선 투자세액공제는 2021년 조특법 §24 『통합투자세액공제』 신설로 통합되어 삭제되었음.

중소기업 등 투자 세액공제(제5조)/ 기업의 어음제도개선을 위한 세액공제(제7조의2)/ 상생결제 지급금액에 대한 세액공제 (제7조의4)/ 상생협력을 위한 수탁기업에 설치하는 검사대 또는 연구시설에 대한 세액공제(제8조의3 제3항)/ 연구·인력개발비세액공제(법 제10조)/ 특허권 등의 취득중소기업에 대한 세액공제(제12조 제2항)/ 기술혁신형 합병에 대한 세액공제(제12조의3)/ 기술혁신형 주식취득에 대한 세액공제(제12조의4)/ 내국법인의 벤처기업 등에의 출자에 대한 과세특례(제13조의2)/ 내국법인의 소재·부품·장비전문기업에의 출자·인수에 대한 과세특례(제13조의3)/ 성과공유중소기업의 경영성과급에 대한 세액공제(법 제19조 제1항)/ 특정 시설 투자 등에 대한 세액공제(제25조)/ 의약품 품질관리개선시설투자에 대한 세액공제(제25조의4)/ 통합투자세액공제(제24조)/ 신성장기술 사업화를 위한 시설투자에 대한 세액공제(제25조의5)/ 영상콘텐츠 제작비용에 대한 세액공제(제25조의6)/ 초연결 네트워크 구축을 위한 시설투자에 대한 세액공제(제25조의7)/ 고용창출투자세액공제(제26조)/ 산업수요맞춤형고등학교등 졸업자를 병역 이행 후 복직시킨 기업에 대한 세액공제(제29조의2)/경력단절 여성 고용 기업 등에 대한 세액공제(제29조의3)/ 근로소득을 증대시킨 기업에 대한 세액공제(제29조의4)/ 청년고용을 증대시킨 기업에 대한 세액공제(제29조의5)/ 고용을 증대시킨 기업에 대한 세액공제(제29조의7)/ 통합고용세액공제(제29조의 8)/ 정규직 근로자로의 전환에 따른 세액공제(제30조의2)/ 고용유지중소기업 등에 대한 과세특례(제30조의3)/ 중소기업 사회보험료 세액공제 (제30조의4)/ 상가임대료를 인하한 임대사업자에 대한 세액공제(소득세법 제160조에 따른 간편장부대상자는 제외) (제96조의3)/ 선 결제 금액에 대한 세액공제(제99조의12)/ 제3자 물류비용에 대한 세액공제(제104조의14)/ 해외자원개발투자에 대한 과세특례(제104조의15)/ 석유제품 전자상거래에 대한 세액공제(제104조의25)/ 우수 선화주기업 인증을 받은 화주 기업에 대한 세액공제(제104조의30)/ 금사업자와 스크랩등 사업자의 수입금액의 증가 등에 대한 세액공제(제122조의4 제1항)/ 금현물시장에서 거래되는 금지금에 대한 과세특례(제126조의7 제8항)

② 결정 및 기한후 신고의 경우

　가. 소득세법 및 법인세법에 따라 결정을 하는 경우

　나. 국세기본법에 따라 기한 후 신고를 하는 경우

창업중소기업 등에 대한 세액감면(제6조)/ 중소기업에 대한 특별세액감면(제7조)/ 기술 이전·대여 소득에 대한 법인세 등 감면(제12조 제1항·제3항)/ 연구개발특구에 입주하는 첨단기술기업 등에 대한 법인세 등의 감면(제12조의2)/ 창업중소기업 등의 통합에 대한 세액감면(제31조 제4항·제5항)/ 창업중소기업 등의 법인전환에 대한 세액감면(제32조 제4항)/ 공공기관이 혁신도시로 이전하는 경우 법인세 등 감면(제62조 제4항)/ 수도권 밖으로 공장을 이전하는 기업에 대한 세액감면(제63조 제1항)/ 수도권 밖으로 본사를 이전하는 법인에 대한 세액감면(제63조의2 제1항)/ 농공단지입주기업등에 대한 세액감면(제64조)/ 영농조합법인 등에 대한 법인세의 면제 등(제66조)/ 영어조합법인 등에 대한 법인세의 면제 등(제67조)/ 농업회사법인에 대한 법인세의 면제 등(제68조)/ 사회적 기업 및 장애인 표준사업장에 대한 법인세 등의 감면(제85조의6 제1항·제2항)/ 소형주택 임대사업자에 대한 세액감면(제96조)/ 상가건물 장기 임대사업자에 대한 세액감면(제96조의2)/ 상가임대료를 인하한 임대사업자에 대한 세액공제(제96조의3)/ 위기지역 창업기업에 대한 법인세 등의 감면(제99조의9 제2항)/ 감염병 피해에 따른 특별재난지역의 중소기업에 대한 법인세 등의 감면(제99조의11 제1항)/ 선 결제 금액에 대한 세액공제(제99조의12)/ 산림개발소득에 대한 세액감면(제102조)/ 해외진출기업의 국내복귀에 대한 세액감면(제104조의24 제1항)/ 제주첨단과학기술단지 입주기업에 대한 법인세 등의 감면(제121조의8)/ 제주투자진흥지구 또는 제주자유무역지역 입주기업에 대한 법인세 등의 감면(제121조의9 제2항)/ 기업도시개발구역 등의 창업기업 등에 대한 법인세 등의 감면(제121조의17 제2항)/ 아시아문화중심도시 투자진흥지구 입주기업 등에 대한 법인세 등의 감면 등(제121조의20 제2항)/ 금융중심지 창업기업 등에 대한 법인세 등의 감면 등(제121조의21 제2항)/ 첨단의료복합단지 입주기업에 대한 법인세 등의 감면(제121조의22 제2항)/ 기회발전특구의 창업기업 등에 대한 법인세 등의 감면(제121조의33 제2항)

※ 단, 법인이 감면 등을 받지 못하거나 과소 감면받은 경우 수정신고를 통해서 감면을 적용받을 수 있음.

법인세 신고 시 결손 발생한 창업중소기업이 누락된 소득을 조정하여 수정신고기한내에 수정신고 시는 조세감면을 받을 수 있음(법인22601-1334, 1991.07.04.).

③ 경정 등의 경우
    가. 소득세법 및 법인세법에 따라 경정하는 경우(단, 사업용계좌 미개설 등의 경우에 해당하여 경정하는 경우는 포함하지 않음)
    나. 경정할 것을 미리 알고 수정신고서를 제출한 경우 부정과소신고금액에 대해서는 다음의 규정을 적용하지 않는다.

다만, 법인이 감면 등을 받지 못하거나 과소감면받은 경우 수정신고를 통해서 감면을 적용받을 수 있다.

> 창업중소기업 등에 대한 세액감면(제6조)/ 중소기업에 대한 특별세액감면(제7조)/ 기술 이전·대여 소득에 대한 법인세 등 감면(제12조 제1항·제3항)/ 연구개발특구에 입주하는 첨단기술기업 등에 대한 법인세 등의 감면(제12조의2)/ 창업중소기업 등의 통합에 대한 세액감면(제31조 제4항·제5항)/ 창업중소기업 등의 법인전환에 대한 세액감면(제32조 제4항)/ 공공기관이 혁신도시로 이전하는 경우 법인세 등 감면(제62조 제4항)/ 수도권 밖으로 공장을 이전하는 기업에 대한 세액감면(제63조 제1항)/ 수도권 밖으로 본사를 이전하는 법인에 대한 세액감면(제63조의2 제1항)/ 농공단지입주기업등에 대한 세액감면(제64조)/ 영농조합법인 등에 대한 법인세의 면제 등(제66조)/ 영어조합법인 등에 대한 법인세의 면제 등(제67조)/ 농업회사법인에 대한 법인세의 면제 등(제68조)/ 사회적 기업 및 장애인 표준사업장에 대한 법인세 등의 감면(제85조의6 제1항·제2항)/ 소형주택 임대사업자에 대한 세액감면(제96조)/ 상가건물 장기 임대사업자에 대한 세액감면(제96조의2)/ 상가임대료를 인하한 임대사업자에 대한 세액공제(제96조의3)/ 위기지역 창업기업에 대한 법인세 등의 감면(제99조의9 제2항)/ 감염병 피해에 따른 특별재난지역의 중소기업에 대한 법인세 등의 감면(제99조의11 제1항)/ 선 결제 금액에 대한 세액공제(제99조의12)/ 산림개발소득에 대한 세액감면(제102조)/ 해외진출기업의 국내복귀에 대한 세액감면(제104조의24 제1항)/ 제주첨단과학기술단지 입주기업에 대한 법인세 등의 감면(제121조의8)/ 제주투자진흥지구 또는 제주자유무역지역 입주기업에 대한 법인세 등의 감면(제121조의9 제2항)/ 기업도시개발구역 등의 창업기업 등에 대한 법인세 등의 감면(제121조의17 제2항)/ 아시아문화중심도시 투자진흥지구 입주기업 등에 대한 법인세 등의 감면 등(제121조의20 제2항)/ 금융중심지 창업기업 등에 대한 법인세 등의 감면 등(제121조의21 제2항)/ 첨단의료복합단지 입주기업에 대한 법인세 등의 감면(제121조의22 제2항)/ 기회발전특구의 창업기업 등에 대한 법인세 등의 감면(제121조의 33 제2항)

④ 사업용 계좌 미신고 등의 경우 감면 배제
    가. 사업용 계좌 신고의무 있는 사업자가 신고의무를 이행하지 않은 경우
    나. 현금영수증 가맹점 가입의무가 있는 사업자가 이를 이행하지 않은 경우
    다. 현금영수증 가맹점 및 신용카드 가맹점 사업자의 현금영수증 발급요청 거부 또는 신용카드매출전표, 현금영수증을 사실과 다르게 발급한 경우

창업중소기업 등에 대한 세액감면(제6조)/ 중소기업에 대한 특별세액감면(제7조)/ 기술 이전·대여 소득에 대한 법인세 등 감면(제12조 제1항·제3항)/ 연구개발특구에 입주하는 첨단기술기업 등에 대한 법인세 등의 감면(제12조의2)/ 창업중소기업 등의 통합에 대한 세액감면(제31조 제4항·제5항)/ 창업중소기업 등의 법인전환에 대한 세액감면(제32조 제4항)/ 공공기관이 혁신도시로 이전하는 경우 법인세 등 감면(제62조 제4항)/ 수도권 밖으로 공장을 이전하는 기업에 대한 세액감면(제63조 제1항)/ 수도권 밖으로 본사를 이전하는 법인에 대한 세액감면(제63조의2 제1항)/ 농공단지입주기업등에 대한 세액감면(제64조)/ 영농조합법인 등에 대한 법인세의 면제 등(제66조)/ 영어조합법인 등에 대한 법인세의 면제 등(제67조)/ 농업회사법인에 대한 법인세의 면제 등(제68조)/ 사회적 기업 및 장애인 표준사업장에 대한 법인세 등의 감면(제85조의6 제1항·제2항)/ 소형주택 임대사업자에 대한 세액감면(제96조)/ 상가건물 장기 임대사업자에 대한 세액감면(제96조의2)/ 상가임대료를 인하한 임대사업자에 대한 세액공제(제96조의3)/ 위기지역 창업기업에 대한 법인세 등의 감면(제99조의9 제2항)/ 감염병 피해에 따른 특별재난지역의 중소기업에 대한 법인세 등의 감면(제99조의11 제1항)/ 선 결제 금액에 대한 세액공제(제99조의12)/ 산림개발소득에 대한 세액감면(제102조)/ 해외진출기업의 국내복귀에 대한 세액감면(제104조의24 제1항)/ 제주첨단과학기술단지 입주기업에 대한 법인세 등의 감면(제121조의8)/ 제주투자진흥지구 또는 제주자유무역지역 입주기업에 대한 법인세 등의 감면(제121조의9 제2항)/ 기업도시개발구역 등의 창업기업 등에 대한 법인세 등의 감면(제121조의17 제2항)/ 아시아문화중심도시 투자진흥지구 입주기업 등에 대한 법인세 등의 감면 등(제121조의20 제2항)/ 금융중심지 창업기업 등에 대한 법인세 등의 감면 등(제121조의21 제2항)/ 첨단의료복합단지 입주기업에 대한 법인세 등의 감면(제121조의22 제2항)/ 기회발전특구의 창업기업 등에 대한 법인세 등의 감면(제121조의33 제2항)

참고 예규 판례
■ 기획재정부조세특례 -835, 2024.09.26
(질의) 2020년 귀속 종합소득세 산출세액에서 통합투자세액공제를 한 경우 조특법§132에 따른 최저한세 적용 대상인지 여부

〈제1안〉 2020년 귀속 종합소득세 신고분에도 최저한세 적용 대상임.
〈제2안〉 2020년 귀속 종합소득세 신고분은 최저한세 적용 대상이 아님.

귀 질의의 경우 제1안이 타당합니다.

> ● 제목 : 서로 다른 종류의 감면·공제항목이 중복되는 경우 최저한세가 적용되는 감면·공제를 이월된 감면·공제보다 우선 적용한 것이 타당한지 여부 등
>
> 조특법 제132조 제1항·제3항은「법인세법」제59조 제1항 본문상의 '적용순위에 대한 별도의 규정'이라 할 것인바, 해당 규정에 따라 감면·공제대상 중 최저한세 적용대상이 있는 경우라면 그 대상이 당기 또는 이월된 것인지 관계 없이 조특법 제132조 제1항 상의 최저한세 적용대상 감면·세액공제를 먼저 적용한 후 최저한세가 적용되지 않는 감면·세액공제를 적용하여야 할 것인 점, 조특법 제144조 제2항은 실체적 규정에 대한 절차적 또는 보충적 사항을 정한 보칙규정으로서 공제할 금액 중 이월된 미공제 금액이 있는 경우에 납세자에게 유리하도록 이월된 미공제 금액을 먼저 공제하기 위한 규정인 점 등에 비추어 처분청이 최저한세 적용대상인 중소기업 특별세액 감면, 고용증대기업 세액공제, 사회보험료 세액공제를 우선 적용함에 따라 청구법인에게 '고용증대기업 세액공제' 관련 농특세를 부과한 처분은 달리 잘못이 없다고 판단된다(조심2023서10466(2024.06.25.).

2) 최저한세 (조특법 제132조)

(1) 취지 및 의의

① 취지

조세특례제한법에서 규정하는 각종 조세감면제도는 과세정책의 목적상 특정요건을 갖춘 납세자에게 직·간접적인 혜택을 주는 제도인 바, 이러한 혜택을 받는 납세자와 그렇지 못한 납세자 간에는 과세불형평의 문제가 발생할 수 있다.

② 의의

최저한세란 조세정책 목적상 세금을 감면해 주는 경우라도 세부담의 형평성, 재정확보 측면에서 소득이 있는 모든자가 최소한의 세금을 내도록 규제하는 제도를 말한다. 다시말해 최저한세란 사업소득이 있는 납세자가 아무리 많은 공제나 감면을 받더라도 납부해야만 하는 최소한의 세금을 의미한다.

(2) 개인의 최저한세

> ● Max(①, ②)
> ① 각종 감면 전의 산출세액[*1] x 45% (단, 산출세액이 3,000만원 이하인 부분은 35%)
> ② 각종 감면 후의 산출세액[*2]

→ ②의 세액이 ①의 소득세 최저한세액에 미달하는 경우 그 미달하는 세액상 당액에 대해서는 감면 등을 하지 아니한다.

*1 각종 감면 전 사업소득에 대한 산출세액 : 최저한세 적용대상(조특법 §132 ②1호, 2호)인 특별감가상각비, 준비금, 소득공제, 손금산입 등을 적용하지 아니한 산출세액
사업소득에 대한 산출세액 = 종합소득산출세액 × (사업소득금액 / 종합소득금액)

*2 각종 감면 후 사업소득에 대한 소득세 : 최저한세 적용대상인 집행기준 132-126-5에서 규정된 각종 조세지원제도를 적용한 후의 소득세

(3) 법인의 최저한세

① 적용대상 법인

　가. 내국법인의 각 사업연도의 소득에 대한 법인세(비영리내국법인 포함)

　나. 외국법인의 종합과세되는 각 사업연도의 국내원천소득에 대한 법인세
　　단, 당기순이익과세(조특법 제72조 제1항)를 적용받는 조합법인 등은 제외

② 적용대상 제외 법인세

　가. 토지 등 양도소득에 대한 법인세

　나. 외국법인의 국내사업장이 법인세에 추가하여 납부하는 세액 (지점세)

　다. 투자·상생협력 촉진을 위한 과세특례를 적용하여 계산한 법인세, 가산세, 각종 준비금 익금산입 또는 감면세액 추징시의 이자상당가산액

③ 계산구조

[최저한세 계산구조 ∴ max(가, 나) = 최저한세]

　가. 각종 감면* 후의 세액

---

* 각종 감면
① 손금산입금액, 익금불산입금액, 비과세금액, 소득공제금액 : 조특법 제132조 제1항 제2호
② 세액공제금액 : 조특법 제132조 제1항 제3호
③ 법인세 면제 및 감면 : 조특법 제132조 제1항 제4호

나. 각종 감면 전 과세표준에 대한 법인세액 = 각종 감면 전 과세표준* × 최저한세율**

* **각종 감면 전 과세표준**
조특법 제132조 제1항 제2호에서 열거된 손금산입액, 익금불산입금액, 비과세금액, 소득공제 금액을 적용하지 않은 경우의 과세표준을 말함.

* **최저한세율**
- **원칙적 최저한세율**

	중소기업*	7%
비중소기업	과세표준 100억원 이하	10%
	과세표준 100억 초과~1,000억 이하	12%
	과세표준 1,000억원 초과	17%

◉ **중소기업 유예기간의 최저한세율**
중소기업이 규모의 확대 등으로 중소기업에 해당하지 아니하게 된 때에는 최초로 그 사유가 발생한 날이 속하는 사업연도와 그 다음 3개 사업연도(졸업유예기간)까지는 이를 중소기업으로 보고, 그 이후 최초로 중소기업에 해당하지 아니하게 된 사업연도부터 최저한세율을 단계적으로 인상하여 적용한다.

중소기업 졸업유예기간 (사유발생일이 속하는 사업연도와 그 다음 3개 사업연도)	7%
최초로 중소기업에 해당하지 않게 된 사업연도 개시일부터~3년 내에 끝나는 사업연도	8%
그 다음 2년 이내 끝나는 사업연도	9%

∴ 즉, 중소기업이 규모확대 등으로 중소기업에 해당하지 않게 된 때에는 단계적으로 세율 적용함.

[총 부담세액 계산구조]

∴ 최저한세 **최저한세 적용대상이 아닌 세액공제*** + 토지 등 양도소득에 대한 법인세, 투자상생협력 촉진을 위한 과세특례를 적용하여 계산한 법인세, 지점세, 가산세등 = 총 부담세액

* 최저한세 적용대상이 아닌 세액공제
① 외국납부세액공제(법법 제57조)
② 재해손실세액공제(법법 제58조)
③ 사실과 다른 회계처리로 인한 경정에 따른 세액공제(법법 제58조의3)
④ 중소기업의 연구 및 인력개발비에 대한 세액공제(조특법 제10조)
⑤ 법인의 공장·본사를 수도권 밖으로 이전하는 경우 법인세 등 감면(조특법 제63조의2 제2항)
⑥ 영농조합법인 및 영어조합법인에 대한 법인세 면제(조특법 제66조 제1항, 제67조 제1항)

(4) 세액공제, 세액감면 배제순서

각종 감면 후 세액이 '각종 감면전 과세표준 × 최저한세율'의 세액보다 작을 경우에는 조세감면을 배제 해야한다. 이 경우 어떤 조세감면을 배제할 것인지 여부는 다음과 같다.

한편 최저한세 적용대상 감면 등과 그 밖의 감면 등이 동시에 적용되는 경우에는 최저한세 적용대상 감면 등을 최저한세 범위 내에서 먼저 공제하고 그 밖의 감면 등을 나중에 공제한다.

경우1) 법인세 자진 신고·납부시(수정신고의 경우에도 동일)
최저한세 적용으로 감면 등이 배제되는 경우에는 기업이 임의로 감면배제항목을 선택할 수 있음.
즉, 납세의무자가 임의 선택한 순서에 의한다.
※ 통상적으로 특별상각, 세액공제, 세액감면 순으로 배제하는 것이 유리함.

경우2) 경정시
다음의 순서에 따라 순차로 적용 배제하여 추징세액을 계산한다.
① 준비금의 손금산입(조특법 제132조 제1항 제1호, 제2항 제1호)
② 손금산입 및 익금불산입(조특법 제126조 제5항)
③ 세액공제(조특법 제132조 제1항 제3호)
→ 동일 조문에 의한 감면세액 중 이월된 공제세액이 있는 경우에는 나중에 발생한 것부터 적용 배제함.
④ 세액감면·세액면제(조특법 제132조 제1항 제4호)

⑤ 비과세 · 소득공제(조특법 제132조 제1항 제2호)

단, 조특법 제132조 제1항의 동일한 호 안에서는 열거된 조문 순서에 따라 순차적 적용 배제함.

(5) 최저한세로 부인된 금액의 사후관리

① 준비금 사후관리

준비금부인액 → 준비금명세서 → 특별비용 조정명세서, 소득금액 조정합계표, 자본금과 적립금조정명세서(을)

② 소득공제, 비과세소득, 손금산입 및 익금불산입, 감면세액 사후관리

소멸되므로 별도의 사후관리 필요 없다.

③ 세액공제 사후관리

최저한세의 적용으로 공제받지 못한 부분에 상당하는 세액은 해당 사업연도의 다음 사업연도의 개시일부터 다음의 구분에 따른 기간 이내에 끝나는 각 사업연도에 이월하여 그 이월된 각 사업연도의 법인세에서 이를 공제한다.

해당 과세연도의 다음 과세연도 개시일부터 10년 이내에 끝나는 각 과세연도에 이월하여 소득세 또는 법인세에서 공제한다(2021년 1월 1일 이후부터 10년 적용).

> ● 2020.12.29. 법률 제17759호 개정
>
> 부칙 제51조 【세액공제액의 이월공제에 관한 경과조치】
> 이 법 시행 전에 종전의 제144조 제1항 각 호의 구분에 따른 기간(법률 제16009호 조세특례제한법 일부개정법률 부칙 제52조에 따라 적용받는 이월공제기간을 포함한다)이 지나 이월하여 공제받지 못한 세액에 대해서는 제144조 제1항 및 제2항의 개정규정에도 불구하고 종전의 규정에 따른다.
> -> 즉, 2021년 1월 1일 이월공제기간이 지난 공제액에 대해서는 개정된 규정을 적용받지 못하고 공제기간이 지나지 않은 이월공제액에 대해서는 개정된 10년의 공제기간을 적용받게 된다.

전 사업연도에서 공제받지 않은 이월공제액과 당해 사업연도에 계산된 세액공제액이 중복되는 경우에는 이월공제액을 먼저 공제하고, 이월된 미공제액 간에 중복되는 경우에는 먼저 발생한 것부터 순차적으로 공제한다.

참고 예규 판례

● **제목 : 복식부기의무대상 사업자가 일부 사업장의 소득금액을 추계하여 신고 하는 경우 중소기업특별세액 감면 적용 가능 여부**

다수의 사업장을 운영하는 복식부기의무자가 일부 사업장의 종합소득 과세표준을 추계하여 신고하는 경우 추계 신고한 해당 사업장에 한하여 조세특례제한법 제128조 제2항에 따라 세액감면이 배제되는 것입니다.

(기준법무소득2023-133(2023.09.26.))

● **제목 : 복식부기의무자가 간편장부에 의해 소득금액을 계산하여 종합소득세를 신고 · 납부한 경우 「조세특례제한법」 제96조의 소형주택 임대사업자에 대한 세액감면 규정의 적용 배제 사유에 해당함**

복식부기의무자가 간편장부에 의해 소득금액을 계산하여 종합소득세를 신고 · 납부한 경우 적법한 신고가 아니므로, 「조세특례제한법」 제128조 제2항에 따라 같은 법 제96조의 소형주택 임대사업자에 대한 세액감면 규정의 적용 배제 사유에 해당함(심사소득2022-37 (2022.08.10.))

● **제목 : 세무공무원의 안내 내용과 다른 처분이 신의성실원칙에 위배되는지와 과세표준 수정신고서를 제출한 경우 중소기업에 대한 특별세액감면 부인대상인지**

세무공무원의 잘 못된 안내가 있다고 하더라도 관계 법령에 어긋나는 것임이 명백한 때에는 신의성실 적용할 수 없음. 과세표준 수정신고서를 제출한 과세표준과 세액을 경정할 것을 미리 알고 제출한 경우 과소신고금액에 대해서는 중소기업특별세액감면은 적용하지 않으나 여기서 과소신고금액이란 국세기본법 제47조의3 제2항 제1호에 따른 부정과소신고과세표준을 의미함(심사소득2020-87(2020.09.02.))

(6) 작성실무

㈜더택스(비상장 외부회계감사대상법인, 중소기업임)의 2024년 귀속 사업연도(2024.01.01.~24.12.31.)에 대한 다음 자료에 의하여 당해 사업연도의 법인세를 구하시오.

단, 법인세율은 2억원 이하는 9% 2억 초과분의 경우 19%로, 200억원 초과분은 21%로, 3,000억원 초과분은 24%로, 최저한세율은 7%로 가정함.

[차감납부세액의 계산과정]

① 당기순이익	235,000,000
+ ② 익금산입 및 손금불산입	24,650,000* *법인세 등 : 24,650,000
− ③ 손금산입 및 익금불산입	(27,000,000)* *연구개발 관련 출연금 등의 익금불산입 : (27,000,000)
= ④ 각 사업연도 소득금액	232,650,000
− ⑤ 이월결손금	(10,000,000)
= ⑥ 과세표준	222,650,000
= ⑦ 산출세액	22,303,500
− ⑧ 세액공제	(13,020,000)* *외국납부세액공제 : (2,020,000) 연구 및 인력개발비에 대한 세액공제 : (1,000,000) 생산성향상시설 투자 세액공제 : (10,000,000)
= ⑨ 총부담세액	9,283,500
+ ⑩ 가산세	100,000
∴ ⑪ 차감납부세액	9,383,500

[해설]

(1) 최저한세 = max(1, 2) = 17,475,500

1. 감면후 세액 : 22,303,500 − 10,000,000(생산성향상시설 투자세액공제)
 = 12,303,500

2. 감면전 과표(222,650,000 + 27,000,000(연구개발관련 출연금 등 익금불산입))
 × 7% = 17,475,500

(2) 적용 배제하는 조세감면

적용배제금액 : 17,475,500 - 13,020,000 = 4,455,500

※ 자진신고·납부하는 경우 감면배제순서는 임의선택이 가능한바, 생산성향상시설투자세액공제 중 4,455,500을 적용 배제함.

(3) 당해 사업연도의 법인세액

① 최저한세 : 17,475,500

② 외국납부세액공제 : (2,020,000)

③ 연구 및 인력개발비에 대한 세액공제 : (1,000,000)

④ 가산세 : 100,000

∴ 차가감계 : 14,555,500

3) 농어촌특별세

(1) 취지

농·어업의 경쟁력 강화와 농어촌의 산업기반시설의 확충에 필요한 재원을 충당하기 위해 과세하는 목적세로 조세특례제한법에 따른 비과세, 소득공제, 세액공제, 세액감면, 특례세율을 과세대상으로 한다. **따라서, 조세특례제한법에 따른 준비금, 손금산입 및 익금불산입은 과세대상이 아니다.**

(2) 납세의무자

① 조세특례제한법·관세법 또는 지방세법에 의해 소득세·법인세·관세·취득세 또는 등록세의 감면을 받는 자

② 개별소비세법의 몇몇 물품(보석, 고급시계, 고급가방, 고급가구 등) 또는 입장행위(경마장, 경륜장, 골프장, 카지노 등)에 대한 개별소비세 납세의무자

③ 증권거래세법에 규정된 증권거래세 납세의무자

④ 지방세법에 의한 취득세 또는 레저세의 납세의무자

⑤ 종합부동산세법에 의한 종합부동산세의 납세의무자

(3) 세율

	과세표준	세율
1	**조세특례제한법·관세법 및 지방세법 및 지방세특례제한법에 따라 감면을 받는 소득세·법인세·관세·취득세 또는 등록에 대한 등록면허세의 감면세액**(제2호의 경우를 제외한다)	**100분의 20**
2	조세특례제한법에 의하여 감면받은 이자소득·배당소득에 대한 소득세의 감면세액	100분의 10
3	「개별소비세법」에 따라 납부하여야 할 개별소비세액 가. 개별소비세법 제1조 제3항 제4호의 경우 나. 가목 외의 경우	100분의 30 100분의 10
4	자본시장과 금융투자에 관한 법률 제9조 제13항 제1호에 따라 유가증권시장에서 거래된 증권의 양도가액	10,000분의 15
5	지방세법 제11조 및 제12조의 표준세율은 100분의2로 적용하여 「지방세법」, 「지방세특례제한법」 및 「조세특례제한법」에 따라 산출한 취득세액	100분의 10
6	지방세법에 따라 납부하여야 할 레저세액	100분의 20
7	종합부동산세법에 의하여 납부하여야 할 종합부동산세액	100분의 20

(4) 농어촌특별세 주요 비과세 항목

① 국가 등에 대한 감면

국가(외국정부 포함)·지방자치단체 또는 지방자치단체조합에 대한 감면

② 농어업인 등에 대한 감면

농어업인 또는 농어업인을 조합원으로 하는 단체(영농조합법인, 농업회사법인 및 영어조합법인 포함)에 대한 감면으로서 다음에 해당하는 것

조세특례제한법 제66조(영농조합법인 등에 대한 법인세의 면제 등)

조세특례제한법 제67조(영어조합법인 등에 대한 법인세의 면제 등)

조세특례제한법 제68조(농업회사법인에 대한 법인세의 면제 등)

조세특례제한법 제69조(자경농지에 대한 양도소득세의 감면)

조세특례제한법 제69조의2(축사용지에 대한 양도소득세의 감면)

조세특례제한법 제70조(농지대토에 대한 양도소득세 감면)

조세특례제한법 제72조 제1항(조합법인 등에 대한 법인세 과세특례) 등

③ 중소기업 등에 대한 감면

조세특례제한법 제6조(창업중소기업 등에 대한 세액감면)

조세특례제한법 제7조(중소기업에 대한 특별세액감면)

지방세특례제한법 제58조의3(창업중소기업 등에 대한 감면)

④ 주주 등의 자산양도에 따른 양도소득세의 감면

조세특례제한법 제40조(주주등의 자산양도에 관한 법인세 등 과세특례)에 따른 양도소득세 감면

⑤ 저축 또는 배당에 대한 감면

조세특례제한법 제86조의3(소기업, 소상공인 공제부금에 대한 소득공제 등)

조세특례제한법 제86조의4(연금계좌세액공제)

조세특례제한법 제87조(주택청약종합저축 등에 대한 소득공제 등)

조세특례제한법 제87조의2(농어가목돈마련저축에 대한 비과세)

조세특례제한법 제87조의5(선박투자회사의 주주에 대한 과세특례)

조세특례제한법 제88조의2(비과세종합저축에 대한 과세특례)

조세특례제한법 제88조의4(우리사주조합원등에 대한 과세특례)

조세특례제한법 제88조의5(조합 등 출자금 등에 대한 과세특례)

조세특례제한법 제91조의14(재형저축에 대한 비과세)

조세특례제한법 제91조의16(장기집합투자증권저축에 대한 소득공제)

조세특례제한법 제91조의17(해외주식투자전용집합투자기구에 대한 과세특례)

조세특례제한법 제91조의18(개인종합자산관리계좌에 대한 과세특례)에 따른 저축 또는 배당에 대한 감면

조세특례제한법 제91조의19(장병내일준비적금에 대한 비과세)

조세특례제한법 제91조의19(청년형 장기집합투자증권저축에 대한 소득공제)

조세특례제한법 제91조의20(청년형 장기집합투자증권저축에 대한 소득공제)

조세특례제한법 제91조의21(청년희망적금에 대한 비과세)

조세특례제한법 제91조의22(청년도약계좌에 대한 비과세)

⑥ 비거주자 등의 이자소득에 대한 감면

조세특례제한법 제21조(국제금융거래에 따른 이자소득 등에 대한 법인세 등의 면제)에 따른 이자소득 등에 대한 감면 중 비거주자 또는 외국법인에 대한 감면

⑦ 고용관련 감면

조세특례제한법 제30조의2(정규직 근로자로의 전환에 따른 세액공제)

조세특례제한법 제30조의4(중소기업 고용증가인원에 대한 사회보험료 세액공제)

⑧ 공적자금 회수를 위한 합병 및 분할 등에 대한 감면

조세특례제한법 제121조의24(공적자금 회수를 위한 합병 및 분할 등에 대한 과세특례)

⑨ 기타 비과세대상 감면

조세특례제한법 제10조(연구 인력개발비에 대한 세액공제)

조세특례제한법 제10조의2(연구개발 관련 출연금 등의 과세특례)

조세특례제한법 제12조(기술이전 및 기술취득 등에 대한 과세특례)

조세특례제한법 제12조의2(연구개발특구에 입주하는 첨단기술)

조세특례제한법 제13조(중소기업창업투자회사 등의 주식양도차익 등에 대한 비과세)

조세특례제한법 제14조(창업자 등에의 출자에 대한 과세특례)

조세특례제한법 제16조의2(벤처기업 주식매수선택권 행사이익 비과세 특례)

조세특례제한법 제18조(외국인기술자에 대한 소득세의 감면)

조세특례제한법 제18조의2(외국인근로자에 대한 과세특례)

조세특례제한법 제18조의3(내국인 우수 인력의 국내복귀에 대한 소득세 감면)

조세특례제한법 제19조 제2항(성과공유 중소기업의 경영성과급에 대한 세액공제 등)

조세특례제한법 제29조의6(중소기업 핵심인력 성과보상기금 수령액에 대한 소득세 감면 등)

조세특례제한법 제30조(중소기업 취업자에 대한 소득세 감면)

조세특례제한법 제30조의3(고용유지중소기업 등에 대한 과세특례)

조세특례제한법 제33조(사업전환 무역조정지원기업에 대한 과세특례)

조세특례제한법 제63조(수도권과밀억제권역 밖으로 이전하는 중소기업에 대한 세액감면)

조세특례제한법 제63조의2(법인의 공장 및 본사를 수도권 밖으로 이전하는 경우 법인세 등 감면)

조세특례제한법 제64조(농공단지 입주기업 등에 대한 세액감면)

조세특례제한법 제76조 제1항(정치자금의 손금산입특례 등)

조세특례제한법 제95조의2(월세액에 대한 세액공제)

조세특례제한법 제98조의3(미분양주택의 취득자에 대한 양도소득세의 과세특례)

조세특례제한법 제98조의5(수도권 밖의 지역에 있는 미분양주택의 취득자에 대한 양도소득세의 과세특례)

조세특례제한법 제99조의9(위기지역 창업기업에 대한 법인세 등의 감면)

조세특례제한법 제99조의11(감염병 피해에 따른 특별재난지역의 중소기업에 대한 법인세 등의 감면)

조세특례제한법 제104조의8 제1항, 제3항(전자신고에 대한 세액공제)

조세특례제한법 제104조의21(대한주택공사 및 한국토지공사의 합병에 대한 법인세 과세특례)

조세특례제한법 제104조의24(해외진출기업의 국내복귀에 대한 세액감면)

조세특례제한법 제126조의2(신용카드 등 사용금액에 대한 소득공제)

조세특례제한법 제126조의6(성실신고 확인비용에 대한 세액공제) 등

4) 감가상각의제

(1) 의의

① 법인세법상 감가상각의제

감가상각의제란 각 사업연도 소득에 대한 법인세가 면제되거나 감면되는 사업을 영위하는 법인이 법인세를 면제 또는 감면받은 경우 상각범위액에 해당하는 감가상각비를 손금으로 계상하도록 하고, 만일 감가상각비를 손금으로 계상하지 아니하거나 상각범위액에 미달하게 계상한 경우에는 상각 범위액이 되도록 손금에 산입하여야 하는 제도를 말하며, 감가상각비를 상각범위액에 미달하게 손금에 산입함에 따라 발생하는 차액은 해당 자산의 처분일이 속하는 사업연도에 손금에 산입할 수 없다.

감가상각의제에 따라 감가상각비를 손금으로 계상하거나 손금에 산입하지 아니한 법인은 그 후 사업연도의 상각범위액 계산의 기초가 될 자산의 가액에서 그 감가상각비에 상당하는 금액을 공제한 잔액을 기초가액으로 하여 상각범위액을 계산한다.

- 법인세를 면제받거나 감면받은 경우에는 감가상각비를 손금에 산입해야한다.
- 추계결정 또는 경정을 하는 경우에는 감가상각자산에 대한 감가상각비를 손금에 산입한 것으로 본다.

② 소득세법상 감가상각의제

소득세를 면제 받거나 감면받은 경우에는 감가상각비를 필요경비로 계상하여야 한다.

추계결정 또는 경정을 하는 경우에는 결정시 감가상각자산에 대한 감가상각비를 계산하여 필요경비로 계상한 것으로 본다. 단, 건축물은 제외한다.

③ 법인세법과 소득세법간 감가상각의제 비교편

법인세법 시행령 제30조 【감가상각의 의제】	소득세법 시행령 제68조 【감가상각의 의제】
① 추계시에도 의제상각비에 해당한다. ② 강제 손금이므로 미상각시 신고조정 및 경정청구가능하다. ※ 시행령이 2011년 개정됨으로 인하여 종전 감가상각의 손금은 결산조정만이 인정되었으나 감가상각의제가 적용되는 경우 신고조정이 적용된다. 즉, 감가상각의제가 적용되는 경우 결산서에 손금으로 산입하거나, 결산서에 누락된 부분은 세무조정으로 손금산입하거나, 정기분 신고 시 누락된 부분은 추후 경정청구가 가능하다(법규과-996, '11.07.29.). ③ 강제상각이므로 처분시에도 의제상각비를 감안한 장부가액을 기초로 처분손익을 계산해야한다.	① 추계시 건축물은 의제상각에 해당하지 않는다. ② 계상하여야 할 뿐 강제 손금이 아니므로 미상각시 신고조정 및 경정청구는 불가능하다. ③ 강제 상각이 아니므로 처분시에는 장부가액을 기초로 처분손익을 계산해야한다 단, 업무용승용차의 경우 강제상각임 주의해야한다.

(3) 주의사항

① 감가상각비를 상각범위액에 미달하게 손금에 산입함에 따라 발생하는 차액은 해당 자산의 처분일이 속하는 사업연도에 손금에 산입할 수 없다.

② 감가상각의제에 따라 감가상각비를 손금으로 계상하거나 손금에 산입하지 아니한 법인은 그 후 사업연도의 상각범위액 계산의 기초가 될 자산의 가액에서 그 감가상각비에 상당하는 금액을 공제한 잔액을 기초가액으로 하여 상각범위액을 계산한다.

중소기업에 대한 조세특례

01 창업중소기업 등에 대한 세액감면 (조특법 제6조)

※ 주요 개정연혁

(1) 2016.12.20. 법률 개정 시 청년창업중소기업에 대하여 창업중소기업 등 세액감면율을 최초 3년간 현행 50%에서 75%로 상향조정하였으며, 개정규정은 2017.01.01. 이후 창업하는 경우부터 적용한다.

(2) 2018년 1월 1일에는 신성장서비스업 창업, 인원증가에 대한 추가감면이 신설 되었다.

(3) 청년의 창업에 대한 지원을 강화하기 위하여 청년창업 중소기업에 대한 세액감면율을 현행 3년간 75퍼센트, 그 이후 2년간 50퍼센트에서 5년간 100퍼센트로 상향 조정하고, 수도권과밀억제권역 내에서 창업한 청년창업중소기업에 대해서도 5년간 50퍼센트의 세액감면을 적용하도록 했다.
개정규정은 2018.05.29.부터 시행하되, 개정규정의 시행 전에 창업중소기업을 창업한 경우에는 개정규정에도 불구하고 종전의 규정에 따른다.

(4) 2021년 개정사항

① 코로나19등 어려운 여건하에서 창업부담을 덜 수 있도록 생계형 창업(소규모사업자) 지원 대상을 간이과세자 수준으로 확대

(현행 : 연 수입금액 4,800만원 이하 → 개정안 : 연 수입금액 8,000만원 이하)

② 창업중소기업 세액감면 제도의 적용기한을 3년 연장(~2024.12.31.)

(5) 2024년 개정사항

2024년 개정사항은 아래의 표와 같다.

구분	개정 내용
창업 연도별 차별화	2025년 이전 창업과 2026년 창업의 감면비율을 차등 적용
적용기한 연장	창업중소기업 세액감면 제도의 적용기한을 3년 연장 (2027.12.31.까지)
수도권 내 인구감소지역 공제율 추가	수도권 내 인구감소지역*에 대한 공제율이 새롭게 추가됨
연간 감면한도 신설	창업중소기업 등에 대한 세액감면이 연간 5억 원으로 한정됨

II. 중소기업에 대한 조세특례

* 참고사항 : 인구감소지역(지방자치분권 및 지역균형발전에 관한 특별법 시행령 제3조)

인구감소지역 지정 변경 고시

1. 인구감소지역

구분	인구감소지역(89개)
부산 (총3개)	동구, 서구, 영도구
대구 **(총3개)**	남구, 서구, **군위군**
인천 (총2개)	강화군, 옹진군
경기 (총2개)	가평군, 연천군
강원 (총12개)	고성군, 삼척시, 양구군, 양양군, 영월군, 정선군, 철원군, 태백시, 평창군, 홍천군, 화천군, 횡성군
충북 (총6개)	괴산군, 단양군, 보은군, 영동군, 옥천군, 제천시
충남 (총9개)	공주시, 금산군, 논산시, 보령시, 부여군, 서천군, 예산군, 청양군, 태안군
전북 (총10개)	고창군, 김제시, 남원시, 무주군, 부안군, 순창군, 임실군, 장수군, 정읍시, 진안군
전남 (총16개)	강진군, 고흥군, 곡성군, 구례군, 담양군, 보성군, 신안군, 영광군, 영암군, 완도군, 장성군, 장흥군, 진도군, 함평군, 해남군, 화순군
경북 **(총15개)**	고령군, 문경시, 봉화군, 상주시, 성주군, 안동시, 영덕군, 영양군, 영주시, 영천시, 울릉군, 울진군, 의성군, 청도군, 청송군
경남 (총11개)	거창군, 고성군, 남해군, 밀양시, 산청군, 의령군, 창녕군, 하동군, 함안군, 함양군, 합천군

[창업 중소기업에 대한 세액감면 주요 개정연혁]

개정연도	개정내용
1994년	창업중소기업 세액감면 신설
1998년	벤처기업에 대한 지원 신설
1999년	일몰 신설(2003.12.31.까지)
2004년	감면기간 축소(6년 → 4년), 일몰 연장(2006.12.31.까지)
2007년	일몰 연장(2009.12.31.까지)
2010년	에너지신기술 중소기업 추가, 일몰 연장(2012.12.31까지)
2013년	감면기간 연장(4년 → 5년), 업종 추가(사회복지 서비스업) 일몰 연장(2015.12.31.까지)
2016년	일몰 연장(2018.12.31.까지)
2017년	청년창업 중소기업 감면율 인상
2018년	신성장서비스업 감면율 인상, 고용증가시 추가감면 적용 등 청년·생계형 감면율 인상, 일몰 연장(2021.12.31.까지)
2019년	감면 대상 업종 변경
2021년	생계형 창업기업 매출액 기준 연 4,800만원 → 연 8,000만원 일몰 연장(2024.12.31.까지)

** 개정연혁 정리표

1) 창업의 의의

(1) 창업의 의의 (조특법 집행기준 6-0-2)

창업이라 함은 중소기업을 새로이 설립하는 것을 말하는 것으로서 법인의 경우 창업일은 법인설립등기일이고 개인사업자의 경우 「소득세법」 또는 「부가가치세법」에 따른 사업자등록을 한 날이 된다.

벤처기업으로 확인받은 날은 「벤처기업육성에 관한 특별조치법」 제25조의 규정에 의하여 중소기업청장 또는 지방중소기업청장으로부터 벤처기업으로 확인받은 날(해당 규정에 의하여 발급받은 벤처기업확인서의 유효기간의 초일)을 기준으로 판단한다.

(2) 창업으로 보지 않는 경우

① 아래의 어느 하나에 해당하는 경우 창업으로 보지 아니한다.
   가. 합병·분할·현물출자 또는 사업의 양수를 통하여 종전의 사업을 승계하거나 종전의 사업에 사용되던 자산을 인수 또는 매입하여 같은 종류의 사업을 하는 경우. 다만, 다음의 어느 하나에 해당하는 경우는 제외한다.

   (가) 종전사업을 인수 또는 매입한 자산이 창업 당시 토지와 사업용자산 총액의 30% 이하인 경우

   (나) 사업의 일부를 분리하여 해당 기업의 임직원이 사업을 개시하는 경우로서 아래 요건을 모두 갖춘 경우

   ⓐ 기업과 사업을 개시하는 해당 기업의 임직원 간에 사업 분리에 관한 계약을 체결할 것

   ⓑ 사업을 개시하는 임직원이 새로 설립되는 기업의 대표자로서「법인세법 시행령」제43조 제7항에 따른 지배주주등에 해당하는 해당 법인의 최대주주 또는 최대출자자(개인사업자의 경우에는 대표자를 말한다)일 것

② 거주자가 하던 사업을 법인으로 전환하여 새로운 법인을 설립하는 경우

③ 폐업 후 사업을 다시 개시하여 폐업 전의 사업과 같은 종류의 사업을 하는 경우

④ 사업을 확장하거나 다른 업종을 추가하는 경우 등 새로운 사업을 최초로 개시하는 것으로 보기 곤란한 경우

⑤ 타인의 사업 승계시 종전 사업자가 생산하는 제품과 동일한 제품을 생산하는 동종의 사업을 영위하는 경우 창업에 해당하지 아니하는 것이다.

(3) 창업으로 보는 예외적인 사유

① 법인이 다른 사업자가 폐업한 사업장의 건물을 그 소유주로부터 임차하고 기계장치 등 사업용 자산을 새로이 취득하여 폐업자가 영위하던 사업과 동종의 사업을 개시하는 경우에는「조세특례제한법」제6조 규정에 의한 창업중소기업세액감면을 적용받을 수 있는 것이다.

② 개인이 제조업 등을 창업하고 법인전환요건에 따라 중소기업법인으로 전환하여 개인

사업의 창업일로부터 3년 이내에 벤처기업으로 확인받은 경우, 창업벤처중소기업 세액감면 가능하다.

③ [통계법상 한국표준산업분류표] 업종의 분류
같은 종류의 사업을 하는지 여부의 판단은 통계법 제22조의 한국표준산업분류에 따른 세분류를 따른다.

한국표준산업분의 업종구분 단계는 대분류 → 중분류 → 소분류 → 세분류 → 세세분류로 5단계로 구분된다.

> 이 경우 기존 업종에 다른 업종을 추가하여 사업을 하는 경우에는 추가된 업종의 매출액이 총매출액의 100분의 50 미만인 경우에 한하여 동종의 사업을 계속하는 것으로 본다.
> 또한 추가된 업종의 매출액 또는 총매출액은 추가될 날이 속하는 분기의 다음 2분기 동안의 매출액 또는 총매출액을 말한다.(중소기업창업지원법 시행령 제2조 제2항, 제3항 참조)

사례) 종전의 세분류 일반음식점(5611)에서 세분류를 한식과 외국음식점업으로 분류하였던 것과는 달리 제10차 산업분류 개정에서는 한식과 외국음식점업(일식, 중식, 서양식)은 동일업종이 아니다.

대분류	I. 숙박 및 음식점업
중분류	56. 음식점 및 주점업
소분류	561. 음식점업
세분류	5611. 한식음식점업(세세분류 : 일반, 면요리, 육류, 해산물) 5612. 외국식음식점업(세세분류 : 중식, 일식, 서양식, 기타외국) 5613. 기관, 구내식당업 5614. 출장, 이동음식점 5619. 기타 간이음식점

따라서, 세분류기준이 다르게 되어 한식음식점에서 중식음식점업으로 업종 변경시 창업에 해당하게 된다.

> ● 창업중소기업 감면 가능 여부(법인-1086, 2009.09.30.)
> 신설법인 B와 기존 A법인은 한국표준산업분류상 세분류를 기준으로 동일업종을 영위하고, 각 법인의 대표이사 및 대주주가 동일한 경우로서, B법인은 A법인 소유의 공장과 기계설비를 임차하거나 A법인 공장 부지를 임차하여 법인을 설립한 경우 창업중소기업에 해당하지 않는 것임.

(4) 관련 예규 및 판례

① 개인사업을 승계하거나 인수하지 않고 다른 지역에 별도의 법인을 설립하여 개인사업자와 동일 업종으로 사업을 개시하는 경우 창업에 해당함(사전법규법인 2023-818, 2023.12.13.).

② 창업한 청년대표자가 다른청년에게 지분 50%를 양도하여 공동대표 및 공동최대주주가 되는 경우 쟁점감면 가능함(사전법규법인 2023-804, 2023.12.19.).

③ 조특법§6 ⑩ (1) 나목에 따른 감면대상 「분사창업」이란, 분사창업의 형식적인 요건을 갖춘 것만으로는 부족하고, 원시적인 사업창출의 효과가 있는 등 실질적으로 사업을 개시하였다고 볼 수 있는 경우를 의미하는 것으로 봄이 타당함(서면법규법인2023-147, 2023.10.31.).

④ 「조세특례제한법」 제6조 제1항 제1호 가목에 따른 창업중소기업을 적용받던 중 대표자가 변경된 경우 대표자가 변경된 날이 속하는 사업연도부터 같은 법 제6조 제1항 제1호 가목에 따른 감면을 적용하지 않는 것임(기획재정부조세특례-941, 2023.09.08.).

⑤ 거주자가 창업중소기업에 대한 세액감면 기간이 지나기 전에 사업 양도·양수의 방법으로 법인 전환한 경우에 해당 중소기업 법인은 그 거주자의 남은 감면기간에 대하여 창업중소기업 세액감면을 적용 받을 수 있는 것임(서면법인2022-1835, 2022.10.31.).

⑥ 창업중소기업 업종에 해당되지 아니하는 업종(도매업)으로 사업자등록을 하고 사업을 영위하다가 다른 장소에서 제조업을 추가로 개시하였다면 새로운 사업을 최초로 개시하는 것이 아닌 업종추가의 경우로서 「조세특례제한법」 제6조 제4항 제4호의 규정에 의해 창업에 해당되지 아니한다 할 것이므로 부과고지 처분은 적법함(조심2010지0377, 2010.12.28.).

⑦ 거주자가 하던 사업을 법인으로 전환하여 새로운 법인을 설립하는 경우에는 창업으로 보지 아니하는 것이나, 개인사업자가 법인으로 전환하면서 기존 업종에 다른 업종을 추가하여 그 업종으로 주업종을 변경한 경우에는 추가한 업종에 대해 창업으로 보는 것임(서면법규과-731).

2) 창업중소기업 및 창업보육센터사업자 감면 (조특법 제6조 제1항)

(1) 의의 및 대상기업

세액감면대상 창업중소기업은 2027년 12월 31일 이전에 감면대상업종을 경영하는 창업 중소기업을 의미한다.

① 수도권과밀억제권역 외의 지역에서 창업한 중소기업

② 청년창업중소기업(2018.05.29. 이후 수도권과밀억제권역 창업한 경우에도 감면 허용)

  가. 개인사업자로 창업하는 경우
    창업 당시 15세 이상 34세 이하인 대표자이고, 병역을 이행한 경우에는 그 기간(6년을 한도)을 창업 당시 연령에서 빼고 계산한 연령이 34세 이하인 사람을 포함한다.

    (가) 공동사업자의 경우
      손익분배비율이 손익분배비율이 가장 크거나 같은 사업자를 말한다.

  나. 법인으로 창업하는 경우
    (가) 창업 당시 15세 이상 34세 이하인 대표자로서(2018.5.28. 이전 창업은 청년이 29세 이하였으나 2018.05.29. 이후 창업분부터 34세 이하이다)
    (나) 「법인세법 시행령」 제43조 제7항에 따른 지배주주 등으로서 해당 법인의 최대주주 또는 최대출자자일 것.

③ 「중소기업창업 지원법」 제6조 제1항에 따라 창업보육센터사업자로 지정받은 내국인

II. 중소기업에 대한 조세특례

※ 수도권 과밀억제권역이란?

> ※ 참고사항 : 수도권 과밀억제권역(수도권 정비계획법 시행령 제9조)
>
> 서울특별시
> 인천광역시(강화군, 옹진군, 서구 대곡동·불로동·마전동·금곡동·오류동·왕길동·당하동·원당동, 인천경제자유구역 및 남동국가산업단지는 제외한다)
> 남양주시(호평동, 평내동, 금곡동, 일패동, 이패동, 삼패동, 가운동, 수석동, 지금동 및 도농동만 해당한다)
> 의정부시 / 구리시 / 하남시 / 고양시 / 수원시 / 성남시 / 안양시 / 부천시 / 광명시 / 과천시 / 의왕시 / 군포시/ 시흥시[반월특수지역(해제지역은 포함)은 제외한다]

(2) 업종의 범위 (조특법 제6조 제3항)

① 감면업종

감면업종의 분류는 조세특례제한법에 특별한 규정이 있는 경우를 제외하고는 통계법 제22조 규정에 의하여 통계청장이 고시하는 한국표준산업분류에 의한다(열거주의 형태).

> 광업/ 제조업(국내 또는 개성공업지구 OEM[*1] 포함)/ 수도, 하수 및 폐기물 처리, 원료 재생업/ 건설업/ 통신판매업/ 물류산업[*2]/ 음식점업/ 정보통신업. (비디오물 감상실 운영업. 뉴스제공업. 가상자산 매매 및 중개업 제외)/ 금융 및 보험업 중 시행령으로 정하는 정보통신을 활용하여 금융서비스를 제공하는 업종/ 전문, 과학 및 기술 서비스업 (엔지니어링사업[*3] 포함한다. 다만, 세무사, 변호사, 변리사, 법무사, 공인회계사, 수의사, 행정사, 건축사는 제외)/ 사업시설 관리, 사업 지원 및 임대 서비스업 중 사업시설 관리 및 조경 서비스업, 사업지원 서비스업(고용 알선업 및 인력 공급업은 농업노동자 공급업을 포함)/ 사회복지 서비스업/ 예술, 스포츠 및 여가관련 서비스업.(다만 자영예술가, 오락장 운영업, 수상오락 서비스업, 사행시설 관리 및 운영업, 그 외 기타 오락관련 서비스업 제외)/ 협회 및 단체, 수리 및 기타 개인 서비스업 중 개인 및 소비용품 수리업, 이용 및 미용업/ 근로자직업능력 개발훈련시설을 운영업/ 「관광진흥법」에 따른 관광숙박업, 국제회의업, 유원시설업 및 전문휴양업, 종합휴양업, 자동차야영장업, 관광유람선업, 관광공연장업/ 「노인복지법」에 따른 노인복지시설을 운영하는 사업/ 「전시산업발전법」에 따른 전시산업
>
> + 통신판매업(전자상거래 소매중개업. 전자상거래 소매업. 기타통신판매), 개인 및 소비용품 수리업, 이용 및 미용업 (2018.05.29. 이후 창업분부터 적용)

+ 번역 및 통역서비스업. 경영컨설팅업. 콜센터 및 텔레마케팅서비스업 등 세세분류기준 97개 업종이 추가 (2020년 이후 창업분부터 적용)
+ 「학원의 설립·운영 및 과외교습에 관한 법률」에 따른 직업기술 분야를 교습하는 학원을 운영하는 사업 또는 「국민 평생 직업능력 개발법」에 따른 직업능력개발훈련시설을 운영하는 사업 (직업능력개발훈련을 주된 사업으로 하는 경우로 한정한다) : 2021.08.17. 개정사항

※ 업종의 분류는 사업의 실질내용에 따라 판정하되, 조세특례제한법에 특별한 규정이 없는 경우에는 통계법 제22조에 의하여 통계청장이 고시하는 한국표준산업분류를 기준으로 판정한다.
한국표준산업분류상의 업종구분은 대, 중, 소 및 세분류와 세세분류 5단계 구분을 하고 있다. 세분류 이하의 구분에 따라서도 중소기업 해당 여부가 달라질 수 있으므로 업종구분의 세세분류까지 감안해야한다.

*1 ① 생산할 제품을 직접 기획(고안·디자인 및 견본제작 등을 말한다)할 것 ② 해당 제품을 자기명의로 제조할 것 ③ 해당 제품을 인수하여 자기책임하에 직접 판매할 것

*2 ① 육상·수상·항공 운송업 ② 화물 취급업 ③ 보관 및 창고업 ④ 육상·수상·항공 운송지원 서비스업 ⑤ 화물운송 중개·대리 및 관련 서비스업 ⑥ 화물포장·검수 및 계량 서비스업 ⑦ 예선업 ⑧ 도선업 ⑨ 기타 산업용 기계·장비 임대업 중 파렛트 임대업

*3 「엔지니어링산업 진흥법」에 따른 엔지니어링활동(「기술사법」의 적용을 받는 기술사의 엔지니어링활동을 포함한다. 이하 같다)을 제공하는 사업

(3) 과세특례 내용

① 과세특례범위

창업후 해당 사업에서 최초로 소득이 발생한 과세연도(사업 개시일부터 5년이 되는 날이 속하는 과세연도까지 해당 사업에서 소득이 발생하지 아니하는 경우에는 5년이 되는 날이 속하는 과세연도를 말한다)와 그 다음 과세연도의 개시일부터 4년 이내에 끝나는 과세연도까지 감면한다.

② 과세특례 대상세액

과세특례 대상세액은 법인세와 소득세이며, 과세특례 대상세액 산출을 위해서는 창업중소기업 등 조세특례 적용받는 사업과 그 외 사업을 구분경리하여야 한다. 이 경우 과세특례 대상세액에는 법인세 중 내국법인의 청산소득세, 외국법인의 각 사업연도 소득에 대한 법인세 등은 해당되지 않는다.

∴ 해당 사업에서 발생한 소득(이자수익·유가증권처분이익·유가증권처분손실 등은 제외)에 대한 소득세 또는 법인세 × 다음의 감면율에 의한 세액을 감면한다.

③ 감면율 요약표 :

가. 2025년 12월 31일 이전에 창업한경우(수도권과밀억제권역내 청년창업 감면 가능)

구분	감면율	인원	비고
일반창업(과밀억제권역외) 과밀억제권역내 청년창업 창업보육센터사업자	50%	인원증가시 추가감면 가능	- 추가감면은 2018 이후 창업분부터 - 청년은 34세 이하
과밀억제권역외 청년 창업	100%	인원증가시 추가감면 가능	

나. 2026년 1월 1일 이후에 창업한경우(수도권과밀억제권역내 청년창업 감면 가능)

구분	감면율	인원	비고
일반창업(과밀억제권역 밖 수도권)	25%	인원증가시 추가감면 가능	
일반창업(과밀억제권역 밖 수도권 밖, 수도권 인구감소지역), 과밀억제권역내 청년창업·소규모창업, 창업보육센터사업자	50%	인원증가시 추가감면 가능	- 추가감면은 2018 이후 창업분부터 - 청년은 34세 이하
청년창업·소규모 창업 (과밀억제권역 밖 수도권)	75%	인원증가시 추가감면 가능	
과밀억제권역외 청년, 소규모 창업	100%	인원증가시 추가감면 가능	

(4) 조세특례시 주의사항

① 지방세감면 신청시 주의

특히, 지방세감면의 경우 2017년부터 대상 업종을 조특법 제6조 규정에 의한 업종에서 지방세 특례법 제58조의3 제4항에서 별도로 규정하고 있으며 여기에서 음식점은 제외되어 있는 등 대상 업종과 여러 가지 규정에서 국세와 차이가 있으나 주의가 필요하다.

[조세특례제한법과 지방세특례제한법 열거 업종 비교]

조세특례제한법 제6조 ③항	지방세특례제한법 제58조의3 ④항

1. 광업
2. 제조업(제조업과 유사한 사업으로서 대통령령으로 정하는 사업을 포함한다. 이하 같다)
3. 수도, 하수 및 폐기물 처리, 원료 재생업
4. 건설업
5. 통신판매업
6. 대통령령으로 정하는 물류산업(이하 "물류산업"이라 한다)
7. 음식점업
8. 정보통신업. 다만, 다음 각 목의 어느 하나에 해당하는 업종은 제외한다.
   가. 비디오물 감상실 운영업
   나. 뉴스제공업
   다. 가상자산 매매 및 중개업
9. 금융 및 보험업 중 대통령령으로 정하는 정보통신을 활용하여 금융서비스를 제공하는 업종
10. 전문, 과학 및 기술 서비스업[대통령령으로 정하는 엔지니어링사업(이하 "엔지니어링사업"이라 한다)을 포함한다]. 다만, 다음 각 목의 어느 하나에 해당하는 업종은 제외한다.
   가. 변호사업
   나. 변리사업
   다. 법무사업
   라. 공인회계사업
   마. 세무사업
   바. 수의업
   사. 「행정사법」 제14조에 따라 설치된 사무소를 운영하는 사업
   아. 「건축사법」 제23조에 따라 신고된 건축사사무소를 운영하는 사업
	1. 광업
	2. 제조업
	3. 건설업
	4. 정보통신업. 다만, 다음 각 목의 어느 하나에 해당하는 업종은 제외한다.
	   가. 비디오물 감상실 운영업
	   나. 뉴스 제공업
	   다. 「통계법」 제22조에 따라 통계청장이 고시하는 블록체인기술 산업분류에 따른 블록체인 기반 암호화 자산 매매 및 중개업
	5. 다음 각 목의 어느 하나에 해당하는 전문, 과학 및 기술 서비스업(대통령령으로 정하는 엔지니어링사업을 포함한다)
	   가. 연구개발업
	   나. 광고업
	   다. 기타 과학기술서비스업
	   라. 전문 디자인업
	   마. 시장조사 및 여론조사업
	6. 다음 각 목의 어느 하나에 해당하는 사업시설 관리, 사업지원 및 임대서비스업
	   가. 사업시설 관리 및 조경 서비스업
	   나. 고용알선 및 인력공급업
	   다. 경비 및 경호 서비스업
	   라. 보안시스템 서비스업
	   마. 전시, 컨벤션 및 행사대행업
	7. 창작 및 예술관련 서비스업(자영예술가는 제외한다)
	8. 수도, 하수 및 폐기물 처리, 원료 재생업
	9. 대통령령으로 정하는 물류산업
	10. 「학원의 설립·운영 및 과외교습에 관한 법률」에 따른 직업기술 분야를 교습하는 학원을 운영하는 사업 또는 「근로자

II. 중소기업에 대한 조세특례

조세특례제한법 제6조 ③항	지방세특례제한법 제58조의3 ④항
11. 사업시설 관리, 사업 지원 및 임대 서비스업 중 다음 각 목의 어느 하나에 해당하는 업종 　가. 사업시설 관리 및 조경 서비스업 　나. 사업 지원 서비스업(고용 알선업 및 인력 공급업은 농업노동자 공급업을 포함한다) 12. 사회복지 서비스업 13. 예술, 스포츠 및 여가관련 서비스업. 다만, 다음 각 목의 어느 하나에 해당하는 업종은 제외한다. 　가. 자영예술가 　나. 오락장 운영업 　다. 수상오락 서비스업 　라. 사행시설 관리 및 운영업 　마. 그 외 기타 오락관련 서비스업 14. 협회 및 단체, 수리 및 기타 개인 서비스업 중 다음 각 목의 어느 하나에 해당하는 업종 　가. 개인 및 소비용품 수리업 　나. 이용 및 미용업 15. 「학원의 설립·운영 및 과외교습에 관한 법률」에 따른 직업기술 분야를 교습하는 학원을 운영하는 사업 또는 「근로자직업능력 개발법」에 따른 직업능력개발훈련시설을 운영하는 사업(직업능력개발훈련을 주된 사업으로 하는 경우로 한정한다) 16. 「관광진흥법」에 따른 관광숙박업, 국제회의업, 유원시설업 및 대통령령 관광객이용시설업 17. 「노인복지법」에 따른 노인복지시설을 운영하는 사업 18. 「전시산업발전법」에 따른 전시산업	직업능력 개발법」에 따른 직업능력개발훈련시설을 운영하는 사업(직업능력개발훈련을 주된 사업으로 하는 경우로 한정한다) 11. 「관광진흥법」에 따른 관광숙박업, 국제회의업, 유원시설업 또는 대통령령으로 정하는 관광객이용시설업 12. 「전시산업발전법」에 따른 전시산업

② 당해 사업에서 최초로 소득이 발생한 과세연도

감면대상 사업에서 소득이 최초로 발생한 과세연도를 말하는 것일뿐 이월결손금에 관계없이 해당 사업에서 각 사업연도의 소득이 최초로 발생한 과세연도를 말한다.

③ 감면대상 소득

감면대상이 되는 당해 사업에서 발생한 소득이란 당해 영업활동과 어느정도 부수적 연관을 갖고 정상적인 업무에서 발생한 소득을 말하므로, 이자수익, 유가증권처분이익 및 유가증권 처분손실 등은 이에 해당하지 아니한다.

④ 수도권과밀억제권역 외의 지역에서 창업한 청년창업중소기업의 대표자가 감면기간 중 최대주주등에 해당하지 아니할 경우

수도권과밀억제권역 외의 지역에서 창업한 청년창업중소기업의 대표자가 감면기간 중 지배주주요건을 충족하지 못하게 된 경우에는 100% 감면을 적용하지 아니하고, 해당 사유가 발생한 날이 속하는 사업연도부터 남은 감면기간 동안 50% 감면을 적용한다.

⑤ 수도권과밀억제권역에서 창업한 청년창업중소기업의 대표자가 감면기간 중 최대주주등에 해당하지 아니할 경우

수도권과밀억제권역에서 창업한 청년창업중소기업의 대표자가 감면기간 중 지배주주요건을 충족하지 못하게 경우에는 해당 사유가 발생한 날이 속하는 사업연도부터 남은 감면기간 동안 감면을 적용하지 아니한다.

(5) 관련예규 및 판례

① 수도권과밀억제권역에서 창업한 청년창업중소기업이 감면기간 중 해당 법인의 대표자를 다른 청년으로 변경하는 경우에는 대표자 변경일이 속하는 과세연도부터 남은 감면기간 동안 조세특례제한법 제6조 제1항에 따른 감면을 적용하지 아니하는 것임 (서면-2021-법인-3244, 2021.06.17.).

② 대표자가 청년으로서 최대주주에 해당하여 세액감면을 적용받고 있는 법인에 청년이 아닌 자가 해당 내국법인의 대표로 취임하여 기존의 대표자와 공동대표를 하는 경우에는 청년이 아닌 자가 해당 내국법인의 대표로 취임한 날이 속하는 과세연도부터 남은 감면기간 동안 조세특례제한법 제6조제1항에 따른 감면을 적용하지 아니하

는 것임\(서면-2021-법령해석법인-4313, 2021.08.06.).

③ 청년이 100% 출자하여 법인을 설립하고, 청년과 청년이 아닌 자가 각자대표로 취임하여 사업을 운영하는 경우 해당 내국법인은 청년창업중소기업에 대한 세액감면을 적용할 수 없는 것임(서면-2020-법령해석법인-5711, 2021.06.30.).

④ 설립 당시에는 감면적용지역 내에서 창업하였으나 설립 이후 감면배제지역으로 본점 소재지를 이전한경우 본점 이전 후에는 세액감면을 적용받을 수 없음(법인 46012-173, 2000.01.18.).

⑤ 기존감면기간 중 수도권외 지역으로 다시 이전하거나 수도권지역에 설치한 지점을 폐쇄하는 경우에는 이전하거나 폐쇄한 날이 속하는 사업연도부터 잔존 감면기간동안 세액감면을 적용받을 수 있고, 이 경우 잔존감면기간은 해당 사업에서 최초로 소득이 발생한 날이 속하는 사업연도부터 기산하여 계산한다(조특집행 6-0-1④).

3) 창업벤처중소기업 감면 (조특법 제6조 제2항)

(1) 의의 및 대상기업

벤처기업육성에 관한 특별조치법 제2조 제1항에 따른 벤처기업으로서 창업 후 3년 이내에 같은법 제25조에 따라 2027년 12월 31일까지 벤처기업으로 확인받은 기업이 해당된다.

(2) 감면대상 기업의 범위

벤처기업육성에 관한 특별조치법 제2조 제1항에 따른 벤처기업 중 다음 각각의 어느 하나에 해당하는 벤처기업으로서 일정 업종[*]을 영위하고 창업 후 3년 이내에 조특법 제25조에 따라 2027.12.31까지 벤처기업으로 확인받은 기업을 말한다.

① 벤처기업육성에 관한 특별조치법 제2조의2의 요건을 갖춘 중소기업(같은 조 제1항 제2호 나목에 해당하는 중소기업을 제외)

② 연구개발 및 인력개발을 위한 비용[**]으로서 별표 6의 비용이 당해 과세연도의 수입금액의 100분의 5 이상인 중소기업 (벤처기업 확인을 받은 날이 속하는 과세연도부터 연구개발비가 동호의 규정에 의한 비율을 계속 유지하는 경우에 한하여 적용한다)

> * 창업의 범위와 감면대상 업종은 창업중소기업과 동일함
> ** 연구개발 및 인력개발을 위한 비용의 경우 조특법 제10조 연구·인력개발비에 대한 세액공제의 연구개발비 범위와 동일함

(3) 과세특례 내용

창업벤처중소기업의 경우에는 그 **확인받은 날 이후 최초로 소득이 발생한 과세연도와 그 다음 과세연도 개시일부터 4년 이내에 끝나는 과세연도까지** 해당 사업에서 발생한 소득에 대한 소득세 또는 법인세를 50% 감면한다.

※ 다만, 청년창업중소기업(수도권과밀억제권 밖 수도권내는 75%감면), 창업보육센터사업자와 창업벤처중소기업, 에너지신기술중소기업 및 신성장서비스업 중소기업에 대하여는 창업지 요건이 적용되지 아니한다.

(4) 조세특례시 주의사항

① 중복감면 배제

창업중소기업 및 창업보육센터사업자 감면을 적용받는 경우 중복감면은 제외된다.

② 벤처기업 확인관련 감면배제 사유

감면기간 중 다음의 사유가 있는 경우 다음의 날이 속하는 과세연도부터 감면을 배제한다.

가. 벤처기업의 확인이 취소된 경우 : 취소일

나. 벤처기업확인서의 유효기간이 만료된 경우(해당 과세연도 종료일 현재 벤처기업으로 재확인 받은 경우는 제외한다) : 유효기간 만료일

☞ 창업벤처 중소기업이 감면기간 중 유효기간이 만료되었음에도 불구하고 벤처기업 확인서를 재발급받지 않은 경우, 세액감면의 적용이 중단된다는 입장 vs 세액감면이 계속 적용된다는 입장이 상충됨에 따라 2016년 12월 20일 법 개정으로 창업벤처중소기업의 유효기간 만료시 벤처기업 재확인을 받지 않는 경우에는 세액감면의 적용을 배제하도록 명문화하였다.

(5) 관련예규 및 판례

① 「조세특례제한법」 제6조 제1항의 창업중소기업에 대한 세액감면을 적용받은 기업이 「조세특례제한법」 제6조 제2항의 벤처기업으로 확인받은 경우 창업중소기업에 대한 세액감면을 수정신고로 취소하는 경우에는 「조세특례제한법」 제6조 제2항의 창업벤처중소기업에 대한 세액감면을 적용할 수 있음(기획재정부 조세특례제도과-411, 2019.05.23.).

② 창업벤처중소기업에 대한 세액감면 대상에서 제외되는 중소기업이 창업 후 3년 이내 벤처기업으로 확인받았고, 창업 후 3년 경과하여 다시 다른 유형의 벤처기업으로 확인받은 경우에는 창업벤처중소기업에 대한 세액감면대상에 해당하지 않음(사전-2018-법령해석법인-0178, 2018.04.27.).

③ 「조세특례제한법 시행령」 제5조제4항제2호의 적용을 받는 벤처기업이 벤처확인기간이 만료되는 경우 연구개발비 지출여부에 관계없이 만료일이 속하는 사업연도부터 감면을 적용받을 수 없는 것이나, 잔존감면기간 중 다른 유형으로 벤처기업 확인을 받는 경우에는 그 사유가 발생한 날이 속하는 사업연도부터 잔존감면기간 동안 창업중소기업에 대한 세액감면을 받을 수 있는 것임(서면-2019-법인-1741, 2019.09.19.).

④ '창업'이라 함은 중소기업을 새로이 설립하는 법인의 경우 '법인설립등기일'을 말하는 것이며, '창업 후 2년 이내'에 벤처기업으로 확인받은 기업에 해당되는지는 벤처기업 육성에 관한 특별조치법 제25조의 규정에 의한 벤처기업으로 확인을 받은 날(동 규정에 의하여 발급받은 '벤처기업확인서'의 유효기간 초일)을 기준으로 판단함(제도 46012-11780, 2001.06.29.).

⑤ 창업일로부터 2년 이내에 벤처기업으로 확인을 받은 법인이 인적분할하여 분할된 신설법인이 벤처기업확인서를 재발급받은 경우 분할신설법인은 잔존감면기간동안 세액감면을 적용받을 수 있음(서이 46012-11431, 2002.07.25.).

⑥ 개인이 창업하고 법인으로 전환하여 개인사업의 창업일로부터 2년 이내에 벤처기업으로 확인받은 경우 창업벤처중소기업세액감면을 받을 수 있음(재경부 조예 46019-200, 2001.12.01.).

5) 에너지 신기술 중소기업에 대한 감면 (조특법 제6조 제4항)

(1) 의의 및 대상기업

창업일이 속하는 과세연도와 그 다음 3개 과세연도가 지나지 아니한 중소기업으로서 2027년 12월 31일까지 아래(2)의 에너지신기술중소기업에 해당한다.

(2) 감면대상 기업의 범위

① 에너지이용 합리화법 제15조에 따른 에너지소비효율 1등급 제품 및 같은 법 제22조에 따라 고효율에너지 기자재로 인증받은 제품의 제조

② 신에너지 및 재생에너지 개발·이용·보급 촉진법 제13조에 따라 신·재생에너지설비로 인증받은 제품의 제조

(3) 과세특례 내용

에너지신기술중소기업에 해당하는 경우에는 그 해당하는 날 이후 최초로 해당 사업에서 소득이 발생한 과세연도와 다음 과세연도의 개시일부터 4년 이내에 끝나는 과세연도까지 해당 사업에서 발생한 소득에 대한 소득세 또는 법인세의 50%에 상당하는 세액을 감면한다.

최초로 세액을 감면받는 과세연도와 그 다음 과세연도의 개시일부터 4년내에 끝나는 과세연도까지	소득세 또는 법인세의 50% 세액감면

※ 단, 인원증가에 따른 추가감면 가능(100% 한도로 함.)
※ 다만, 청년창업중소기업(수도권과밀억제권 밖 수도권내는 75%감면), 창업보육센터사업자와 창업벤처중소기업, 에너지신기술중소기업 및 신성장서비스업 중소기업에 대하여는 창업지 요건이 적용되지 아니한다.

(4) 감면소득 계산

해당 과세연도의 제조업에서 발생한 소득 × (해당 과세연도의 고효율제품등의 매출액 / 해당 과세연도의 제조업에서 발생한 총매출액)

(5) 감면배제

감면기간 중 에너지신기술중소기업에 해당하지 않게 되는 경우에는 그날이 속하는 과세연도부터 감면하지 아니한다.

(6) 주의사항

① 고효율제품 등의 매출액은 제조업 분야의 다른 제품의 매출액과 구분경리해야한다.

② 중복적용 배제
창업중소기업, 창업보육센터 사업자, 창업벤처기업 감면과 중복 적용되지 않는다.

6) 신성장서비스 중소기업에 대한 감면 (조특법 제6조 제5항)

(1) 의의 및 대상기업

수도권과밀억제권역 외의 지역에서 창업한 창업중소기업(청년창업중소기업은 제외), 벤처기업으로 확인받은 창업벤처중소기업 및 에너지신기술중소기업에 해당하는 경우로서 다음의 신성장 서비스업을 영위하는 기업이 해당한다.

(2) 감면대상 기업의 범위

각 호의 어느 하나에 해당하는 사업(신성장서비스업종)을 주된 사업으로 영위하는 중소기업을 말한다. 이 경우, 둘 이상의 서로 다른 사업을 영위하는 경우에는 사업별 사업수입금액이 큰 사업을 주된 사업으로 본다.

1. 컴퓨터 프로그래밍, 시스템 통합 및 관리업, 소프트웨어 개발 및 공급업, 정보서비스업(뉴스 제공업 제외) 전기통신업
2. 창작 및 예술관련 서비스업(자영예술가 제외), 영화·비디오물 및 방송프로그램 제작업, 오디오물 출판 및 원판 녹음업 또는 방송업
3. 엔지니어링사업, 전문디자인업, 보안시스템 서비스업 또는 광고업 중 광고물 작성업
4. 서적, 잡지 및 기타 인쇄출판업, 연구개발업, 직업기술 분야를 교습하는 학원을 운영하는 사업, 직업능력개발훈련시설을 운영하는 사업
5. 「관광진흥법」에 따른 관광숙박업, 국제회의업, 유원시설업 또는 관광객이용시설업
6. 물류산업*
7. 그 밖에 기획재정부령으로 정하는 다음의 신성장 서비스업
「전시산업발전법」에 따른 전시산업(2018년 이후 사업연도부터 적용. 이하 동일)
그 밖의 과학기술서비스업/ 시장조사 및 여론조사업/ 광고업 중 광고대행업, 옥외 및 전시 광고업

* 물류산업에 포함되는 업종
1. 육상·수상·항공 운송업
2. 화물 취급업
3. 보관 및 창고업
4. 육상·수상·항공 운송지원 서비스업
5. 화물운송 중개·대리 및 관련 서비스업
6. 화물포장·검수 및 계량 서비스업
7. 「선박의 입항 및 출항 등에 관한 법률」에 따른 예선업
8. 「도선법」에 따른 도선업
9. 기타 산업용 기계·장비 임대업 중 파렛트 임대업

(3) 과세특례 내용

최초로 세액을 감면받는 과세연도와 그 다음 과세연도의 **개시일부터 2년 이내에 끝나는 과세연도에는 소득세 또는 법인세의 75%(2018년 이후)***에 상당하는 세액을 감면하고, 그 다음 2년 이내에 끝나는 과세연도에는 소득세 또는 법인세의 50%에 상당하는 세액을 감면한다.

최초로 세액을 감면받는 과세연도와 그 다음 과세연도의 개시일부터 2년 내에 끝나는 과세연도까지	소득세 또는 법인세의 75% 세액감면
그 다음 2년 이내에 끝나는 과세연도까지	소득세 또는 법인세의 50% 세액감면

* 2017년 이전 5년간 50%

※ 단, 인원증가에 따른 추가감면 가능(100% 한도로 함)

※ 다만, 청년창업중소기업(수도권과밀억제권 밖 수도권내는 75%감면), 창업보육센터사업자와 창업벤처중소기업, 에너지신기술중소기업 및 신성장서비스업 중소기업에 대하여는 창업지 요건이 적용되지 아니한다.

(4) 조세특례시 주의사항

① 적용시기

동 규정은 2018년 1월 1일 이후 창업중소기업을 창업하는 경우, 창업보육센터사업자로 지정을 받는 경우, 벤처기업으로 확인받는 경우 및 에너지 신기술중소기업에 해당하는 경우부터 적용하되,

2023년에 신성장 서비스업을 주된사업으로 영위하더라도 2017년 12월 31일 이전에 창업중소기업을 창업하는 경우, 창업보육센터사업자로 지정 받은 경우, 벤처기업으로 확인을 받은 경우 및 에너지신기술중소기업에 해당하는 경우에는 개정규정에도 불구하고 종전 규정(50%)을 적용한다.

② 감면기간 중 신성장서비스업종 이외의 업종으로 주된 사업이 변경되는 경우
해당 사유가 발생한 날이 속하는 과세연도부터 남은 감면기간 동안 창업중소기업 창업보육센터사업자 감면, 창업벤처중소기업 감면, 에너지신기술 창업중소기업 감면을 적용한다.

7) 소규모사업자의 창업에 대한 감면 (조특법 제6조 제6항)

※ 주요 개정연혁

(1) 2021.12.28. 개정에 따른 적용례

2021.12.28. 법률 개정시 일몰시한을 2024.12.31.까지로 3년 연장하는 외에 세액감면의 대상이 되는 생계형 창업기업의 기준을 연간 수입금액 4천800만원 이하인 기업에서 8천만원 이하인 기업으로 완화하였다.
개정규정은 2022.01.01.이후 개시하는 사업연도부터 적용한다.

(2) 2018.05.29. 신설에 따른 적용례

2018.05.29. 법률 개정시 신설하였으며, 개정규정은 공포한 날부터 시행한다. 다만, 2019.05.28. 이전에 창업중소기업을 창업한 경우에는 개정규정에도 불구하고 종전의 규정에 따른다.

(3) 의의 및 대상기업

2024년 12월 31일 이전에 창업중소기업(청년창업중소기업은 제외) 중 소규모사업자의 경우 다른 규정에 우선하여 해당 세액감면을 적용한다.

(4) 감면대상 기업의 범위

① 2027년 12월 31일 이전에 창업한(2018년 5월 29일 이후 창업) 창업중소기업(청년창업중소기업은 제외)

② 최초로 소득이 발생한 과세연도와 그 다음 과세연도의 개시일부터 4년 이내에 끝나는 과세연도까지의 기간에 속하는 과세연도의 수입금액이 8,000만원 이하인 경우

※ 과세기간이 1년 미만인 과세연도의 수입금액은 1년으로 환산한 총수입금액을 말한다

(5) 과세특례 내용

그 과세연도에 대한 소득세 또는 법인세에 일정비율을 곱한 금액에 상당하는 세액을 감면한다.

가. 2025년 12월 31일 이전에 창업한경우(수도권과밀억제권역내 청년창업 감면 가능)

수도권과밀억제권 외의 지역에서 창업하는 경우	100%	인원증가시 추가감면 가능	- 추가감면은 2018 이후 창업분부터
수도권과밀억제권역에서 창업하는 경우	50%	인원증가시 추가감면 가능	- 청년은 34세 이하

※ 단, 인원증가에 따른 추가감면 가능(100% 한도로 함)

나. 2026년 1월 1일 이후에 창업한경우(수도권과밀억제권역 내 청년창업 감면 가능)

수도권 외의 지역 또는 수도권의 인구감소지역에서 창업한 경우	100%	인원증가시 추가감면 가능	
수도권(수도권과밀억제권역과 인구감소지역은 제외한다)에서 창업한 경우	75%	인원증가시 추가감면 가능	- 추가감면은 2018 이후 창업분부터 - 청년은 34세 이하
수도권과밀억제권역에서 창업한 경우	50%	인원증가시 추가감면 가능	

(6) 조세특례시 주의사항

단, 창업벤처 감면 또는 에너지신기술 감면을 적용받는 경우는 감면적용을 배제한다.

8) 상시근로자수 증가에 따른 추가감면

※ 주요 개정연혁

2017년 12월 19일 법 개정시 창업중소기업의 일자리 창출에 대한 지원을 강화하고자 상시근로자 증가율에 따라 최대 50%의 추가감면을 적용할 수 있도록 개정하였다. 동 개정규정은 2018년 1월 1일 이후 창업중소기업을 창업하는 경우 또는 창업보육센터사업자로 지정을 받은 경우, 벤처기업으로 확인을 받는 경우 및 에너지신기술중소기업에 해당하는 경우에 한정하여 적용된다.

(1) 의의 및 대상기업

창업중소기업등에 대한 법인세 감면규정 창업중소기업(제1항), 창업벤처중소기업(제2항) 및 에너지신기술중소기업(제4항), 에너지신기술중소기업 중 신성장 서비스업(제5항), 소규모 사업자에 대한 창업(제6항) 까지의 규정에 따라 감면을 적용받는 중소기업이 해당된다.

① 업종별로 대통령령으로 정하는 상시근로자 수(**업종별최소고용인원***) 이상을 고용하는 경우로

② 감면기간 중 해당 과세연도의 상시근로자 수가 직전 과세연도의 상시근로자 수 보다 큰 경우에는 추가감면을 적용한다.

단, 직전과세연도의 상시근로자 수가 업종별 최소고용인원에 미달하는 경우에는 업종별 최소고용인원을 적용함.

> * 업종별최소고용인원이란?
> ① 광업·제조업·건설업 및 물류산업의 경우 : 10명
> ② 그 밖의 업종의 경우 : 5명

(2) 과세특례 내용

① 추가감면율

해당사업에서 발생한 소득세 또는 법인세에 △**추가감면율**을 곱한 금액을 추가로 감면한다.

> △[(해당과세연도 상시근로자수-직전과세연도 상시근로자수)
> / 직전과세연도 상시근로자수] × 100%

(3) 조세특례시 주의사항

① 한도

100%(제1항, 제5항, 제6항에 따라 75%에 상당하는 세액을 감면받는 과세연도의 경우에는 25%)을 한도로 한다. 즉, 감면율 합의 최고 한도를 100%로 한다. 추가감면율의 1% 미만인 부분은 없는 것으로 본다.

② 상시근로자 범위 및 상시근로자 수 계산방법

고용창출투자세액공제(조특법 시행령 제23조 제10항부터 제13항) 규정을 준용한다.

※ 해당 과세연도에 법인전환 또는 사업의 승계등을 한 내국인의 경우에는 다음의 구분에 따른 수를 직전 또는 해당 과세연도의 상시근로자 수로 본다.

If 거주자가 하던 사업을 법인으로 전환하여 새로운 법인을 설립하는 경우 :
직전 과세연도의 상시근로자수 = 법인전환 전의 사업의 직전 과세연도 상시근로자수

If 해당 과세연도에 합병·분할·현물출자 또는 사업의 양수 등에 의하여 종전의 사업부문에서 종사하던 상시근로자를 승계하는 경우 :

(1) 승계시킨 기업
① 직전 과세연도의 상시근로자 수 = 직전 과세연도 상시근로자수 - 승계시킨 상시근로자수
② 해당 과세연도의 상시근로자 수 = 해당 과세연도 개시일에 상시근로자를 승계시킨 것으로 보아 계산한 상시근로자수

(2) 승계받은 기업
① 직전 과세연도의 상시근로자 수 = 직전 과세연도 상시근로자수 + 승계한 상시근로자수
② 해당 과세연도의 상시근로자 수 = 해당 과세연도 개시일에 상시근로자를 승계받은것으로 보아 계산한 상시근로자수

9) 창업중소기업 등 세액감면 적용 공통사항

 (1) 감면의 한도

   감면받는 세액의 합계액이 5억원을 초과하는 경우에는 그 초과하는 금액은 감면하지 아니한다.

 (2) 감면배제

   창업중소기업 등에 대한 감면을 적용받은 기업이 중소기업기본법에 따른 중소기업이 아닌 기업과 합병하는 등 **중소기업에 해당하지 아니하게 된 경우 해당 사유 발생일이 속하는 사업연도부터 감면을 배제**한다.

 (3) 감면대상이 되는 당해 사업에서 발생한 소득

   당해 영업활동과 어느정도 부수적 연관을 갖고 정상적인 업무에서 발생한 소득을 말한다.

   따라서 이자수익, 유가증권처분이익 및 유가증권 처분손실 등은 이에 해당하지 않는 것으로 본다.

 (4) 최저한세, 농어촌특별세 및 중복적용 검토

   ① 최저한세 대상이다.

     다만, 100%의 세액을 감면받는 과세연도의 경우와 고용창출에 따라 추가로 감면받는 부분에 대해서는 최저한세를 적용하지 아니한다.

   ② 농어촌특별세액은 비과세 대상이다.

   ③ 고용증대 기업의 세액공제 규정(제29조의7)와 중복적용 가능하나 고용창출에 의한 추가감면을 받는 경우 추가감면 규정은 고용증대세액공제와 동시에 적용하지 아니한다.

 (5) 중소기업 통합 또는 법인전환 또는 합병시 세액감면 승계적용

   ① 창업중소기업 및 창업벤처중소기업의 세액감면을 받아오던 자가 감면기간이 경과하기

전에 중소기업통합을 하거나 법인전환을 하는 경우에는 통합 또는 법인전환 후에 존속하는 법인 또는 설립된 법인은 그 승계받은 사업에서 발생하는 소득에 대해 통합·전환 당시의 잔존감면기간내에 종료하는 각 과세연도까지 법인세 감면을 적용 받을 수 있다.

② 중소기업간의 통합으로 인하여 창업중소기업에 대한 세액감면을 적용받고 있는 법인이 수도권 과밀억제권역에서 창업한 법인을 흡수합병함에 따라 수도권과밀억제권역에 지점을 둔 경우에는 합병법인이 중소기업에 해당하더라도 당해 지점 설치일 이후에는 본 규정에 의한 세액감면 및 세액감면 승계를 적용 받을 수 없다.

③ 창업중소기업이 감면기간이 경과하기 전에 다른 법인을 흡수합병하는 경우 합병전의 창업중소기업에서 발생하는 소득에 대해서는 잔존감면기간 동안 세액감면을 적용받을 수 있다.

단, 시행령 제2조 2항 단서의 규정*에 의한 사유에 해당하지 않는 경우에 한하여 중소기업 유예기간을 한도로 하여 감면을 적용한다. 즉, 단서규정에 해당하는 경우에는 합병일이 속하는 사업연도부터 창업중소기업감면 혜택 적용하지 않는다.

> * 시행령 제2조 제2항(중소기업의 범위)
>
> 중소기업이 규모확대 등으로 중소기업의 범위에 해당하지 않게 되는 경우에는 최초로 그 사유가 발생한 날이 속하는 과세연도와 ~ 그 다음 3개 과세연도까지는 중소기업으로 본다(**유예기간**).
>
> ↔ 다만, 중소기업이 다음 각호의 어느 하나의 사유로 중소기업에 해당하지 않게 된 경우는 **유예기간을 적용하지 않는다.**
>
> ㄱ. 중소기업외의 기업과 합병하는 경우
> ㄴ. 유예기간중에 있는 기업과 합병하는 경우
> ㄷ. 소유 및 경영의 실질적인 독립성 기준에 적합하지 않은 기업에 해당하는 경우
> ㄹ. 창업일이 속하는 과세연도 종료일부터 2년 내의 과세연도 종료일 현재 중소기업 기준 초과하는 경우

(6) 중복지원의 배제

① 내국인이 동일한 과세연도에 창업중소기업 등에 대한 세액감면과 법에서 열거한 투자세액공제 중 그 지원의 성격이 유사한 것은 중복적용이 배제되며, 그 중 하나만을

선택하여 적용해야한다.

단, 조특법 제143조 구분경리에 따라 세액감면을 적용받는 사업과 그 밖의 사업을 구분경리하는 경우로서 그 밖의 사업에 공제규정이 적용되는 경우에는 해당 세액감면과 투자세액공제는 중복지원에 해당하지 않는다.

② 내국인이 동일한 과세연도에 창업중소기업 등에 대한 세액감면 규정과 조특법 제29조의7의 고용증대세액공제 규정을 중복적용할 수 있으나, 창업중소기업등에 대한 세액감면 중 추가감면규정은 고용증대 기업의 세액공제 규정과 동시에 적용 될 수 없다.

③ 창업중소기업 등에 대한 세액감면규정과 조특법 제121조의2 외국인투자에 대한 조세감면 규정이 동일한 사업장에 대하여 동일한 과세연도에 적용될 때는 그 중 하나만을 선택하여 적용해야 한다.

(7) 구분경리

본조의 규정을 적용받는 사업과 그 외 기타 사업을 겸업하는 경우에는 법인세법 제113조 규정을 준용하여 구분 경리해야 한다.

(8) 세액감면의 중단

① 세액감면 적용받은 기업이 중소기업기본법에 따른 중소기업이 아닌 기업과 합병하는 등 중소기업 유예기간 배제사유에 따라 중소기업에 해당하지 아니하게 된 경우에는 해당 사유 발생일이 속하는 과세연도부터 세액감면을 적용하지 아니한다(시행령 제5조 제24항, 기본통칙 통칙 6-0-1).

② 수도권과밀억제권역 외의 지역에서 창업한 창업중소기업이 창업 이후 다음의 어느 하나에 해당하는 사유가 발생한 경우에는 해당 사유가 발생한 날이 속하는 과세연도부터 남은 감면기간동안 해당 창업중소기업은 수도권과밀억제권역에서 창업한 창업중소기업으로 본다(시행령 제5조).

   가. 창업중소기업이 사업장을 수도권과밀억제권역으로 이전한 경우

   나. 창업중소기업이 수도권과밀억제권역에 지점 또는 사업장을 설치(합병, 분할, 현물출자 또는 사업의 양수를 포함함)한 경우

(9) 감면신청

세액감면을 받으려는 자는 과세표준신고와 함께 세액감면신청서(시행규칙 별지 제2호 서식) 및 창업중소기업 등에 대한 감면세액계산서(시행규칙 별지 제2호의2 서식) 납세지 관할세무서장에게 제출하여야 한다.

10) 관련 예규 및 판례

(1) 최신 예규 및 판례

① 수도권과밀억제권역에서 창업한 청년창업중소기업이 수도권과밀억제권역 외의 지역으로 사업장을 이전한 경우 「조세특례제한법」 제6조 제1항 제1호 나목의 감면비율(50%)을 적용하는 것임(사전-2020-법령해석소득-0913, 2020.12.09.).

② 수도권과밀억제권역 내에서 창업 후 권역 외로 이전하더라도 청년창업중소기업의 세액감면율은 기존과 같으며, 청년창업중소기업에 대한 세액 감면기간 중 대표자가 창업자가 아닌 자로 변경되면 해당 과세연도부터 남은 감면기간동안은 감면요건을 갖추지 못한 것으로 보는 것임(서면-2019-법인-1931, 2020.09.11.).

③ 공동사업의 경우 '창업' 및 '창업으로 보지 아니하는 경우'의 판단은 공동사업 구성원별로 판단하는 것이며, 청년창업중소기업의 여부는 창업자인 공동사업의 대표자(손익분배비율이 가장 큰 자, 손익분배비율이 가장 큰 자가 2명 이상인 경우 그 모두)를 기준으로 판단하는 것임(사전-2020-법령해석소득-0446, 2020.07.13.).

④ 청년이 100% 출자하여 법인을 설립하고, 청년과 청년이 아닌자가 각자 대표로 취임하여 사업을 운영하는 경우에는 청년창업중소기업에 대한 세액감면을 적용 할 수 없음(서면-2020-법령해석법인-5711, 2021.06.30.).

⑤ 개인사업자가 폐업후 폐업전의 업종과 동일업종으로 a법인을 설립하는 경우 및 a법인이 100%출자하여 a법인과 동일한 대표자 및 동일업종으로 다른 지역에 b법인을 설립하는 경우 창업에 해당하지 않음(서면-2021-법령해석법인-1262, 2021.06.08.).

(2) 공동사업장 관련 예규 및 판례

① 창업중소기업에 대한 세액감면을 신청·적용하고 있던 사업자 갑이 해당 제조업을 공동사업으로 등록하여 계속 사업 하는 경우, 갑은 동 세액감면의 잔존감면 기간동안에 소득세법 제43조에 따라 분배되는 소득금액 상당액에 대하여 동 세액감면을 적용받을 수가 있는 것임(서면소득-3358, 2016.03.21.).

② 거주자 2인(A, B)이 「조세특례제한법」 제6조의 규정에 따른 [창업중소기업 등에 대한 세액감면] 대상 사업을 창업하여 공동사업을 영위하던 중 동업계약해지로 공동사업 구성원 중 1인(A)이 탈퇴한 다른 1인(B)으로부터 공동사업의 지분을 양수하여 단독으로 당해 사업을 계속하는 경우, 당해 계속 사업자(A)는 그 잔존 감면 기간 공동사업장의 창업 당시 약정된 손익분배비율에 의한 소득금액 상당액에 대하여 동 규정의 세액감면을 적용받을 수 있는 것이며 당해 공동사업에서 탈퇴한 거주자(B)가 사업을 다시 개시하여 동종의 사업을 영위하는 경우는 「조세특례제한법」 제6조 제4항에 따른 창업으로 보지 아니하는 것임(소득세과-4227, 2008.11.19.).

③ 소득세법 제87조에 규정하는 공동사업자에 대한 소득금액 계산에 있어서 당해 공동사업장을 1 거주자로 보는 것이며, 공동사업장의 공동사업자 구성원 중 일부를 변경하고 그 공동사업을 계속하는 경우, 같은법 시행령 제208조 제5항 제1호에서 규정한 '당해연도에 신규로 사업을 개시한 사업자'에 해당하지 아니하는 것임(서일46011-10582, 2003.05.12.).

④ 거주자가 단독으로 사업을 영위하다가 공동사업으로 변경한 경우에 단독사업장은 공동사업으로 변경한 날의 전날에 폐업(또는 승계)한 것으로 보고 소득금액을 계산하는 것이며, 공동사업으로 변경 후 당해 공동사업장에서 발생한 소득은 소득세법 제43조 제2항의 규정에 의하여 그 지분 또는 손익분배의 비율에 의하여 분배되었거나 분배될 소득금액에 따라 각 거주자별로 소득금액을 계산하는 것임(소득46011-21087, 2000.08.22.).

⑤ 공동사업의 경우 '창업' 및 '창업으로 보지 아니하는 경우'의 판단은 공동사업 구성원별로 판단하는 것이며, 청년창업중소기업의 여부는 창업자인 공동사업의 대표자(손익분배비율이 가장 큰 자, 손익분배비율이 가장 큰 자가 2명 이상인 경우 그 모두)를 기준으로 판단하는 것임(사전-2020-법령해석소득-0446, 2020.07.13.).

II. 중소기업에 대한 조세특례

11) 관련 서식

■ 조세특례제한법 시행규칙 [별지 제2호의2서식] 〈개정 2024. 3. 22.〉

창업 중소기업 등에 대한 감면세액계산서

제출법인	① 법인명				② 사업자등록번호			
	③ 대표자 성명				④ 생년월일			
	⑤ 주소 또는 본점 소재지							
					(전화번호:)			
	⑥ 과세연도 년 월 일부터 년 월 일까지				⑦창업일 년 월 일			
창업 중소기업 등의 구분	⑧ 창업중소기업 [ ]		⑩ 창업보육센터사업자 [ ]		⑫ 에너지신기술중소기업 [ ]			
	⑨ 청년창업중소기업 [ ]		⑪ 창업벤처중소기업 [ ]		⑬ 신성장서비스 중소기업 [ ]			
					⑭ 재창업지원 중소기업 [ ]			
창업 지역	⑮ 수도권과밀억제권역 [ ]				⑯ 수도권과밀억제권역 외의 지역 [ ]			
수입금액	⑰ 8,000만원 이하 [ ]				⑱ 8,000만원 초과 [ ]			
최초 소득발생 과세연도	년 월 일부터 년 월 일까지							

감면세액계산내용

기본 감면 (최저한세 적용)	⑲ 감면대상 산출세액		⑳ 감면비율	50%	[ ]
				75%	[ ]
				100%	[ ]
	㉑ 기본 감면세액(⑲ × ⑳)				
추가 감면 (최저한세 배제)	1. 공제요건 : 해당 과세연도 상시 근로자수가 최소고용인원 이상인지 여부 [ ]여 [ ]부 가. 광업, 제조업, 건설업, 물류산업 : 10명 나. 그 밖의 업종 : 5명				
	2. 고용증가 인원 계산				
	㉒ 해당 과세연도 상시근로자수	㉓ 직전 과세연도 상시근로자수	㉔ 증가한 상시근로자수 (㉒-㉓)		
	명	명	명		
	㉕ 감면대상 산출세액 (=⑲)	㉖ 감면비율 (=㉙)	㉗ 고용증가율 × 50/100 (㉔/㉓ × 50/100)		%
			㉘ 한도율		50%(25%)
			㉙ 추가감면율 Min(㉗,㉘)		%
	㉚ 추가 감면세액(㉕ × ㉖)				
	㉛ 총 감면세액(㉑+㉚)				

「조세특례제한법 시행령」 제5조제26항에 따라 창업 중소기업 등에 대한 감면세액계산서를 제출합니다.

년 월 일

신청인 (서명 또는 인)

세무서장 귀하

작성방법

1. ⑰, ⑱의 연간 수입금액 기준은 2022년 1월 1일 이후 개시하는 과세연도부터 적용합니다.
2. 직전 과세연도의 상시근로자수가 업종별 최소고용인원에 미달하는 경우에는 "㉓ 직전 과세연도 상시근로자수"에 업종별 최소고용인원을 적습니다.
3. 「조세특례제한법」 제6조제1항, 제2항, 제4항 또는 제6항에 따른 세액감면은 최저한세가 적용되고, 같은 조 제1항(100% 감면받는 경우만 해당합니다), 제6항(100% 감면받는 경우만 해당합니다) 또는 제7항에 따른 세액감면은 최저한세가 적용되지 않습니다.

210mm×297mm[백상지 80g/㎡ 또는 중질지 80g/㎡]

12) 창업한 중소기업법인 신고서 작성사례 (국세청 홈페이지 참조, 2025년 이전 창업만 해당 주의!!)

□ 인적사항

  ○ 법 인 명 : (주)세미래랑(101-81-12345)

  ○ 대 표 자 : 강 길 동

  ○ 소 재 지 : 세종특별자치시 국세청로8-14

  ○ 설립일자 : 2018.02.01.

  ○ 사업연도 : 2022.01.01.~12.31.

  ○ 창업한 중소기업에 해당하는 법인임

□ 자료내용

  ○ 법인세 공제 후 당기순이익 : 228,000,000
    이자수익* : 11,000,000
    [*이자수익은 감면대상 소득이 아님(통칙6-0…2)]
    감면사업 관련 소득 : 217,000,000

  ○ 법인세등, 재고자산평가감 익금산입(손금불산입) : 3,000,000

  ○ 사업연도 중 기납부한 원천징수세액과 중간예납세액은 다음과 같음
    원천징수 납부세액 : 1,500,000·중간예납세액 : 12,000,000

  ○ 수입금액 : 1,500,000,000

〈법인세 납부세액 계산〉

① 과세표준 금액

  : 228,000,000(법인세 차감전 당기순이익) + 3,000,000(세무조정) = 231,000,000

② 산출세액 : 231,000,000(과세표준) × (20%)* = 26,200,000

  *2억 이하10%, 2억 초과 200억 이하20%, 200억 초과 3,000억 이하22%, 3,000억 초과 25%

*사업연도가 1년 미만인 경우 : 과세표준 × 12/사업연도월수 × 세율 × 사업연도월수/12

③ 창업중소기업 세액감면(조특법§6)

: 26,200,000(산출세액) × 220,000,000(감면소득) / 231,000,000(과세표준) × 50% = 12,476,190

④ 최저한세 계산

아래1)과 2)중 많은 금액16,170,000원을 납부하여야 함.

1) 231,000,000(과세표준) × 7%(최저한세율) = 16,170,000

2) 26,200,000(산출세액) - 12,476,190(감면세액) = 13,723,810 (감면 후 세액)

*최저한세 적용으로 2,446,190원 만큼 감면을 덜 받아야 함.

⑤ 납부세액

: 16,170,000 - 1,500,000(원천납부세액) - 12,000,000(중간예납) = 2,670,000

■ 법인세법 시행규칙[별지 제1호서식]

홈택스(www.hometax.go.kr)
에서도 신고할 수 있습니다.

법인세 과세표준 및 세액신고서

※ 뒤쪽의 신고안내 및 작성방법을 읽고 작성하여 주시기 바랍니다. (앞쪽)

①사업자등록번호	101-81-12345		②법인등록번호	110111-1234567
③법 인 명	㈜세미래랑		④전 화 번 호	044-397-1823
⑤대 표 자 성 명	강길동		⑥전자우편주소	gonggd@nts.co.kr
⑦소 재 지	세종특별자치시 국세청로8-14			
⑧업 태	제조	⑨종 목	기초화합물	⑩주업종코드 241102
⑪사 업 연 도	2022.1. 1. ~ 2022. 12. 31.		⑫수시부과기간	… ~…

⑬법인구분	1.내국 2.외국 3.외투(비율%)				⑭조 정 구 분	1.외부 2.자기
⑮종 류 별 구 분	중소기업	일반		그외기업	당기순이익과세	
		중견기업	상호출자제한기업			
영리법인 상장법인	11	71	81	91	⑯외부감사대상	1.여 2.부
코스닥상장법인	21	72	82	92	⑰신 고 구 분	1.정기신고
기 타 법 인	30	73	83	93		2.수정신고(가.서면분석, 나.기타)
비 영 리 법 인	60	74	84	94	50	3.기한후 신고
						4.중도폐업신고
						5.경정청구
⑱법인유형별구분	기타법인		코드	100	⑲결 산 확 정 일	2023.2. 28.
⑳신 고 일	2023.3.31.				㉑납 부 일	
㉒신고기한연장승인	1.신청일				2.연장기한	

구분	여	부	구분	여	부
㉓주식변동	1	2	㉔장부전산화	1	2
㉕사업연도의제	1	2	㉖결손금소급공제 법인세환급신청	1	2
㉗감가상각방법(내용연수)신고서 제출	1	2	㉘재고자산등평가방법신고서 제출	1	2
㉙기능통화 채택 재무제표 작성	1	2	㉚과세표준 환산시 적용환율		
㉛동업기업의 출자자(동업자)	1	2	㉜한국채택국제회계기준(K-IFRS)적용	1	2
㊼기능통화 도입기업의 과세표준 계산방법			㊽미환류소득에 대한 법인세 신고	1	2
㊾성실신고확인서 제출	1	2			

구분	법인세			계
	법인세	토지 등 양도소득에 대한 법인세	미환류소득에 대한 법인세	
㉝수 입 금 액	(4,200,000,000)			
㉞과 세 표 준	288,000,000			
㉟산 출 세 액	25,920,000			26,200,000
㊱총 부 담 세 액	25,920,000			16,170,000
㊲기 납 부 세 액	17,800,000			13,500,000
㊳차 감 납 부 할 세 액	8,120,000			2,670,000
㊴분 납 할 세 액				
㊵차 감 납 부 세 액				2,670,000

㊶조정반번호		㊸조정자	성명
㊷조정자관리번호			사업자등록번호
			전화번호

국세환급금 계좌 신고 (환급세액5천만원 미만인 경우)	㊹예 입 처	은행(본)지점
	㊺예금종류	
	㊻계 좌 번 호	예금

신고인은 「법인세법」 제60조 및 「국세기본법」 제45조,제45조의2,제45조의3에 따라 위의 내용을 신고하며, 위 내용을 충분히 검토하였고 **신고인이 알고 있는 사실 그대로를 정확하게 적었음을 확인합니다.**

2023년 3월 31일

신 고 인(법인)　　　　　　　　㈜세미래랑　　　　　　　　(인)
신 고 인(대표자)　　　　　　　강길동　　　　　　　　　　(서명)

세무대리인은 조세전문자격자로서 위 신고서를 성실하고 공정하게 작성하였음을 확인합니다.

II. 중소기업에 대한 조세특례

■ 법인세법 시행규칙[별지 제3호서식]<개정2021.3.16.>

(앞쪽)

사업연도	2022.1.1. ~ 2022.12.31.	법인세 과세표준 및 세액조정계산서	법인명	㈜세미래랑
			사업자등록번호	101-81-12345

①각사업연도소득계산	101결산서상당기순손익		01	228,000,000		133감면분추가납부세액	29	
	소득조정금액	102익금산입	02	3,000,000		차감납부할세액(125-132+133)	30	2,670,000
		103손금산입	03					
	104차가감소득금액(101+102-103)		04	231,000,000		⑤토지등양도소득에대한법인세계산	양도	135등기자산	31	
	105기부금한도초과액		05				136미등기자산	32	
	106기부금한도초과이월액손금산입		54				137비과세소득	33	
	107각사업연도소득금액(104+105-106)		06	231,000,000			138과세표준(135+136-137)	34	
②과세표준계산	108각사업연도소득금액(108=107)			231,000,000			139세율	35	
	109이월결손금		07				140산출세액	36	
	110비과세소득		08				141감면세액	37	
	111소득공제		09				142차감세액(140-141)	38	
	112과세표준(108-109-110-111)		10	231,000,000			143공제세액	39	
	159선박표준이익		55				144동업기업 법인세 배분액(가산세 제외)	58	
③산출세액계산	113과세표준(112+159)		56	231,000,000			145가산세액(동업기업 배분액 포함)	40	
	114세율		11	20			146가감계(142-143+144+145)	41	
	115산출세액		12	26,200,000		⑥미환류소득법인세	기부세액	147수시부과세액	42	
	116지점유보소득(「법인세법」제96조)		13				148()세액	43	
	117세율		14				149계(147+148)	44	
	118산출세액		15				150차감납부할세액(146-149)	45	
	119합계(115+118)		16	26,200,000			161과세대상미환류소득	59	
④납부할세액계산	120산출세액(120=119)			26,200,000			162세율	60	
	121최저한세 적용대상공제감면세액		17	10,030,000			163산출세액	61	
	122차감세액		18	16,170,000			164가산세액	62	
	123최저한세 적용제외공제감면세액		19				165이자상당액	63	
	124가산세액		20				166납부할세액(163+164+165)	64	
	125가감계(122-123+124)		21	16,170,000			151차감납부할세액계(134+150+166)	46	2,670,000
	기한내납부세액	126중간예납세액	22	12,000,000			152사실과 다른 회계처리 경정세액공제	57	
		127수시부과세액	23				153분납세액계산범위액(151-124-133-145-152+131)	47	
		128원천납부세액	24	1,500,000		⑦세액계	분납할세액	154현금납부	48	
		129간접투자회사등외국납부세액	25					155물납	49	
		130소계(126+127+128+129)	26	13,500,000				156계(154+155)	50	
		131신고납부전가산세액	27					157현금납부	51	
		132합계(130+131)	28	13,500,000			차감납부세액	158물납	52	2,670,000
								160계(157+158) (160=151-152-156)	53	2,670,000

210mm×297mm[백상지80g/㎡ 또는 중질지80g/㎡]

■ 법인세법 시행규칙[별지 제4호서식] <개정2019.3.20>   (앞 쪽)

사업연도	2022.1.1. ~ 2022.12.31.	최저한세조정계산서	법인명	㈜세미래랑
			사업자등록번호	101-81-12345

① 구분		코드	②감면 후 세액	③최저한세	④조정감	⑤조정 후 세액
101결산서상 당기순이익		01	228,000,000			
소득조정금액	102익 금 산 입	02	3,000,000			
	103손 금 산 입	03				
104조정 후 소득금액(101+102-103)		04	231,000,000	231,000,000		231,000,000
최저한세 적용대상 특별비용	105준비금	05				
	106특별상각 및 특례자산가상각비	06				
107특별비용 손금산입 전 소득금액 (104+105+106)		07				
108기 부 금 한 도 초 과 액		08				
109기부금 한도초과 이월액 손금산입		09				
110각 사 업 연 도 소 득 금 액 (107+108-109)		10	231,000,000	231,000,000		231,000,000
111이월결손금		11				
112비과세소득		12				
113최저한세적용대상 비과세소득		13				
114최저한세적용대상 익금불산입·손금산입		14				
115차 가 감 소 득 금 액 (110 - 111 - 112+ 113+114)		15	231,000,000	231,000,000		231,000,000
116소득공제		16				
117최저한세적용대상 소득공제		17				
118과세표준금액 (115-116+117)		18	231,000,000	231,000,000		231,000,000
119선 박 표 준 이 익		24				
120과세표준금액(118+119)		25	231,000,000	231,000,000		231,000,000
121세율		19	20	7		20
122산출세액		20	26,200,000	16,170,000		26,200,000
123감면세액		21	12,476,190		2,446,190	10,030,000
124세액공제		22				
125차 감 세 액(122-123-124)		23	13,723,810			16,170,000

210mm×297mm[일반용지70g/㎡(재활용품)]

2.최저한세 세율 적용을 위한 구분 항목

126중소기업 유예기간 종료연월		127유예기간 종료후 연차			

II. 중소기업에 대한 조세특례

■ 조세특례제한법 시행규칙[별지 제2호서식] <개정 2021.3.16.>

세액감면(면제)신청서

※ 제3쪽의 작성방법을 읽고 작성하여 주시기 바랍니다.

접수번호		접수일		처리기간	즉시

❶ 신청인	① 상호 또는 법인명 ㈜세미래랑	② 사업자등록번호 101-81-12345
	③ 대표자 성명 강 길 동	④ 생년월일 1970년 4월 2일
	⑤ 주소 또는 본점 소재지 세종특별자치시 국세청로8-14 (전화번호: 044-204-1234)	

❷ 과세연도   2022년 1월 1일부터 2022년 12월 31일까지

❸ 신청내용

구분	근거법령	코드	⑥ 감면율	⑦ 대상세액	⑧ 감면세액	⑨ 한도충족 감면세액
101 창업중소기업에 대한 감면(최저한세 적용제외)	영 제5조제26항	110	50%	12,476,190	10,030,000	10,030,000
102 창업중소기업에 대한 감면(최저한세 적용대상)	영 제5조제26항	111				
103 창업벤처중소기업에 대한 감면	영 제5조제26항	174				
104 에너지신기술중소기업에 대한 감면	영 제5조제26항	13E				
105 중소기업에 대한 특별세액감면	영 제6조제8항	112				
106 기술이전에 대한 감면	영 제11조제6항	13J				
107 기술대여에 대한 감면	영 제11조제6항	13K				
108 연구개발특구 입주기업에 대한 감면(최저한세 적용제외)	영 제11조의2제5항	17C				
109 연구개발특구 입주기업에 대한 감면(최저한세 적용대상)	영 제11조의2제5항	179				
110 고용창출형창업기업에 대한 감면	영 제27조의2제4항 (2007.2.28. 대통령령 제 19888호로 개정되기 전의 것)	190				
111 사업전환 중소기업에 대한 감면	영 제30조의2제7항	192				
112 무역조정지원기업의 사업전환에 대한 감면	영 제30조의2제7항	13A				
113 혁신도시 등 이전 공공기관에 대한 감면	영 제58조제11항	13F				
114 공장의 지방이전에 대한 세액감면(중소기업의 수도권 안으로 이전)	영 제60조제8항 (구 제60조제6항 포함)	116				
115 수도권과밀억제권역 밖으로 이전하는 중소기업 세액감면(수도권 밖으로 이전)	구영 제60조제5항	169				
116 공장의 지방이전에 대한 세액감면(수도권 밖으 로 이전)	영 제60조제8항 (구 영 제60조의2제15항 포함)	108				
117 본사의 수도권 밖 이전에 대한 세액감면	영제60조의2제15항 (구 영 제60조의2제15항 포함)	109				
118 농공단지입주기업 등에 대한 감면	영 제61조제3항	117				
119 영농조합법인에 대한 면제	영 제63조제7항	104				
120 영어조합법인에 대한 면제	영 제64조제8항	107				
121 농업회사법인에 대한 감면(농업소득)	영 제65조제5항	11B				
122 농업회사법인에 대한 감면(농업소득외의 소득)	영 제65조제5항	119				
123 사회적기업에 대한 감면	영 제79조의7	11L				
124 장애인표준사업장에 대한 감면	영 제79조의7	11M				
125 행정중심복합도시·혁신도시 공장이전에 대한 감면	영 제85조의2제6항	11A				
126 소형주택 임대사업자에 대한 감면	영 제96조제8항	13I				
127 상가건물 장기 임대사업자에 대한 감면	영 제96조의2제4항	13N				

구분	근거법령	코드	⑥ 감면율	⑦ 대상세액	⑧ 감면세액	⑨ 한도충족 감면세액
128 위기지역 내 창업기업 세액감면 (최저한세 적용제외)	영 제99의8제6항	11N				
129 위기지역 내 창업기업 세액감면 (최저한세 적용대상)	영 제99의8제6항	13S				
130 감염병 피해에 따른 특별재난지역의 중소기업에 대한 감면	영제99조의10제5항	17D				
131 산림개발소득에 대한감면	영 제102조	124				
132 해외진출기업의 국내복귀에 대한감면 (철수방식)	영 제104조의21제12항	11F				
133 해외진출기업의 국내복귀에 대한감면 (유지방식)	영 제104조의21제12항	11H				
134 제주첨단과학기술단지입주기업에 대한 감면(최저한세 적용제외)	영 제116조의14제5항	181				
135 제주첨단과학기술단지입주기업에 대한 감면(최저한세 적용대상)	영 제116조의14제5항	13P				
136 제주투자진흥지구·제주자유무역지역 입주기업에 대한감면(최저한세 적용제외)	영 제116조의15제7항	182				
137 제주투자진흥지구·제주자유무역지역 입주기업에 대한 감면(최저한세 적용대상)	영 제116조의15제7항	13Q				
138 제주투자진흥지구 개발사업시행자에 대한감면	영 제116조의15제7항	158				
139 기업도시·지역개발사업구역 등창업·사업장신설기업에 대한감면(최저한세 적용제외)	영 제116조의21제7항	197				
140 기업도시·지역개발사업구역 등창업·사업장신설기업에대한감면(최저한세 적용대상)	영 제116조의21제7항	13R				
141 기업도시·지역개발사업구역 등개발사업시행자에 대한 감면	영 제116조의21제7항	198				
142 아시아문화중심도시 입주기업에대한감면(최저한세 적용제외)	영 제116조의25제6항	11C				
143 아시아문화중심도시 입주기업에대한감면(최저한세 적용대상)	영 제116조의25제6항	13T				
144 금융중심지 창업·사업장신설기업에 대한감면(최저한세 적용제외)	영 제116조의26제9항	11G				
145 금융중심지 창업·사업장신설기업대한감면(최저한세 적용대상)	영 제116조의26제9항	13U				
146 첨단의료복합단지 입주 의료연구개발기관 등에 대한감면(최저한세 적용제외)	영 제116조의27제6항	17A				
147 첨단의료복합단지 입주 의료연구개발기관 등에 대한감면(최저한세 적용대상)	영 제116조의27제6항	13H				
148 국가식품클러스터 입주기업에 대한 감면(최저한세 적용제외)	영 제116조의27제6항	17B				
149 국가식품클러스터 입주기업에 대한 감면(최저한세 적용대상)	영 제116조의27제6항	13V				
150 기타		164				
151 세액감면 합계		1A4				

Ⅱ. 중소기업에 대한 조세특례

❹지역특구 입주기업 감면한도 계산내용(108~109,117, 127,133~148에 대해 적용)
- 117은2019.1.1이후 개시하는 과세연도부터 적용하되, 2019.1.1이전 입주기업은 제외함(A방식)
  127은2018.1.1이후 지정 또는 선포된 위기지역의 지정일 또는 선포일이 속하는 과세연도의 과세표준을2019.1.1이후 신고하는 경우부터 적용함(A방식)
- 108~109,134~149의 경우2019.1.1이후 개시하는 사업연도분부터는A방식에 의해 한도를 계산하되, 2019.1.1이전에 해당 지역에 입주한 기업은B방식(종전규정)에 의해 한도를 계산함

	⑩ 직전 과세연도까지의 감면세액 누계 *감면받은 과세연도/감면세액: (/), (/), (/), (/), (/)		
전체 감면한도 계산			
A	⑪ 해당 과세연도까지의 사업용고정자산 투자누계액		
	⑫ 투자기준 감면한도(⑪ ×50%)		
	⑬고용기준 감면한도 [해당 과세연도의 감면대상사업장의 상시근로자 수 ×1,500만원(청년 상시근로자와 서비스업을 하는 감면대상사업자의 상시근로자의 경우에는2,000만원)]		
	⑭ 해당 과세연도까지의 총감면한도(⑫+⑬)		
B	일반기업	서비스업	
	⑮해당 과세연도까지의 사업용고정자산 투자누계액	19일반감면한도(=18)	
	16투자기준 감면한도(⑮ ×50%)	20고용기준 감면한도(Min [ⓐ,ⓑ]) ⓐ상시근로자 수 ×2,000만원 ⓑ 투자누계액(⑮×100%)	
	17고용기준 감면한도(Min [ⓐ,ⓑ]) ⓐ상시근로자 수 ×1,000만원 ⓑ 투자누계액(⑮×20%)		
	18해당 과세연도까지의 총감면한도(16+17)	21해당 과세연도까지의 총감면한도(Max [19, 20])	
22해당 과세연도의 감면한도(⑭-⑩)또는(18 -⑩)또는(21 -⑩)			

❺중소기업특별세액감면 감면한도 계산

구 분	해당(직전)과세연도의 매월 말 현재 상시근로자 수												23합계	24개월수	25상시근로자수(=23÷24)
	월	월	월	월	월	월	월	월	월	월	월	월			
해당 과세연도															26
직전 과세연도															27

감면한도계산: 1억원- 500만원 × 상시근로자 수 감소인원

감면한도 (상시근로자 감소 적용전)	상시근로자 수 감소인원당 차감액	28상시근로자 수 감소인원(26-27)	29감면한도 (1억원- 500만원 × 28)
1억원	500만원		

❻사회적기업·장애인 표준사업장에 대한 감면한도 계산

구 분	해당 과세연도의 매월 말 현재 상시근로자 수												30합계	31개월수	32상시근로자수(=30÷31)
	월	월	월	월	월	월	월	월	월	월	월	월			
해당 과세연도															33

감면한도계산: 1억원+ 2000만원 ×(취약계층 또는 장애인)의 상시근로자 수

감면한도 (상시근로자 적용전)	상시근로자 수 인원당 증가액	32상시근로자 수	33감면한도 (1억원+ 2000만원 × 32)
1억원	2000만원		

「조세특례제한법」 및 같은 법 시행령에 따라 위와 같이 세액감면(면제)을 신청합니다.

년월일

신청인   (서명 또는 인)

세무서장귀하

■ 법인세법 시행규칙[별지 제15호서식]　　　(앞쪽)

사 업 연 도	2022. 1. 1. ~ 2022.12.31.	소득금액조정합계표	법인명	(주)세미래랑
			사업자등록번호	101-81-12345

처분청이 창업중소기업 감면부동산인 쟁점부동산을 취득한 후 취득일부터 3년 이내에 다른 용도 (임대)로 사용하였다고 보아 이 건 취득세를 부과한 처분은 달리 잘못이 없다고 판단됨.

익금산입 및 손금불산입				손금산입 및 익금불산입			
①과목	②금액	③소득처분		①과목	②금액	③소득처분	
		처분	코드			처분	코드
재고자산 평가감	1,000,000	유 보	400				
법인세 등	2,000,000	기타 사외유 출	500				
합계	3,000,000			합계			

210mm×297mm[백상지80g/㎡ 또는 중질지80g/㎡]

13) 창업중소기업등에 대한 지방세 감면 (지특법 제58조의3)

(1) 의의

2026년 12월 31일까지 과밀억제권역 외의 지역에서 창업하는 중소기업이 창업일로부터 4년 이내(청년창업기업의 경우에는 5년 이내)에 취득하는 부동산에 대해서는 아래에서 정하는 바에 따라 지방세를 경감한다.

(2) 과세특례 내용

① 취득세

창업일(벤처기업으로 최초로 확인받은 날)부터 4년 이내(2019년 이후 청년창업기업의 경우에는 5년 이내)에 창업일 당시 업종의 사업을 계속 영위하기 위하여 취득하는 부동산에 대해서는 취득세의 75% 경감한다.

② 재산세

창업일(벤처기업으로 최초로 확인받은 날)부터 3년간 재산세를 면제하고, 그 다음 2년간은 재산세의 50%에 상당하는 세액을 경감한다.

③ 등록면허세 : 면제

(2) 관련 최신 예규 및 판례

① 지방세특례제한법 제58조의3에서 벤처기업확인서상 유효기간이 만료된 경우 창업벤처중소기업에 대하여 취득세 등의 감면을 배제하겠다는 규정이 없으므로 청구법인이 벤처기업확인서상 유효기간이 만료된 이후에 쟁점부동산을 취득하였다 하더라도 취득세 등의 감면대상이 아닌 것으로 보기 어려움(조심2019지2529, 2020.07.01.).

② 청구법인의 설립은 새로운 사업을 최초로 개시하는 창업이 아니라, 특수관계법인이 하던 기존 사업의 확장에 불과하다 할 것임. 따라서 처분청이 이 건 경정청구를 거부한 처분은 달리 잘못이 없다고 판단됨(조심2022지1263, 2023.09.13.).

③ 처분청이 창업중소기업 감면부동산인 쟁점부동산을 취득한 후 취득일부터 3년 이내에 다른 용도(임대)로 사용하였다고 보아 이 건 취득세를 부과한 처분은 달리 잘못이 없다고 판단됨(조심2022지926, 2023.06.20.).

④ 이 건 토지를 유예기간(1년) 이내에 노인복지시설의 용도로 직접 사용하지 못한 데에 정당한 사유가 있다고 볼 수 있는지 여부

청구법인이 청구인들은 2022.11.23. 이 건 건축물의 사용승인을 받은 후 2023.01.16. 이 건 건축물에 노인복지시설을 설치·등록하고 이 건 심리일 현재 노인복지시설을 정상적으로 운영하고 있는 점 등에 비추어 이 건 토지를 유예기간(1년) 이내에 노인복지시설의 용도로 직접 사용하지 못한 데에 정당한 사유가 있다고 할 것인바, 처분청이 이 건 취득세 등을 부과한 처분은 잘못이 있다고 판단됨. 다만, 이 건 토지 중 소매점용 건축물(55.64㎡)의 부속토지에 해당하는 40.18㎡는 노인복지시설에 직접 사용하는 것으로 볼 수 없으므로 이에 대하여는 면제한 취득세 등을 부과하는 것이 타당하다 하겠음(조심2023지3519, 2023.08.29.).

⑤ 건축공사에 관한 경험부족 및 경제적인 사정이 해당 사업에 직접사용하지 못한 정당한 사유에 해당하는지 여부

경험부족 및 경제적인 사정을 이유로 유예기간 이내에 공장건물의 신축을 완료하지 못한 불가피한 사정이 있다고 인정할 수 없음(부산고법2019누20884, 2019.12.18.).

02 중소기업에 대한 특별세액감면 (조특법 제7조)

※ 주요 개정연혁

1) 2016년 개정사항 관련 쟁점

(1) 2016.02.05. 시행령 부칙 제22조 【소기업의 범위에 관한 경과조치】

"법률 제13560호 조특법 일부개정법률 시행 당시(2016.01.01.) 종전의 제6조 제5항에 따라 소기업에 해당되었던 기업이 법률 제13560호 조세특례제한법 일부개정법률 시행 이후 제6조 제5항의 개정규정에 따른 소기업에 해당하지 아니하게 된 경우에는 제6조 제5항의 개정규정에도 불구하고 2019년 1월 1일이 속하는 과세연도까지 소기업으로 본다."

(2) 종전 규정 (매출 100억원과 인원기준)의 기준연도 적용 논란

이전 심판례와 예규는 2015년으로 판단하였으나 대법원 판례(대법2019두 56333 2020.07.29.)에 의해 2016년으로 해석되었으며 이와는 별도로 최근 심판례(조심 2020서0790 2020.08.04.외 다수)에서도 계속하여 2016년으로 판단하고 있음. 따라서 2016년 기준으로 종전규정에 의한 소기업에 해당하여야 한다.

(3) 요약정리

① 2016년 이후 개정세법에 의한 소기업은 중소기업특별세액감면 당연 적용

② 2016년~2019년 소기업판정시 유예기간의 적용

구분	2016	2016	2017	2017	2018	2018	2019	2019
종전기준	○	×	○	×	○	×	○	×
개정기준	×	×	×	×	×	×	×	×
소기업 여부	여	부	여	부	여	부	여	부

(가) 관련 예규 및 판례 : 대법원2019두56333, 2020.07.29.

2016.02.05. 대통령령 제26959호로 개정된 구 조세특례제한법 시행령 부칙 제22조의 적용 대상은 법률 제13560호 조세특례제한법 일부개정법률 시행일인 2016.01.01. 당시인 2016 과세연도의 경우 구 조세특례제한법 시행령(2016.02.05. 대통령령 제26959호로 개정되기 전의 것) 제6조 제5항 제1호(이하 '종전규정'이라 한다)에 따라 소기업에 해당하여 중소기업특별세액감면을 받을 수 있었으나 위 개정된 구 조세특례제한법 시행령 제6조 제5항으로 인하여 더 이상 소기업에 해당하지 않아 중소기업특별세액감면을 받을 수 없게 된 기업이라고 봄이 타당하다.

따라서 2016 과세연도에 종전규정에 따른 소기업에 해당하지 않는 기업은 위 부칙 조항의 적용 대상이 아니므로, 2016 과세연도에 해당 사업장에서 발생한 소득에 대한 소득세 등과 관련하여 위 부칙 조항에 의하여 중소기업특별세액감면을 받을 수 없다.

2) 2020년 개정사항

 (1) 2022.12.31.까지 2년 연장

 (2) 업종추가

    - 통관 대리 및 관련 서비스업(감면율은 물류산업의 50% 수준으로 설정)
    - 전기차 50% 이상 보유한 자동차 임대업(현재 업종 외 별도로 규정된 사항을 업종에 반영)

3) 2022년 개정사항

 (1) 감면비율 중 중기업의 사업장으로서 수도권에서 지식기반산업을 경영하는 사업장의 경우 감면비율을 10%로 우대적용하던 규정을 삭제(2023.01.01. 이후 개시하는 사업연도부터 적용)
  다만, 2023.01.01.전에 개시한 사업연도에 종전의 지식기반산업 사업장에서 발생한 소득에 대한 법인세의 감면에 관하여는 개정규정에도 불구하고 종전의 규정에 따른다.

1) 의의

중소기업 중 감면 업종을 경영하는 기업에 대해서는 2025년 12월 31일 이전에 끝나는 과세연도까지 해당 사업장에서 발생한 소득에 대한 소득세 또는 법인세에 일정 감면비율을 곱하여 계산한 세액상당액을 감면한다.

(1) 지방에 소재하는 중소기업

(2) 수도권에 소재하는 소기업

2) 업종의 범위

(1) 감면대상 업종

감면업종의 경우 열거주의를 취하고 있다.

작물재배업, 축산업, 어업, 광업, 제조업, 하수·폐기물 처리(재활용 포함, 폐기물의 수집 및 운반업 포함), 원료재생 및 환경복원업, 건설업, 도매 및 소매업, 운수업 중 여객운송업, 출판업, 영화·비디오물 및 방송프로그램 제작업, 영화·비디오물 및 방송프로그램 제작 관련 서비스업, 영화·비디오물 및 방송프로그램 배급업, 오디오물 출판 및 원판녹음업, 방송업, 전기통신업, 컴퓨터프로그래밍, 시스템 통합 및 관리업, 정보서비스업(가상자산 매매 및 중개업은 제외한다.), 연구개발업, 광고업, 그 밖의 과학기술서비스업, 포장 및 충전업, 전문디자인업, 창작 및 예술관련 서비스업(자영예술가 제외), 주문자상표부착방식에 따른 수탁생산업, 엔지니어링사업, 물류산업, 직업기술분야 학원, 자동차정비업, 선박관리업, 의료기관을 운영하는 사업(의원·치과의원 및 한의원 제외, 수의업 제외) 관광사업(카지노, 관광유흥음식점 및 외국인 전용유흥음식점 제외) 노인복지시설 운영업, 전시산업,콜센터 및 텔레마케팅 서비스업, 에너지절약전문기업, 건물 및 산업설비 청소업, 경비 및 경호서비스업, 시장조사 및 여론조사업, 법에 따른 근로자직업능력개발훈련시 설 운영업, 법에 따른 재가급여를 제공하는 장기요양기관운영업, 인력공급 및 고용알선업(농업노동자 공급업 포함), 사회복지서비스업 (노인, 장애인, 아동, 여성을 위한 복지시설 및 보육시설운영업), 지식재산임대업, 연구개발지원업, 개인 간병인 및 유사 서비스업, 사회교육시설, 직원훈련기관, 기타 기술 및 직업훈련 학원, 도서관·사적지 및 유사 여가관련서비스업(독서실 운영업 제외), 주택임대관리업, 신·재생에너지 발전사업, 보안시스템 서비스업 및 임업, 통관 대리 및 관련 서비스업, 자동차 임대업	
개정사항	- 통관 대리 및 관련 서비스업(감면율은 물류산업의 50% 수준으로 설정) - 전기차 또는 수소전기차 50% 이상 보유한 자동차 임대업(현재 업종 외 별도로 규정된 사항을 업종에 반영)

☞ 감면적용시 반드시 조특법 시행령 및 한국표준산업분류표를 확인하여야 한다.

(2) 감면대상 업종의 적용 방법

① 원칙 : 조세특례제한법에 특별한 규정이 있는 경우를 제외하고는 통계법 제22조에 따라 통계청장이 고시하는 한국표준산업분류에 따른다.

② 예외 : 조세특례제한법 제7조 제1항 제1호에 별도로 규정하고 있는 업종에 따른다.

　가. 의료업 : 의료법에 따른 의료기관을 운영하는 사업*

　　*단, 의원·치과의원 및 한의원의 경우 해당 과세연도의 수입금액에서 지급받는 요양급여비용이 차지하는 비율이 80% 이상으로서 해당 과세연도의 종합소득금액이 1억원 이하인 경우 한정한다.

> * 중소기업 특별세액감면 해당 여부(서울고법2019누46215, 2020.05.29.)
> 입원병상이 갖추어져 있지 않다는 것이 치과병원의 판단에 장애일수 없으므로 의료법에서 치과병원의 경우에 입원환자가 없어도 필요한 시설을 갖추고 의료행위를 하면 이를 병원급 의료기관으로 볼 것을 전제하고 있는 것으로 해석하여 치과병원으로 봄이 타당함

　나. 직업능력개발훈련시설 운영업

　　「학원의 설립·운영 및 과외교습에 관한 법률」에 따른 직업기술분야를 교습하는 학원을 운영하는 사업 또는 「국민 평생 직업능력 개발법」에 따른 직업능력개발훈련시설을 운영하는 사업(직업능력개발훈련을 주된 사업으로 하는 경우에 한정한다.

> * 중소기업에 대한 특별세액감면 적용 가능 여부(소득-152, 2009.10.07.)
> 「학원의 설립·운영 및 과외교습에 관한 법률」에 따른 학원이 직업능력개발훈련을 실시하는 경우에도 해당 학원은 중소기업에 대한 특별세액감면 적용 가능함.

　다. 제조업의 범위

　　자기가 제품을 직접 제조하지 않고 제조업체(개성공업지구 소재업체)에 의뢰하여 제조하는 사업으로 그 사업이 다음의 요건을 모두 충족하는 경우에는 제조업에 포함한다.

　　ㄱ. 생산할 제품을 직접 기획(고안·디자인 및 견본제작 등을 말함)할 것

　　ㄴ. 해당 제품을 자기명의로 제조할 것

　　ㄷ. 해당 제품을 인수하여 자기책임하에 직접 판매할 것

II. 중소기업에 대한 조세특례

> ● **중소기업에 대한 특별세액감면 적용 가능 여부(재조예46070-292, 2000.08.18.)**
> 외부로부터 디자인을 제공받거나 위탁자 자기의 상표가 아닌 주문자상표부착방식에 의한 위탁제조는 중소제조업 특별세액감면을 적용받을 수 없음.

라. 주문자상표부착방식 수탁생산업
　　위탁자로부터 주문자상표부착방식에 따른 제품생산을 위탁받아 이를 재위탁하여 제품을 생산·공급하는 사업

마. 엔지니어링사업
　　엔지니어링산업 진흥법에 따른 엔지니어링활동(기술사법의 적용을 받는 기술사의 엔지니어링활동 포함)을 제공하는 사업

바. 물류산업
　　육상·수상·항공운송업, 화물 취급업, 보관 및 창고업, 육상·수상·항공 운송지원 서비스업, 화물 운송 중개·대리 및 관련 서비스업, 화물포장·검수 및 계량 서비스업, 선박의 입항 및 출항 등에 관한 법률에 따른 예선업, 도선법에 따른 도선업, 기타 산업용 기계·장비 임대업 중 파렛트 임대업

사. 무형재산권 임대업
　　지식재산 기본법 제3조 제1호에 따른 지식재산을 임대하는 경우로 한정

아. 자동차 임대업
　　여객자동차 운수사업법 제31조 제1항에 따른 자동차대여사업자로서 같은 법 제28조에 따라 등록한 자동차 중 50% 이상을 환경친화적 자동차의 개발 및 보급 촉진에 관한 법률 제2조 제3호에 따른 전기자동차 또는 같은 조 제6호에 따른 수소전기자동차로 보유한 경우로 한정

---

① 중소기업으로서 제조업 등이 주업이 아니라 하더라도, 제조업 등에서 발생한 부분에 대하여는 특별세액감면이 적용됨(법인 46012-951, 2000.04.17.).
② 감면대상 업종을 겸영하는 사업자는 어떤 사업을 임의로 선택하여 감면받을 수는 없고 해당 되는 사업 모두를 감면되는 사업으로 분류하여 소득금액을 계산하여야 한다.
즉, 업종이 상이한 감면대상 사업장이 별도로 있는 경우에는 구분경리를 하였더라도 각각의 사업에서 발생한 소득을 합산하여 소득금액을 계산하여 감면신청을 하는 것이며, 사업장별로 구분하여 유리하다고 판단되는 사업장에 대한 소득은 감면신청을 하고 불리하다고 판단되는 사업장에 대한 소득은 감면신청 하지 않는 것은 허용되지 않는다(조심 2013전 4882, 2014.03.10 : 조심 2010중 392, 2010.04.21.).

③ 청구인들은 건설업면허가 없을 뿐만 아니라 전문 인력을 고용한 사실도 확인되지 아니하므로, 청구인들이 제출한 자료만으로는 쟁점주택의 건설공사를 총괄적인 책임 하에 건설한 인적·물적시설이나 능력을 갖추었다고 보기 어려운 점 등에 비추어, 위 청구주장은 받아들이기 어려운 것으로 판단됨(조심2023서8001, 2023.11.03.).

④ 주택신축판매업은 한국표준산업분류상 주거용건물 개발 및 공급업에 해당하고, 구 조세특례제한법상 중소기업특별세액 감면대상이 되는 건설업에 해당하지 않는다(대법2019두52836, 2019.12.24.).

⑤ 청구법인과 같이 제조공정을 국외에서 수행하는 경우 국내 제조업의 생산기반을 유지·발전시키고자 하는 조특법 제7조의 입법취지에 맞지 아니하고, 조특법 제7조 상의 제조업체는 그 사업장이 국내에 있는 업체로 한정하여 해석함이 타당하다 할 것이고, 또한 한국표준산업분류의 목적이 국내산업의 구조분석에 있는 점을 고려해 보아도 산업활동의 주된 내용이 국외에서 이루어지는 경우 이를 준거로 업종을 분류하는 것은 적절하지 아니하다 할 것임(조심2023서9329, 2023.10.12.).

3) 대상업종의 요건

(1) 일반사항

본조의 적용대상은 내국인으로서 감면대상 업종을 경영하는 중소기업이며, 감면여부 및 감면율은 사업장별로 판단한다.

즉, 비거주자와 법인세법상 외국법인은 해당 되지 않으며 비영리내국법인 포함하며 조합법인은 제외한다.

(2) 소기업의 범위

소기업이란 중소기업 중 매출액이 업종별로 중소기업기본법 시행령 별표3을 준용(이 경우 평균매출액 등은 매출액으로 봄)하여 산정한 규모 이내인 기업을 말하며, 중기업이란 소기업을 제외한 중소기업을 말한다.

이 경우 매출액은 과세연도 종료일 현재 기업회계기준에 따라 작성한 해당 과세연도 손익계산서상의 매출액으로 한다.

다만, 창업·분할·합병의 경우 그 등기일의 다음날(창업의 경우에는 창업일)이 속하는 과세연도의 매출액을 연간 매출액으로 환산한 금액을 말한다.

(3) 소기업의 추가적인 판정

① 법인이 2 이상의 서로 다른 사업을 영위하는 경우 소기업에 해당하는지 여부는 사업별 사업수입금액이 큰 사업을 주된 사업으로 보아 당해 법인이 영위하는 사업 전체의 매출액을 기준으로 소기업 해당여부를 판정한다.

② 종전에는 매출액 100억원 미만의 중소기업 중 업종별로 상시 종업원수가 일정 요건을 충족하는 기업을 소기업으로 보아 왔으나, 2015년 세법개정을 통하여 소기업 기준을 매출액 기준으로 변경하였으며, 이와 같이 변경된 소기업 판정기준은 2016.01.01. 이후 개시하는 과세연도부터 적용하되, 경과조치를 두어 2019.01.01.이 속하는 과세연도까지 각 과세연도별로 개정 규정에 따라 소기업에 해당하지 않으나, 종전 규정에 따른 소기업에 해당하는 경우에는 소기업으로 본다.

※ 중소기업기본법 시행령 별표3 : 소기업의 범위

해당 기업의 주된 업종	분류기호	규모 기준
1. 식료품 제조업	C10	평균매출액등 120억원 이하
2. 음료 제조업	C11	
3. 의복, 의복액세서리 및 모피제품 제조업	C14	
4. 가죽, 가방 및 신발 제조업	C15	
5. 코크스, 연탄 및 석유정제품 제조업	C19	
6. 화학물질 및 화학제품 제조업(의약품 제조업은 제외한다)	C20	
7. 의료용 물질 및 의약품 제조업	C21	
8. 비금속 광물제품 제조업	C23	
9. 1차 금속 제조업	C24	
10. 금속가공제품 제조업(기계 및 가구 제조업은 제외한다)	C25	
11. 전자부품, 컴퓨터, 영상, 음향 및 통신장비 제조업	C26	
12. 전기장비 제조업	C28	

해당 기업의 주된 업종	분류기호	규모 기준
13. 그 밖의 기계 및 장비 제조업	C29	
14. 자동차 및 트레일러 제조업	C30	
15. 가구 제조업	C32	
16. 전기, 가스, 증기 및 공기조절 공급업	D	
17. 수도업	E36	
18. 농업, 임업 및 어업	A	평균매출액등 80억원 이하
19. 광업	B	
20. 담배 제조업	C12	
21. 섬유제품 제조업(의복 제조업은 제외한다)	C13	
22. 목재 및 나무제품 제조업(가구 제조업은 제외한다)	C16	
23. 펄프, 종이 및 종이제품 제조업	C17	
24. 인쇄 및 기록매체 복제업	C18	
25. 고무제품, 및 플라스틱제품 제조업	C22	
26. 의료, 정밀, 광학기기 및 시계 제조업	C27	
27. 그 밖의 운송장비 제조업	C31	
28. 그 밖의 제품 제조업	C33	
29. 건설업	F	
30. 운수 및 창고업	H	
31. 금융 및 보험업	K	
32. 도매 및 소매업	G	평균매출액등 50억원 이하
33. 정보통신업	J	
34. 수도, 하수 및 폐기물 처리, 원료재생업(수도업은 제외한다)	E(E36 제외)	평균매출액등 30억원 이하
35. 부동산업	L	

해당 기업의 주된 업종	분류기호	규모 기준
36. 전문·과학 및 기술 서비스업	M	
37. 사업시설관리, 사업지원 및 임대 서비스업	N	
38. 예술, 스포츠 및 여가 관련 서비스업	R	
39. 산업용 기계 및 장비 수리업	C34	
40. 숙박 및 음식점업	I	평균매출액등 10억원 이하
41. 교육 서비스업	P	
42. 보건업 및 사회복지 서비스업	Q	
43. 수리(修理) 및 기타 개인 서비스업	S	

(4) 수도권외의 사업장이 있는 경우

수도권외의 지역에서 감면대상 업종을 경영하는 중소기업의 경우에는 당해 수도권 외의 사업장에서 발생한 소득에 대해서 특별세액감면을 적용받을 수 있다.

단, 내국법인의 본점 또는 주사무소가 수도권안에 소재하는 경우에는 모든 사업장이 수도권안에 소재하는 것으로 보아 특별세액감면 적용 여부를 판정한다.

(5) 수도권내에 사업장이 있는 경우

수도권 안에서 감면대상 업종을 영위하는 중소기업의 경우에는 소기업의 사업장과 지식기반사업을 경영하는 중기업의 사업장에 한하여 본 조의 특별세액감면을 적용받을 수 있다.

내국법인의 본점 또는 주사무소가 수도권에 있는 경우에는 모든 사업장이 수도권에 있는 것으로 보아 적용 여부를 판정한다.

☞ 수도권판정시 사업장 소재지 기준(본점소재지 기준 병행)으로 판정함.

※ 2004년 12월 31일 법 개정시 종전 본점 소재지 기준으로 수도권 소재여부를 판단하도록 함에따라 본점은 지방에 있으나 공장이 수도권에 있는 기업이 높은 감면율

을 적용받는 등 불합리한 점이 있어, 수도권판정시 사업장 소재지 기준(다만 본점 소재지 기준 병행)으로 판단하도록 개정하였으며 2005년 1월 1일 이후 최초로 개시하는 과세연도분부터 적용한다.

(6) 관련 예규 및 판례

① 중소기업특별세액감면 적용시 수도권 안에서 중소기업을 영위하는 내국인이라 함은 과세연도 종료일 현재 본점 또는 주사무소가 수도권안에 소재하는 것을 의미함(기획재정부 조세지출예산과-805, 2007.10.09.).

② '수도권 안 중소기업'이 사업연도 중에 본점을 수도권외의 지역 이전시, 이전일이 속하는 사업연도 개시일부터 '수도권외 지역 중소기업'에 해당함(서이46012-11528, 2002.08.17.).

③ 중소기업특별세액 감면비율은 소득이 발생하는 사업장의 소재지에 따라 각각 달리 적용되므로 본점과 지점의 사업장소재지에 따라 본점소득금액과 지점소득금액에 대하여 각각의 해당 세액감면비율을 적용하는 것임(국심2007광4970, 2008.05.28.).

④ 동일한 공장에 대하여 동일한 사업연도에 중소기업특별세액감면과 지방이전에 대한 세액감면이 중복 적용되는 경우 그 중 하나만을 선택하여 적용하는 것임(서면2팀-1807, 2004.08.30.).

⑤ 조세특례제한법 제7조의 규정을 적용함에 있어서 수도권외의 지역에서 중소기업을 영위하는 법인이란 법인등기부상 소재지가 수도권외 지역에 있고 동 소재지에서 사실상 주된 사무가 이루어지는 것을 말하는 것으로서 반드시 수도권안의 본점에 있던 인원 및 물적시설을 수도권외의 지역으로 전부 이전하는 것을 의미하는 것은 아닌 것임(서이46012-10818, 2003.04.19.).

⑥ 수도권 외의 지역에서 제조업과 도매업을 겸영하는 중소기업이중소기업특별세액감면 규정을 적용함에 있어서 해당 법인의 각 사업연도 소득금액 중 도매업부문은 결손이고 제조업소득과 기타과세소득이 있는 경우 감면세액 계산 시 '감면소득'은 해당 제조업 소득금액에서 도매업에서 발생한 결손금을 공제한 금액으로 하는 것임(법인-3759, 2008.12.02.).

⑦ 청구인이 중소기업특별세액감면 대상인 소기업에 해당하는지 여부

조특법령에서 소기업 기준이 되는 매출액 기준과 관련하여, 「중소기업기본법 시행령」의 평균매출액등을 매출액으로 보고, 그 매출액의 범위를 명시적으로 '해당 과세연도 매출액'으로 규정하고 있는 이상 소기업을 판단하기 위한 매출액은 '해당 과세연도 손익계산서상의 매출액'을 기준으로 하여야 할 것임 그렇다면 20○○년 과세연도에 수도권 소재 청구인의 사업장에서 발생한 매출액이 50억원을 초과하여 조특법령상 소기업에 해당하지 않는다 할 것이므로 처분청이 청구인에게 이 건 종합소득세를 부과한 처분은 달리 잘못이 없다고 판단됨(조심2023서9322, 2023.10.23.).

⑧ 청구인들의 쟁점주택 신축·판매 사업이 "건설업"이 아닌 "부동산업"에 해당한다고 보아 중소기업 특별세액감면 적용을 배제하여 과세한 처분의 당부

쟁점주택의 주된 건축공사는 건축물대장에 시공사로 표시된 甲 등이 책임지고 관리하였다고 보는 것이 타당한 점, 청구인이 직영공사를 하였다고 제출한 공사들은 대부분 경미한 건설공사로 보이고, 청구인들이 시공사의 활동에 일부 관여하였다고 하더라도 그러한 사정만으로 쟁점주택의 공사를 전체적으로 책임지고 관리하였다고 보기 어려운 점 등에 비추어 볼 때, 청구주장을 받아들이기 어렵다고 판단됨(조심2023서9717, 2024.01.24.).

⑨ 청구법인을 제조업을 영위하는 수도권 내에 있는 중기업에 해당하는 것으로 보아 중소기업 특별세액감면을 부인한 처분의 당부

청구법인의 매출 대비 제조원가의 비중이 비교적 높고, 제조원가 중 재료비의 비중이 84%에 달하는 등 전형적인 제조업의 특징을 보이고 있는바 청구법인의 주된 업종은 제조업으로 판단되는 점, 청구법인의 주된 업종이 제조업이 아닌 엔지니어링사업이라고 볼만한 객관적·구체적 입증이 부족한 점 등에 비추어 처분청이 청구법인의 업종을 엔지니어링사업에 해당하지 아니하는 것으로 보아 조특법 제7조에 의한 중소기업 특별세액감면 경정청구를 거부한 처분은 잘못이 없는 것으로 판단됨(조심2023서9851, 2023.12.27.).

4) 과세특례 내용

2025년 12월 31일 이전에 끝나는 과세연도까지 해당사업장에서 발생한 소득에 대한 소득세 및 법인세에 일정 감면비율을 곱한 금액을 감면한다.

∴ 감면세액 = 산출세액 × (감면대상업종 소득금액 / 과세표준) × 감면율

(1) 감면율

① 원칙적 감면율

지역구분		업종	감면율(%)
수도권	소기업	도매, 소매, 의료업	10
		그 외 해당 업종	20
	중기업	지식기반사업	0
수도권외	소기업	도매, 소매, 의료업	10
		그 외 해당 업종	30
	중기업	도매, 소매, 의료업	5
		그 외 해당 업종	15

다만 2023.01.01. 전에 개시한 사업연도에 종전의 지식기반산업 사업장에서 발생한 소득에 대한 법인세의 감면에 관하여는 개정규정에도 불구하고 종전의 규정에 따른다.

② 예외적 감면율

가. 성실중소기업

성실중소기업의 경우에는 원칙적 감면비율에 110%를 곱하여 계산한 세액 상당액을 감면한다. 다음의 요건을 모두 충족하는 중소기업에 한정한다.

1. 해당 과세연도 개시일 현재 10년 이상 계속하여 해당 업종을 경영한 기업일 것.
2. 해당 과세연도의 종합소득금액이 1억원 이하일 것.
3. 성실사업자로서,
   ㄱ. 해당 과세기간의 수입금액으로 신고한 금액이 직전 3개 과세기간의 연평균수입금액의 50%초과
   ㄴ. 국세의 체납사실, 조세범처벌사실, 세금계산서·계산서 등 발급 및 수령의무 위반 등에 해당하지 않을 것.

나. 알뜰주유소

석유 및 석유대체연료 사업법에 따른 석유판매업을 영위하는 중소기업으로서 감면 요건을 모두 갖춘 자에 대해서는 2023년 12월 31일까지 해당 석유판매업에서 발생하는 소득에 대한 소득세 또는 법인세에 제2호의 감면 비율*을 곱하여 계산한 세액상당액을 감면한다.

1. 2022년 1월 1일부터 2022년 12월 31일까지의 기간 중 「한국석유공사법」에 따른 한국석유공사와 석유제품 공급계약을 최초로 체결할 것.
2. 석유제품 공급계약 기간 동안 매 분기별로 「한국석유공사법」에 따른 한국석유공사로부터의 석유제품 구매량이 같은 분기의 석유제품 판매량의 50% 이상일 것.
3. 상표를 "알뜰주유소"로 하여 영업할 것.

● 감면비율
ㄱ. 소기업이 경영하는 사업장 : 100분의 20
ㄴ. 중기업이 수도권 외의 지역에서 경영하는 사업장 : 100분의 15
ㄷ. 중기업이 수도권에서 경영하는 사업장 : 100분의 10

(2) 과세특례시 주의사항

① 사업장별로 수도권 소재유무를 판단하여 감면율을 적용한다.
   다만, 내국법인의 본점 또는 주사무소가 수도권에 있는 경우에는 모든 사업장이 수도권에 있는 것으로 보아 감면비율을 적용한다.

② 과세연도소득에 대한 감면세액 계산방법
   산출세액 × 제조업등 감면업종 소득금액/ 과세표준 × 감면율

※ 단, 산출세액에는 토지등 양도소득에 대한 법인세액, 투자상생협력 촉진을 위한 과세특례를 적용하여 계산한 법인세액은 제외됨.

(3) 감면세액의 계산사례 (조세특례제한 집행기준 7-0-2)

※ 감면세액 계산사례(수도권외 소기업의 경우)

구분		금액(천원)	산출근거(과세표준 × 감면대상 소득 × 감면율)
과세표준		1,000,000	제조업 소득 6억원, 소매업 소득 3억원, 이자소득 1억원
산출세액		180,000	2천만원 + (10억원 - 2억원) × 20%
감면세액	계	37,800	① + ②
	제조업	32,400	① 180,000천원 × 6억/10억 × 30%
	소매업	5,400	② 180,000천원 × 3억/10억 × 10%
납부할세액		142,200	180,000천원 - 37,800천원(감면한도 1억)

* 이자소득은 감면사업에서 발생한 소득이 아니므로 감면을 적용하지 아니함

5) 감면한도

(1) 원칙 : 2018 귀속부터 감면한도 1억원

(2) 예외 : 단, 고용인원 감소시

1억원에서 - 1인당 500만원씩 공제한도 축소(해당 금액이 음수인 경우에는 0으로함)

☞ 상시근로자의 범위 및 상시근로자 수의 계산방법에 관하여는 제23조『고용창출투자세액공제』제10항부터 제13항까지의 규정을 준용한다.

◉ 관련 예규 및 판례

감면한도계산시 상시근로자수는 본점과 지점의 상시근로자 수를 합산하여 계산하는 것이며, 이때 승계시킨 상시근로자는 과세연도 개시일에 승계시킨것으로 보아 상시근로자수를 계산하는 것임.(서면법령법인-999, 2021.04.29.)

6) 관련 예규 및 판례등

① 고용유지지원금은 「조세특례제한법」 제7조 제1항의 소득세가 감면되는 "해당 사업장에서 발생한 소득"에 해당하지 아니하는 것임(사전-2021-법령해석소득-0767, 2021.09.29.).

② 감면한도액 계산 시 상시근로자 수는 본점과 지점의 상시근로자 수를 합산하여 계산하는 것이며, 이때, 승계시킨 상시근로자는 2017 과세연도 개시일에 승계시킨 것으로 보아 상시근로자 수를 계산하는 것임(서면-2019-법령해석법인-0999, 2021.04.29.).

③ 중소기업특별세액감면은 고유의 영업에서 발생한 소득에 대하여 적용하는 것으로 무형자산처분이익은 감면대상 소득이 아님.(광주지방법원2020구합12148, 2020.10.22.)

④ 중소기업특별세액감면 업종은 해당 과세연도를 기준으로 판단하는 것이며, 감면되는 사업과 기타의 사업을 겸영하는 법인은 「법인세법」 제113조 및 같은법 시행령 제156조를 준용하여 구분경리 하여야 하는 것으로서, 공통익금과 공통손금은 「법인세법 시행규칙」 제76조 제6항 규정에 따라 안분하는 것임(서면-2016-법인-4979, 2016.12.30.).

⑤ 중소기업특별세액감면 적용시 수도권 안에서 중소기업을 영위하는 내국인이라 함은 과세연도 종료일 현재 본점 또는 주사무소가 수도권안에 소재하는 것을 의미함(기획재정부 조세지출예산과-805, 2007.10.09.).

⑥ '수도권안 중소기업'이 사업연도 중에 본점을 수도권외의 지역 이전시, 이전일이 속하는 사업연도 개시일 부터 '수도권외 지역 중소기업'에 해당함(서이46012-11528, 2002.08.17.).

⑦ 복식부기의무자의 종합소득 과세표준 추계 신고한 해당 사업장에 한하여 세액감면이 배제되는 것임(기준법무소득 2023-13, 2023.09.26.).

⑧ 조세특례제한법 제7조 제1항 제3호에 따른 중소기업에 대한 특별세액감면 한도는 공동사업을 영위하는 구성원별로 각각 한도를 적용하는 것임(서면소득2019-3328, 2019.09.25.).

7) 과세특례시 주의사항

(1) 중복지원 배제

동일한 사업장에 대하여 동일한 과세연도에 중소기업에 대한 특별세액감면 규정과 창업중소기업 등에 대한 세액감면 등의 규정 중 둘 이상이 적용될 수 있는 경우에는 그 중 하나만을 선택하여 적용받아야 한다.

(2) 감가상각의제

감가상각의제가 적용되므로 세법상 한도액까지 감가상각하여야 한다.

(3) 최저한세에 해당한다.

(4) 구분경리 의무

본조의 규정을 받는 사업과 기타사업을 겸영하는 경우에는 감면사업과 기타사업을 구분경리해야 한다.

(5) 농어촌특별세 비과세에 해당한다.

(6) 이월 여부

감면세액은 이월되지 않으므로, 최저한세 적용으로 감면받지 못한 '중소기업 특별세액감면'은 이월되지 않고 소멸된다.

(7) 감면신청

중소기업에 대한 특별세액감면을 받고자하는 자는 과세표준신고와 함께 세액감면신청서(시행규칙 별지 제2호 서식)을 납세지 관할세무서장에게 제출하여야 한다.

(8) 사업장별로 수도권 소재유무를 판단하여 감면율을 적용한다.

다만, 내국법인의 본점 또는 주사무소가 수도권에 있는 경우에는 모든 사업장이 수도권에 있는 것으로 보아 감면비율을 적용한다.

(9) 과세연도소득에 대한 감면세액 계산방법

산출세액 × 제조업등 감면업종 소득금액/ 과세표준 × 감면율

※ 단, 산출세액에는 토지등 양도소득에 대한 법인세액, 투자상생협력 촉진을 위한 과세특례를 적용하여 계산한 법인세액은 제외됨

03 상생결제 지급금액에 대한 세액공제 (조특법 제7조의4)

1) 의의

상생결제를 통해 구매대금을 지급한 중소·중견기업의 어음결제비율이 전년도보다 증가하지 않은 경우에는 일정금액을 소득세{사업소득(단, 부동산임대업에서 발생하는 소득은 제외)에 대한 소득세 한정} 또는 법인세에서 공제한다.

2) 공제요건

(1) 세액공제 요건

중소기업 및 중견기업[1]을 경영하는 내국인이 2025.12.31.까지 중소기업 및 중견기업에 지급한 구매대금 중 상생결제제도를 통하여 지급한 금액이 있는 경우로서 해당 과세연도에 지급한 구매대금 중 약속어음으로 결제한 금액이 차지하는 비율이 직전 과세연도보다 증가하지 아니하는 경우

---

[1] 다음의 요건을 모두 갖춘 기업을 말한다.
① 중소기업이 아닐 것
② 공공기관 또는 지방공기업이 아닐 것
③ 다음의 어느 하나에 해당하는 업종을 주된 사업으로 경영하지 않을 것. 이 경우 둘 이상의 서로 다른 사업을 경영하는 경우에는 사업별 사업수입금액이 큰 사업을 주된 사업으로 본다.
  가. 제29조 제3항에 따른 소비성서비스업
  나. 금융업, 보험 및 연금업, 금융 및 보험 관련 서비스업(중견기업 성장촉진 및 경쟁력 강화에 관한 특별법 시행령에 따른 업종)
④ 소유와 경영의 실질적인 독립성이 「중견기업 성장촉진 및 경쟁력 강화에 관한 특별법 시행령」 제2조 제2항 제1호에 적합할 것
⑤ 직전 3개 과세연도의 매출액(매출액은 기업회계기준에 따라 작성한 해당 과세연도 손익계산서상의 매출액이며, 과세연도가 1년 미만인 과세연도의 매출액은 1년으로 환산한 매출액을 말한다.)의 평균금액이 3천억원 미만인 기업일 것

(2) 상생결제 제도

다음의 요건을 모두 충족하는 결제방법을 말한다.

> 판매기업이 구매기업으로부터 판매대금으로 받은 외상매출채권을 담보로 다른 판매기업에 새로운 외상매출채권을 발행하여 구매대금을 지급할 것.
> 여러 단계의 하위 판매기업들이 구매기업이 발행한 외상매출채권과 동일한 금리조건의 외상매출채권으로 판매대금을 지급할 것.
> 외상매출채권의 지급기한이 세금계산서·계산서 및 영수증의 작성일부터 60일 이내일 것
> 금융기관이 판매기업에 대하여 상환청구권을 행사할 수 없는 것으로 약정될 것.

3) 공제세액

공제금액 : ① + ② + ③

① (A - B) × 0.5%

> (A) 상생결제제도를 통한 지급금액 중 지급기한이 세금계산서등의 작성부터 ~15일 이내인 금액
> (B) 직전 과세연도에 지급한 현금성결제금액이 해당 과세연도의 현금성결제금액을 초과하는 경우 그 초과하는 금액

② (C - D) × 0.3%

> (C) 상생결제제도를 통한 지급금액 중 지급기한이 세금계산서등의 작성일부터 15일 초과 ~30일 이내인 금액
> (D) ①에 따른 B가 A를 초과하는 경우 그 초과하는 금액

③ (E - F) × 0.15%

> (E) 상생결제제도를 통한 지급금액 중 지급기한이 세금계산서등의 작성일부터 30일 초과 ~30일 이내인 금액
> (F) ②에 따른 D가 C를 초과하는 경우 그 초과하는 금액

단, 공제받는 금액이 해당과세연도의 소득세 또는 법인세의 10%를 초과하는 경우에는 10%를 한도로 한다.

4) 세부사항

(1) 구매대금이란

구매기업이 그 기업의 사업 목적에 맞는 경상적(經常的) 영업활동과 관련하여 판매기업으로부터 재화를 공급받거나 용역을 제공받고 그 대가로 지급하는 금액

(2) 현금성결제금액이란

① 환어음 및 판매대금추심의뢰서(販賣代金推尋依賴書)로 결제한 금액으로서 대금결제 기한이 세금계산서등의 작성일부터 60일 이내이고 금융기관이 판매기업에 대하여 상환청구권을 행사할 수 없는 것으로 약정된 것

② 판매기업에 대한 구매대금의 지급기한이 해당 거래에 대한 「부가가치세법」, 「소득세법」 및 「법인세법」에 따른 세금계산서·계산서 및 영수증(이하 "세금계산서등")의 작성일부터 60일 이내이고 신용카드업자가 판매기업에 대하여 상환청구권을 행사할 수 없는 것으로 약정된 기업구매전용카드의 사용금액

③ 구매기업의 대출금 상환기한이 세금계산서 등의 작성일부터 60일 이내이고 금융기관이 판매기업에 대하여 상환청구권을 행사할 수 없는 것으로 약정된 외상매출채권 담보대출 제도를 이용하여 지급한 금액

④ 구매기업의 대금결제 기한이 세금계산서 등의 작성일부터 60일 이내이고 금융기관이 판매기업에 대하여 상환청구권을 행사할 수 없는 것으로 약정된 구매 론(loan) 제도를 이용하여 지급한 금액

⑤ 구매기업의 대금결제 기한이 세금계산서 등의 작성일부터 60일 이내이고, 세금계산서 등의 작성일 이전에는 금융기관이 판매기업에 대하여 상환청구권을 행사하고 세금계산서 등의 작성일 후에는 금융기관이 구매기업에 대하여 상환청구권을 행사하는 것으로 약정된 네트워크 론 제도를 이용하여 지급한 금액(판매기업이 대출받은 금액을 한도로 한다)

5) 주의사항

(1) 세액공제 신청

세액공제를 받으려는 내국인은 과세표준신고와 함께 세액공제신청서(시행규칙 별지 제1호 서식) 및 공제세액 계산서를 납세지 관할 세무서장에게 제출하여야 한다.

(2) 최저한세 적용

(3) 농어촌특별세 과세

(4) 세액공제액의 이월공제

(5) 추계과세시 등의 감면배제

6) 관련 서식

[별지 제3호의4서식] (2022. 3. 18. 개정)

상생결제 지급금액에 대한 세액공제 공제세액계산서

❶ 신청인	① 상호 또는 법인명		② 사업자등록번호	
	③ 대표자 성명		④ 생년월일	
	⑤ 주소 또는 본점소재지 (전화번호:)			

❷ 과세연도	년 월 일부터 년 월 일까지	⑥ [ ] 중소기업, [ ] 중견기업

❸ 공제세액 계산내용

	공제대상금액(ⓐ)		공제율 (ⓑ)	공제금액(ⓐ × ⓑ)
공제금액	⑦ 상생결제제도를 통해 지급한 금액 중 지급기한이 15일 이내인 금액		5/1,000	원
	⑧ 상생결제제도를 통해 지급한 금액 중 지급기한이 15일 초과 30일 이내인 금액		3/1,000	원
	⑨ 상생결제제도를 통해 지급한 금액 중 지급기한이 30일 초과 60일 이내인 금액		15/10,000	원
	⑩ 공제금액의 합계			원
⑪ 산 출 세 액				원
⑫ 한 도 액(⑪×10/100)				원
⑬ 공 제 세 액(⑩과 ⑫중 적은 금액)				원

「조세특례제한법 시행령」 제6조의4제4항에 따라 공제세액계산서를 제출합니다.

년   월   일

신청인   (서명 또는 인)

세무서장 귀하

첨부서류	없 음	수수료 없음

작 성 방 법

1. ⑦~⑨의 공제대상금액은 「조세특례제한법」 제7조의4제2항 각 호의 규정에 따라 적습니다.

2. 공제금액란(⑦~⑩)은 구매기업이 사업목적에 부합하는 경상적 영업활동과 관련하여 「조세특례제한법 시행령」 제2조에 따른 중소기업 및 「조세특례제한법 시행령」 제6조의4제1항에 따른 중견기업으로부터 재화를 공급받거나 용역을 제공받고 그 대가로 지급한 금액으로서 같은 조 제2항에 따른 상생결제제도를 통하여 지급한 금액을 지급기한이 15일 이내인 금액, 15일 초과 30일 이내인 금액과 30일 초과 60일 이내인 금액으로 각각 구분하여 적습니다.

3. ⑪ 산출세액란은 거주자의 경우에는 종합소득세・농어촌특별세 과세표준확정신고 및 납부계산서[「소득세법 시행규칙」 별지 제40호서식(1)]의 ㉓ 산출세액란의 금액에 사업소득이 종합소득금액에서 차지하는 비율을 곱하여 산출한 금액을 적고, 내국법인의 경우에는 법인세 과세표준 및 세액조정계산서「「법인세법 시행규칙」 별지 제3호서식]의 "⑩ 산출세액"란의 금액을 각각 적습니다.

210mm×297mm[백상지 80g/m² 또는 중질지 80g/m²]

연구 및 인력개발에 대한 조세특례

01 연구·인력개발비에 대한 세액공제 (조특법 제10조)

1) 의의

(1) 조세특례 특징

연구·인력개발비에 대한 세액공제는 기존의 연구 및 인력개발 촉진을 지원하는 제도가 대부분 설비투자 중심으로만 이루어져 있었기 때문에 내국인의 기술개발활동이 위축되지 않도록 경상적으로 발생하는 연구·인력개발비에 대하여 지원하기 위해 신설된 제도이다. 해당연도에 공제받는 세액에 상당하는 금액만큼 영구히 조세부담을 소멸시킨다는 점에서 조세지원 중 직접 감면제도에 해당한다.

(2) 개정사항

1981년도에 신설한 후 현재까지 계속 시행하여 오고 있으며, 일반 연구·개발비세액공제는 2008년 법 개정시 일몰을 폐지하여 영구 제도화하였다.

(3) 대상사업자

소득세법에 따른 거주자 및 법인세법에 따른 내국법인으로 정의하고 있다.

∴ 즉, 내국인에는 소득세법상 비거주자와 법인세법상 외국법인은 해당되지 않고 비영리내국법인을 포함한다.

2) 연구·인력개발비의 범위

(1) 일반 연구·인력개발비

① 연구개발활동의 범위

과학적 또는 기술적 진전을 이루기 위한 활동과 새로운 서비스 및 서비스 전달체계를 개발하기 위한 체계적이고 창의적인 활동을 말한다.

단, 다음의 활동을 제외한다.

> ㄱ. 일반적인 관리 및 지원활동
> ㄴ. 시장조사, 판촉활동 및 일상적인 품질실험
> ㄷ. 반복적인 정보수집활동
> ㄹ. 경영이나 사업의 효율성을 조사,분석하는 활동
> ㅁ. 특허권의 신청, 보호등 법률 및 행정업무
> ㅂ. 광물 등 자원 매장량 확인, 위치 확인 등 조사, 탐사활동
> ㅅ. 위탁받아 수행하는 연구활동
> ㅇ. 이미 기획된 콘텐츠를 단순 제작하는 활동
> ㅈ. 기존에 상품화 또는 서비스화된 소프트웨어 등을 복제하여 반복적으로 제작하는 활동
> ㅊ. 상용화, 사업화된 사업화된 제품·기술·서비스·설계·디자인 등을 단순 보완·변형·개선하는 활동

② 인력개발활동의 범위

내국인이 고용하고 있는 임원 또는 사용인을 교육·훈련시키는 활동을 말함.

③ 연구개발 및 인력개발 비용의 범위

연구개발 및 인력개발을 위한 비용으로서 조특령 별표 6의 비용[*1]을 말한다.

단, 다음에 해당하는 비용은 제외한다.

- 기초연구진흥 및 기술개발지원에 관한 법률, 산업기술혁신 촉진법, 정보통신산업 진흥법, 중소기업기술혁신 촉진법, 소재·부품·장비산업 경쟁력 강화를 위한 특별조치법, 연구개발특구의 육성에 관한 특별법에 따라 **연구개발출연금 등을 지급받아 연구개발비로 지출하는 금액**
- 국가, 지방자치단체, 공공기관 및 지방공기업으로부터 연구개발 또는 인력개발 등을 목적으로 **출연금 등의 자산을 지급받아 연구개발비 또는 인력개발비로 지출하는 금액**

*1 조특령 별표6

〈연구개발비〉

가. 자체연구개발	1) 연구개발 또는 문화산업 진흥 등을 위한 기획재정부령으로 정하는 연구소 또는 전담부서(이하 "전담부서등"이라 한다)1)에서 근무하는 직원(연구개발과제를 직접 수행하거나 보조하지 않고 행정 사무를 담당하는 자는 제외한다) 및 연구개발서비스업에 종사하는 전담요원으로서 기획재정부령으로 정하는 자2)의 인건비. 다만, 다음의 인건비를 제외한다. 가) 「소득세법」 제22조에 따른 퇴직소득에 해당하는 금액 나) 「소득세법」 제29조 및 「법인세법」 제33조에 따른 퇴직급여충당금 다) 「법인세법 시행령」 제44조의2 제2항에 따른 퇴직연금 등의 부담금 및 「소득세법 시행령」 제40조의2 제1항 제2호에 따른 퇴직연금계좌에 납부한 부담금 2) 1)에 해당하는 직원 및 전담요원이 가입한 제30조의4 제4항 제1호부터 제4호까지의 사회보험에 대해 사용자가 부담하는 사회보험료 상당액 3) 전담부서등 및 연구개발서비스업자가 연구용으로 사용하는 견본품·부품·원재료와 시약류구입비(시범제작에 소요되는 외주가공비를 포함한다) 및 소프트웨어(「문화산업진흥 기본법」에 따른 문화상품 제작을 목적으로 사용하는 경우에 한정한다)·서체·음원·이미지의 대여·구입비 4) 전담부서등 및 연구개발서비스업자가 직접 사용하기 위한 연구·시험용 시설(제25조의3 제3항 제2호 가목에 따른 시설을 말한다. 이하 같다)의 임차 또는 나목1)에 따른 기관의 연구·시험용 시설의 이용에 필요한 비용
나. 위탁 및 공동	1) 다음의 기관에 과학기술 및 산업디자인 분야의 연구개발용역을 위탁

연구개발	(재위탁을 포함한다)함에 따른 비용(전사적 기업자원 관리설비, 판매시점 정보관리 시스템 설비 등 기업의 사업운영·관리·지원 활동과 관련된 시스템 개발을 위한 위탁비용은 제외한다. 이하 이 목에서 같다) 및 이들 기관과의 공동연구개발을 수행함에 따른 비용 가)「고등교육법」에 따른 대학 또는 전문대학 나) 국공립연구기관 다) 정부출연연구기관 라) 국내외의 비영리법인(비영리법인에 부설된 연구기관을 포함한다) 마)「산업기술혁신 촉진법」제42조에 따른 전문생산기술연구소 등 기업이 설립한 국내외 연구기관 바) 전담부서등(전담부서 등에서 직접 수행한 부분에 한정한다) 또는 국외기업에 부설된 연구기관 사)「국가과학기술 경쟁력 강화를 위한 이공계지원 특별법」에 따른 연구개발서비스업을 영위하는 기업 또는 영리목적으로 연구·개발을 독립적으로 수행하거나 위탁받아 수행하고 있는 국외 소재 기업 아)「산업교육진흥 및 산학연협력촉진에 관한 법률」에 따른 산학협력단 자) 한국표준산업분류표상 기술시험·검사 및 분석업을 영위하는 기업 차)「산업디자인진흥법」제4조 제2항 각 호에 해당하는 기관 카)「산업기술연구조합 육성법」에 따른 산업기술연구조합 2)「고등교육법」에 따른 대학 또는 전문대학에 소속된 개인(조교수 이상에 한정한다)에게 과학기술분야의 연구개발용역을 위탁함에 따른 비용
다. 해당 기업이 그 종업원 또는 종업원 외의 자에게 직무발명 보상금으로 지출한 금액	
라. 기술정보비 (기술자문비를 포함한다) 또는 도입기술의 소화개량비	1) 다음 각 호의 어느 하나에 해당하는 자로부터 산업기술에 관한 자문을 받고 지급하는 기술자문료를 말한다. 　1. 과학기술분야를 연구하는 국·공립연구기관, 정부출연연구기관, 국내외 비영리법인(부설연구기관을 포함한다),「산업기술혁신 촉진법」제42조에 따른 전문생산기술연구소 등 기업이 설립한 국내외 연구기관, 전담부서등 또는 국외기업에 부설된 연구기관에서 연구업무에 직접 종사하는 연구원 　2.「고등교육법」제2조에 따른 대학(교육대학 및 사범대학을 포함한다) 또는 전문대학에 근무하는 과학기술분야의 교수(조교수 이상인 자에 한한다) 　3. 외국에서 다음 각 목의 어느 하나에 해당하는 산업분야에 5년 이상 종사하였거나 학사학위 이상의 학력을 가지고 해당 분야에 3년 이상

| | 종사한 외국인기술자
가. 영 별표 4의 산업
나. 광업
다. 건설업
라. 영 제5조 제6항에 따른 엔지니어링사업
마. 영 제5조 제7항에 따른 물류산업
바. 시장조사 및 여론조사업, 경영컨설팅업 및 공공관계 서비스업, 사업시설 유지관리 서비스업, 교육관련 자문 및 평가업, 기타 교육지원 서비스업(교환학생 프로그램 운영 등으로 한정한다), 비금융 지주회사, 기술 시험·검사 및 분석업, 측량업, 제도업, 지질조사 및 탐사업(광물채굴 목적의 조사 및 탐사를 제외한 지질조사 및 탐사활동으로 한정한다), 지도제작업, 전문디자인업, 그 외 기타 분류 안 된 전문·과학 및 기술 서비스업(지도제작, 환경정화 및 복원활동을 제외한 그 외 기타 분류 안 된 전문·과학 및 기술 서비스로 한정한다), 기타 광업 지원 서비스업(채굴목적 광물탐사 활동으로 한정한다), 토양 및 지하수 정화업(토양 및 지하수 정화 활동으로 한정한다), 기타 환경 정화 및 복원업[토양 및 지하수 외의 환경 정화 활동(선박유출기름 수거운반을 제외한다)으로 한정한다]
사.「연구산업진흥법」제2조 제1호 가목 및 나목의 연구산업
아.「조세특례제한법」제7조 제1항 제1호 허목의 의료업(「국가기술자격법 시행규칙」별표 2의 국제의료관광코디네이터로 한정한다) |

마. 중소기업이「과학기술분야 정부출연연구기관 등의 설립·운영 및 육성에 관한 법률」에 따라 설립된 한국생산기술연구원과「산업기술혁신촉진법」에 따라 설립된 전문생산기술연구소의 기술지도 또는「중소기업진흥에 관한 법률」에 따른 기술지도를 받고 지출한 비용

바. 중소기업에 대한 공업 및 상품디자인 개발지도를 위하여 지출한 비용(2021.02.17. 신설규정)

사. 중소기업이「산업재산 정보의 관리 및 활용 촉진에 관한 법률」제17조 제1항에 따라 지정된 산업재산진단기관의 특허 조사·분석을 받음에 따라 발생한 비용

---

1) "기획재정부령으로 정하는 연구소 또는 전담부서"란 다음 각 호의 어느 하나에 해당하는 연구소 및 전담부서를 말하며, 영 별표6의 제1호 가목1)에 따른 연구개발서비스업이란「국가과학기술 경쟁력 강화를 위한 이공계지원 특별법」제18조 제2항에 따라 과학기술정보통신부장관에게 신고한 연구개발서비스업 중 같은 법 제2조 제4호 가목에 따른 연구개발업을 말한다.
   1.「기초연구진흥 및 기술개발지원에 관한 법률」제14조의2 제1항에 따라 과학기술정보통신부장관의 인정을 받은 기업부설연구소 또는 연구개발전담부서
   2.「문화산업진흥 기본법」제17조의3 제1항에 따른 기업부설창작연구소 또는 기업창작전담부서
   3.「산업디자인진흥법」제9조에 따른 산업디자인전문회사

〈인력개발비〉

가. 위탁훈련비 (전담부서 등에서 연구업무에 종사하는 연구요원에 한정한다)	1) 국내외의 전문연구기관 또는 대학에의 위탁교육훈련비 2) 「국민 평생 직업능력 개발법」에 따른 직업훈련기관에 위탁훈련비 3) 「국민 평생 직업능력 개발법」에 따라 고용노동부장관의 승인을 받아 위탁 훈련하는 경우의 위탁훈련비 4) 「중소기업진흥에 관한 법률」에 따른 기술연수를 받기 위하여 중소기업이 지출한 비용 5) 그 밖에 자체기술능력향상을 목적으로 한 국내외 위탁훈련비로서 기획재정부령으로 정하는 것
나. 「국민 평생 직업능력 개발법」 또는 「고용보험법」에 따른 사내직업능력개발훈련 실시 및 직업능력개발훈련 관련사업 실시에 소요되는 비용	1) 사업주가 단독 또는 다른 사업주와 공동으로 「국민 평생 직업능력 개발법」 제2조 제1호의 직업능력개발훈련을 실시하는 경우의 실습재료비(해당 기업이 생산 또는 제조하는 물품의 제조원가 중 직접 재료비를 구성하지 않는 것으로 한정한다) 2) 「국민 평생 직업능력 개발법」 제20조 제1항 제2호에 따른 기술자격검정의 지원을 위한 필요경비 3) 「국민 평생 직업능력 개발법」 제33조 제1항에 따른 직업능력개발훈련교사등에게 지급하는 급여 4) 사업주가 단독 또는 다른 사업주와 공동으로 실시하는 직업능력개발훈련으로서 「국민 평생 직업능력 개발법」 제24조에 따라 고용노동부장관의 인정을 받은 직업능력개발훈련과정의 직업능력개발훈련을 받는 훈련생에게 지급하는 훈련수당·식비·훈련교재비 및 직업훈련용품비
다. 중소기업에 대한 인력개발 및 기술지도를 위하여 지	지도요원의 인건비 및 지도관련경비 직업능력개발훈련의 훈련교재비 및 실습재료비 직업능력개발훈련시설의 임차비용

---

2) 전담부서등에서 연구업무에 종사하는 「기초연구진흥 및 기술개발지원에 관한 법률 시행령」에 따른 연구전담요원(산업디자인전문회사의 경우 연구업무에 종사하는 「산업디자인진흥법 시행규칙」 제9조 제1항 제1호에 따른 전문인력을 말한다. 이하 이 조에서 같다) 및 「기초연구진흥 및 기술개발지원에 관한 법률 시행령」에 따른 연구보조원과 연구개발서비스업에 종사하는 전담요원을 말한다.
다만, 주주인 임원으로서 다음 각 호의 어느 하나에 해당하는 자는 제외한다.
① 부여받은 주식매수선택권을 모두 행사하는 경우 당해 법인의 총 발행주식의100분의10을 초과하여 소유하게 되는 자
② 당해 법인의 주주로서 「법인세법 시행령」 제43조 제7항에 따른 지배주주 등 및 당해 법인의 총 발행주식의 100분의10을 초과하여 소유하는 주주
③ 제2호에 해당하는 자(법인을 포함한다.)와 소득세법 또는 법인세법에 따른 특수관계인 이 경우 「법인세법 시행령」 제2조 제5항 제7호에 해당하는 자가 당해 법인의 임원인 경우를 제외한다.

출하는 비용	중소기업이 「중소기업 인력지원 특별법」에 따라 중소기업 핵심인력 성과보상기금에 납입하는 비용. 다만 가목에 따른 납입비용은 세액공제 대상에서 제외하고, 나목에 따른 환급받은 금액은 납입비용에서 뺀다. 　가. 영 제26조의6 제1항 각 호의 어느 하나에 해당하는 사람에 대한 납입비용 　나. 중소기업 핵심인력 성과보상기금에 가입한 이후 5년 이내에 중도해지를 이유로 중소기업이 환급받은 금액(환급받은 금액 중 이전 과세연도에 빼지 못한 금액이 있는 경우에는 해당 금액을 포함한다) 내국인이 사용하지 아니하는 자기의 특허권 및 실용신안권을 중소기업(「법인세법」 제2조 제12호 및 「소득세법」 제41조에 따른 특수관계인이 아닌 경우로 한정한다)에게 무상으로 이전하는 경우 그 특허권 및 실용신안권의 장부상 가액 「산업발전법」 제19조 제1항에 따른 지속가능경영과 관련된 임직원 교육 경비 및 경영수준 진단·컨설팅 비용
라. 생산성향상을 위한 인력개발비로서 기획재정부령으로 정하는 비용 (교육훈련시간이 24시간 이상인 교육과정에 한정)	품질관리·생산관리·설비관리·물류관리·소프트웨어관리·데이터관리·보안관리(이하 이 항에서 "품질관리등"이라 한다)에 관한 회사내자체교육비로서 제13항 각 호의 비용에 준하는 것 다음 각 목의 기관에 품질관리 등에 관한 훈련을 위탁하는 경우의 그 위탁훈련비. 다만, 「국민 평생 직업능력 개발법」에 따른 위탁훈련비와 「산업발전법」에 따라 설립된 한국생산성본부에의 위탁훈련비를 제외한다. 　가. 국가전문행정연수원(국제특허연수부에서 훈련받는 경우에 한한다) 　나. 「산업표준화법」 제32조에 따라 설립된 한국표준협회 　다. 「산업디자인진흥법」 제11조에 따라 설립된 한국디자인진흥원 　라. 품질관리등에 관한 교육훈련을 목적으로 「민법」 제32조에 따라 설립된 사단법인 한국능률협회 　마. 「상공회의소법」에 따라 설립된 부산상공회의소의 연수원 3. 「문화산업진흥 기본법」 제31조에 따라 설립된 한국콘텐츠진흥원에 교육을 위탁하는 경우 그 위탁교육비용 4. 「항공안전법」에 따른 조종사의 운항자격 정기심사를 받기 위한 위탁교육훈련비용

	5. 해외 호텔 및 해외 음식점에서 조리법을 배우기 위한 위탁교육훈련비용
마. 사내기술대학 (대학원을 포함한다) 및 사내대학의 운영에 필요한 비용	1) 사내기술대학(대학원을 포함한다)의 경우 : 과학기술분야의 교육훈련을 위한 전용교육시설 및 교과과정을 갖춘 사내교육훈련기관으로서 교육부장관이 기획재정부장관과 협의하여 정하는 기준에 해당하는 사내교육훈련기관 2) 사내대학의 경우 : 「평생교육법」에 따라 설치된 사내대학
바.	「산업교육진흥 및 산학연협력촉진에 관한 법률 시행령」 제2조 제1항 제3호 및 제4호에 따른 학교 또는 산업수요 맞춤형 고등학교 등과의 계약을 통해 설치·운영되는 직업교육훈련과정 또는 학과 등의 운영비로 지출한 비용
사.	산업수요 맞춤형 고등학교 등과 기획재정부령으로 정하는 사전 취업계약 등을 체결한 후, 직업교육훈련을 받는 해당 산업수요 맞춤형 고등학교의 재학생에게 해당 훈련기간 중 지급한 훈련수당, 식비, 교재비 또는 실습재료비(생산 또는 제조하는 물품의 제조원가 중 직접 재료비를 구성하지 않는 것만 해당한다)
아.	「산업교육진흥 및 산학연협력촉진에 관한 법률」 제11조의3에 따라 현장실습산업체가 교육부장관이 정하는 표준화된 운영기준을 준수하는 현장실습을 실시하는 산업교육기관 등과 기획재정부령으로 정하는 사전 취업약정 등을 체결하고 해당 현장실습 종료 후 현장실습을 이수한 대학생을 채용한 경우 현장실습 기간 중 해당 대학생에게 같은 조 제3항에 따라 지급한 현장실습 지원비(생산 또는 제조하는 물품의 제조원가 중 직접 재료비를 구성하지 않는 것만 해당한다)
자.	「산업교육진흥 및 산학연협력촉진에 관한 법률」 제2조 제2호 다목에 따른 대학과의 계약을 통해 설치·운영되는 같은 법 제8조 제2항에 따른 계약학과등의 운영비로 발생한 비용

④ 일반 연구·인력개발비 관련 세부사항

   가. 연구전담부서 직원의 인건비

      조특법 규칙 제6조 제2항에서 연구업무에 종사하는 **연구전담요원, 연구보조원, 연구관리직원(2016년 부터는 제외)**의 인건비를 말한다.

      인건비에는 퇴직금, 퇴직급여충당금전입액, 퇴직연금 불입액, 연월차수당, 여비 교통비, 복리후생비, 외부에서 위탁받은 연구용역을 수행하는 연구원의 인건비를 제외한다. 그러나 국민연금 사용자부담금, 의료보험료를 포함한다(통칙9-8-1. 법인22601-1879, 90.09.25. 조심2016광1337, 2016.12.16. 서면법규-752, 2014.07.17.).

나. 타업무와 겸업하는 연구원의 인건비

연구원은 연구업무에만 종사하여야 하며 연구업무외에 홍보·영업 등 행정 업무를 겸직하는 연구원에 대한 인건비 및 등록되지 않은 연구원의 인건비는 연구·인력개발비 세액공제 대상에 해당하지 않는다.

다. 중소기업이 내일채움공제로 중소기업 핵심인력 성과보상기금에 납입하는 비용

중소기업이 중소기업 인력지원 특별법에 따라 중소기업 핵심인력 성과보상기금에 납입하는 비용은 조세특례제한법 시행규칙 제7조 제10항 제4호에 해당하는 비용으로서 해당 중소기업에 대한 인력개발 및 기술지도를 위하여 지출하는 경우 공제대상이 되는 것임(서면-2015-소득-1074, 2015.07.23.).

라. 정부출연금 등으로 지급한 인력개발비

2019.02.12. 시행령 개정으로 정부 출연금 등으로 지급한 인력개발비는 연구·인력개발비 세액공제 대상에서 제외됨.

마. 연구용으로 사용하는 견본품 등 구입비용

전담부서등 및 연구개발서비스업자가 연구용으로 사용하는 견본품·부품·원재료와 시약류구입비(시범제작에 소요되는 외주 가공비를 포함함)및 소프트웨어(문화산업진흥 기본법 제2조 제2호에 따른 문화상품 제작을 목적으로 사용하는 경우에 한정함)·서체·음원·이미지의 대여·구입비를 말한다.

(2) 신성장·원천기술을 얻기위한 연구개발비

신성장·원천기술을 얻기위한 연구개발비란 연구·인력개발비 중 다음의 어느 하나에 해당하는 비용을 말한다.

↔ 일반 연구·인력개발비란 신성장·원천기술 및 국가전략기술 연구개발비에 해당하지 않는 연구·인력개발비 또는 신성장·원천기술 및 국가전략기술 연구개발비에 해당하지만 신성장·원천기술 및 국가전략기술 연구개발비세액공제방법을 선택하지 않는 연구인력개발비를 말한다.

① 자체연구개발

가. **기획재정부령으로 정하는 연구소 또는 전담부서**[*1]에서 신성장·원천기술의 연구개발업무에 종사하는 연구원 및 이들의 연구개발업무를 직접적으로 지원하는 사람에 대한 인건비. 다만, **기획재정부령으로 정하는 사람에 대한 인건비는 제외한다.**[*2]

나. 신성장·원천기술연구개발업무를 위하여 사용하는 견본품, 부품, 원재료와 시약류 구입비 및 소프트웨어(「문화산업진흥 기본법」제2조 제2호에 따른 문화상품 제작을 목적으로 사용하는 경우에 한정한다)·서체·음원·이미지의 대여·구입비

> *1 전담부서등 및 연구개발서비스업을 영위하는 기업으로서 영 별표 7에 따른 신성장·원천기술의 연구개발업무만을 수행하는 국내 소재 전담부서등 및 연구개발서비스업을 영위하는 기업을 말한다. 다만, 일반연구개발을 수행하는 전담부서등 및 연구개발서비스업을 영위하는 기업의 경우에는 다음의 구분에 따른 조직을 신성장·원천기술연구개발 전담부서등으로 본다.
> ㄱ. 신성장·원천기술연구개발업무에 관한 별도의 조직을 구분하여 운영하는 경우 : 그 내부 조직
> ㄴ. 제1호 외의 경우 : 신성장·원천기술연구개발업무 및 일반연구개발을 모두 수행하는 전담부서등 및 연구개발서비스업을 영위하는 기업
>
> *2 전담부서 등에서 연구업무에 종사하는 연구요원 및 이들의 연구업무를 직접적으로 지원하는 자와 연구개발서비스업에 종사하는 전담요원을 말한다.
> 다만, 주주인 임원으로서 다음의 어느 하나에 해당하는 자는 제외한다.
> ㄱ. 부여받은 주식매수선택권을 모두 행사하는 경우 당해 법인의 총 발행주식의 100분의10을 초과하여 소유하게 되는 자
> ㄴ. 해당 법인의 주주로서 「법인세법 시행령」제43조 제7항에 따른 지배주주등 및 해당 법인의 총발행주식의 100분의 10을 초과하여 소유하는 주주
> ㄷ. 제2호에 해당하는 자(법인을 포함한다)와 소득세법 또는 법인세법에 따른 특수관계인. 이 경우 「법인세법 시행령」제2조 제5항 제7호에 해당하는 자가 당해 법인의 임원인 경우를 제외한다.
> ㄹ. 신성장·원천기술연구개발업무 및 일반연구개발을 모두 수행하는 전담부서등 및 연구개발서비스업을 영위하는 기업에서 신성장·원천기술연구개발업무와 일반연구개발을 동시에 수행한 사람

② 위탁 및 공동연구개발

기획재정부령으로 정하는 기관*1에 신성장·원천기술연구개발업무를 위탁(재위탁을 포함)함에 따라 발생하는 비용(전사적 기업자원 관리설비, 판매시점 정보관리 시스템 설비 등 기업의 사업운영·관리·지원 활동과 관련된 시스템 개발을 위한 위탁비용은 제외한다) 및 이들 기관과의 공동연구개발을 수행함에 따라 발생하는 비용

*1 다음의 어느 하나에 해당하는 기관을 말한다.
ㄱ. 「고등교육법」 제2조에 따른 대학 또는 전문대학
ㄴ. 국공립연구기관
ㄷ. 정부출연연구기관
ㄹ. 비영리법인(비영리법인에 부설된 연구기관을 포함한다)
ㅁ. 「산업기술혁신 촉진법」 제42조에 따른 전문생산기술연구소 등 기업이 설립한 국내외 연구기관
ㅂ. 전담부서등(신성장·원천기술연구개발업무 또는 국가전략기술연구개발업무만을 수행하는 전담부서등에서 직접 수행한 부분에 한정한다) 또는 국외기업에 부설된 연구기관
ㅅ. 「연구산업진흥법」 제2조 제1호 가목 및 나목의 연구산업을 영위하는 기업 또는 영리목적으로 연구·개발을 독립적으로 수행하거나 위탁받아 수행하고 있는 국외소재 기업
ㅇ. 내국인이 의결권 있는 발행주식총수의 100분의 50 이상을 직접 소유하거나 100분의 80 이상을 직접 또는 간접으로 소유하고 있는 외국법인(외국법인에 부설된 연구기관을 포함한다)

※ 조특령[별표7] 신성장·원천기술의 범위

구분	분야
1. 미래형자동차	가. 자율 주행차
	나. 전기 구동차
2. 지능정보	가. 인공지능
	나. 사물인터넷(IoT: Internet of Things)
	다. 클라우드(Cloud)
	라. 빅데이터(Big Data)
	마. 착용형 스마트기기
	바. IT 융합
	사. 블록체인
	아. 양자컴퓨터
	자. 스마트 물류

구분	분야
3. 차세대소프트웨어(SW) 및 보안	가. 기반 소프트웨어(SW)
	나. 융합보안
4. 콘텐츠	가. 실감형 콘텐츠
	나. 문화콘텐츠
5. 차세대전자정보 디바이스	가. 지능형 반도체·센서
	나. 반도체 등 소재·부품
	다. 유기발광 다이오드(OLED : Organic Light Emitting Diode) 등 고기능 디스플레이
	라. 3D프린팅
	마. AR 디바이스
6. 차세대 방송통신	가. 5세대(5G : 5generation) 및 6세대 (6G : 6generation)이동통신
	나. UHD(Ultra-High Definition)
7. 바이오·헬스	가. 바이오·화합물의약
	나. 의료기기·헬스케어
	다. 바이오 농수산·식품
	라. 바이오 화학
8. 에너지신산업·환경	가. 에너지 저장 시스템(ESS : Energy Storage System,)
	나. 발전시스템
	다. 원자력
	라. 오염방지·자원순환
9. 융복합소재	가. 고기능섬유
	나. 초경량 금속
	다. 하이퍼 플라스틱
	라. 구리합금

구분	분야
	마. 특수강
	바. 기능성 탄성·접착소재
	사. 희소금속·소재
10. 로봇	가. 첨단제조 및 산업로봇
	나. 안전로봇
	다. 의료 및 생활 로봇
	라. 로봇공통
11. 항공·우주	가. 무인이동체
	나. 우주
12. 첨단 소재·부품·장비	첨단 소재·부품·장비
13. 탄소중립	가. 탄소포집·활용·저장(CCUS : Carbon Capture, Utilization and Storage)
	나. 수소
	다. 신재생에너지
	라. 산업공정
	마. 에너지효율·수송
14. 방위산업	가. 방산장비
	나. 전투지원

(3) 국가전략기술을 얻기위한 연구개발비

국가전략기술을 얻기 위한 연구개발비란 연구·인력개발비 중 다음의 어느 하나에 해당하는 비용을 말한다.

① 자체연구개발

> 가. **전담부서등 및 연구개발서비스업을 영위하는 기업**에서 국가전략기술의 연구개발업무에 종사하는 연구원 및 이들의 연구개발업무를 직접적으로 지원하는 사람에 대한 인건비. 다만, **기획재정부령으로 정하는 사람에 대한 인건비**[*1]**는 제외한다.**
> 나. 국가전략기술연구개발업무를 위하여 사용하는 견본품, 부품, 원재료와 시약류 구입비

[*1] 제외되는 인건비

ㄱ. 주주인 임원으로서 다음 어느 하나에 해당하는 자

1. 부여받은 주식매수선택권을 모두 행사하는 경우 해당 법인의 총발행주식의 100분의 10을 초과하여 소유하게 되는 자

2. 해당 법인의 주주로서 「법인세법 시행령」 제43조 제7항에 따른 지배주주등 및 해당 법인의 총발행주식의 100분의 10을 초과하여 소유하는 주주

3. 2에 해당하는 자(법인을 포함한다)의 「소득세법 시행령」 제98조 제1항 또는 「법인세법 시행령」 제2조 제5항에 따른 특수관계인
   이 경우 「법인세법 시행령」 제2조 제5항 제7호에 해당하는 자가 해당 법인의 임원인 경우를 제외한다.

ㄴ. 국가전략기술연구개발업무와 신성장·원천기술연구개발업무 또는 일반연구개발업무를 동시에 수행한 사람

② 위탁 및 공동연구개발

기획재정부령으로 정하는 기관에 국가전략기술연구개발업무를 위탁(재위탁을 포함)함에 따라 발생하는 비용(전사적 기업자원 관리설비, 판매시점 정보관리 시스템 설비 등 기업의 사업운영·관리·지원 활동과 관련된 시스템 개발을 위한 위탁비용은 제외한다) 및 이들 기관과의 공동연구개발을 수행함에 따라 발생하는 비용

3) 공제세액

(1) 일반 연구·인력개발비

① 원칙규정 = Max (증가금액기준 세액공제액, 당기발생기준 세액공제액)

- 증가금액기준 세액공제액이란?

= (당기 일반연구·인력개발비 발생액 − 직전 과세연도에 발생액) × 공제율[*1]

[*1] 증가금액기준 세액공제율

중소기업	50%
중견기업	40%
일반기업	25%

- 당기발생기준 세액공제액이란?

= 당기 발생 일반연구·인력개발비 × 공제율[*1]

[*1] 공제율

중소기업 (유예기간 중소기업 포함)	25%
중소기업유예기간 경과 후 중소기업에 해당하지 아니하게 된 경우	최초로 중소기업에 해당하지 않게 된 과세연도의 개시일부터 3년 이내에 끝나는 과세연도까지 : 20% 그 기간 이후부터 2년내 끝나는 과세연도까지 : 15%
중견기업	8%
일반기업	해당 과세연도의 수입금액에서 일반연구·인력개발비가 차지하는 비율 × 50% (2%를 한도로 한다)

② 예외규정 = 당기발생기준 세액공제액만 적용.
　- 예외 사유 :

　가. 해당 과세연도 개시일부터 소급하여 4년간 일반 연구·인력개발비가 발생하지 않은 경우
　나. 직전 일반 연구·인력개발비보다 해당 과세연도 개시일부터 소급하여 4년간 발생한 일반 연구·인력개발비 연평균액보다 적은 경우

※ 소급하여 4년간 발생한 일반연구·인력개발비의 연평균 발생액 =
[해당 과세연도 개시일부터 소급하여 4년간 발생한 일반연구·인력개발비의 합계액 / 해당 과세연도 개시일부터 소급하여 4년간 일반연구·인력개발비가 발생한 과세연도의 수(그 수가 4이상인 경우 4로 함)] ×[해당과세연도의 개월 수/12]

　- 공제 금액 :

= 당기 발생 일반연구·인력개발비 × 공제율[*2]

　　[*2] 당기발생기준 세액공제율

중소기업의 경우 (+유예기간 중소기업 포함)	25%
중소기업유예기간 경과후 중소기업에 해당하지 아니하게 된 경우	최초로 중소기업에 해당하지 않게 된 과세연도의 개시일부터 3년 이내에 끝나는 과세연도까지 : 20% 그 기간 이후부터 2년내 끝나는 과세연도까지 : 15%
중견기업	8%
일반기업	해당 과세연도의 수입금액에서 일반연구·인력개발비가 차지하는 비율 × 50% (2%를 한도로 한다)

③ 세부사항
　가. 직전 4년간 연구개발비가 발생하지 아니하거나, 직전 과세연도에 발생한 연구개발비가 직전 4년간 발생한 연구개발비의 연평균 발생액보다 적은 경우에는 증가금액 기준은 적용하지 않는다.
　나. 직전 4년간 연구·인력개발비의 연평균 발생액 산식을 적용함에 있어서 해당 과세연도의 연구·인력개발비 지출항목을 과거 4년간 소급하여 해당 연도와 동일한 기

준에 상응하는 연구·인력개발비를 포함하여 계산하여야 한다.
즉, 과거 4년간 발생한 연구인력개발비 중 세액공제를 신청한 금액뿐 아니라 신청을 하지 않은 금액도 평균발생액을 포함하여 계산해야한다(재조예 46070-296, 2000.08.21.).

다. 세액공제연도
연구·인력개발비에 대한 세액공제는 당해 과세연도 중 발생주의 기준으로 발생한 각 과세연도마다 공제한다.

(2) 신성장·원천기술연구개발비

① 신성장·원천기술 연구개발비 × 공제율(ㄱ+ㄴ)

ㄱ. **기업유형에 따른 공제율** : 중소기업 : 30%, 최초로 중소기업에 해당하지 않게 된 과세연도의 개시일부터 3년 이내에 끝나는 과세연도까지 : 25%, 그 밖의 기업 : 20%
ㄴ. **해당 과세연도의 수입금액(매출액)에서 신성장·원천기술연구개발비가 차지하는 비율 × 3 (한도 : 10%)**

② 세부사항
- 신성장동력·원천기술 연구개발비의경우에는 2027년 12월 31일까지 발생한 연구인력개발비에 한정하여 적용한다.
- (코스닥상장 우대 공제율 폐지에 관한 경과규정) '24.12.31.이 속하는 과세연도에 코스닥상장 중견기업이 지출한 비용은 종전 규정(기본 25%, 추가 최대 15%) 적용

(3) 국가전략기술연구개발비

① 국가전략기술 연구개발비 × 공제율(ㄱ+ㄴ)

ㄱ. **기업유형에 따른 공제율** : 중소기업: 40%, 최초로 중소기업에 해당하지 않게 된 과세연도의 개시일부터 3년 이내에 끝나는 과세연도까지 : 35%, 그 밖의 기업 : 30%
ㄴ. **해당 과세연도의 수입금액(매출액)에서 국가전략기술연구개발비가 차지하는 비율 × 3 (한도 : 10%)**

② 세부사항

국가전략기술연구개발비의 경우에는 2027년 12월 31일까지 발생한 연구인력개발비에 한정하여 적용한다.

(4) 계산사례

직전 4년간 발생한 일반연구·인력개발비의 연평균 발생액(중소기업)

사 례	A	B	C
1차연도	0	100	100
2차연도	0	0	0
3차연도	0	0	0
4차연도	0	100	0
당해연도	400	400	400
직전 4년간 연평균	0	200/2 = 100	100/1 = 100

◉ 사례A

직전 4년간 연구개발비가 없으므로 당기발생액기준을 적용한다.
세액공제액= 400 × 25% = 100

◉ 사례B

직전연도(4차연도) 발생액(=100)이 연평균발생액(=100)보다 적지 않으므로 둘 중 큰 금액으로 선택
세액공제액= max{400 × 25% = 100, (400-100) × 50% = 150} = 150

◉ 사례C

직전연도(4차연도) 발생액(=0)이 연평균발생액(=100)보다 적으므로 당기발생액기준을 적용한다.
세액공제액= 400 × 25% = 100

4) 주의사항

(1) 공제세액의 이월공제

납부할 세액이 없거나 최저한세의 적용으로 인하여 해당 과세연도에 공제받지 못한 부분에 상당하는 연구·인력개발비에 대한 세액공제액은 해당 과세연도의 다음 개시일부터 10년 이내에 끝나는 각 과세연도에 이월하여 공제를 받을 수 있다.

(2) 수도권 배제 규정이 없음

(3) 농어촌특별세 비과세

(4) 최저한세

원칙적으로 최저한세의 규정을 적용받아 본 규정의 세액공제 범위가 제한될 수 있으나, 예외적으로 중소기업의 경우에는 연구인력개발비 세액공제는 최저한세가 적용되지 않는다.

(5) 세액공제를 적용받으려는 내국인은 일반연구인력개발비, 신성장 원천기술연구인력개발비 및 국가전략기술연구개발비를 구분경리해야 한다.

이 경우 신성장 원천기술연구개발비, 국가전략기술연구개발비 및 일반 연구인력개발비가 공통되는 경우에는 해당 공통비용을 전액 일반 연구·인력개발비로 하거나, 안분계산해야 한다.

(6) 연구인력개발비 세액공제 배제

자체 연구개발에 지출하는 연구개발비가 다음의 구분에 따른 사유로 인하여 연구개발비에 해당하지 않게 되는 경우에는 사유별로 배제시점 이후에 지출하는 금액에 대해서는 세액공제를 적용하지 않는다(단, 2020년 1월 1일 이후 사유에 충족한 분부터 적용한다).

인정취소사유	배제시점
거짓·부정한 방법으로 인정 받은 경우	인정일이 속하는 과세연도의 개시일
기업이 인정 취소를 요청하거나 해당 기업이 폐업하는 경우 등 사유	인정취소일
인정기준 및 준수사항을 위반한 경우	인정취소일이 속하는 과세연도의 개시일

(7) 형식적인 기업부설연구소에 대한 세액공제 추징주의

① 기업부설연구소를 현장확인한 결과, 직원 및 설비가 없는 것으로 조사되었고, 청구법인의 조직도, 인사 관련 서류 및 경비사용내역 등에서 쟁점직원들이 타부서 소속인 것으로 확인 되는 점, 청구법인의 기업부설연구소에서 과학적 또는 기술적 진전을 이루기 위한 연구개발 등이 수행되었고, 그 업무를 쟁점 직원들이 전담하였음을 입증할 수 있는 객관적 증빙의 제시가 없는 점 등에 비추어 연구·인력개발비 세액공제를 배제하여 법인세를 과세한 이 건 처분은 잘못이 없음(조심 2016중3273, 조심 2016서3201, 조심2016서32722016.10.28.).

② 기업부설연구소에 근무하였다는 기간동안 작성한 연구업무 이외의 영업부 관련 문서가 다수 확인되어 위 문서를 언제 작성하였는지에 관계없이 연구업무 이외의 업무를 겸직한 것으로 보이는 점 등에 비추어 처분청이 쟁점 인건비에 대하여 연구인력개발비 세액공제를 부인한 처분은 잘못이 없는 것으로 판단됨(경정(재조사))(조심2020구7389,2021.04.08.).

(8) 연구개발 증빙자료 등 보관의무

① 연구·인력개발비에 대한 세액공제를 적용받으려는 내국인은 해당 과세연도에 수행한 연구개발 과세별로 시행규칙 별지 제3호의 2서식에 따른 연구개발계획서, 연구개발보고서 및 연구노트를 작성(단, 일반 연구·인력개발비 세액공제를 적용받는 경우에는 연구개발계획서 및 연구개발보고서만 작성함)하고 해당 과세연도의 종료일로부터 5년간 보관해야한다.

② 연구·인력개발비에 대한 세액공제를 적용받으려는 내국인은 과세표준신고시 세액공제신청서, 연구 및 인력개발비명세서 및 증거서류를 납세지 관할 세무서장에게 제출하여야 한다.

5) 관련 예규 및 판례

(1) 쟁점함정들이 「조세특례제한법 시행령」[별표6]상의 견본품에 해당하여 쟁점 건조비용 전액을 연구개발비 세액공제 적용해야 한다는 청구주장의 당부

[별표6]의 문리해석상 연구개발비 세액공제가 적용되는 견본품에 해당하기 위해서는 적어도 연구개발과정에서 부수적으로 만들어진 시제품이어야 하고 쟁점함정들과 같이 납품을 목적으로 건조된 경우에는 견본품으로 단정하기 어려우므로 쟁점함정들이 견본품에 해당하므로 쟁점건조비용 전액을 연구개발비로 보아 세액공제를 하여야 한다는 청구주장은 받아들이기 어려움(조심 2018부4066, 2021.06.21.).

(2) 연구·인력개발비 세액공제를 적용할 수 있는지

내국법인이 연구소 소속이 아닌 팀을 「기초연구진흥 및 기술개발지원에 관한 법률」에 따라 연구소 내의 팀으로 승인을 받은 경우 해당 팀 소속의 임직원이 연구개발과제를 직접 수행하거나 보조하는 경우에는 연구·인력개발비 세액공제를 적용할 수 있는 것임(사전-2021-법령해석법인-0095, 2021. 05.20.).

(3) 방산 계약에 따른 업체간 납품 관련 연구·인력개발비의 공제 대상 여부

방위산업 분야에서 부체계업체가 주체계업체와의 납품계약 충족을 위해 수행한 연구개발은 실질적인 연구 수행의 책임과 위험, 결과의 귀속에 따라 공제 대상을 판단하는 것임. 또한, 주체계업체가 부체계업체의 제품을 구입하여 연구용으로 사용하였다면 이는 공제 대상에 해당하나 연구용으로 사용하였는지 여부는 연구의 목적, 재료의 사용방식 등을 고려해 사실판단할 사항임(서면-2020-법인-2893, 2020.12.29.).

(4) 중견기업 판단시 감사의견에 따라 변경 공시된 매출액을 기준으로 판단할 수 있는지 여부

기업회계기준에 따라 매출액을 소급하여 변경 고시한 경우 변경 공시한 매출액을 기준으로 중견기업 여부를 판단함(사전-2020-법령해석법인-0816, 2020.12.21.).

(5) 중견기업 여부 판단 시 직전 과세연도 매출액에 합병전 피합병법인의 매출액을 합산하는지 여부

내국법인이 중견기업에 해당하는지 여부를 판단할 때 직전 3개 과세연도 매출액에 합병 전 피합병법인의 매출액은 합산하지 아니하는 것임(사전-2020-법령해석법인-0579, 2020.10.19.).

(6) 연구·인력개발비 세액공제 대상에 해당하는지 여부

국가로부터 연구개발 또는 인력개발이 아닌 목적으로 지급받은 지원금을 사용하여 지출하는 연구·인력개발비는 세액공제 배제 대상에 해당하지 않음(서면-2020-법령해석법인-3626, 2021.01.07.).

구분	개요
청년추가 고용 장려금	청년을 정규직으로 추가로 고용한 중소, 중견기업에 인건비를 지원함으로써 양질의 청년일자리 창출을 위한 지원
육아휴직장려금	근로자에게 육아휴직을 30일 이상 부여하고, 육아휴직 후 당해 직장에 복귀한 근로자를 30일 이상 고용한 경우 지원
유연근무제 고용 장려금	시차출근제, 선택근무제, 재택근무제, 원격근무제 등 유연근무제를 도입할 경우 지원
중소기업 연구인력 지원 사업	학위 및 경력 조건에 해당하는 연구 인력을 채용할 경우 지원

(7) 연구·인력개발비 세액공제 대상 인건비의 일할 계산 및 기계장치 구입비용의 세액공제 여부

연구개발 전담부서로 인정받은 경우로서 신청일 이후 발생되는 비용은 세액공제 대상에 해당에 해당하며, 이 경우 연구업무에 종사한 일수에 따라 계산하는 것임. 또한 기계장치 구입비용은 연구·인력개발비 세액공제 대상이 아님(서면-2021-법인-7893, 2022.04.22.).

(8) 산재보험료가 연구 및 인력개발비에 대한 세액공제 대상인지 여부

「고용보험 및 산업재해보상보험의 보험료징수 등에 관한 법률」 제13조 제1항 제2호에 따른 산재보험료는 「조세특례제한법」 제10조에 따른 연구 및 인력개발비에 대한 세액공제 대상이 되는 "인건비"에 해당하지 않는 것임(기획재정부 조세정책과-695, 2023.03.20.).

(9) 쟁점성과급이 연구인력개발비 세액공제 대상에 해당하지 아니하는 것으로 보아 세액공제를 부인하여 법인세를 과세한 처분의 당부

목표 당기순이익을 설정한 후 이를 초과달성한 경우 일정비율에 따라 지급한 것으로, 사실상 이익처분에 의한 성과급에 해당하는 것으로 보이므로 그 성과급은 연구·인력개발비 세액공제 적용대상으로 보기 어려움(조심2021서3531, 2022.11.04.).

(10) 연구인력개발비 세액공제 시 적용 배제한 정부출연금을 추후 전액 반환한 경우 경정청구 가능 여부

연구·인력개발비 세액공제 시 적용 배제한 정부출연금을 중도 포기의 사유로 전액 반환한 경우 해당 지출 비용이 동 세액공제 대상에 해당할 경우에는 국세기본법 제45조의2에 따라 경정청구가 가능한 것임(서면-2019-법인-3906, 2020.12.01.).

6) 연구·인력개발비에 대한 사전심사제도

(1) 개요

연구·인력개발비 세액공제를 적용받으려는 내국인은 제11항에 따른 신고를 하기 전에 지출한 비용이 연구·인력개발비에 해당하는지 여부 등에 관해 국세청장에게 미리 심사하여 줄 것을 요청할 수 있다.

이 경우 심사 방법 및 요청 절차 등에 필요한 사항은 국세청장이 정한다. 이는 연구·인력개발비 세액공제를 신청하기 전에 지출한 비용이 연구·인력개발비에 해당하는지 여부 등에 대해 국세청장에게 미리 심사하여 줄 것을 요청할 수 있는 제도이다.

(2) 심사 내용

내국인이 지출한 또는 지출예정[*1]인 연구·인력개발비가 조세특례제한법 제10조에 따른 연구·인력개발비에 해당하는지 여부를 심사함. 이 경우 전체 비용 중 일부 항목에 대한 신청도 가능하다.

[*1] 지출예정인 연구·인력개발비 : 이미 지출중이거나 가까운 장래에 지출할 것임이 객관적인 증명서류에 의해 확인되는 연구·인력개발비를 말함.

(3) 심사 방법

전화·서면에 따른 사실 확인 요청 등 납세자 비대면 방식의 서면심사를 원칙으로 하고, 심사에 필요한 경우에 한하여 현장 확인을 실시할 수 있다.

(4) 심사 결과 및 재심사

사전심사 처리를 종결한 때에 「사전심사 결과통지서」에 따라 서면으로 결과를 통지하며, 신청인이 심사결과에 이의가 있는 경우에는 「연구·인력개발비 사전심사 결과에 대한 재심사 신청서」에 의하여 1회에 한하여 재심사를 신청할 수 있음.

(5) 심사효력

신청인이 위 심사결과 통지에 따라 연구·인력개발비세액공제를 신청한 경우에는 추후 심사결과와 다르게 과세 처분한 경우에도 「국세기본법」 제48조(가산세 감면 등) 제1항 제2호에 따라 과소신고가산세를 부과하지 않는다. 단, 심사과정에서 부정확한 서류를 제출하거나, 사실관계의 변경·누락 및 탈루혐의가 있는 경우는 제외

심사받은 내용에 대해서는 신고내용확인 및 감면사후관리 선정대상에서 제외한다.

(6) 사전심사제도 불인정 사례

① 퇴직연금 보험료
  가. 사실관계 : 연구소 소속 전담연구원의 퇴직연금보험료에 대해 연구인력개발비 세액공제 신청
  나. 쟁점사항 : 전담연구원의 퇴직연금보험료가 연구인력개발비 세액공제 대상에 해당하는지 여부
  다. 부인사항 : 퇴직연금보험료는 근로자가 퇴직을 원인으로 지급받는 퇴직소득에 해당하여 퇴직급여의 성격이 있으므로 해당과세연도의 연구인력개발에 직접적으로 대응하는 비용으로 보기 어려워 세액공제 대상 불인정

② 주주인 임원을 전담연구원으로 등록
  가. 사실관계 : 전담연구원 2명이 부부이며, 남편은 당 법인의 보유주식 10% 초과하는 대표이사이고 부인은 주식 5%를 보유하고 있는 등기이사임. 프로그램 개발을 수행함에 따라 발생하는 전담연구원(대표자 및 배우자)의 인건비에 대하여 연구인력개발비 세액공제 신청
  나. 쟁점사항 : 최대주주인 대표이사의 인건비와 특수관계자인 배우자의 인건비가 연구인력개발비 세액공제 대상인지 여부
  다. 부인사항 : 주주인 임원으로서 당해법인의 지배주주와 그와 특수관계인인 자의 인건비는 세액공제 대상이 아니므로 세액공제 대상 불인정

③ 연구소 등록 전 연구관련 비용의 공제여부
  가. 쟁점사항 : 연구소를 등록하기 전 지출한 인건비 등 연구개발비가 연구인력개발비

세액공제 대상인지 여부

나. 부인사항 : 조특령 별표6은 연구개발 또는 문화산업진흥 등을 위해 설립한 과학기술정보통신부장관의 인정을 받은 전담부서 등에서 지출한 비용을 세액공제를 적용 받을 수 있는 대상으로 명시하고 있음. 따라서 법인이 연구소를 등록하기 전 지출한 비용은 실질적인 연구 수행여부와 관계없이 연구인력개발비 세액공제 대상 불인정

III. 연구 및 인력개발비에 대한 조세특례

7) 관련 서식

■ 조세특례제한법 시행규칙 [별지 제3호 서식(1)] 〈개정 2024.03.22.〉

일반연구 및 인력개발비 명세서

(앞쪽)

❶ 신청인
- ① 상호 또는 법인명
- ② 사업자등록번호
- ③ 대표자 성명
- ④ 생년월일
- ⑤ 주소 또는 본점 소재지 (전화번호:)

❷ 과세연도: 년 월 일부터 년 월 일까지

❸ 해당 연도의 연구 및 인력개발비 발생 명세

구분 계정과목	자체 연구개발비					
	인건비 및 사회보험료		재료비 등		기타	
	인원	⑥ 금액	건수	⑦ 금액	건수	⑧ 금액
합 계						

구분 계정과목	위탁 및 공동 연구개발비		인력개발비		⑪ 총 계 ((⑥+⑦+⑧+⑨+⑩)
	건수	⑨ 금액	건수	⑩ 금액	
합 계					

연구 및 인력개발비의 증가발생액의 계산

⑫ 해당 과세연도 발생액(=⑪)	⑬ 직전 4년 발생액 계 ((⑭+⑮+⑯+⑰)	⑭ (직전 1년) ~	⑮ (직전 2년) ~	⑯ (직전 3년) ~	⑰ (직전 4년) ~

⑱ 직전 4년간 연 평균발생액 (⑬/4)		⑲ 직전 3년간 연평균발생액 [(⑭+⑮+⑯)/3]		⑳ 직전 2년간 연평균발생액 [(⑭+⑮)/2]	
	㉑ 증가발생액 (⑫-⑭)				

❹ 공제세액

해당 연도 총발생 금액 공제	중소기업	㉒ 대상금액(=⑪)	㉓ 공 제 율		㉔ 공제세액 (㉒×㉓)
			25%		
	중소기업 유예기간 종료 이후 5년 내 기업	㉕ 대상금액(=⑪)	㉖ 유예기간 종료연도	㉗ 유예기간 종료 이후 년차	㉘ 공 제 율	㉙ 공제세액 (㉕×㉘)
				종료 이후 1-3년차 15% 종료 이후 4-5년차 10%	
	중견기업	㉚ 대상금액(=⑪)	㉛ 공제율		㉜ 공제세액 (㉚×㉛)
			8%		
	일반기업	㉝ 대상금액(=⑪)	공제율			㉟ 공제세액 (㉝×㊱)
			㉞ 기본율	㉟ 추가	㊱ 계(㉞+㉟)	
			0%			

증가발생금액 공제 (직전 4년간 연구·인력개발비가 발생하지 않은 경우 또는 ⑭⑮⑯ 경우 제외)	㊲ 대상금액(=㉑)	㊳ 공제율 %	㊴ 공제세액 (㊲×㊳)	*공제율 - 중소기업: 50% - 중견기업: 40% - 대기업: 25%

㊶ 해당 연도에 공제받을 세액	중소기업(㉔와 ㊴ 중 선택)
	중소기업 유예기간 종료 이후 5년 내 기업 (㉙와 ㊴ 중 선택)
	중견기업(㉜와 ㊴ 중 선택)
	일반기업(㉟과 ㊴ 중 선택)

210mm×297mm[백상지 80g/㎡ 또는 중질지 80g/㎡]

(뒤쪽)

❺ 출연금 등 수령명세 (「조세특례제한법 시행령」 제9조 제1항 단서 관련)
= 연구·인력개발비용에서 제외되는 비용

구분	출연금 교부처	관련 법령	수령일	수령금액	연구개발비로 지출하는 금액

❻ 연구소/전담부서/연구개발서비스업자 현황

구분	인정일 (고시일)	취소일	연구개발 인력							
			계		연구전담요원		연구보조원		기 타	
			인원	금액	인원	금액	인원	금액	인원	금액

「조세특례제한법 시행령」 제9조 제14항에 따라 위와 같이 일반연구 및 인력개발비 명세서를 제출합니다.

년 월 일

신청인
(서명 또는 인)

세무서장 귀하

작 성 방 법

※「조세특례제한법」 제10조 제1항 제3호에 따른 '일반연구·인력개발비 세액공제'를 신청하는 경우에는 반드시 이 서식을 작성하여야 합니다.

1. "중소기업"이란 「조세특례제한법 시행령」 제2조에 따른 중소기업을 말합니다.
2. 재료비 등의 "⑦ 금액"란: 「조세특례제한법 시행령」 별표 6에 따른 자체연구개발비용 중 견본품·부품·원재료와 시약류 구입비 및 소프트웨어(문화상품 제작을 목적으로 사용하는 경우로 한정합니다)·서체·음원·이미지의 대여·구입비를 적습니다.[별표6 제1호가목2] 항목)
3. 기타의 "⑧ 금액"란: 「조세특례제한법 시행령」 별표 6에 따른 자체연구개발비용 중 연구·시험용 시설 임차(이용)비용을 적습니다.[별표6 제1호가목3) 항목)
4. 인력개발비의 "⑩ 금액"란: 「조세특례제한법 시행령」 별표 6 제2호에 따른 위탁훈련비, 직업능력개발훈련 비용 등을 적습니다.
5. 공제율의 "㉟ 추가"란: 해당 과세연도의 수입금액에서 연구·인력개발비가 차지하는 비율에 2분의 1을 곱한 비율과 100분의 2 중 낮은 비율을 적습니다.
6. ❺, ❻의 "구분"란: 연구소·전담부서 또는 연구개발서비스업자를 적습니다(연구소와 전담부서가 2개 이상인 경우 각각 구분하여 작성합니다).
7. "❺ 출연금 등 수령명세"란: 「조세특례제한법 시행령」 제9조제1항 각 호에 따른 출연금 등의 수령명세와 연구개발비로 지출하는 금액을 적습니다.
8. "❻ 연구소/전담부서/연구개발서비스업자 현황"란: 「조세특례제한법 시행규칙」 제7조제1항에 따른 연구소·전담부서 또는 연구개발서비스업자의 현황과 연구·인력개발비 세액공제를 적용받는 인건비를 구분하여 적습니다.

210mm×297mm[백상지 80g/㎡ 또는 중질지 80g/㎡]

■ 조세특례제한법 시행규칙 [별지 제3호 서식(2)] 〈개정 2024.03.22.〉

신성장·원천기술 연구개발비 명세서

(앞쪽)

❶ 신청인

① 상호 또는 법인명		② 사업자등록번호	
③ 대표자 성명		④ 생년월일	
⑤ 주소 또는 본점 소재지			
		(전화번호:	)

❷ 과세연도   　년　월　일부터　　년　월　일까지

❸ 신성장·원천기술 연구개발비 발생 명세

기술명	구 분 계정과목	자체 연구개발비		⑧ 위탁 및 공동 연구개발비	⑨ 합계 ((⑥+⑦+⑧)
		⑥ 인건비 및 사회보험료	⑦ 재료비 등		
합 계					

❹ 공제세액

해당 연도에 공제받을 세액	중소기업	⑩ 대상금액(=⑨)	공 제 율			⑭ 공제세액 (⑩×⑬)
			⑪기본율	⑫추가	⑬계(⑪+⑫)	
			30%			
	중소기업 외의 기업	⑮ 대상금액(=⑨)	공 제 율			⑲ 공제세액 (⑮×⑱)
			⑯기본율	⑰추가	⑱계(⑯+⑰)	
			20% 또는 25%			

❺ 출연금 등 수령명세(「조세특례제한법 시행령」 제9조 제1항 단서 관련)

= 연구·인력개발비용에서 제외되는 비용

구분	출연금 교부처	관련 법령	수령일	수령금액	연구개발비로 지출하는 금액

❻ 연구소/전담부서/연구개발서비스업자 현황

구분	인정일 (고시일)	취소일	연구개발 인력							
			계		연구전담요원		연구보조원		기 타	
			인원	금액	인원	금액	인원	금액	인원	금액

210mm×297mm[백상지 80g/㎡ 또는 중질지 80g/㎡]

■ 조세특례제한법 시행규칙 [별지 제3호 서식(3)] 〈개정 2024.03.22.〉 (앞쪽)

국가전략기술 연구개발비 명세서

❶ 신청인

① 상호 또는 법인명	② 사업자등록번호
③ 대표자 성명	④ 생년월일
⑤ 주소 또는 본점 소재지	(전화번호:)

❷ 과세연도: 년 월 일부터 년 월 일까지

❸ 국가전략기술 연구개발비 발생 명세

구 분 기술명	계정과목	자체 연구개발비		⑧ 위탁 및 공동 연구개발비	⑨ 합계 (⑥+⑦+⑧)
		⑥ 인건비 및 사회보험료	⑦ 재료비 등		
합 계					

❹ 공제세액

해당 연도에 공제받을 세액	중소기업	⑩ 대상금액(=⑨)	공 제 율			⑭ 공제세액 (⑩×⑬)
			⑪기본율	⑫추가	⑬계(⑪+⑫)	
			40%			
	중소기업 외의 기업	⑮ 대상금액(=⑨)	공 제 율			⑲ 공제세액 (⑮×⑱)
			⑯기본율	⑰추가	⑱계(⑯+⑰)	
			30%			

❺ 출연금 등 수령명세 (「조세특례제한법 시행령」 제9조 제1항 단서 관련)
= 연구·인력개발비용에서 제외되는 비용

구분	출연금 교부처	관련 법령	수령일	수령금액	연구개발비로 지출하는 금액

❻ 연구소/전담부서/연구개발서비스업자 현황

구분	인정일 (고시일)	취소일	연구개발 인력							
			계		연구전담요원		연구보조원		기 타	
			인원	금액	인원	금액	인원	금액	인원	금액

210mm×297mm[백상지 80g/㎡ 또는 중질지 80g/㎡]

02 성과공유 중소기업의 경영성과급에 대한 세액공제 (조특법 제19조)

※ 주요 개정연혁

(1) 2022.02.15. 세액공제 대상에 영업이익이 발생하지 않은 사업연도에 지급한 경영성과급도 포함하도록 세액공제 요건을 완화하였다.

1) 성과공유 중소기업 세액공제

(1) 의의

성과공유 중소기업이 상시근로자에게 경영성과급을 지급하는 경우 그 경영성과급의 일정 금액을 해당 과세연도의 소득세(사업소득에 대한 소득세만 해당함)또는 법인세에서 공제한다.

(2) 세액공제 요건

① 세액공제 대상 요건
  ㉠ 성과공유 중소기업이 상시근로자에게 2027년 12월 31일까지 경영성과급을 지급할 것
  ㉡ 해당 과세연도의 상시근로자수가 직전과세연도의 상시근로자수보다 감소하지 않을 것

② 상시근로자
  근로기준법에 따라 근로계약을 체결한 내국인 근로자

> ● 상시근로자 배제대상 :
> 1. 근로계약기간이 1년 미만인 근로
>   → 다만, 근로계약의 연속된 갱신으로 인하여 그 근로계약의 총 기간이 1년 이상인 근로자는 제외한다
> 2. 「근로기준법」 제2조 제1항 제9호에 따른 단시간근로자.
>   → 다만, 1개월간의 소정근로시간이 60시간 이상인 근로자는 상시근로자로 본다.
> 3. 다음의 어느 하나에 해당하는 임원
>   ① 법인의 회장, 사장, 부사장, 이사장, 대표이사, 전무이사 및 상무이사 등 이사회의 구성원 전원과 청산인

② 합명회사, 합자회사 및 유한회사의 업무집행사원 또는 이사
③ 유한책임회사의 업무집행자
④ 감사
4. 해당 기업의 최대주주 또는 최대출자자(개인사업자의 경우에는 대표자를 말한다)와 그 배우자
5. 제4호에 해당하는 자의 직계존비속(그 배우자를 포함한다) 및 「국세기본법 시행령」 제1조의2 제1항에 따른 친족관계인 사람
6. 「소득세법 시행령」 제196조에 따른 근로소득원천징수부에 의하여 근로소득세를 원천징수한 사실이 확인되지 아니하고, 다음 각 목의 어느 하나에 해당하는 금액의 납부사실도 확인되지 아니하는 자
   가. 「국민연금법」에 따른 부담금 및 기여금
   나. 「국민건강보험법」에 따른 직장가입자의 보험료
7. 해당 과세기간의 총급여액이 7,000만원을 초과하는 근로자

③ 경영 성과급

중소기업과 근로자가 경영목표 설정 및 그 목표 달성에 따른 성과급 지급에 관한 사항을 사전에 서면으로 약정하고 이에 따라 근로자에게 지급하는 성과급(우리사주조합을 통하여 성과급으로서 근로자에게 지급하는 우리사주를 포함한다)

④ 성과공유 중소기업(중소기업 인력지원 특별법 시행령 제26조의2 제①항)

다음의 어느 하나에 해당하는 방법으로 근로자와 성과를 공유하고 있거나 공유하기로 약정한 중소기업

● 중소기업 인력지원 특별법 시행령 제26조의2 제①항
① 중소기업과 근로자가 경영목표 설정 및 그 목표 달성에 따른 성과급 지급에 관한 사항을 사전에 서면으로 약정하고 이에 따라 근로자에게 지급하는 성과급(우리사주조합을 통하여 성과급으로서 근로자에게 지급하는 우리사주를 포함한다) 제도의 운영
② 중소기업 청년근로자 및 핵심인력에 대한 성과보상공제사업[1]의 가입
③ 다음의 어느 하나의 요건에 해당하는 임금수준의 상승
   가. 근로자의 해당 연도 평균임금 증가율이 직전 3개 연도 평균임금 증가율의 평균보다 클 것
   나. 근로자의 해당 연도 평균임금 증가율이 전체 중소기업의 임금증가율을 고려하여 중소

III. 연구 및 인력개발비에 대한 조세특례

벤처기업부장관이 정하여 고시하는 비율(3.2%)보다 클 것
④ 「근로복지기본법」 제32조·제50조 또는 제86조의2에 따른 우리사주제도·사내근로복지기금 또는 공동근로복지기금의 운영
⑤ 「상법」 제340조의2·제542조의3 또는 「벤처기업 육성에 관한 특별조치법」 제16조의3에 따른 주식매수선택권의 부여
⑥ 그 밖에 성과공유 활성화를 위하여 중소벤처기업부장관이 정하여 고시하는 다음의 유형
   가. 인재육성형 중소기업
   나. 직무발명보상 우수기업
   다. 인적자원개발 우수기업
   라. 가족친화 인증기업
   마. 노사문화 우수기업
   바. 청년친화 강소기업
   사. 복지지원 중소기업
   아. 여가친화 인증기업

[1] 성과보상공제사업의 가입이란? : 내일채움공제 사업
내일채움공제란 중소벤처기업진흥공단이 중소기업 인력지원 특별법에 따라 중소기업의 핵심인력 장기 재직과 우수인력 유입을 위하여 운영하는 정책으로, 중소기업 및 중견기업 사업주와 핵심인력이 공동으로 적립한 공제금을 가입기간에 따라 장기 재직한 핵심인력에게 성과보상금 형태로 지급하는 공제를 말한다.

⑤ 상시근로자수 계산

해당과세연도의 매월말 현재 상시근로자 수의 합 / 해당과세연도의 개월수 (단, 100분의 1미만의 부분은 없는 것으로 한다)

※ 이때 상시근로자 수의 계산에 관해서는 조특령 제23조 고용창출투자세액공제 규정을 준용한다.

(3) 세액공제 금액

지급한 경영성과급 × 10%

2) 성과공유 중소기업의 근로자 소득세 감면

성과공유 중소기업의 근로자 중 다음 각호에 해당하는 사람을 제외한 근로자가

해당 중소기업으로 부터 2027년 12월 31일까지 경영성과급을 지급받는 경우 그 경영성과급에 대한 소득세의 50% 상당하는 세액을 감면한다.

(1) 해당 과세기간의 총급여액이 7,000만원을 초과하는 사람

(2) 해당 기업의 최대주주 또는 최대출자자(개인사업자의 경우에는 대표자를 말한다)와 그 배우자

(3) (1)에 해당하는 자의 직계존비속(그 배우자를 포함한다.) 또는 (1)에 해당하는 사람과 「국세기본법 시행령」 제1조의2 제1항에 따른 친족관계3)에 있는 사람

3) 관련 예규 및 판례

(1) 성과공유 중소기업의 경영성과급에 대한 세액공제 적용 시 상시근로자 수 계산 방법

「근로기준법」에 따라 근로계약을 체결한 근로자가 「조세특례제한법」 제19조에 따른 성과공유 중소기업 경영성과급 세액공제 적용대상 사업연도와 직전 사업연도 중 어느 하나의 사업연도에 같은 법 시행령 제17조 제1항 각 호에 따른 상시근로자에 해당하지 않는 경우에는 해당 사업연도와 직전 사업연도에서 해당 근로자를 제외하고 상시근로자 수를 계산하는 것임(서면-2022-법인-0590, 2022.03.24.).

(2) 성과공유 중소기업의 경영성과급에 대한 세액공제 적용이 가능한지 여부

「중소기업 인력지원 특별법」 제27조의2 제1항에 따른 중소기업이 2020과세연도에 「조세특례제한법 시행령」 제17조에서 규정하는 요건을 갖추어 경영성과급 지급약정을 체결하고 그 약정에 따라 중소기업에 해당하는 2020 과세연도에 대한 경영성과급을 2021 과세연도에 지급하는 경우, 지급하는 과세연

---

3) 1. 4촌 이내의 혈족
  2. 3촌 이내의 인척
  3. 배우자(사실상의 혼인관계에 있는 자를 포함한다)
  4. 친생자로서 다른 사람에게 친양자 입양된 자 및 그 배우자·직계비속
  5. 본인이 「민법」에 따라 인지한 혼인 외 출생자의 생부나 생모(본인의 금전이나 그 밖의 재산으로 생계를 유지하는 사람 또는 생계를 함께하는 사람으로 한정한다)

도에 규모의 확대등으로 중소기업에 해당하지 않게 되었더라도 「조세특례제한법」 제19조(성과공유 중소기업의 경영성과급에 대한 세액공제 등)에 따른 세액공제가 가능한 것임(사전-2021-법령해석법인-0831, 2021.10.19.).

(3) 성과공유 중소기업의 경영성과급에 대한 세액공제가 적용 가능한지 여부

「중소기업 인력지원 특별법」 제27조의2 제1항에 따른 중소기업이 「조세특례제한법」 제19조의 성과공유 중소기업의 경영성과급에 대한 세액공제를 적용함에 있어 같은 조 제1항 및 같은 법 시행령 제17조에서 규정하는 요건을 충족하는 경우에는 성과공유기업 확인서를 발급 받지 아니하였더라도 해당 세액공제 대상에 해당하는 것임(서면-2020-법령해석법인-1920, 2020.12.14.).

4) 주의사항

(1) 세액공제 등의 신청

성과공유 중소기업에 대한 세액공제를 받으려는 자는 과세표준신고와 함께 세액공제신청서 및 공제세액계산서를 납세지 관할 세무서장에게 제출해야 한다. 성과공유 중소기업의 근로자에 대한 소득세를 감면받으려는 자는 경영성과급을 지급받은 날이 속하는 달의 다음달 말일까지 세액감면신청서를 원천징수의무자에게 제출해야 하고, 세액감면 신청서를 제출받은 원천징수의무자는 감면대상 명세서를 신청받은 날이 속하는 달의 다음달 말일까지 원천징수 관할 세무서장에게 제출해야 한다.

(2) 중복지원의 배제

동일한 과세연도에 본 조의 성과공유 중소기업에 대한 세액공제와 조세특례제한법 제29조의4의 근로소득을 증대시킨 기업에 대한 세액공제가 동시에 적용되는 경우에는 그 중 하나만을 선택하여 적용받을 수 있다.

(3) 추계과세시 등의 감면배제

추계과세시 등의 경우에는 본 조의 성과공유 중소기업에 대한 세액공제를 적용하지 않는다.

(4) 최저한세의 적용

최저한세의 규정을 적용받아 그 특례범위가 제한된다.

(5) 세액공제액의 이월공제

성과공유 중소기업에 대한 세액공제는 해당 과세연도에 납부할 세액이 없거나 최저한세 규정을 적용받아 해당 과세연도에 공제받지 못한 금액이 있는 경우에는 해당 과세연도의 다음 과세연도 개시일부터 10년 이내에 종료하는 각 과세연도에 이월하여 공제받을 수 있다.

(6) 농어촌특별세

성과공유 중소기업에 대한 세액공제는 농어촌특별세 과세되며, 소득세 감면은 농어촌특별세 비과세된다.

III. 연구 및 인력개발비에 대한 조세특례

5) 관련 서식

[별지 제8호의3서식] (2022. 3. 18. 개정)

성과공유 중소기업의 경영성과급에 대한 세액공제 공제세액계산서

❶ 신청인

① 상호 또는 법인명		② 사업자등록번호	
③ 대표자 성명		④ 생년월일	
⑤ 주소 또는 본점소재지		(전화번호 :)	

❷ 과세연도: 년 월 일부터 년 월 일까지

❸ 세액공제 계산내용

가. 경영성과급 계산

⑥ 성명(생년.월.일)	⑦ 경영성과급 서면약정여부	⑧ 총급여액 7천만원 이하 여부	⑨ 경영성과급 금액	⑩ 성과급 합계액
A (. .)	여, 부	여, 부		
B (. .)	여, 부	여, 부		
C (. .)	여, 부	여, 부		
D (. .)	여, 부	여, 부		
E (. .)	여, 부	여, 부		

나. 상시근로자 수 계산

구 분	해당(직전) 과세연도의 매월 말 현재 상시근로자 수									⑩ 합계	⑪ 개월수	상시 근로자수 (=⑩÷⑪)
	월	월	월	월	월	월	월	월	월			
해당 과세연도												⑫
직전 과세연도												⑬

다. 공제세액 계산

⑭ 경영성과급 (= ⑩)	⑮ 공제율	⑯ 세액공제금액 (⑭×⑮)
	15%	

「조세특례제한법 시행령」 제17조제5항에 따라 위와 같이 성과공유 중소기업의 경영성과급에 대한 세액공제 공제세액계산서를 제출합니다.

년 월 일

신청인 (서명 또는 인)

세무서장 귀하

작 성 방 법

1. "성과공유 중소기업"이란 「중소기업 인력지원 특별법」 제27조의2제1항에 따른 성과공유 중소기업을 말합니다.

2. "경영성과급"이란 「중소기업 인력지원 특별법 시행령」 제26조의2제1항제1호에 따라 중소기업과 근로자가 경영목표 설정 및 그 목표 달성에 따른 성과급 지급에 관한 사항을 사전에 서면으로 약정하고 이에 따라 근로자에게 지급하는 성과급(우리사주조합을 통하여 성과급으로 지급하는 우리사주 포함)을 말합니다.

3. 나. 상시근로자 수를 계산할 때 「근로기준법」 제2조제1항제9호에 따른 단시간근로자 중 1개월 간의 소정근로시간이 60시간 이상인 근로자 1명은 0.5명으로 계산하되, 「조세특례제한법 시행령」 제23조제11항제2호 각 목의 지원요건을 모두 충족하는 상시근로자는 0.75명으로 하여 계산하며, 상시근로자 수 중 100분의 1 미만은 없는 것으로 합니다.

4. "⑩ 합계"란 해당 과세연도의 매월 말 현재 상시근로자 수의 합을 적습니다.

5. "⑪ 개월수"란 해당 과세연도의 개월 수를 적습니다.

6. 상시근로자 수가 전년보다 감소(⑫-⑬<0)한 경우에는 공제를 적용하지 않습니다.

210mm×297mm[백상지 80g/㎡ 또는 중질지 80g/㎡]

[별지 제8호의4서식] (2019. 3. 20. 신설)

성과공유 중소기업 경영성과급 소득세 감면 신청서

1. 신청인	① 성 명		② 주민등록번호	
	③ 주 소			

2. 감면 요건

적용 요건	여	부
④ 총급여액 7천만원 이하		
⑤ 최대주주 및 특수관계인		

3. 감면대상 성과급

⑥ 지급확정일	년 월 일
⑦ 지급금액	원

「조세특례제한법」 제19조제2항 및 같은 법 시행령 제17조제9항에 따라 위와 같이 성과공유 중소기업 경영성과급 수령액에 대한 소득세 감면을 신청합니다.

년   월   일

신청인   (서명 또는 인)

원천징수의무자   귀하

유 의 사 항

1. 공제신청서를 사실과 다르게 신청하는 경우에는 부당하게 감면받은 세액에 가산세를 가산하여 추징하게 됩니다.

2. 감면을 신청한 경우 수령한 경영성과급에 대한 소득세의 50%를 감면받을 수 있습니다.

3. 지급확정일은 계량적 요소에 따라 성과급을 지급하는 경우는 계량적 요소가 확정된 날을 말하며, 계량적 · 비계량적 요소로 평가하여 그 결과에 따라 지급하는 경우 개인별 지급액이 확정되는 날을 말합니다.

4. "⑤ 최대주주 및 특수관계인"이란 해당 기업의 최대주주 또는 최대출자자(개인사업자의 경우 대표자)와 그 배우자 및 그 직계존속, 친족관계에 있는 사람을 의미합니다.

210mm× 297mm[백상지 80g/㎡ 또는 중질지 80g/㎡]

Ⅲ. 연구 및 인력개발비에 대한 조세특례

[별지 제8호의5서식] (2019. 3. 20. 신설)

성과공유 중소기업 경영성과급 소득세 감면 대상 명세서

1. 원천징수의무자

상 호		사업자등록번호	
사업장소재지			
		(전화번호 :	)

2. 감면 적용 대상자 명단

성 명	주민 등록번호	경영성과급 서면약정여부	총급여액 7천만원 이하 여부	최대주주, 특수관계인 해당 여부	경영성과급 금액
		여, 부	여, 부	여, 부	
		여, 부	여, 부	여, 부	
		여, 부	여, 부	여, 부	
		여, 부	여, 부	여, 부	

「조세특례제한법」 제19조제2항 및 같은 법 시행령 제17조제10항에 따라 성과공유 중소기업 경영성과급 수령액에 대한 소득세 감면 대상 명세서를 제출합니다.

년   월   일

원천징수의무자   (서명 또는 인)

세무서장   귀하

작성방법

1. "성과공유 중소기업"이란 「중소기업 인력지원 특별법」 제27조의2제1항에 따른 성과공유 중소기업을 말합니다.
2. "최대주주 및 특수관계인"이란 해당 기업의 최대주주 또는 최대출자자(개인사업자의 경우 대표자)와 그 배우자 및 그 직계존속, 친족관계에 있는 사람을 의미합니다.

210mm× 297mm[백상지 80g/㎡ 또는 중질지 80g/㎡]

IV. 투자촉진을 위한 조세특례

01 통합투자세액공제 (조특법 제24조)

※ 개정연혁

(1) 중소기업투자세액공제 등 종전의 투자세액공제는 2020.12.29.에 폐지되어 「조특법」 제24조 통합투자세액공제로 흡수되었지만, 2021년 투자분에 대해서는 투자 완료시 종전 투자세액공제를 적용 받거나 신설된 통합투자세액공제로 선택할 수 있다. **단, 기업은 종전 규정과 통합투자세액공제 방식 중 하나를 선택할 수 있고, 투자자산별로 구분하여 선택하는 것은 불인정됨 주의.**

(2) 2021.12.28. 국가전략기술에 대한 투자 촉진 목적으로 2024년 말까지 투자한 국가전략기술사업화시설에 대해 공제율을 상향 적용하도록 하고, 신성장·원천기술 연구개발비 세액공제 적용기한을 2024년 12월 31일까지로 3년 연장하였다.

(3) 2022.12.31. 국가전략기술에 대한 투자 및 중견기업 시설투자를 촉진하고자 대기업의 국가전략기술사업화시설에 대한 공제율과 중견기업의 일반 사업용 자산 및 신성장사업화시설에 대한 공제율을 상향조정하였다.

(4) 2023.04.04. 국가전략기술의 사업화를 위한 시설투자에 대하여 공제율을 상향하였으며 임시투자세액공제를 도입하였다.

(5) 2024년도 세법 개정시 중소기업법에 따른 중소기업 졸업 유예기간이 당초 3년에서 5년으로 연장됨에따라 중소기업 졸업 후 단계적으로 공제율을 축소하는 점감구조를 도입하였다.

1) 의의

기업투자의 활성화를 지원하기 위해 종전의 조세특례제한법 조문별로 규정하고 있던 각종 투자세액공제를 **「조특법」 제24조 통합투자세액공제로 신설·통합하였다.**

2) 공제요건

(1) 공제대상자

모든 개인사업자 및 내국법인을 원칙으로 하되, **부동산임대 및 공급업 및 소비성서비스업**[*1]은 제외한다.

*1 소비성서비스업 이란?

① 호텔업 및 여관업(「관광진흥법」에 따른 관광숙박업은 제외한다)
② 주점업(일반유흥주점업, 무도유흥주점업 및 「식품위생법 시행령」 제21조에 따른 단란주점 영업만 해당하되, 「관광진흥법」에 따른 외국인전용유흥음식점업 및 관광유흥음식점업은 제외한다)
③ 그 밖에 오락·유흥 등을 목적으로 하는 사업으로서 기획재정부령으로 정하는 사업

(2) 공제 대상 자산

① 기계장치등 사업용 유형자산(당해 법인의 업종과 직접 관련된 자산한정)
   ↔ 적용 배제 사업용 유형자산

적용 배제 사업용 유형자산
1. 토지 2. 차량 및 운반구, 공구, 기구 및 비품 3. 선박 및 항공기 4. 연와조, 블록조, 콘크리트조, 토조, 토벽조, 목조, 목골모르타르조, 철골·철근콘크리트조, 철근콘크리트조, 석조, 연와석조, 철골조, 기타조의 모든 건물(부속설비 포함)과 구축물

② 위의 공제대상 ①에 해당하지 않는 유·무형자산으로서, 다음의 자산은 공제허용

가. 연구·시험 및 직업훈련시설, 에너지절약시설, 환경보전시설, 근로자복지증진시설, 안전시설로 기획재정부령으로 정한 자산[1]
나. 업종별 특성을 감안하여 해당 사업에 직접 사용하는 각 시설

구분	업종별 특성을 감안하여 해당 사업에 직접 사용하는 공제대상 자산
건설업	불도저, 굴삭기, 지게차, 덤프트럭 등 지방세법 시행규칙 제3조에 따른 기계장비
어업(중소기업)	어업용 선박
운수업	차량(자가용 제외) 및 운반구
도·소매업, 물류산업	운반용 화물자동차, 무인반송차, 창고시설 등 유통산업합리화시설
관광숙박업, 국제회의업	건축물 및 승강기 등 부속설비 등 지방세법 시행령 제6조에 따른 시설물
전문·종합 휴양업	숙박시설, 전문휴양시설(골프장 시설 제외), 종합유원시설업의 시설등 관광진흥법 시행령 제2조에 따른 시설물
운수업(중소기업)	차량 및 운반구(개별소비세법 제1조에 따른 자동차로서 자가용인 것을 제외), 선박

다. 중소기업 및 중견기업이 취득한 다음의 자산(특수관계인으로부터 취득한 자산은 제외)
 ① 내국인이 국내에서 연구·개발하여 「특허법」에 따라 최초로 설정등록받은 특허권
 ② 내국인이 국내에서 연구·개발하여 「실용신안법」에 따라 최초로 설정등록받은 실용신안권
 ③ 내국인이 국내에서 연구·개발하여 「디자인보호법」에 따라 최초로 설정등록받은 디자인권

---

[1] 1. 연구·시험 및 직업훈련시설 :
  ① 전담부서등, 「국가과학기술 경쟁력강화를 위한 이공계지원특별법」 제18조 및 같은 법 시행령 제17조에 따라 과학기술정보통신부장관에게 신고한 연구개발서비스업자 및 「산업기술연구조합 육성법」에 따른 산업기술연구조합에서 직접 사용하기 위한 연구·시험용시설로서 다음의 어느 하나에 해당하는 것을 말한다. 다만, 운휴 중인 것은 제외한다.
   가. 공구 또는 사무기기 및 통신기기, 시계·시험기기 및 계측기기, 광학기기 및 사진제작기기
   나. 「법인세법 시행규칙」 별표6의 업종별 자산의 기준내용연수 및 내용연수범위표의 적용을 받는 자산
  ② 「근로자직업능력 개발법」 제2조 제3호에 따른 직업능력개발훈련시설(내국인이 영 제2조 제1항에 따른 중소기업을 위해 설치하는 직업훈련용 시설을 포함한다)로서 ①의 가, 나에 해당하는 것을 말한다. 다만, 운휴 중인 것은 제외한다.
 2. 에너지절약 시설 : 다음 각 목의 어느 하나에 해당하는 시설
  ① 「에너지이용 합리화법」 제14조 제1항에 따른 에너지절약형 시설투자(에너지절약전문기업이 대가를 분할상환 받은 후 소유권을 이전하는 조건으로 같은 법 제25조에 따라 설치한 경우를 포함한다)

(3) 투자란?

중고품 또는 임대용 자산을 매입한 경우 또는 운용리스에 의한 투자는 공제대상자산에서 제외한다.

(4) 관련 예규 및 통칙

① 서면-2021-법인-3474, 2021.07.05.
겸영 여부와 무관하게 기계장치를 임대한 경우에는 통합투자세액공제를 적용 받을 수 없음.

② 조세특례제한법 기본통칙 24-0-4 : 투자자산의 사용
이 법의 투자세액공제는 시설에 투자한 내국인이 해당 시설의 사용자인 경우에 한하여 적용한다. 다만, 자기가 제품을 직접 제조하지 아니하고 투자세액공제 적용 시설을 수탁가공업체의 사업장에 설치하고 그 시설에 대한 유지·관리비용을 부담하면서 생산한 제품을 전량 인수하여 자기 책임하에 직접 판매하는 경우에는 해당 시설을 설치한 자가 사용한 것으로 본다.

③ 사전-2020-법령해석법인-0545, 2020.09.21.
사업양수도 계약일 현재 건설 중인 자산을 양도법인이 준공한 후 그 목적에 실제로 사용된 바 없이 양수법인이 취득한 경우 중고품으로 보지 않는 것이며, 해당 자산이 조특법 제25조 제1항 제6호의 생산성향상시설로서 특정시설투자 등에 대한 세액공제대상에 해당하는 경우 양수법인이 그 취득대가를 지급한 날이 속하는 과세연도의 세액공제율을 적용함.

　　및 에너지절약형 기자재
　　② 「물의 재이용 촉진 및 지원에 관한 법률」 제2조 제4호에 따른 중수도
3. 환경보전 시설 : 별표 2에 따른 환경보전시설
4. 근로자복지 증진 시설 : 다음 각 목의 어느 하나에 해당하는 시설
　① 무주택 종업원(출자자인 임원은 제외한다)에게 임대하기 위한 「주택법」에 따른 국민주택 규모의 주택
　② 종업원용 기숙사
　③ 장애인·노인·임산부 등의 편의 증진을 위한 시설 또는 장애인을 고용하기 위한 시설로서 별표 3에 따른 시설
　④ 종업원용 휴게실, 체력단련실, 샤워시설 또는 목욕시설(건물 등의 구조를 변경하여 해당시설을 취득하는 경우를 포함한다)
　⑤ 종업원의 건강관리를 위해 「의료법」 제35조에 따라 개설한 부속 의료기관
　⑥ 「영유아보육법」 제10조 제4호에 따른 직장어린이집
5. 안전시설 : 별표 4에 따른 안전시설

3) 공제세액

아래의 **기본공제 금액 + 추가공제 금액**을 합한 금액을 해당 투자가 이루어지는 과세연도의 소득세(단, 부동산 임대소득을 제외한 사업소득 한정) 또는 법인세에서 공제함.

단, 2023.12.31.이 속하는 과세연도에 투자하는 경우 임시투자세액공제의 기본공제와 추가공제를 합한 금액을 공제한다.

(1) 공제금액

① 기본공제 금액

가. 일반 투자

중소기업의 경우 (+유예기간 중소기업 포함)	10%
중소기업 유예기간 경과 후 중소기업에 해당하지 않게 된 경우	최초로 중소기업에 해당하지 않게 된 과세연도의 개시일부터 3년 이내에 끝나는 과세연도까지 : 7.5%
중견기업	5%
일반기업	1%

나. 신성장·원천기술의 사업화를 위한 시설(신성장사업화시설)에 투자하는 경우

중소기업의 경우 (+유예기간 중소기업 포함)	12%
중소기업 유예기간 경과 후 중소기업에 해당하지 않게 된 경우	최초로 중소기업에 해당하지 않게 된 과세연도의 개시일부터 3년 이내에 끝나는 과세연도까지 : 9%
중견기업	6%
일반기업	3%

다. 국가전략기술의 사업화를 위한 시설(국가전략기술사업화시설)에 투자하는 경우

중소기업의 경우 (+유예기간 중소기업 포함)	25%
중소기업 유예기간 경과 후 중소기업에 해당하지 않게 된 경우	최초로 중소기업에 해당하지 않게 된 과세연도의 개시일부터 3년 이내에 끝나는 과세연도까지 : 20%
중견기업	15%
일반기업	15%

② 추가공제 금액

해당 과세연도에 투자한 금액이 해당 과세연도의 직전 3년간 연평균 투자 또는 취득금액을 초과하는 경우에는 그 초과하는 금액의 10%에 상당하는 금액

단, 추가공제금액이 기본공제금액을 초과하는 경우에는 기본공제금액의 2배를 그 한도로 한다.

단, 3년간 연 평균 투자금액이 없는 경우에는 추가공제 금액은 없는 것으로 한다.

(2) 임시 투자 세액공제금액(2023.12.31.이 속하는 과세연도에 투자하는 경우)

① 기본공제 금액

가. 해당 과세연도에 투자한 금액의 3%(중견기업은 7%, 중소기업은 12%)에 상당하는 금액

나. 신성장·원천기술의 사업화를 위한 시설(신성장사업화시설)에 투자하는 경우에는 6%(중견기업은 10%, 중소기업은 18%)에 상당하는 금액

다. 국가전략기술의 사업화를 위한 시설(국가전략기술사업화시설)에 투자하는 경우에는 15%(중소기업은 25%)에 상당하는 금액

② 추가공제 금액

해당 과세연도에 투자한 금액이 해당 과세연도의 직전 3년간 연평균 투자 또는 취득금액을 초과하는 경우에는 그 초과하는 금액의 10%에 상당하는 금액

단, 추가공제금액이 기본공제금액을 초과하는 경우에는 기본공제금액의 2배를 그 한

도로 하고 3년간 연 평균 투자금액이 없는 경우에는 추가공제 금액은 없는 것으로 한다.

(3) 공제효과 요약표

① 일반 공제

시설투자	당기분			증가분
	일반기업	중견기업	중소기업	
일반	1%	7.5%(~3년) 5%(4년~)	10%	10%
신성장·원천기술	3%	9%(~3년) 6%(4년~)	12%	
국가전략기술	15%	20%(~3년) 15%(4년~)	25%	

② 임시 투자 세액공제(2023.12.31.이 속하는 과세기간에 투자하는 경우)

시설투자	당기분			증가분
	일반기업	중견기업	중소기업	
일반	3%	7%	12%	10%
신성장·원천기술	6%	10%	18%	10%
국가전략기술	15%		25%	10%

※ 투자금액에서 차감하는 금액

다음의 금액은 공제대상 투자금액에서 차감한다.

① 내국인이 자산에 대한 투자 또는 출자지분의 취득을 목적으로 다음의 어느 하나에 해당되는 국가 등으로부터 출연금 등의 자산을 지급받아 투자 또는 출자에 지출하는 경우: 출연금 등의 자산을 투자 또는 출자에 지출한 금액에 상당하는 금액

> 가. 국가
> 나. 지방자치단체
> 다. 「공공기관의 운영에 관한 법률」에 따른 공공기관
> 라. 「지방공기업법」에 따른 지방공기업
>
> ② 내국인이 자산에 대한 투자 또는 출자지분의 취득을 목적으로 「금융실명거래 및 비밀보장에 관한 법률」 제2조 제1호 각 목의 어느 하나에 해당하는 금융회사 등으로부터 융자를 받아 투자 또는 출자에 지출하고 금융회사 등에 지급하여야 할 이자비용의 전부 또는 일부를 국가 등이 내국인을 대신하여 지급하는 경우 : 대통령령으로 정하는 바에 따라 계산한 국가 등이 지급하는 이자비용에 상당하는 금액
>
> ③ 내국인이 자산에 대한 투자 또는 출자지분의 취득을 목적으로 국가 등으로부터 융자를 받아 투자 또는 출자에 지출하는 경우 : 다음에 따라 계산한 국가 등이 지원하는 이자지원금에 상당하는 금액
>
> > 이자지원금 = 융자받은 시점의 「법인세법 시행령」 제89조 제3항에 따른 이자율을 적용하여 계산한 원리금 합계액 - 융자받은 시점의 실제 융자받은 이자율을 적용하여 계산한 원리금 합계액
>
> ④ 내국인이 「법인세법」 제37조 제1항 각 호의 어느 하나에 해당하는 사업에 필요한 자산에 대한 투자를 목적으로 해당 자산의 수요자 또는 편익을 받는 자로부터 같은 항에 따른 공사부담금을 제공받아 투자에 지출하는 경우 : 공사부담금을 투자에 지출한 금액에 상당하는 금액

4) 세부사항

(1) 세액공제 적용대상 투자가 2개 이상 과세연도에 걸쳐서 이루어지는 경우

① 원칙 :
그 투자가 이루어지는 과세연도마다 해당 과세연도에 투자한 금액에 대하여 세액공제를 적용한다.

② 부칙 :
2020년 12월 31일이 속하는 과세연도 전에 투자를 개시하였고, 종전 투자세액공제(종전 법 제5조, 제25조, 제25조의4 및 제25조의7)를 받지 않은 투자의 경우는 투자를 완료한 날이 속하는 과세연도에 모든 투자가 이루어진 것으로 본다.

(2) 직전 3년간 연 평균 투자금액이란?

= (해당 과세연도의 개시일 전부터 소급하여 3년간 투자한 금액의 합계액 / 3) × (해당 과세연도의 개월 수 / 12)

※ 단, 내국인의 투자금액이 최초로 발생한 과세연도 개시일부터 세액공제를 받으려는 해당 과세연도 개시일까지의 기간이 36개월 미만인 경우 그 기간에 투자한 금액의 합계액을 36개월로 환산한 금액을 해당 과세연도의 개시일부터 소급하여 3년간 투자한 금액의 합계액으로 봄.

(3) 직전 3년간 투자금액이 없는 경우 추가공제 적용 배제

직전 3년간 투자금액이 없는 경우(당해 연도 창업한 경우를 포함한다), 증가분 추가공제 적용을 배제한다.

(4) 근로자 복지 증진시설이란

다음에 해당하는 근로자복지증진 시설에 투자하는 경우에는 본 조의 세액공제를 적용한다.

① 무주택 종업원(단, 출자자인 임원은 제외함)에게 임대하기 위한 주택법에 따른 국민주택규모의 주택
② 종업원용 기숙사
③ 장애인, 노인, 임산부 등의 편의 증진을 위한 시설 또는 장애인을 고용하기 위한 시설로서 다음의 시설

구분	적용범위
1. 장애인·노인·임산부 등을 위한 편의시설	가. 장애인용 승강기, 장애인용 에스컬레이터, 휠체어 리프트, 시각 및 청각 장애인 유도·안내설비, 점자블록, 시각 및 청각 장애인 경보·피난설비, 장애인용 화장실에 설치되는 장애인용 대변기·소변기·세면대, 장애인 등이 이용 가능한 접수대·작업대 및 장애인 등이 출입가능한 자동문 나. 장애인 등이 통행할 수 있는 계단·경사로, 장애인 등이 이용할 수 있는 객실·침실 및 장애인 등이 이용할 수 있는 관람석·열람석

구분	적용범위
2. 버스, 기차 등 교통수단에 설치하는 편의시설	자동안내방송장치, 전자문자안내판, 휠체어승강설비
3. 통신시설	점자표시전화기, 큰문자버튼전화기, 음량증폭전화기, 보청기호환성전화기, 골도전화기(청각장애인을 위해 두개골에 진동을 주는 방법으로 통화가 가능한 전화기를 말한다)
4. 장애인의 직업생활을 위한 편의시설	가. 장애인용으로 제작된 작업대 및 작업장비(작업물 운송 및 운반장치, 특수작업의자, 휠체어용 작업테이블, 경사각작업테이블, 높낮이 조절 작업 테이블) 나. 장애인용으로 제작된 작업보조공학기기(청각장애인용 신호장치, 소리증폭장치, 화상전화기, 문자전화기, 보완대체의사소통장치, 특수키보드, 특수마우스, 점자정보단말기, 점자프린트, 음성지원카드, 컴퓨터 화면확대 소프트웨어, 확대독서기, 문서인식 소프트웨어, 음성메모기, 대형모니터) 다. 장애인근로자의 통근용 승합자동차 및 특수설비 라. 의무실 또는 물리 치료실 등 장애인 고용에 필요한 부대시설(장애인근로자가 10명 이상이고 전체 근로자의 100분의 30 이상일 경우에 한정한다)

④ 종업원용 휴게실, 체력단련실, 샤워시설 또는 목욕시설(건물 등의 구조를 변경하여 해당시설을 취득하는 경우를 포함함)
⑤ 종업원의 건강관리를 위해 의료법에 따라 개설한 부속 의료기관
⑥ 영유아보육법에 따른 직장어린이집

(5) 중소기업의 사업용 소프트웨어

중소기업이 해당 업종의 사업에 직접 사용하는 소프트웨어에 투자하는 경우에는 본 조의 세액공제를 적용한다. 다만, 다음 어느 하나에 해당하는 것은 제외한다(시행규칙 제12조 제3항 제7호).

① 인사, 급여, 회계 및 재무 등 지원업무에 사용하는 소프트웨어
② 문서, 도표 및 발표용 자료 작성 등 일반 사무에 사용하는 소프트웨어
③ 컴퓨터 등의 구동을 위한 기본운영체제 소프트웨어

5) 주의사항

(1) 사후관리

① 사후관리 사유

가. 투자완료일부터 2년(기획재정부령으로 정하는 건물과 구축물[*1]의 경우에는 5년, 신성장사업화시설 또는 국가전략기술사업화시설 중 해당 기술을 사용하여 생산하는 제품 외에 다른 제품의 생산에도 사용되는 시설은 투자완료일이 속하는 과세연도의 다음 3개 과세연도의 면료일까지의 기간)이 지나기 전에 해당 자산을 처분한 경우

나. 그 자산을 다른 목적으로 전용하는 경우(임대를 포함) 다음에 해당하는 경우 그 기간이 끝나는 날에 그 시설을 다른 목적으로 전용한 것으로 본다.

> ㉠ 신성장사업화시설의 경우 : 투자완료일(투자완료일이 2022년 4월 1일 이전인 경우에는 2022년 4월 1일)부터 투자완료일이 속하는 과세연도의 다음 3개 과세연도의 종료일까지의 기간 동안 해당 시설에서 생산된 모든 제품의 총생산량에서 신성장·원천기술을 사용하여 생산한 제품과 국가전략기술을 사용하여 생산한 제품의 생산량의 합이 차지하는 비율이 50% 이하인 경우
> ㉡ 국가전략기술사업화시설의 경우 : 투자완료일(투자완료일이 2022년 4월 1일 이전인 경우에는 2022년 4월 1일)부터 투자완료일이 속하는 과세연도의 다음 3개 과세연도의 종료일까지의 기간 동안 해당 시설에서 생산된 모든 제품의 총생산량에서 국가전략기술을 사용하여 생산한 제품의 생산량이 차지하는 비율이 50% 이하인 경우

② 추가납부 금액

세액공제액 상당액에 **이자상당액**[*2]을 가산하여 법인세 또는 소득세를 납부해야한다. 이 경우 해당 세액은 소득세 또는 법인세에 따라 납부해야 할 세액으로 본다.

단, 위 사후관리사유에 나.에 따라 다른 목적으로 전용한 것으로 보는 경우 다음의 금액을 세액공제액 상당액으로 본다.

> ㉠ **신성장사업화시설의 경우** : 공제받은 세액공제액 - 해당 시설이 신성장사업화시설 또는 국가전략기술사업화시설이 아닌 시설(일반시설)인 경우에 공제받을 수 있는 세액공제액
> ㉡ **국가전략기술사업화시설의 경우** : 공제받은 세액공제액 - 해당 시설이 일반시설인 경우에 공제받을 수 있는 세액공제액(해당 시설에서 생산된 모든 제품의 총생산량에서 신성장·원천기술을 사용하여 생산한 제품과 국가전략기술을 사용하여 생산한 제품의 생산량의 합이 차지하는 비율이 50%를 초과하는 경우에는 신성장사업화시설로서 공제받을 수 있는 세액공제액)

*1 기획재정부령으로 정하는 건물과 구축물이란 :
  - 근로자 복지 증진시설
  - 유통산업합리화시설 중 창고시설 등
  - 숙박시설, 전문휴양시설(골프장 시설 제외), 종합유원시설업의 시설

*2 이자상당액 :
  1일당 22/100,000을 하여 계산한 금액

(2) 종전투자세액공제와 같이 수도권 과밀억제권역에 대한 투자는 제외하며 예외적인 사항들이 있으므로 별도로 법령 확인 할 것 (조특법 제130조)

① 1989년 이전부터 과밀억제권역에서 계속 사업을 경영하는 경우와 1990년 이후 수도권과밀억제권역에서 창업 또는 이전 설치하는 중소기업의 경우 증설투자에 대해서는 통합투자세액공제를 적용하지 아니한다(대체투자는 가능).
② 수도권과밀억제권역 내에 소재하는 산업단지 또는 공업지역의 경우 투자세액공제 가능
③ 디지털장비, 전기통신설비, 에너지절약시설, 환경보전시설 등 특정한 자산의 투자는 세액공제 가능

(3) 농어촌특별세 과세

(4) 중복지원의 배제

동일한 투자자산에 대해서 투자세액공제 중복적용 되지 않으며, 여러 개의 자산이 있는 경우 자산별로 투자세액공제를 달리 적용할 수 있다.

(5) 최저한세

통합투자세액공제는 최저한세 규정을 적용받아 특례범위가 제한됨 주의.

(6) 세액공제액의 이월공제

해당 과세연도에 납부할 세액이 없거나 최저한세 규정을 적용받아 해당 과세연도에 공제받지 못한 금액이 있는 경우에는 해당 과세연도의 다음 과세연도 개시일로부터 10년 이내에 종료하는 각 과세연도에 이월하여 공제받을 수 있다.

(7) 세액공제 신청

통합투자세액공제를 적용받으려는 자는 해당 과세연도의 과세표준신고서와 함께 세액공제 신청서를 납세지 관할 세무서장에게 제출해야한다.

6) 관련 예규 및 판례

(1) 생산성향상시설 투자세액공제 대상 금액 산정방법

내국법인이 생산성향상시설에 투자한 금액에 대한 세액공제를 적용함에 있어 시운전기간중에 발생한 비용이 있는 경우 해당 시운전비용에서 시운전기간중에 발생한 매출액은 차감하여 투자금액을 계산함(기준-2021-법령해석법인-0005, 2021.04.20.).

(2) 단순히 법령상 설치의무로 인한 공사금액의 지출은 환경보전시설에 대한 투자세액공제 대상이 아님

영리성 없이 단순히 법령상 설치의무가 있는 자에 의한 환경보전시설의 설치는 투자에 해당하지 않으므로 환경보전시설 투자세액공제대상에 해당하지 않음(서울행정법원2018구합74259, 2020.01.09.).

(3) 스무디 제조머신 등의 중소기업 등 투자세액공제 대상 사업용자산 해당 여부

음식점업을 영위하는 중소기업이 해당 사업에 직접 사용하기 위하여 투자하는 스무디 제조머신, 커피머신 및 제빙기는 중소기업 등 투자세액공제 대상

사업용자산에 해당하나, 테이블 및 의자는 사업용자산에 해당하지 않음(사전-2016-법령해석법인-0150, 2017.01.12.).

(4) 본사 이전 직원에게 주거용으로 제공하는 오피스텔의 근로자복지증진 시설투자 세액공제 대상 여부

무주택 종업원에게 상시 주거용으로 임대하거나 종업원용 기숙사로 사용하는 국민주택 규모 이하의 오피스텔은 근로복지 증진을 위한 시설투자 세액공제 대상에 해당(사전-2015-법령해석법인-0048, 2016.04.06.)

(5) 태양광 발전시설의 통합투자세액공제 적용 여부

내국법인이 전기료 절감을 목적으로 태양광 발전설비에 투자하는 경우「조세특례제한법」제24에 따른 통합투자세액공제를 적용받을 수 없는 것임(사전-2021-법령해석법인-1785, 2021.12.29.).

(6) 금형의 통합투자세액공제 적용 제외 자산 여부

금형은「조세특례제한법」제24조 제1호 가목 단서 및 같은 법 시행규칙 별표1 제1호에 따른 공구에 포함되지 않는 것임(서면-2022-법규법인-0355, 2022.04.07.).

(7) 기계장치를 취득한 경우 통합투자세액공제 적용대상 투자금액 산정방법

내국법인이 기계설비를 수입하거나 매매계약에 의해 매입함에 따라「조세특례제한법」제24조의 통합투자세액공제를 적용하는 경우 같은 법 시행령 제23조 제14항에 따른 투자의 개시시기가 속하는 과세연도부터 투자 완료일이 속하는 과세연도까지 같은 법 시행령 제21조 제7항에 따라 산정한 투자금액을 같은 법 제24조 제1항 제2호 가목 및 나목에 따른 '해당 과세연도에 투자한 금액'으로 보는 것이며, 투자가 완료된 경우에는 투자가 완료된 과세연도에 지출되지 아니한 금액 전부를 투자완료일이 속하는 과세연도에 투자한 금액으로 보는 것임(서면-2023-법규법인-4013, 2024.07.25.).

7) 관련 서식

■ 조세특례제한법 시행규칙[별지 제8호의9 서식] 〈개정 2024.03.22.〉

통합투자세액공제신청서

※ 뒤쪽의 작성방법을 읽고 작성해 주시기 바랍니다. (앞쪽)

접수번호		접수일		처리기간	즉시

① 신청인	① 상호 또는 법인명		② 사업자등록번호	
	③ 대표자 성명		④ 생년월일	
	⑤ 주소 또는 본점소재지			
		(전화번호:)		

② 과세연도	년 월 일부터 년 월 일까지
③ 신성장사업화시설, 국가전략기술사업화시설 인정 신청 여부	여[ ], 부[ ] 미신청 투자금액 합계
④ 신성장사업화시설, 국가전략기술사업화시설 인정 여부	여[ ], 부[ ] 미인정 투자금액 합계
⑤ 임시 투자 세액공제율 적용 여부	여[ ], 부[ ]
⑥ 해당 과세연도 투자분에 대한 공제세액 (=㉑ + ㉘)	

가. 2개 이상의 과세연도에 걸쳐서 이루어지는 투자금액(=⑰)

				작업진행률에 의한 투자금액 계산					
⑦ 투자 종류	⑧ 해당기술 사용 제품 외의 제품 생산에 사용되는 여부	⑨ 총 투자 예정 금액	⑩ 해당 과세연도 말까지 실제 지출한 금액	⑪ 해당 과세 연도말 총투자 누적액	⑫ 총 투자 예정비	⑬ 진행률 (⑪/⑫)	⑭ 진행률에 의한 투자금액 (⑨×⑬)	⑮ 누적투자 대상금액 (⑩와⑭ 중 큰 금액)	⑯ 해당 과세연도 이전 과세연도 까지의 누적투자 대상금액	⑰ 투자 금액 (⑮-⑯)
계										

나. 그 외 투자금액(=⑱)

투자종류		⑱ 투자금액
일반시설		
신성장사업화시설	⑧이 '여'인 시설	
	⑧이 '부'인 시설	
국가전략기술사업화시설	⑧이 '여'인 시설	
	⑧이 '부'인 시설	
계		

다. 기본공제금액(=㉑)

투자종류		⑲ 공제대상 투자금액 (=⑰+⑱)	⑳ 공제율	㉑ 기본공제금액 (=⑲×⑳)
일반시설			1%, 5%, 10% (3%, 7%, 12%)	
신성장 사업화시설	⑧이 '여'인 시설		3%, 6%, 12% (6%, 10%, 18%)	
	⑧이 '부'인 시설			
국가전략기술 사업화시설	⑧이 '여'인 시설		8%, 8%, 16% (15%, 15%, 25%)	
	⑧이 '부'인 시설			
합계				

210mm× 297mm[백상지 80g/㎡ 또는 중질지 80g/㎡]

(뒤쪽)

라. 추가공제금액(=㉖)

투자종류		㉒ 공제대상 투자금액 (=⑲)	㉓ 직전 3년 연 평균 투자 또는 취득금액	㉔ 초과액 (=㉒-㉓)	㉕ 공제율	㉖ 추가공제금액 Min[(㉔×㉕), (㉑×2)]
일반시설					3%(10%)	
신성장 사업화시설	⑧이 '여'인 시설				3%(10%)	
	⑧이 '부'인 시설					
국가전략기술 사업화시설	⑧이 '여'인 시설				4%(10%)	
	⑧이 '부'인 시설					
합계						

「조세특례제한법 시행령」 제21조제13항에 따라 위와 같이 세액공제신청서를 제출합니다.

년   월   일

신청인   (서명 또는 인)

세무서장 귀하

작 성 방 법

※ 「조세특례제한법」 제24조에 따른 통합투자세액공제는 2021.1.1. 이후 과세표준을 신고하는 분부터 적용 가능하며 해당 세액공제를 신청한 경우 구「조세특례제한법」(2021. 1. 1. 법률 제17759호로 개정되기 전의 것) 제5조, 제25조, 제25조의4, 제25조의5 및 제25조의7(이하 "종전세액공제규정"이라 한다)은 중복으로 적용받을 수 없습니다.

1. ⑤ 임시 투자 세액공제율 적용 여부란: 「조세특례제한법」 제24조제1항3호를 적용받는 경우에는 "여", 그렇지 않은 경우에는 "부"를 적습니다.
2. ⑦ 투자종류란: 일반시설 투자금액, 신성장사업화시설 투자금액 및 국가전략기술사업화시설 투자금액으로 구분하여 작성하며, 신성장사업화시설은 「조세특례제한법 시행규칙」 별표 6에 따른 신성장·원천기술을 사업화하는 시설로서 연구개발세액공제기술심의위원회의 심의를 거쳐 기획재정부장관과 산업통상자원부장관이 공동으로 인정하는 공제대상 자산을 말하며, 국가전략기술사업화시설은 「조세특례제한법 시행규칙」 별표 6의2에 따른 국가전략기술을 사업화하는 시설로서 연구개발세액공제기술심의위원회 심의를 거쳐 기획재정부·산업통상자원부장관이 공동으로 인정하는 공제대상 자산을 말합니다.
3. ⑧ 해당기술 사용 제품 외의 제품생산에 사용되는 여부란: 해당시설이 해당기술을 사용하여 생산하는 제품 외에 다른 제품의 생산에도 사용되는 시설인 경우에는 "여", 그렇지 않은 경우에는 "부"를 적습니다.
4. ⑬ 진행률란은 「법인세법 시행령」 제69조제1항에 따라 해당 과세연도말까지 발생한 총투자누적액이 총투자예정비에서 차지하는 비율로 계산합니다.
5. ⑮ 누적투자 대상금액란: ⑭란의 해당 과세연도말까지 실제 지출한 금액과 ⑬란의 진행률에 의한 투자금액 중 큰 금액을 적고, ⑯ 해당 과세연도 이전 과세연도까지의 누적투자 대상금액란은 해당 과세연도 이전 과세연도까지의 실제지출한 금액과 해당 과세연도 이전 과세연도까지의 작업진행률에 따라 계산한 투자금액 중 큰 금액을 적습니다.
6. ⑰ 공제대상 투자금액란 ⑰ 2개 이상의 과세연도에 걸쳐서 이루어지는 투자금액과 그 외 투자금액의 합계액을 적습니다.
7. ⑳ 공제율 중 일반시설란 및 신성장사업화시설란의 괄호 안의 공제율은 2023년 12월 31일이 속하는 과세연도에 투자한 금액에 대하여 적용되는 공제율을 말하며, ⑳ 공제율란 중 국가전략기술사업화시설란의 괄호 안의 공제율은 2023년 1월 1일 이후 국가전략기술사업화시설에 투자한 금액에 대하여 적용되는 공제율을 말합니다.
8. ㉒ 공제대상 투자금액란: ⑲ 공제대상 투자금액란을 그대로 옮겨 적습니다.
9. ㉓ 직전 3년 연 평균 투자 또는 취득금액란: [(해당 과세연도 개시일부터 소급하여 3년간 투자한 금액의 합계÷3) × (해당 과세연도의 개월 수÷12)]로 계산하며 투자금액이 최초로 발생한 과세연도 개시일부터 해당 과세연도 개시일까지의 기간이 36개월 미만인 경우 그 기간에 투자한 금액의 합계액을 36개월로 환산하여 계산한 금액을 적습니다.
10. ㉕ 공제율란의 괄호 안의 공제율은 2023년 12월 31일이 속하는 과세연도에 투자한 금액에 대하여 적용되는 공제율을 말합니다.
11. ㉖ 추가공제금액란의 추가공제금액은 ㉔의 초과액의 합계액에 대해 적용하며 ㉑ 기본공제금액의 2배를 초과할 수 없습니다.

210mm × 297mm[백상지 80g/㎡ 또는 중질지 80g/㎡]

V. 고용지원 주요 세액공제

01 고용지원 주요 조세특례

조세특례제한법에서는 기업의 직원고용을 지원하기 위해 조세정책적 목적하에 각종 주요 세액공제 및 과세특례를 규정하고 있다. 주요 조세특례는 다음과 같다.

1. 산업수요 맞춤형 고등학교 등 졸업자를 병역 이행 후 복직시킨 기업에 대한 세액공제 : 조세특례제한법 제29조의2(일몰)
2. 경력단절 여성 고용 기업 등에 대한 세액공제 : 조세특례제한법 제29조의3(일몰)
3. **근로소득을 증대시킨 기업에 대한 세액공제 : 조세특례제한법 제29조의4**
4. 청년 고용을 증대시킨 기업에 대한 세액공제 : 조세특례제한법 제29조의5(일몰)
5. 중소기업 청년 근로자 및 핵심인력 성과보상기금 수령액에 대한 소득세 감면 : 조세특례제한법 제29조의6
6. **고용을 증대시킨 기업에 대한 세액공제 : 조세특례제한법 제29조의7**
7. **통합고용세액공제: 조세특례제한법 제29조의 8(신설)**
8. 중소기업 취업자에 대한 소득세 감면 : 조세특례제한법 제30조
9. ~~정규직 근로자로의 전환에 따른 세액공제 : 조세특례제한법 제30조의 2(삭제)~~
10. 고용유지 중소기업 등에 대한 과세특례 : 조세특례제한법 제30조의3
11. **중소기업 사회보험료 세액공제 : 조세특례제한법 제30조의4**

02 근로소득을 증대시킨 기업에 대한 세액공제 (조특법 제29조의4)

1. 일반 근로소득 증대 세액공제

1) 의의

중소기업 또는 중견기업[1]이 2025년 12월 31일이 속하는 과세연도까지의 기간 중 해당연도 평균임금증가율이 직전 3년간 평균임금 증가율의 평균보다 큰 경우로서 상시근로자가 감소하지 않은 경우에는 일정 금액을 해당 과세연도의 소득세(사업소득에 대한 소득세만 해당한다) 또는 법인세에서 공제한다. 다만, 창업 및 휴업 등의 사유로 직전 3년 평균임금 증가율의 평균을 계산할 수 없는 경우에는 적용하지 아니한다.

2) 세액공제 요건

(1) 세액공제 대상 요건

① 상시근로자의 해당 과세연도의 평균임금 증가율이 직전 3개 과세연도의 평균임금 증가율의 평균보다 클 것

② 해당 과세연도의 상시근로자 수가 직전 과세연도의 상시근로자 수보다 크거나 같을 것

(2) 상시근로자의 범위

① 상시근로자란 : 근로기준법에 따라 근로계약을 체결한 내국인 근로자

---

[1] 다음의 요건을 모두 갖춘 기업(조특령 제4조)
① 중소기업이 아닐 것,
② 공공기관 및 지방공기업이 아닐 것.
③ 소비성서비스업, 금융업, 보험 및 연금업, 금융 및 보험 관련 서비스업을 주된 사업으로 영위하지 아니할 것. 이 경우 둘 이상의 서로 다른 사업을 영위하는 경우에는 사업별 사업수입금액이 큰 사업을 주된 사업으로 본다.
④ 소유와 경영의 실질적인 독립성이 「중견기업 성장촉진 및 경쟁력 강화에 관한 특별법 시행령」 제2조 제2항 제1호에 적합할 것
⑤ 직전 3개 과세연도의 매출액(과세연도가 1년 미만인 과세연도의 매출액은 1년으로 환산한 매출액을 말한다)의 평균금액이 3천억원 미만인 기업일 것.

② 상시근로자 배제대상 :

　가. 「법인세법 시행령」 제40조 제1항 각 호의 어느 하나에 해당하는 임원[2]

　나. 「소득세법」 제20조 제1항 제1호[3] 및 제2호[4]에 따른 근로소득의 금액의 합계액(비과세 소득의 금액은 제외한다)이 7천만 원 이상인 근로자

> ※ 근로제공기간이 1년 미만인 상시근로자가 있는 경우에는 해당 상시근로자의 근로소득의 금액을 해당 과세연도 근무제공월수로 나눈 금액에 12를 곱하여 산출한 금액을 해당 상시근로자의 근로소득의 금액으로 본다.

　다. 기획재정부령으로 정하는 해당 기업의 최대주주 또는 최대출자자(개인사업자의 경우에는 대표자를 말한다) 및 그와 「국세기본법 시행령」 제1조의2 제1항에 따른 친족관계인 근로자

> ● 최대주주 또는 최대출자자의 범위
> - 해당 법인에 대한 직접보유비율이 가장 높은 자가 개인인 경우에는 그 개인
> - 해당 법인에 대한 직접보유비율이 가장 높은 자가 법인인 경우에는 해당 법인에 대한 직접보유비율과 「국제조세조정에 관한 법률 시행령」 제2조 제3항을 준용하여 계산한 간접소유비율을 합하여 계산한 비율이 가장 높은 개인

　라. 「소득세법 시행령」 제196조에 따른 근로소득원천징수부에 의하여 근로소득세를 원천징수한 사실이 확인되지 아니하는 근로자

　마. 근로계약기간이 1년 미만인 근로자
　　→ 근로계약의 연속된 갱신으로 인하여 그 근로계약의 총 기간이 1년 이상인 근로자는 제외한다

　바. 「근로기준법」 제2조 제1항 제9호에 따른 단시간근로자
　　→ 1개월간의 소정근로시간이 60시간 이상인 근로자는 상시근로자로 본다.

---

[2] 1. 법인의 회장, 사장, 부사장, 이사장, 대표이사, 전무이사 및 상무이사 등 이사회의 구성원 전원과 청산인
　2. 합명회사, 합자회사 및 유한회사의 업무집행사원 또는 이사
　3. 유한책임회사의 업무집행자
　4. 감사
　5. 그 밖에 제1호부터 제4호까지의 규정에 준하는 직무에 종사하는 자
[3] 근로를 제공함으로써 받는 봉급·급료·보수·세비·임금·상여·수당과 이와 유사한 성질의 급여
[4] 법인의 주주총회·사원총회 또는 이에 준하는 의결기관의 결의에 따라 상여로 받는 소득

③ 중도퇴사자 및 신규입사자 (조특령 제26의4 제10항)

  가. 중도퇴사자 등 : 세액공제를 받으려는 과세연도의 종료일 전 5년 이내의 기간 중에 퇴사 하거나 상시근로자 배제대상에 해당하게 된 근로자가 있는 경우에는 상시근로자수 및 평균임금을 계산할 때 해당 근로자를 제외하고 계산한다.(서식의 '1. 상시근로자 수 계산', '2. 평균임금 계산' 작성시 적용)

  나. 신규입사자 : 세액공제를 받으려는 과세연도의 종료일 전 5년 이내의 기간 중에 입사한 근로자가 있는 경우에는 해당 근로자가 입사한 과세연도의 평균임금 증가율을 계산할때 해당근로자를 제외하고 계산한다.(서식의 '3. 각 과세연도별 입사자 제외시 평균임금 계산' 작성시 적용)
  (※ 2023년 귀속의 경우 2019.01.01.~2023.12.31. 기간 퇴사자 및 입사자를 의미한다.)

3) 과세특례 내용

  (1) 공제율

  직전 3년 평균 초과 임금증가분의 20%(중견기업의 경우에는 10%)[5])에 상당하는 금액을 해당 과세연도의 소득세(사업소득에 대한 소득세만 해당한다) 또는 법인세에서 공제한다.

  (2) 직전 3년 평균 초과 임금증가분

  [해당 과세연도 상시근로자의 평균임금 - 직전 과세연도 상시근로자의 평균임금 × (1 + 직전 3년 평균임금 증가율의 평균)] × 직전 과세연도 상시근로자 수

  (3) 상시근로자 수(100분의 1 미만 절사)

  $$\frac{\text{해당 과세연도의 매월 말 현재 상시근로자 수의 합}}{\text{해당 과세연도의 개월 수}}$$

  (4) 평균임금(1천원 이하 절사)

  $$\frac{\text{해당 과세연도 상시근로자의 임금의 합계}}{\text{해당 과세연도의 상시근로자 수}}$$

---

5) 2022년까지 대기업 5% 적용

(5) 평균임금 증가율(1만분의 1 미만 절사)

$$\frac{해당\ 과세연도\ 평균임금\ -\ 직전\ 과세연도\ 평균임금}{직전\ 과세연도\ 평균임금}$$

(6) 직전 3년 평균임금 증가율의 평균(1만분의 1 미만은 절사하며 직전 2년 또는 직전 3년 과세연도 평균임금 증가율이 음수인 경우에는 영으로 본다)

(직전 과세연도 평균임금 증가율 + 직전 2년 과세연도 평균임금 증가율 + 직전 3년 과세연도 평균임금 증가율) ÷ 3

※ 직전 과세연도의 평균임금 증가율이 음수 또는 직전 3년 평균임금 증가율의 평균(양수인 경우로 한정)의 30% 미만인 경우 다음 각호와 같이 계산한다.

1. 평균임금

$$\frac{해당\ 과세연도\ 평균임금 + 직전\ 과세연도\ 평균임금}{2}$$

2. 평균임금 증가율

$$\frac{제1호에\ 따른\ 평균임금 - 직전\ 2년\ 과세연도\ 평균임금}{직전\ 2년\ 과세연도\ 평균임금}$$

3. 직전 3년 평균임금 증가율의 평균(직전 2년 또는 직전 3년 과세연도 평균임금 증가율이 음수인 경우에는 각각 영으로 본다)

$$\frac{직전\ 2년\ 과세연도\ 평균임금\ 증가율\ +\ 직전\ 3년\ 과세연도\ 평균임금\ 증가율}{2}$$

4. 직전 3년 평균 초과 임금증가분
[제1호에 따른 평균임금 - 직전 2년 과세연도 상시근로자의 평균임금 × (1 + 직전 3년 평균임금 증가율의 평균)] × 직전 과세연도 상시근로자 수

※ 창업 및 휴업 등의 사유로 직전 3년 평균임금 증가율의 평균을 계산할 수 없는 경우에는 근로소득증대 세액공제를 적용하지 아니한다

(7) 중소기업 특례

중소기업이 다음의 요건을 모두 충족하는 경우에는 2025년 12월 31일이 속하는 과세연도까지 전체 중소기업의 평균임금증가분을 초과하는 임금증가분의 20%에 상당하는 금액을 위(1)에 따른 금액(직전 3년 평균 초과 임금증가분에 공제율을 곱한 금액) 대신 해당 과세연도의 소득세(사업소득에 대한 소득세만 해당한다) 또는 법인세에서 공제할 수 있다.

① 상시근로자의 해당 과세연도의 평균임금 증가율이 전체 중소기업 임금증가율(3.2%)[6] 보다 클 것
② 해당 과세연도의 상시근로자 수가 직전 과세연도의 상시근로자 수보다 크거나 같을 것
③ 직전 과세연도의 평균임금 증가율이 음수가 아닐 것

2. 정규직전환근로자 근로소득증대 세액공제

1) 의의

중소기업 또는 중견기업이 2025년 12월 31일이 속하는 과세연도까지 근로기간 및 근로형태 등의 요건을 충족하는 정규직 전환 근로자에 대한 임금증가분 합계액의 일정 금액을 해당 과세연도의 소득세(사업소득에 대한 소득세만 해당한다) 또는 법인세에서 공제한다.

---

[6] 전체 중소기업 임금증가율
    2023년 이후 : 3.2%
    2022년 : 3%
    2021년 이전 : 3.8%

2) 세액공제 요건

(1) 세액공제 대상 요건

① 해당 과세연도에 정규직 전환 근로자가 있을 것
② 해당 과세연도의 상시근로자 수가 직전 과세연도의 상시근로자 수보다 크거나 같을 것

(2) 정규직 전환 근로자

「근로기준법」에 따라 근로계약을 체결한 근로자로서 다음의 요건을 모두 갖춘 자

① 직전 과세연도 개시일부터 해당 과세연도 종료일까지 계속하여 근무한 자로서 「소득세법 시행령」 제196조의 근로소득원천징수부에 따라 매월분의 근로소득세를 원천징수한 사실이 확인될 것

② 해당 과세연도 중에 비정규직 근로자(「기간제 및 단시간근로자 보호 등에 관한 법률」에 따른 기간제근로자 또는 단시간근로자를 말한다)에서 비정규직 근로자가 아닌 근로자로 전환하였을 것

③ 직전 과세연도 또는 해당 과세연도 중에 일반 상시근로자 근로소득 세액공제의 상시근로자 배제사유 중 '가~다'에 해당하는 자가 아닐 것(임원, 7천만원 이상 근로자, 최대주주 및 그의 친족)

3) 과세특례 내용

(1) 공제율

정규직 전환 근로자에 대한 임금증가분 합계액의 20%(중견기업의 경우에는 10%)에 상당하는 금액을 해당 과세연도의 소득세(사업소득에 대한 소득세만 해당한다) 또는 법인세에서 공제한다.

(2) 정규직 전환 근로자의 임금 증가분 합계액

정규직 전환 근로자의 해당 과세연도 임금 합계액 - 직전 과세연도 임금 합계액

(3) 과세연도가 1년 미만인 경우

직전 과세연도 또는 해당 과세연도의 기간이 1년 미만인 경우에는 근로소득 금액의 합계액을 그 과세연도의 월수(1월 미만의 일수는 1월로 한다)로 나눈 금액에 12를 곱하여 산출한 금액을 근로소득금액으로 본다.

※ 2024년 시행령 개정시 1년미만 근로자의 근로소득금액만을 환산하고 평균임금은 환산대상에서 제외하는 내용이 포함되었다.(2024.2.29. 이후 신고분부터 적용)

4) 사후관리

공제를 받은 과세연도 종료일부터 1년이 되는 날이 속하는 과세연도의 종료일까지의 기간 중 정규직 전환 근로자와의 근로관계를 종료하는 경우에는 근로관계가 종료한 날이 속하는 과세연도의 과세표준신고를 할 때 다음의 금액을 소득세 또는 법인세로 납부하여야 한다.

공제받은 세액 × (공제받은 과세연도의 정규직 전환 근로자 중 근로관계를 종료한 근로자 수 ÷ 공제받은 과세연도의 정규직 전환 근로자 수)

5) 근로소득증대 세액공제 실무 계산 사례

〈사례1〉 입사자 및 퇴사자 없음_1년 미만 근로자 없음_중소기업특례

구분	주1) 연도	주2)대상근로자		
		급여	인원 수	평균임금
당기	2024	110,000	2	55,000
직전 1년	2023	92,000	2	46,000
직전 2년	2022	80,000	2	40,000
직전 3년	2021	64,000	2	32,000
직전 4년	2020	60,000	2	30,000

공통 : 소수점 기준 등(법26-4) : 인원수는 100분의 1 미만 절사, 평균임금은 천원 이하 생략, 평균임금증가율은 1만분의 1 미만 생략

주1) - 상시근로자수가 전년보다 크거나 같아야 한다.
 - 4개연도 분석되어야 하므로 2020.12.31이전 개업자야 한다.

주2) 다음의 사람은 세액공제 대상 상시근로자에 포함되지 않는다.

1. 임원
2. 근로소득이 7천만원 이상
3. 최대주주 또는 최대출자자(개인사업은 대표자) 및 그와 국세기본법의 친족관계
4. 근로계약기간이 1년 미만인 근로자(계약의 연속된 갱신으로 총 기간이 1년 이상인 근로자는 제외)
5. 「근로기준법」 제2조 제1항 제9호에 따른 단시간근로자

■ 조세특례제한법 시행규칙 [별지 제10호의3서식] <개정 2023. 6. 7.>

근로소득 증대 기업에 대한 세액공제신청서

(앞쪽)

① 신청인	① 상호 또는 법인명		② 사업자등록번호	
	③ 대표자 성명		④ 생년월일	
	⑤ 주소 또는 본점소재지			
			(전화번호 :)	

② 과세연도	년 월 일부터 년 월 일까지

③ 세액공제액 계산내용

가. 세제지원 요건 : ㉗ > ㉛ 또는 ㉞ > ㉟ 이고, ⑧ ≥ ⑨ 이어야 함

1. 상시근로자 수 계산(퇴사자 등 제외, 입사자 포함)

	상시근로자 수 (=⑥/⑦)	⑥ 과세연도 매월 말 현재 상시근로자 수의 합	⑦ 과세연도 개월 수
⑧ 해당 과세연도 상시근로자 수	2	24	12
⑨ 직전 과세연도 상시근로자 수	2	24	12
⑩ 직전 2년 과세연도 상시근로자 수	2	24	12
⑪ 직전 3년 과세연도 상시근로자 수	2	24	12
⑫ 직전 4년 과세연도 상시근로자 수	2	24	12

2. 평균임금 계산(일반적인 경우: ㉘이 양수이면서 ㉛의 30% 이상인 경우) (퇴사자 등 제외, 입사자 포함)

	평균임금(=⑬/⑭)	⑬ 상시근로자 임금의 합계	⑭ 상시근로자 수(=⑧~⑫)
⑮ 해당 과세연도 평균임금	55,000,000	110,000,000	2
⑯ 직전 과세연도 평균임금	46,000,000	92,000,000	2
⑰ 직전 2년 과세연도 평균임금	40,000,000	80,000,000	2
⑱ 직전 3년 과세연도 평균임금	32,000,000	64,000,000	2
⑲ 직전 4년 과세연도 평균임금	30,000,000	60,000,000	2

3. 각 과세연도별 입사자 제외시 **평균임금 계산**(일반적인 경우: ㉘이 양수이면서 ㉛의 30% 이상인 경우)

	평균임금(=⑳/㉑)	⑳ 상시근로자 임금의 합계	㉑ 상시근로자 수
㉒ 해당 과세연도 평균임금	55,000,000	110,000,000	2
㉓ 직전 과세연도 평균임금	46,000,000	92,000,000	2
㉔ 직전 2년 과세연도 평균임금	40,000,000	80,000,000	2
㉕ 직전 3년 과세연도 평균임금	32,000,000	64,000,000	2
㉖ 직전 4년 과세연도 평균임금	30,000,000	60,000,000	2

4. 평균임금 증가율(일반적인 경우: ㉘이 양수이면서 ㉛의 30% 이상인 경우)

㉗ 해당 과세연도 평균임금 증가율[=(⑮-⑯)/⑯]	0.1956
㉘ 직전 과세연도 평균임금 증가율[=(⑯-⑰)/⑰]	0.1500
㉙ 직전 2년 과세연도 평균임금 증가율[=(⑰-⑱)/⑱]	0.2500
㉚ 직전 3년 과세연도 평균임금 증가율[=(⑱-⑲)/⑲]	0.0666

5. 직전 3년 평균임금 증가율의 평균(일반적인 경우: ㉘이 양수이면서 ㉛의 30% 이상인 경우)[㉛=(㉘+㉙+㉚)/3]	0.1555
6. 직전 3년 평균 초과 임금증가분[㉜={⑮-⑯×(1+㉛)}×⑨]	3,694,000

7. ㉘이 음수이거나, ㉘이 양수이지만 ㉛의 30% 미만인 경우 ⑮, ㉗, ㉛, ㉜의 계산 특례

㉝ 해당 과세연도 평균임금[=(⑮+⑯)/2]	
㉞ 해당 과세연도 평균임금 증가율[{=(㉝-⑰)/⑰}]	
㉟ 직전 3년 평균임금 증가율의 평균[=(㉙+㉚)/2]	
㊱ 직전 3년 평균 초과 임금증가분[=(㉝-⑰×(1+㉟)}×⑨]	

나. 세제지원 요건 : 중소기업의 경우 ㉗ > 3.2%이며, ⑧ ≥ ⑨ 이고, ㉘ ≥ 0 인 경우에 적용됨

㊲ 중소기업 계산특례[={⑮-⑯×(1+3.2%)}×⑨]	15,056,000
④ 세액공제액[{(㉜ 또는 ㊱) × 세액공제율(중소기업은 20%, 중견기업은 10%)}, ㊲에 해당하는 중소기업의 경우 ㊲ × 20%]	3,011,200

V. 고용지원을 위한 조세특례

사례2 입사자 및 퇴사자 포함_1년미만근로자 없음_중소기업특례 적용

구분	연도	세액공제대상 근로자					
		① 전체 급여		주1)② 각연도별 신규입사자		주2)③ 퇴사자	
		급여	인원수	급여	인원수	급여	인원수
당기	2024	280,000	5	10,000	1	0	
직전 1년	2023	223,000	5	33,000	1	30,000	1
직전 2년	2022	180,000	4			40,000	1
직전 3년	2021	164,000	4			38,000	1
직전 4년	2020	160,000	4			35,200	1

주1) 각연도별 신규입사자는 서식 "3"에서 제외함.
주2) 2023년도 퇴사자는 그 이전 검토대상 전체기간(2020~2023) 상시근로자에서 제외함(법26-4 ⑩). 서식 "1"과 "2"에서 제외함.

2024		2023		2022		2021		2020	
근로자	급여	근로자	급여	근로자	급여	근로자	급여	근로자	급여
A	80,000	A	60,000	A	50,000	A	45,000	A	45,000
B	75,000	B	50,000	B	45,000	B	40,000	B	40,000
C	75,000	C	50,000	C	45,000	C	41,000	C	39,800
		D (10월 퇴사)	30,000	D	40,000	D	38,000	D	35,200
E	40,000	E(1월 입사)	33,000						
F(1월 입사)	10,000								
합계	280,000		223,000		180,000		164,000		160,000

※ 퇴사자의 경우 1년 미만 근로와 상관없이 평균임금 계산시 받은 총임금을 제외하기 때문에 환산하지 않는다. 반면 입사자의 경우에는 1년 미만근로자에 대해서는 평균임금 계산시 받은 임금을 연환산하여 계산한다.
2024.02.29. 시행령 개정으로 평균임금 계산시 1년 미만 근로자에 대한 임금을 연환산하지 않는다.

V. 고용지원을 위한 조세특례

■ 조세특례제한법 시행규칙 [별지 제10호의3 서식]

근로소득 증대 기업에 대한 세액공제신청서

(앞쪽)

① 신청인	① 상호 또는 법인명		② 사업자등록번호	
	③ 대표자 성명		④ 생년월일	
	⑤ 주소 또는 본점소재지			
			(전화번호 :	)

② 과세연도	년 월 일부터 년 월 일까지

③ 세액공제액 계산내용

가. 세제지원 요건 : ㉗ 〉㉛ 또는 ㉞ 〉㉟ 이고, ⑧ ≥ ⑨이어야 함

1. 상시근로자 수 계산(퇴사자 등 제외, 입사자 포함)

상시근로자 수(=⑥/⑦)		⑥ 과세연도 매월 말 현재 상시근로자 수의 합	⑦ 과세연도 개월 수
⑧ 해당 과세연도 상시근로자 수	5	60	12
⑨ 직전 과세연도 상시근로자 수	4	48	12
⑩ 직전 2년 과세연도 상시근로자 수	3	36	12
⑪ 직전 3년 과세연도 상시근로자 수	3	36	12
⑫ 직전 4년 과세연도 상시근로자 수	3	36	12

2. 평균임금 계산(일반적인 경우: ㉘이 양수이면서 ㉛의 30% 이상인 경우) (퇴사자 등 제외, 입사자 포함)

평균임금(=⑬/⑭)		⑬ 상시근로자 임금의 합계	⑭ 상시근로자 수(=⑧~⑫)
⑮ 해당 과세연도 평균임금	56,000,000	280,000,000	5
⑯ 직전 과세연도 평균임금	48,250,000	193,000,000	4
⑰ 직전 2년 과세연도 평균임금	46,666,000	140,000,000	3
⑱ 직전 3년 과세연도 평균임금	42,000,000	126,000,000	3
⑲ 직전 4년 과세연도 평균임금	41,600,000	124,800,000	3

3. 각 과세연도별 입사자 제외시 평균임금 계산(일반적인 경우: ㉘이 양수이면서 ㉛의 30% 이상인 경우)

평균임금(=⑳/㉑)		⑳ 상시근로자 임금의 합계	㉑ 상시근로자 수
㉒ 해당 과세연도 평균임금	67,500,000	270,000,000	4
㉓ 직전 과세연도 평균임금	53,333,000	160,000,000	3
㉔ 직전 2년 과세연도 평균임금	46,666,000	140,000,000	3
㉕ 직전 3년 과세연도 평균임금	42,000,000	126,000,000	3
㉖ 직전 4년 과세연도 평균임금	41,600,000	124,800,000	3

4. 평균임금 증가율(일반적인 경우: ㉘이 양수이면서 ㉛의 30% 이상인 경우)

㉗ 해당 과세연도 평균임금 증가율[=(⑮-⑯)/⑯]	0.3989
㉘ 직전 과세연도 평균임금 증가율[=(⑯-⑰)/⑰]	0.1428
㉙ 직전 2년 과세연도 평균임금 증가율[=(⑰-⑱)/⑱]	0.1110
㉚ 직전 3년 과세연도 평균임금 증가율[=(⑱-⑲)/⑲]	0.0096

5. 직전 3년 평균임금 증가율의 평균(일반적인 경우: ㉘이 양수이면서 ㉛의 30% 이상인 경우)[㉛=(㉘+㉙+㉚)/3]	0.0878
6. 직전 3년 평균 초과 임금증가분[㉜=(⑮-⑯×(1+㉛))×⑭]	14,054,600

7. ㉘이 음수이거나, ㉘이 양수이지만 ㉛의 30% 미만인 경우 ⑮,㉗,㉛,㉜의 계산 특례

㉝ 해당 과세연도 평균임금[=(⑮+⑯)/2]	
㉞ 해당 과세연도 평균임금 증가율[=(⑮-㉝)/㉝]	
㉟ 직전 3년 평균임금 증가율의 평균[=(⑯+㉛)/2]	
㊱ 직전 3년 평균 초과 임금증가분[=(⑮-㉝×(1+㉟))×⑭]	

나. 세제지원 요건 : 중소기업의 경우 ㉗ 〉3.2%이며, ⑧ ≥ ⑨ 이고, ㉜ ≥ 0 인 경우에 적용됨

㊲ 중소기업 계산특례[=⑮-⑯×(1+3.2%)×⑭]	24,824,000

④ 세액공제액[(㉜ 또는 ㊱) × 세액공제(중소기업은 20%, 중견기업은 10%), ㊲에 해당하는 중소기업의 경우 ㊲ × 20%]	4,964,800

사례3 입사자 및 퇴사자 포함_1년미만근로자 있음_직전연도 평균임금증가율 음수인 경우 특례

구분	연도	세액공제대상 근로자					
		①전체 급여		주1)②각연도별 신규입사자		주2) ③퇴사자	
		급여	인원수	급여	인원수	급여	인원수
당기	2024	280,000	5	10,000	1	0	
직전 1년	2023	197,000	5	38,000	1	30,000	1
직전 2년	2022	180,000	4			40,000	1
직전 3년	2021	164,000	4			38,000	1
직전 4년	2020	160,000	4			35,200	1

주1) 각연도별 신규입사자는 서식 "3"에서 제외함.

주2) 2023년도 퇴사자는 그 이전 검토대상 전체기간(2020~2023) 상시근로자에서 제외함(법26-4 ⑩). 서식 "1"과 "2"에서 제외함.

2024		2023		2022		2021		2020	
근로자	급여	근로자	급여	근로자	급여	근로자	급여	근로자	급여
A	80,000	A	45,000	A	50,000	A	45,000	A	45,000
B	75,000	B	44,000	B	45,000	B	40,000	B	40,000
C	75,000	C	40,000	C	45,000	C	41,000	C	39,800
		D (10월 퇴사)	30,000	D	40,000	D	38,000	D	35,200
E	40,000	E (3월 입사)	38,000						

V. 고용지원을 위한 조세특례

2024		2023		2022		2021		2020	
근로자	급여	근로자	급여	근로자	급여	근로자	급여	근로자	급여
F(1월 입사)	10,000								
합계	280,000		197,000		180,000		164,000		160,000

※ 근로자 E의 경우 1년 미만 근로자이므로 평균임금 계산시에 임금을 연환산하여 계산하는 반면, 근로자 F의 경우 1월 입사이므로 평균임금 계산시 연환산하지 않는다.
2024.02.29. 시행령 개정으로 평균임금 계산시 1년 미만 근로자에 대한 임금을 연환산하지 않는다.

> ● 참고
> 1. 근로제공기간이 1년 미만인 경우
>   평균임금을 계산할 때 해당 과세연도의 근로제공기간이 1년 미만인 상시근로자가 있는 경우에는 해당 상시근로자의 근로소득의 금액을 해당 과세연도 근무제공월수로 나눈 금액에 12를 곱하여 산출한 금액을 해당 상시근로자의 근로소득의 금액으로 본다.
>   ※ 2024년 시행령 개정시 1년 미만 근로자의 근로소득금액만을 환산하고 평균임금은 환산대상에서 제외하는 내용이 포함되었다.(2024.02.29. 이후 신고분부터 적용)
>
> 2. 세무사랑 등 프로그램 사용시 주의할점
>   - 급여 미지급시 프로그램상 상시근로자 수에서 빠지는 지 여부 확인
>   - 출산휴가자의 경우 급여미지급이라도 상시근로자수 포함
>   - 육아휴직자의 경우 4대보험 미납부이면 상시근로자수에서 제외

■ 조세특례제한법 시행규칙 [별지 제10호의3 서식]

근로소득 증대 기업에 대한 세액공제신청서

(앞쪽)

① 신청인	① 상호 또는 법인명		② 사업자등록번호	
	③ 대표자 성명		④ 생년월일	
	⑤ 주소 또는 본점소재지			
			(전화번호 :	)

② 과세연도   　년　월　일부터　　년　월　일까지

③ 세액공제액 계산내용

가. 세제지원 요건 : ㉗)㉛ 또는 ㉜)㉟ 이고, ㉘ ≥ ⑯이어야 함

1. 상시근로자 수 계산(퇴사자 등 제외)

상시근로자 수(=⑥/⑦)		⑥ 과세연도 매월 말 현재 상시근로자 수의 합	⑦ 과세연도 개월 수
⑧ 해당 과세연도 상시근로자 수	5	60	12
⑨ 직전 과세연도 상시근로자 수	3.83	46	12
⑩ 직전 2년 과세연도 상시근로자 수	3	36	12
⑪ 직전 3년 과세연도 상시근로자 수	3	36	12
⑫ 직전 4년 과세연도 상시근로자 수	3	36	12

2. 평균임금 계산(일반적인 경우: ㉘이 양수이면서 ㉛의 30% 이상인 경우)(퇴사자 등 제외)

평균임금(=⑬/⑭)		⑬ 상시근로자 임금의 합계	⑭ 상시근로자 수(=⑥-⑧)
⑮ 해당 과세연도 평균임금	56,000,000	280,000,000	5
⑯ 직전 과세연도 평균임금	43,603,000	167,000,000(환산×)	3.83(환산×)
⑰ 직전 2년 과세연도 평균임금	46,666,000	140,000,000	3
⑱ 직전 3년 과세연도 평균임금	42,000,000	126,000,000	3
⑲ 직전 4년 과세연도 평균임금	41,600,000	124,800,000	3

3. 각 과세연도별 입사자 제외시 평균임금 계산(일반적인 경우: ㉘이 양수이면서 ㉛의 30% 이상인 경우)

평균임금(=㉑/㉒)		㉑ 상시근로자 임금의 합계	㉒ 상시근로자 수
⑳ 해당 과세연도 평균임금	67,500,000	270,000,000	4
㉓ 직전 과세연도 평균임금	43,000,000	129,000,000	3
㉔ 직전 2년 과세연도 평균임금	46,666,000	140,000,000	3
㉕ 직전 3년 과세연도 평균임금	42,000,000	126,000,000	3
㉖ 직전 4년 과세연도 평균임금	41,600,000	124,800,000	3

4. 평균임금 증가율(일반적인 경우: ㉘이 양수이면서 ㉛의 30% 이상인 경우)

㉗ 해당 과세연도 평균임금 증가율[=(⑮-⑯)/⑯]	0.5480
㉘ 직전 과세연도 평균임금 증가율[=(⑯-⑰)/⑰]	-0.0785
㉙ 직전 2년 과세연도 평균임금 증가율[=(⑰-⑱)/⑱]	0.1110
㉚ 직전 3년 과세연도 평균임금 증가율[=(⑱-⑲)/⑲]	0.0096

5. 직전 3년 평균임금 증가율의 평균(일반적인 경우: ㉘이 양수이면서 ㉛의 30% 이상인 경우)[㉛=(㉘+㉙+㉚)/3]

6. 직전 3년 평균 초과 임금증가분[㉜=(⑮-⑯×(1+㉛))×⑭]

7. ㉘이 음수이거나, ㉘이 양수이지만 ㉛의 30% 미만인 경우 ⑮,㉗,㉛,㉜의 계산 특례

㉝ 해당 과세연도 평균임금[=(⑮+⑯)/2]	49,801,000
㉞ 해당 과세연도 평균임금 증가율[=(⑮-㉝)/㉝]	0.0671
㉟ 직전 3년 평균임금 증가율의 평균[=(㉙+㉚)/2]	0.0603
㊱ 직전 3년 평균 초과 임금증가분[=(⑮-㉝×(1+㉟))×⑭]	1,229,583

나. 세제지원 요건 : 중소기업의 경우 ㉗)3.2%이며, ㉘ ≥ ⑯ 이고, ㉜ ≥ 0 인 경우에 적용됨

㊲ 중소기업 계산특례[=(⑮-⑯×(1+3.2%))×⑭]

④ 세액공제액[(㉜ 또는 ㊱) × 세액공제율(중소기업은 20%, 중견기업은 10%). ㊲에 해당하는 중소기업의 경우 ㊲ × 20%]   245,916

6) 주의사항

(1) 사후관리

정규직전환 근로자 근로소득 세액공제의 경우 1년 이내에 근로관계를 종료할 경우 공제받은 세액을 납부해야한다. 이 경우 가산세 및 가산이자는 적용되지 않는다.

(2) 농어촌특별세 과세

(3) 중복지원의 배제

동일한 과세연도에 본 조의 근로소득을 증대시킨 기업에 대한 세액공제와 조세특례제한법 제19조의 성과공유 중소기업에 대한 세액공제가 동시에 적용되는 경우에는 그 중 하나만을 선택하여 적용받을 수 있다. 그 외 모든 세액감면 및 세액공제와 중복 적용된다.

(4) 최저한세

근로소득증대세액공제는 최저한세 규정을 적용받아 특례범위가 제한됨 주의

(5) 세액공제액의 이월공제

본조의 세액공제가 당해 과세연도에 납부할 세액이 없거나 최저한세 규정을 적용 받아 당해 연도에 공제받지 못한 금액이 있는 경우에는 개정된 제144조에 따라 당해 과세연도의 다음 과세연도의 개시일부터 10년 내 종료하는 각 과세연도에 이월하여 공제받을 수 있다.

(6) 개인사업자의 경우 사업소득에 대한 소득세에서만 공제한다.

7) 관련 예규 및 판례

(1) 신규입사자가 근로제공기간이 1년 미만인 상시근로자에 해당하는지

해당 과세연도 중에 신규로 입사한 근로자가 「조세특례제한법 시행령」 제26

조의4 제2항에 따른 상시근로자로서 실제 근로를 제공한 경우에는 「조세특례제한법 시행령」 제26조의4 제9항에 따른 '근로제공기간이 1년 미만인 상시근로자'에 해당하는 것임(서면-2020-법인-4163, 2020.12.18.).

V. 고용지원을 위한 조세특례

8) 관련 서식

■ 조세특례제한법 시행규칙 [별지 제10호의3 서식] 〈개정 2024.03.22.〉

근로소득 증대 기업에 대한 세액공제신청서

(앞쪽)

신청인	① 상호 또는 법인명		② 사업자등록번호	
	③ 대표자 성명		④ 생년월일	
	⑤ 주소 또는 본점소재지		(전화번호:)	

● 과세연도   년 월 일부터   년 월 일까지

● 세액공제액 계산내용

가. 세제지원 요건: ㉮)㉰ 또는 ㉯)㉰ 이고, ㉱ ≥ ㉲이어야 함

1. 상시근로자 수 계산

상시근로자 수(=㉥/㉦)	⑥ 과세연도 매월 말 현재 상시근로자 수의 합	⑦ 과세연도 개월 수
⑧ 해당 과세연도 상시근로자 수		
⑨ 직전 과세연도 상시근로자 수		
⑩ 직전 2년 과세연도 상시근로자 수		
⑪ 직전 3년 과세연도 상시근로자 수		
⑫ 직전 4년 과세연도 상시근로자 수		

2. 평균임금 계산(일반적인 경우: ㉮이 양수이면서 ㉰의 30% 이상인 경우)

평균임금(=⑬/⑭)	⑬ 상시근로자 임금의 합계	⑭ 상시근로자 수(=⑧~⑫)
⑮ 해당 과세연도 평균임금		
⑯ 직전 과세연도 평균임금		
⑰ 직전 2년 과세연도 평균임금		
⑱ 직전 3년 과세연도 평균임금		
⑲ 직전 4년 과세연도 평균임금		

3. 각 과세연도별 입사자 제외시 평균임금 계산(일반적인 경우: ㉮이 양수이면서 ㉰의 30% 이상인 경우)

평균임금(=⑳/㉑)	⑳ 상시근로자 임금의 합계	㉑ 상시근로자 수
㉒ 해당 과세연도 평균임금		
㉓ 직전 과세연도 평균임금		
㉔ 직전 2년 과세연도 평균임금		
㉕ 직전 3년 과세연도 평균임금		
㉖ 직전 4년 과세연도 평균임금		

4. 평균임금 증가율(일반적인 경우: ㉮이 양수이면서 ㉰의 30% 이상인 경우)

㉮ 해당 과세연도 평균임금 증가율(=⑮-⑯)/⑯)	
㉯ 직전 과세연도 평균임금 증가율(=⑯-⑰)/⑰)	
㉰ 직전 2년 과세연도 평균임금 증가율(=⑰-⑱)/⑱)	
㉱ 직전 3년 과세연도 평균임금 증가율(=⑱-⑲)/⑲)	

5. 직전 3년 평균임금 증가율의 평균(일반적인 경우: ㉮이 양수이면서 ㉰의 30% 이상인 경우)[㉲=(㉯+㉰+㉱)/3]

6. 직전 3년 평균 초과 임금증가분(㉳=(⑮-⑯×(1+㉲)]×⑭)

7. ㉮이 음수이거나, ㉮이 양수이지만 ㉰의 30% 미만인 경우 ⑮,㉒,㉳,㉲의 계산 특례

㉴ 해당 과세연도 평균임금(=㉓+㉔)/2)	
㉵ 해당 과세연도 평균임금 증가율(=(㉒-㉴)/㉴)	
㉶ 직전 3년 평균임금 증가율의 평균(=㉯+㉰)/2)	
㉷ 직전 3년 평균 초과 임금증가분(=(㉒-㉴×(1+㉶))×㉑)	

나. 세제지원 요건: 중소기업의 경우 ㉮)3.2%이며, ㉱ ≥ ㉲ 이고, ㉳ ≥ 0 인 경우에 적용됨

㉸ 중소기업 계산특례(=(㉒-㉴×(1+3.7%))×㉑)	

● 세액공제액(㉳ 또는 ㉷) × 세액공제율(중소기업은 20%, 중견기업은 10%), ㉸에 해당하는 중소기업의 경우 ㉸ × 20%)

「조세특례제한법 시행령」 제26조의4제17항에 따라 위와 같이 근로소득 증대 기업에 대한 세액공제신청서를 제출합니다.

년 월 일

신청인   (서명 또는 인)

세무서장 귀하

210mm×297mm[백상지 80g/㎡ 또는 중질지 80g/㎡]

(뒤쪽)

작성방법

1. ①란부터 ③란까지의 "상시근로자 수"를 계산할 때 다음 각 목에 해당하는 자는 제외하고, 100분의 1 미만 부분은 없는 것으로 합니다.
  가. 「법인세법 시행령」 제40조제1항 각 호의 어느 하나에 해당하는 임원
  나. 「소득세법」 제20조제1항제1호 및 제2호에 따른 근로소득의 금액이 7천만원 이상인 근로자
  다. 해당 기업의 최대주주 또는 최대출자자(개인사업자의 경우에는 대표자를 말한다) 및 그와 「국세기본법 시행령」 제1조의2제1항에 따른 친족관계인 근로자
  라. 「소득세법 시행령」 제196조에 따른 근로소득원천징수부에 의하여 근로소득세를 원천징수한 사실이 확인되지 않는 근로자
  마. 근로계약기간이 1년 미만인 근로자(다만, 근로계약의 연속된 갱신으로 인하여 그 근로계약의 총 기간이 1년 이상인 근로자는 제외합니다)
  바. 「근로기준법」 제2조제1항제9호에 따른 단시간근로자
2. 해당 과세연도의 근로제공기간이 1년 미만인 상시근로자가 있는 경우에는 해당 근로자의 근로소득 금액을 해당 과세연도 근무제공 월수로 나눈 금액에 12를 곱하여 산출한 금액을 해당 근로자의 근로소득 금액으로 봅니다.
3. ①란 및 ③란의 "상시근로자 임금의 합계"를 계산할 때, 임금은 「소득세법」 제20조제1항제1호 및 제2호에 따른 소득의 합계액을 말합니다.
4. ⑥란부터 ⑩란까지, ⑪란부터 ⑬란까지 및 ⑮란의 "평균임금"을 계산할 때, 1천원 이하 부분은 없는 것으로 합니다.
5. ⑥란부터 ⑨란까지 및 ⑭란의 "평균임금 증가율"을 계산할 때, 1만분의 1 미만 부분은 없는 것으로 합니다.
6. ⑪란 및 ⑫란의 "직전 3년 평균임금 증가율의 평균"을 계산할 때, 1만분의 1 미만 부분은 없는 것으로 하고, ⑧란 또는 ⑨란의 값이 음수(負數)인 경우에는 영으로 보아 계산합니다.
7. 세액공제를 받으려는 과세연도의 종료일 전 5년 이내의 기간 중에 퇴사하거나 서로 제1호 각 목의 어느 하나에 해당하게 된 근로자가 있는 경우에는 상시근로자 수 및 평균임금을 계산할 때 해당 근로자를 제외하고 계산하며, 세액공제를 받으려는 과세연도의 종료일 전 5년 이내의 기간 중에 입사한 근로자가 있는 경우에는 해당 근로자가 입사한 과세연도의 평균임금 증가율을 계산할 때 해당 근로자를 제외하고 계산합니다.
8. 합병, 분할, 현물출자 또는 사업의 양수 등으로 인하여 종전의 사업부문에서 종사하던 상시근로자를 합병법인, 분할신설법인, 피출자법인 등이 승계하는 경우에는 해당 상시근로자는 종전부터 합병법인, 분할신설법인, 피출자법인 등에 근무한 것으로 봅니다.
9. 창업 및 휴업 등의 사유로 ⑪란 또는 ⑫란의 "직전 3년 평균임금 증가율의 평균"을 계산할 수 없는 경우에는 세액공제를 신청할 수 없습니다.

V. 고용지원을 위한 조세특례

03 고용을 증대시킨 기업에 대한 세액공제 (조특법 제29조의5)

※ 2023년 통합고용증대 세액공제가 신설되었으며 2023년, 2024년은 고용증대세액공제와 통합고용세액공제 중 선택적용이 가능하다.

※ 개정연혁

(1) 고용증대세액공제 신설

2018년부터 종전의 고용창출투자세액공제(제26조)와 청년고용증대세액공제(제29조의5)를 통합하여 투자와 관계없이 고용인원이 증가한 경우에 증가한 인원에 대하여 일정액을 세액공제 하는 고용증대세액공제가 신설되어 2018.01.01. 이후 개시하는 사업연도부터 적용하며, 세액공제 증가의 개정사항은 2019.01.01. 이후 신고분부터 적용한다.

(2) 2020년 개정사항

코로나19 등으로 어려움을 겪는 중소기업 및 중견기업을 지원하기위해 해당 공제를 받은 기업의 상시근로자수가 감소하는 경우에도, 고용을 유지한 것으로 간주하여 추가납부를 유예하며, 공제혜택을 계속 제공하도록 개정하였다.

(3) 2021년 개정사항

① 고용증대세액공제 제도의 적용기한 3년 연장(~2024.12.31.)

② 코로나19에 따른 계층별·지역별 고용 양극화 완화를 위해 수도권외기업의 청년·장애인 등 취업 취약계층 고용증가시 100만원 추가공제(단, 2021년~2022년 한시적용)

1) 의의

내국인(소비성 서비스업을 경영하는 내국인은 제외)의 2024.12.31.이 속하는 과세연도까지의 기간 중 해당 과세연도의 상시근로자 수가 직전 과세연도의 상시근로자 수보다 증가한 경우에는 일정 금액을 해당 과세연도와 해당 과세연도의 종료일부터 ~2년(중소기업 및 중견기업 : 2년, 일반기업 : 1년)이 되는 날이 속하는 과세연도까지의 소득세(사업소득에 대한 소득세만 해당) 또는 법인세에서 공제함.

2) 세액공제요건

(1) 세액공제 대상요건

① 내국인(소비성서비스업[*1] 등을 경영하는 내국인은 제외)일 것
② 2024.12.31.이 속하는 과세연도까지의 기간 중 해당 과세연도의 상시근로자의 수가 직전 과세연도의 상시근로자의 수보다 증가한 경우일 것

[*1] 소비성서비스업이란?
호텔업 및 여관업(단, 관광진흥법에 따른 관광숙박업은 제외함)
주점업(일반유흥주점업, 무도유흥주점업 및 식품위생법 시행령에 따른 단란주점 영업만 해당하되, 관광진흥법에 따른 외국인전용유흥음식점업 및 관광유흥음식점업은 제외함)
무도장 운영업, 기타 사행시설 관리 및 운영업(「관광진흥법」 제5조 또는 「폐광지역 개발 지원에 관한 특별법」 제11조에 따라 허가를 받은 카지노업은 제외한다), 유사 의료업 중 안마를 시술하는 업, 마사지업(조특칙 제17조 신설)

(2) 상시근로자의 범위

- **상시근로자란** : 근로기준법에 따라 근로계약을 체결한 내국인 근로자.

◉ 상시근로자 배제대상 :
1. 근로계약기간이 1년 미만인 근로자
   → 다만, 근로계약의 연속된 갱신으로 인하여 그 근로계약의 총 기간이 1년 이상인 근로자는 제외한다.
2. 「근로기준법」 제2조 제1항 제9호에 따른 단시간근로자.
   → 다만, 1개월간의 소정근로시간이 60시간 이상인 근로자는 상시근로자로 본다.
3. 다음의 어느 하나에 해당하는 임원
   ① 법인의 회장, 사장, 부사장, 이사장, 대표이사, 전무이사 및 상무이사 등 이사회의 구성원 전원과 청산인
   ② 합명회사, 합자회사 및 유한회사의 업무집행사원 또는 이사
   ③ 유한책임회사의 업무집행자

④ 감사

마. 그 밖에 가.부터 라.에 준하는 직무에 종사하는 자

4. 해당 기업의 최대주주 또는 최대출자자(개인사업자의 경우에는 대표자를 말한다)와 그 배우자

5. 제4호에 해당하는 자의 직계존비속(그 배우자를 포함한다) 및 「국세기본법 시행령」 제1조의2 제1항에 따른 친족관계인 사람

6. 「소득세법 시행령」 제196조에 따른 근로소득원천징수부에 의하여 근로소득세를 원천징수한 사실이 확인되지 아니하고, 다음 각 목의 어느 하나에 해당하는 금액의 납부사실도 확인되지 아니하는 자

   가. 「국민연금법」에 따른 부담금 및 기여금

   나. 「국민건강보험법」에 따른 직장가입자의 보험료

(3) 청년등 상시근로자란

① 15세 이상 29세 이하인 사람

단, 해당 근로자가 병역을 이행한 경우에는 그 기간(6년을 한도로 함)을 현재 연령에서 빼고 계산한 연령이 15세 이상 29세 이하인 사람

② 장애인복지법의 적용을 받는 장애인, 국가유공자 등 예우 및 지원에 관한 법률에 따른 상이자, 5·18민주화운동 부상자, 고엽제후유의증 환자로서 장애등급 판정을 받은자

③ 근로계약 체결일 현재 연령이 60세 이상인 사람

   ※ 단, 60세 이상인 고령자의 경우에는 2021.01.01.이후 개시하는 과세연도 분부터 적용한다.

(4) 근로자수의 계산 : 단, 0.01미만의 부분은 없는 것으로 한다.

① 상시근로자수 :

= 해당 과세연도의 매월 말 현재 상시근로자 수의 합/ 해당 과세 연도의 개월 수

② 청년 등 상시근로자수 :

= 해당 과세연도의 매월 말 현재 청년등 상시근로자 수의 합/ 해당 과세 연도의 개월 수

3) 세액공제 효과

(1) 세액공제 시기

해당 과세연도와 해당 과세연도의 종료일부터 1년(중소기업 및 중견기업의 경우에는 2년)이 되는 날이 속하는 과세연도까지의 소득세(사업소득에 대한 소득세만 해당한다) 또는 법인세에 공제

(2) 세액공제 금액 : ① + ②

① 청년 등 상시근로자의 증가한 인원수 × 공제액

중소기업	가. 수도권 내의 지역에서 증가한 경우: 1,100만 원 나. 수도권 밖의 지역에서 증가한 경우: 1,200만 원(1,300만 원 : 21~22년 한시적용)
중견기업	800만 원 단, 수도권 밖의 지역에서 증가한 경우 : 800만 원(900만 원 : 21~22년 한시적용)
일반기업	400만 원 단, 수도권 밖의 지역에서 증가한 경우 : 400만 원(500만 원 : 21~22년 한시적용)

② 청년 등 상시근로자 외의 상시근로자의 증가한 인원수 × 공제액

중소기업	가. 수도권 내의 지역에서 증가한 경우 : 700만 원 나. 수도권 밖의 지역에서 증가한 경우 : 770만 원
중견기업	450만 원
일반기업	없음(0원)

V. 고용지원을 위한 조세특례

※ 요약표

구 분	중소기업(3년간)		중견기업(3년간)		일반기업(2년간)	
	수도권	수도권외	수도권	수도권외	수도권	수도권외
청년·장애인 등	1,100만 원	1,200만 원 (1,300만 원)	800만 원	800만 원 (900만 원)	400만 원	400만 원 (500만 원)
일 반	700만 원	770만 원	450만 원	450만 원	-	-

4) 추가공제

(1) 추가공제사유

고용증대세액공제는 최초 공제를 받은 과세기간의 상시근로자 수가 유지 또는 증가하는 경우

(2) 추가공제효과

최초공제액을 중소, 중견기업은 3년간, 대기업은 2년간 연속하여 공제가 가능하다.

(3) 추가공제 배제

고용증대세액공제를 공제받은 내국인이 최초로 공제받은 과세연도의 종료일부터 2년이 되는 날이 속하는 과세연도 종료일까지의 기간 중

① 전체 상시근로자의 수가 최초로 공제를 받은 과세연도에 비하여 감소한 경우 : 감소한 과세연도부터 제①항 전체를 적용하지 않음.

② 청년 등 상시근로자의 수가 최초를 공제 받은 과세연도에 비하여 감소한 경우에는 : 감소한 과세연도부터 제①항 제1호를 적용하지 않음.

추가공제배제 요약표

구분	청년 등 감소 상시근로자 감소	청년 등 증가 상시근로자 감소	청년 등 감소 상시근로자 유지·증가	청년 등 유지·증가 상시근로자 유지·증가
청년 등 공제	×	×	△[*1]	○
청년 외 공제	×	×	○	○

*1 청년 등은 감소하였으나 상시근로자는 유지·증가한 경우 잔여기간 동안 청년 외 공제액을 적용하여 공제가 가능하다(기획재정부 조세특례제도과-214, 2023.03.06.).

5) 사후관리

(1) 사후관리 요건

고용증대세액공제를 받은 내국인이 공제 받은 과세연도의 종료일부터 2년이 되는 날이 속하는 과세연도의 종료일까지의 기간 중

① 전체 상시근로자의 수가 최초로 공제를 받은 과세연도에 비하여 감소한 경우

② 청년 등 상시근로자의 수가 최초로 공제를 받은 과세연도에 비하여 감소한 경우

∴ 다음의 산식에 따라 계산한 금액을 법인세 또는 소득세로 납부해야 한다.

※ 가산세 및 가산이자는 적용되지 않는다.

(2) 납부세액의 계산

① 최초로 공제받은 과세연도 종료일부터 1년이 되는 날이 속하는 과세연도 종료일까지 기간 중 전체 상시근로자 수 또는 청년등 상시근로자 수가 감소하는 경우

<u>한도 : 해당 과세연도의 직전 1년 이내의 과세연도에 법 제29조의7 제①항에 따라 공제받은 금액</u>

①-1) 전체 상시근로자 수가 감소하는 경우

> ㄱ. 청년등 상시근로자의 감소한 인원수가 전체상시근로자의 감소한 인원수 이상인 경우
> = 그 초과인원^{*1} × 청년등과 청년외 상시근로자 공제액 차이 + 상시근로자 감소인원 × 청년 등 공제액
> ^{*1} 그 초과인원 : 청년등 감소한 인원 - 상시근로자의 감소한 인원
> ※ 단, 청년 등 감소한 인원: 최초로 공제받은 과세연도의 청년 등 증가한 인원을 한도로 한다.
>
> ㄴ. 그 밖의 경우
> = 청년 등 감소인원^{*2} × 청년 등 세액공제 + 청년 외 감소인원^{*2} × 청년 외 세액공제
> ^{*2} 상시근로자의 감소한 인원수를 한도로 한다.

①-2) 전체 상시근로자 수는 감소하지 않으면서 청년등 상시근로자수가 감소한 경우

> = 청년 등 감소인원 ×(청년 등 세액공제- 청년외 세액공제)
> ※ 단, 청년 등 감소인원 : 최초 공제받은 연도의 청년 등 증가인원을 한도로 한다.

② ①에 따른 기간의 다음날부터 최초로 공제받은 과세연도의 종료일부터 2년이 되는 날이 속하는 과세연도 종료일까지 기간 중 전체 상시근로자 수 또는 청년 등 상시근로자 수가 감소하는 경우
<u>한도 : 해당 과세연도의 직전 2년 이내의 과세연도에 법 제29조의7 제①항에 따라 공제받은 금액의 합계</u>

②-1) 전체 상시근로자 수가 감소하는 경우

ㄱ. 청년등 상시근로자의 감소한 인원수가 전체상시근로자의 감소한 인원수 이상인 경우
= 그 초과인원[*1] × 청년 등과 청년 외 상시근로자 공제액 차이 × <u>직전 2년간 공제받은 횟수</u> + 상시근로자 감소인원 × 청년 등 공제액 × <u>직전 2년간 공제 받은 횟수</u>
[*1] 그 초과인원 : 청년 등 감소한 인원 - 상시근로자의 감소한 인원
※ 단, 청년 등 감소한 인원: 최초로 공제받은 과세연도의 청년등 증가한 인원을 한도로 한다.

ㄴ. 그 밖의 경우
= (청년 등 감소인원 × 청년 등 세액공제 + 청년 외 감소인원 × 청년 외 세액공제) × <u>직전 2년간 공제 받은 횟수</u>
※ 단, 청년 등과 청년 외 감소인원은 각각 상시근로자 감소인원을 한도로 한다.

②-2) 전체 상시근로자 수는 감소하지 않으면서 청년등 상시근로자수가 감소한 경우

= 청년 등 감소인원 ×(청년 등 세액공제- 청년 외 세액공제) × <u>직전 2년간 공제받은 횟수</u>
※ 단, 청년 등 감소인원: 최초 공제받은 연도의 청년 등 증가인원을 한도로 한다.

[참고] 고용증대 산식 요약표현(수도권내 중소기업을 가정)
- **세액공제**
  청년증가수(상시증가수한도) × 400 + 상시증가수 × 700
- **추가납부**(전제 : 당초공제금액 한도)
  사후관리 1차년도 : 청년감소수(당초공제인원 한도) × 400 + 상시감소수 × 700
  사후관리 2차년도 : {청년감소수(당초공제인원 한도, 1차년도 추가납부한 인원 차감) × 400 + 상시감소수 × 700(1차년도 추가납부한 인원 차감)} × 2
  - 위 산식은 저자가 유도한 산식으로 고용증대세액공제 검토시 사용하는 것을 권함.

(3) 사후관리요약

① 결국 고용증대세액공제는 최초 공제 후 2년간 청년, 상시인원이 증가유지되었다면 2년간 추가 공제하여 3차례까지 공제가 되며, 최초 공제 후 2년 이내에 청년상시인원이 감소 되었다면 추가공제 없이 감소인원에 대해서 기 공제받은 세액은 추가납부하여야 한다.

② 이때 추가납부세액의 계산은 1년 이내 감소와 동일한 방법으로 계산하되 다만 공제받은 횟수를 곱하여야 한다(대부분 2년).
또한 2년 연속으로 인원이 감소하였다면 2년차 추가납부세액 계산시 당해연도 추가납부세액에서 전년도 추가납부세액은 차감하여야 한다.

③ 사후관리에 의한 감소인원 계산시 공제받은 과세연도에 청년(29세 이하)이었으면 이후 과세 연도에도 청년(29세 이하)으로 보고 감소인원을 계산한다. 사후관리에서 전체 인원이 감소하지 않았는데 청년이 감소하였으면 납부세액이 있는지 검토하여야 한다.

④ 2020.01.07. 코로나19로 인한 고용위기 상황을 고려하여 고용 증가에 따른 고용증대세제를 적용받은 과세연도에 비해 2020년 고용이 감소하더라도 고용을 유지한 것으로 간주하여 사후관리에 의한 추가납부 제외하였으며, 21년에 19년 고용 수준 유지시 세액공제 혜택 지속 적용함.

⑤ 당초 청년 정규직 근로자였으나 → 추후 30세 이상이 되는 경우
직전 과세연도에 29세인 청년 정규직 근로자가 해당 과세연도에 30세 이상이 되는 경우 "청년 등 상시근로자 수" 계산시에는 포함하지 않고, 추징세액계산시에는 최초로 공제받은 과세연도에 청년 등 상시근로자에 해당한 자는 이후 과세연도에도 청년 등 상시근로자로 보아 청년 등 상시근로자수를 계산하는 것임(서면-2020-법인-6004, 2021.03.15.).

6) 코로나19로 인한 사후관리 유예 (2020 개정사항) 요약

(1) 2020.12.31. 한시적 사후관리 유예 (「조특법」 제29조의7 제5항)

고용증대세액공제를 받은 내국인이 2020.12.31.이 속하는 과세연도의 전체

상시근로자의 수 또는 청년등 상시근로자의 수가 최초로 공제받은 과세연도에 비하여 감소한 경우 감소한 과세연도부터 추가납부 적용. 다만, 2020년 12월 31일이 속하는 과세연도에 대해서는 추가납부를 적용하지 않는다.

ex) 즉, 2019년 고용증대세제를 적용받은 기업이 2020년 고용이 감소한 경우 2020년은 사후관리(공제받은 세액추징 + 잔여기간 공제 미적용)을 적용하지 않고 1년 유예한다.

(2) **2020년도 사후관리 유예받은 자가 2021년도 상시근로자수 감소하지 않은 경우**

- 사유 : ⑤항을 적용받은 내국인이 2021.12.31.이 속하는 과세연도의 전체 상시근로자수 또는 청년 등 상시근로자 수가 2019년에 비하여 감소하지 않은 경우
- 효과 : 2021년 12월 31일이 속하는 과세연도부터 최초로 공제받은 과세연도의 종료일부터 2년(중소기업 및 중견기업은 3년)이 되는 날이 속하는 과세연도까지 소득세 또는 법인세에서 공제함.

(3) **2020년도 사후관리 유예받은자가 2021년도에 추가공제를 받은 후 2022년 상시근로자수 또는 청년 등 수가 감소한 경우 사후관리**

- 사유 : ⑥항을 적용받은 내국인이 2022.12.31.이 속하는 과세연도의 전체 상시근로자수 또는 청년 등 상시근로자 수가 최초 공제받은 과세연도에 비하여 감소한 경우
- 효과 : 최초 공제받은 과세연도의 종료일부터 3년이 되는 날이 속하는 과세연도 종료일까지 사후관리

V. 고용지원을 위한 조세특례

7) 고용증대 세액공제 실무 계산 사례[7]

〈사례1〉

※ X1년 공제내역(수도권내 중소기업가정)

구분	'X0	'X1	증감	'X1 공제액 (만원)
상시전체	5	10	+5	
청년 등	3	6	+3	1,100 × 3명 = 3,300
청년 외	2	4	+2	700 × 2명 = 1,400
검산				3×400+5×700 = 4,700

case① 청년 등과 상시근로자 인원 증가한 경우

구분	'X1	'X2	증감	'X2 1차공제	'X1 2차공제[*2]	계산근거
상시전체	10	13	+3			
청년 등	6	10	+4 (한도3[*1])	3,300	3,300 추가공제	2021보다 청년증가
청년 외	4	3	△1	0	1,400 추가공제	2021보다 상시증가
검산				3×400+3×700 =3,300		

[*1] X2년 1차공제시 청년근로자의 증가 (4명)는 상시근로자 증가 (3명)를 한도로 우선 적용한다.

[*2] 청년 등과 전체상시근로자 수가 증가하였으므로 X1년도 공제액을 연속하여 공제한다.

---

[7] 배택현, 『조특법상 고용증대 세액공제』 사례 참조

case② 청년 등 감소 인원이 상시근로자 감소 인원을 초과하는 경우
☞ 그 초과인원*3 × 청년 등과 청년 외 상시근로자 공제액 차이 + 상시근로자 감소인원 × 청년 등 공제액

구분	'X1	'X2	증감	'X2 1차공제*2	'X1 2차공제*2	계산근거
상시전체	10	8	△2			
청년 등	6	2	△4 (한도: △3*1)	0	400 추가납부	1*3 × (1,100-700)
청년 외	4	6	+2	0	2,200 추가납부	2*4 × 1,100
검산					△3×400+△2 ×700=△2,600	

*1 X2년 1차공제시 청년근로자의 감소인원은 X1년 최초 공제받은 청년 증가인원 3명을 한도로 한다.

*2 청년등과 상시근로자 수가 감소하였으므로 X2년도 공제는 없으며 X1년도 세액공제에 대해 추가납부세액을 계산하여야 한다.

*3 {최초로 공제받은 과세연도 대비 청년등 상시근로자의 감소한 인원 수(최초로 공제받은 과세연도에 청년등 상시근로자의 증가한 인원수를 한도로 한다) - 상시근로자의 감소한 인원 수}

*4 상시근로자의 감소한 인원 수

case③ 청년 등 감소인원이 상시근로자 감소인원 보다 적은 경우
☞ 청년 등 감소인원 × 청년 등 세액공제 + 청년외 감소인원 × 청년외 세액공제

구분	'X1	'X2	증감	'X2 1차공제	'X1 2차공제	계산근거
상시전체	10	6	△4			
청년 등	6	4	△2	0	2,200 추가납부	2×1,100
청년 외	4	2	△2	0	1,400 추가납부	2×700
검산					△2×400+△4× 700=△3,600	

V. 고용지원을 위한 조세특례

case④ 청년 등 인원 감소하였으나 상시근로자 수가 증가한 경우
☞ 청년 등 감소인원 × (청년 등 세액공제 − 청년 외 세액공제)

구분	'X0	'X1	'X2	증감	'X2 1차공제	'X1 2차공제	계산근거
상시전체	5	10	14	+4			
청년 등	3	6	3	△3		1,200 추가납부	3×(1,100−700)
청년 외	2	4	11	+7	2,800	3,500 추가공제[*1]	5×700
검산					4×700 =2,800	△3×400 =△1,200 5×700=3,500	

[*1] 청년 등 상시근로자 수는 감소하였으나 전체 상시근로자 수는 유지·증가한 경우 잔여 공제연도에 대해서는 청년 외 공제액을 적용(기획재정부 조세특례제도과−214, 2023.03.06.)

● 기획재정부 조세특례제도과−214, 2023.03.06
내국인이 해당 과세연도의 청년 등 상시근로자 증가인원에 대해 「조세특례제한법」 제29조의7 제1항 제1호에 따른 세액공제를 적용받은 후 다음 과세연도에 청년 등 상시근로자의 수는 감소하였으나 전체 상시근로자의 수는 유지되는 경우, 잔여 공제연도에 대해서는 제29조의7 제1항 제2호의 공제액을 적용하여 공제가 가능함

case⑤ 청년 등 인원 증가하였으나 상시근로자 수가 감소한 경우

구분	'X1	'X2	증감	'X2 1차공제	'X1 2차공제	계산근거
상시전체	10	9	△1			
청년 등	6	8	+2	0		
청년 외	4	1	△3	0	700 추가납부	1×700
검산					△1×700=△700	

※ 청년증가 하였지만 상시근로자 감소하였으므로 X2년 공제 없으며, 추가공제도 하지 않는다.
※ 청년 외 근로자 감소 1명(상시근로자의 감소한 인원수 한도)에 대하여 추징한다.

⟨사례2⟩ X2년 공제내역

구분	'X0	'X1	'X2	증감 ('X2)	'X1 귀속 세액공제	'X2 귀속 세액공제	
					'X1 1차공제	'X1 2차공제	'X2 1차공제
상시전체	3	8	6	△2			
청년 등	2	5	5	-	3,300	0	0
청년 외	1	3	1	△2 (한도2)	1,400	1,400 추가납부	0
검산					3×400+5×700 =4,700	△2×700= △1,400	

- X1년 2차공제는 X2년에 X1년도와 비교하여 상시근로자 감소하였으므로 X1년 2차공제 없으며, 청년 외 3명 감소이지만 상시근로자 감소인원 2명을 한도로 하여 1400만원 추징하고 청년은 유지되었으므로 추가납부 세액 없다.

- X2년 상시근로자 감소하였으므로 X2년 1차공제는 없다.

⟨사례3⟩ 2020 개정(코로나19로 인한 사후관리 유예) 사례 : 2023년부터는 적용 케이스 없음
case① 2019년 대비 2020기준 청년 등 감소, 상시 인원 감소의 경우

구분	'18	'19	'20	증감 ('19)	증감 ('20)	'19 귀속 세액공제	'20 귀속 세액공제	
						'19 1차공제	'19 2차공제	'20 추징
상시전체	3	8	3	+5	-5			
청년 등	2	5	2	+3	-3	3,300	×	0
청년 외	1	3	1	+2	-2	1,400	×	0
검산						3×400+5×700=4,700		

- 2020년 기준 청년등 상시근로자수와 전체 상시근로자 수가 감소한 경우에도 사후관리 유예규정에 따라 2020년 귀속분은 세액을 추징하지 않고, 추가공제의 잔여기간공제 미적용함. 즉, 1년 유예를 적용함.

V. 고용지원을 위한 조세특례

case② 2019년 대비 2020기준 청년 등 감소 후 2021년 상시근로자수 증가한 경우

구분	'18	'19	'20	'21	'20 증감	'21 증감	'19 귀속 세액공제 '19 1차공제	'20 귀속 세액공제 '19 2차공제	'20 추징	'21 귀속 세액공제 '19 2차공제	'21 귀속 세액공제 '21 1차공제
상시전체	3	8(+5)	3	5(+2)	△5	△3					
청년 등	2	5(+3)	2	4(+2)	△3	△1	3,300	×	0	1,100 추가납부	2,200[*1]
청년 외	1	3(+2)	1	1(+0)	△2	△2	1,400	×	0	1,400 추가납부	0
검산			유예				3×400+ 5×700= 4,700	상시감소로 추가공제 없음	유예	△1×400 +△3× 700= △2,500	2×400 +2× 700= 2,200

- 2020년 기준 청년 등 상시근로자수와 전체 상시근로자 수가 감소한 경우에도 사후관리 유예규정에 따라 2020년 귀속분은 세액을 추징하지 않고, 추가공제의 잔여기간공제 미적용함. 즉, 1년 유예를 적용함
- 유예규정에 따라 <u>2019년 2차년도 계산시 2021년에 인원감소로 추가납부가 있는 경우 2020년 추가납부금액을 한도로 추가 납부한다.</u>

[주의] 서면-2022-법규법인-3938, 2023.09.05.
2018년 최초공제를 적용받은 경우로서 2020년보다 2021년 상시근로자 수가 더 많이 감소한 경우 2020년 추가납부세액을 한도로 추가납부하는 것임.

[*1] 2021년 1차공제의 경우 2020년 기준 청년 등 상시근로자 증가인원이 2명이기에 2명 × 1,100만원을 적용하여 공제 가능함.

〈사례4〉 개인기업이 법인전환하는 경우(X3.7.1. 법인 전환, 12월말 법인, 7.1 근로자 1명입사)

구분	'X1	'X2	'X3. 1.1.~6.30. 주1)	'X3. 7.1. ~12.31.	'X3 귀속 개인 세액공제		'X3 귀속 법인 세액공제
					'X3 1차공제	'X2 2차공제	'X3 1차공제
상시전체	6	8(2)	8	9(1)			
청년 등	5	6(1)	6	6(0)	0	1,100	0
청년 외	1	2(1)	2	3(1)	0	700	700
검산		1차공제 1×400+2 ×700=1,800				상시근로자 유지되었으므로 추가공제 가능	1×700=700

주1) 개인기업 법인전환시 조특령 제23조 제13항 2호에 해당하는 경우 직전연도 상시근로자 수에 대해서만 나와있고 해당연도 상시근로자 계산에 대해서 나와 있지 않기에 명확하지 않다. 따라서 전환일이 속하는 당해연도 상시근로자 계산에 있어 의견이 나뉘어진다.

즉, 법인전환에 있어 개인기업의 경우 상시근로자 계산시 전환일 이전까지의 월수로 나눌지 아니면 과세기간 월수인 12개월로 나눌지 의견이 있는데 이는 입법미비로 보여진다.

위 사례의 경우는 전환일 이전까지의 월수로 나누어 계산한 사례이다. (8×6)/6 = 8

- 개인의 경우 법인전환으로 승계되는 상시근로자는 감소된 상시근로자로 보지 않는 것으로 (서면-2020-법인-1813, 2020.07.23., 법인세과-766, 2012.12.11.) 상시근로자 수가 유지된 것으로 보아 X3년도 1차공제의 경우 X3년에 X2년과 비교하여 증가하지 않았으므로 1차공제는 없으며, X2년 2차공제 계산시 상시근로자 수 유지하였으므로 청년 1,100만원 + 청년 외 700만원 = 1,800만원 추가공제 적용한다.

- 법인의 경우 X3년 1차 공제의 경우 직전 사업연도의 상시근로자 수는 법인전환 전의 상시근로자 수(8명)로 하는 것(시행령 제27조의4 제7항 제2호)이며 X3년 1명 증가하였으므로 청년 외 700만원 공제한다.

V. 고용지원을 위한 조세특례

※ 법인으로 현물출자 전환시 고용증대 세액 공제 방법
고용증대세액공제 적용시 거주자가 하는 사업을 법인으로 전환하여 새로운 법인을 설립하는 경우 전환법인으로 승계되는 상시근로자는 감소된 상시근로자로 보지 아니함(서면-2020-법인-1813, 2020.07.23.).

※ 포괄양수도에 의한 법인전환
- 사업의 포괄양수도로 법인전환 후 상시근로자 수가 감소하는 경우 추가납부세액 계산 방법
개인사업자(2020년)일 때 「조세특례제한법」 제29조의7의 "고용을 증대시킨 기업에 대한 세액공제"를 최초 적용하고 다음 과세연도(2021년)에 같은 법 제32조 제1항에 따른 사업의 양도·양수 방법을 통하여 법인으로 전환하면서 종전 사업에서 종사하던 상시근로자를 승계함에 따라 같은 법 시행령 제23조 제13항 제3호를 적용하여 추가공제를 받은 내국법인이 그 다음 과세연도(2022년)의 상시근로자 수가 최초로 공제받은 과세연도(2020년)의 상시근로자 수보다 감소한 경우, 같은 법 시행령 제26조의7 제5항 제2호에 따라 감소한 상시근로자 수에 대해 직전 2년 이내의 과세연도에 공제받은 세액의 합계액을 법인세로 납부하는 것임(사전-2022-법규법인-1190, 2023.09.25.).
- 개인사업자 법인전환 시 이월공제 적용여부
조세특례제한법 제144조의 규정에 의한 이월세액이 있는 개인사업자가 같은법 제32조의 규정에 의한 사업양수도 방법으로 법인전환을 하는 경우 당해 이월세액은 개인사업자의 이월공제기간 내에 전환법인이 이를 승계하여 공제받을 수 있는 것임(법인세과-712, 2012.11.22.).

〈비교〉 포괄양수도가 아닌 경우(일반 승계)
- 사업양수로 종전사업을 승계한 경우 고용증대세액공제 등의 잔여기간 공제 적용 여부
거주자가 「조세특례제한법」 제29조의7에 따른 고용을 증대시킨 기업에 대한 세액공제 및 같은 법 제30조의4에 따른 중소기업 사회보험료 세액공제를 적용받은 후 영위하던 사업을 법인에 사업의 양수도를 통해 승계시킨 경우(포괄양수도는 아님) 해당 사업을 양수한 법인은 거주자의 잔여 공제연도에 대하여 고용증대세액공제 및 중소기업 사회보험료 세액공제를 승계하여 적용받을 수 없는 것임(사전-2023-법규법인-0149, 2023.06.27.).

⟨사례 5⟩ 공동사업장의 경우

case① 공동사업자 구성원 증가시(X2.1.1. 공동사업자 C 추가, 지분율 동일, 타사업장 없음, 근로자 전원 청년 외)

사업자	X0	X1	X2	△증감 (X1)	X1 1차공제	X1 환산	△증감 (X2)	X1 2차공제	X2 1차공제
A	1	3	3	2	1,400	2	1	1,400	700
B	1	3	3	2	1,400	2	1	1,400	700
C			3			2	1		700
합계	2	6	9	4	2,800	6		2,800	2,100

case② 공동사업자 구성원 감소시(X2.1.1. 공동사업자 C 탈퇴, 지분율 동일, 타사업장 없음, 근로자 전원 청년 외)

사업자	X0	X1	X2	△증감 (X1)	X1 1차공제	X1 환산	△증감 (X2)	X1 2차공제	X2 1차공제
A	1	2	4.5	1	700	3	1.5	700	1,050
B	1	2	4.5	1	700	3	1.5	700	1,050
C	1	2		1	700				
합계	3	6	9	3	2,100	6		1,400	2,100

- 공동사업자 구성원 증가시 직전연도 상시근로자 수를 공동사업자 지분별로 환산하여 당기공제, 추가공제 및 사후관리를 판단한다.

※ 공동사업장의 구성원이 증가한 경우 공동사업자의 고용증대세액공제 적용방법

고용증대세액공제를 적용함에 있어서 공동사업장의 공동사업자별 상시근로자 수는 같은 조 제2항에 따른 손익분배비율에 따라 계산하는 것이고, 공동사업자의 증가로 손익분배비율이 변경되는 경우에는 「조세특례제한법 시행령」 제23조 제13항 제3호 각 목 외의 부분에 따라 직전 또는 해당 과세연도의 상시근로자 수를 계산하는 것임(서면-2021-법규소득-8159, 2023.01.11.).

※ 2이상의 사업장을 영위하는 개인사업자의 고용증대 여부에 대한 판단

2이상의 사업장을 운영하는 개인사업자의 상시근로자 수의 증대 여부는 해당 사업자의 전체 사업장을 기준으로 판단하는 것임(사전-2019-법령해석소득-0119, 2019.05.22.).

V. 고용지원을 위한 조세특례

〈사례6〉 청년이 연령초과로 일반근로자로 된 경우[8]
자료 : 수도권에 있는 중소기업(X1년 1월에 창업)

(단위:백만원)

구분	연도별 상시근로자 수			X2 해당연도 조특법 29-7 적용				X1 해당연도 조특법 29-7 적용					
	①	②	③	'X2 1차		'X2 2차		⑤ 'X1, 1차		'X1, 2차		'X1, 3차	
	'X1	'X2	'X3	④증감 (②-①)	공제액	⑤증감 (③-②)	공제액	⑥증감 (①)	공제액	⑦증감 (②-①)	공제액	⑧증감 (③-①)	공제액
청년등	3	9	8[*1]	6	66	-1	주1)0	3	33	6	33	5	33
청년외	6	26	27[*1]	20	140	1	주2)182	6	42	20	42	21	42
전체	9	35	35	26				9		26		26	
공제 또는 납부액					206	0	182		75		75		75

[*1] X3년 1월에 청년 중 1명이 29세에서 30세가 되어 청년에서 청년 외로 변동

주1) 주2) X1년도에 청년이었으나 X3.1월부터 연령초과로 청년 외로 된 경우 잔여기간은 일반으로 공제함. X2년도 해당분은 1차는 청년으로 2차 3차는 일반으로 공제함. <u>나이에 의한 청년감소는 추가납부는 없음.</u>

---

[8] 김겸순 세무사 사례 참고

☞ **의문점** :
- 전체인원을 일반으로 공제하였으나 5명은 청년으로 1명은 일반으로 공제해야 합리적이라는 의견.
- 기재부 질문답변중 조특법 제29조의7 제1항 제1호의 공제(우대공제) 대상인 청년등상시근로자 고용증대 기업이 동법동조항 제2호의 공제(일반공제)를 선택하여 적용할 수 있는지 여부에 대하여 일반공제 선택 적용 가능하다고 했는바 처음 1차년도 공제시 전체인원을 선택인지 2년내(사후관리기간 중) 청년외로 될 사람만 선택인지 명확지 않음.

[저자주]
기재부 예규(기획재정부 조세특례제도과-214, 2023.03.06.)로 인해 당초 청년이 감소할 것을 예상하고 이후 청년감소에 따른 추가공제 미적용을 회피하기 위해 일부 청년을 청년외로 선택하여 공제를 받는 것에 대한 의견이 있으나 이는 예규를 잘못 이해하는 것으로 판단됨. 기재부 예규의 의미는 청년을 청년이 아닌 청년외근로자로 판단하는 것이 아니라 청년임에도 청년외의 공제금액(수도권내 중소기업의 경우 700만원)을 적용하여 계산하라는 것으로 판단되고 이후 청년과 청년외감소는 실질적 나이에 따른 청년과 청년외의 인원수를 기준으로 증감을 계산해야할 것으로 판단됨.

기획재정부 조세특례제도과-214, 2023.03.06.
내국인이 해당 과세연도의 청년 등 상시근로자 증가인원에 대해 「조세특례제한법」 제29조의7제1항 제1호에 따른 세액공제를 적용받은 후 다음 과세연도에 청년 등 상시근로자의 수는 감소(최초 과세연도에는 29세 이하였으나, 이후 과세연도에 30세 이상이 되어 청년 수가 감소하는 경우를 포함)하였으나 전체 상시근로자의 수는 유지되는 경우, 잔여 공제연도에 대해서는 제29조의7 제1항 제2호의 공제액을 적용하여 공제가 가능함.

V. 고용지원을 위한 조세특례

〈사례7〉 청년감소, 일반인 증가에 따른 고용증대세액공제 납부 또는 중단

자료 : 수도권에 있는 중소기업

구분	연도별 상시근로자 수			'X2 해당연도 조특법 29-7				'X1 해당연도 조특법 29-7 적용					
	①	②	③	'X2 1차		'X2 2차		⑤ 'X1, 1차		'X1, 2차		X1, 3차	
	'X1	X2	'X3	④증감 (②-①)	공제액	⑤증감 (③-②)	공제액	⑥증감 (①)	공제액	⑦증감 (②-①)	공제액	⑧증감 (③-①)	공제액
청년 등	3	6	7	3	33	1	주1)중단	3	33	3	33	4	33
청년 외	6	6	4	0	0	-2	주2)▲7	6	42	0	42	-2	주3)42
전체	9	12	11	3		-1		9		3		2	
공제 또는 납부액					33		▲7		75		75		75

주1) 주2) 조특법 29-7 ②에 의거 전체상시근로자가 감소하면 공제는 중단됨. 다만 청년은 감소가 없으므로 추가납부는 조특령 26-7⑤ 1호 가목 2)에 의거 일반인으로 7백만 원 납부함.

주3) 청년 외 일반인은 감소했어도 전체상시근로자가 감소하지 아니하면 계속 공제 가능함.

〈 추가공제배제 요약표 〉

구분	청년 등 감소 상시근로자 감소	청년 등 증가 상시근로자 감소	청년 등 감소 상시근로자 유지·증가	청년 등 유지·증가 상시근로자 유지·증가
청년 등 공제	×	×	△*1	○
청년 외 공제	×	×	○	○

*1 청년 등은 감소하였으나 상시근로자는 유지·증가한 경우 <u>잔여기간동안 청년 외 공제액을 적용하여 공제가 가능하다</u>(기획재정부 조세특례제도과-214, 2023.03.06.).

8) 관련 예규 및 판례

(1) 고용증대 세액공제 적용시 청년 정규직근로자 해당여부

직전 과세연도에 29세인 청년 정규직 근로자가 해당 과세연도에 30세 이상이 되는 경우 "청년등 상시근로자 수" 계산시는 포함하지 않고, 추징세액 계산시는 최초로 공제받은 과세연도에 청년등 상시근로자에 해당한 자는 이후 과세연도에도 청년등 상시근로자로 보아 청년등 상시근로자 수를 계산하는 것임(서면-2020-법인-6004, 2021.03.15.).

(2) 상시근로자의 수가 감소하고 다음해 다시 증가한 경우 '고용을 증대시킨 기업에 대한 세액공제' 대상인지 여부

조세특례제한법 제29조의7 제1항을 적용받던 중 전체 상시근로자의 수가 최초로 공제받은 과세연도에 비하여 감소하여 직전 과세연도 제2항에 의해 공제받은 세액에 상당하는 금액을 납부하였더라도, 당해 과세연도의 상시근로자의 수가 직전 과세연도보다 증가한 경우 제29조의7 제1항에 따라 별도로 공제가 가능한 것임(서면-2020-법인-5510, 2021.01.18.).

(3) 고용을 증대시킨 기업에 대한 세액공제 적용시 신규로 사업을 개시한 경우 상시근로자 수 계산 방법

신규로 사업을 개시한 개인사업자가 조세특례제한법 시행령 제26조의7 제7항에 따른 상시근로자수를 계산함에 있어 "해당 과세연도의 개월 수"는 소득세법 제5조에 따른 과세기간 개시일부터 과세기간 종료일까지의 개월 수를 의미하는 것임(서면-2020-법령해석소득-3817, 2020.12.31.).

(4) 고용을 증대시킨 기업에 대한 세액공제 대상에 해당하는지 여부

사업의 양수 또는 특수관계인으로부터 상시근로자를 승계하는 경우에 있어 승계한 기업의 직전 과세연도의 상시근로자 수는 조세특례제한법시행령 제23조 제13항 제3호에 따라 승계한 상시근로자 수를 포함하여 계산하는 것이며, 해당 과세연도의 상시근로자 수는 해당 과세연도 개시일에 상시근로자를 승계한 것으로 보아 계산하는 것임(서면-2020-법인-1569, 2020.12.24.).

(5) 기업유형이 변경된 경우의 고용증대세액공제 적용 방법

중소기업이 고용증대세액공제를 적용받은 후 다음 과세연도 이후에 중소기업에 해당하지 않더라도 공제세액 추징사유에 해당하지않는 경우 2년간 동일한 금액을 공제받을 수 있음(사전-2020-법령해석법인-1010, 2020.11.27.).

(6) 고용증대세액공제액 계산시 분할신설법인의 상시근로자 수 산출 방법

고용증대세액공제 적용에 있어 분할신설법인의 직전년도와 당해 연도 상시근로자 수 계산은 직전 과세연도의 상시근로자 수는 분할 시에 승계한 상시근로자 인원수만큼 상시근로자 수를 가산하여 분할 이전부터 근로하는 것으로 보아 계산하는 것이고, 해당 과세연도의 상시근로자 수는 승계한 상시근로자를 해당 과세연도 개시일 부터 근로한 것으로 보는 것임(서면-2020-법인-3242, 2020.10.29.).

(7) 고용을 증대시킨 기업에 대한 세액공제 사후관리 적용방법

고용을 증대시킨 기업에 대한 세액공제액 중 소득세 최저한세액에 미달하여 공제받지 못한 부분에 상당하는 금액을 이월한 후 상시근로자 수가 최초로 공제를 받은 과세연도에 비하여 감소한 경우 조특령 제26조의7 제5항 제1호에 따라 계산한 금액을 공제받은 세액을 한도로 소득세로 납부하고 나머지 금액은 이월된 세액공제액에서 차감하는 것임(사전-2020-법령해석소득-0478, 2020.10.21.).

(8) 상시근로자 수 계산 방법

근로계약기간이 1년 이상으로 조특령 제23조 제10항 각 호에 해당하지 않으면 상시근로자로 보며, 청년 정규직 근로자에 기간제근로자는 제외, 근로계약의 연속된 갱신으로 근로계약의 총 기간이 1년 이상인 경우 갱신일이 속하는 월부터 상시근로자에 포함, 1년 이상의 근로계약을 체결하고 근무하다가 육아휴직을 한 근로자의 상시근로자 여부는 사실 판단할 사항임(서면-2022-법인-2176, 2022.10.31.).

(9) 청년 등 상시근로자의 수는 감소하였으나 전체 상시근로자의 수는 유지되는 경우 추가공제

내국인이 해당 과세연도의 청년 등 상시근로자 증가인원에 대해 「조세특례제한법」 제29조의7 제1항 제1호에 따른 세액공제를 적용받은 후 다음 과세연도에 청년 등 상시근로자의 수는 감소하였으나 전체 상시근로자의 수는 유지되는 경우, 잔여 공제연도에 대해서는 제29조의7 제1항 제2호의 공제액을 적용하여 공제가 가능함(기획재정부 조세특례제도과-214, 2023.03.06.).

(10) 고용증대세액공제 적용 방법 (기획재정부 조세특례제도과-906, 2023.08.28.)

(질의1) 「조세특례제한법」 제29조의7 제1항 제1호의 공제(우대공제) 대상인 청년등상시근로자 고용증대 기업이 동법동조항 제2호의 공제(일반공제)를 선택하여 적용할 수 있는지 여부 : 일반공제 선택 적용 가능

(질의2) 사후관리 기간 중 청년 근로자 수는 감소하고, 그 외 근로자의 수는 증가하여 전체 근로자의 수는 증가 또는 유지한 경우, 잔여 공제기간에 대해 우대공제액이 아닌 일반공제액이 적용되는지 여부 : 잔여 기간에 대해 일반공제액 적용

(질의3) 일반공제만 신청하여 적용받은 후 '청년등상시근로자 수'와 '청년등상시근로자 외 상시근로자 수'가 모두 감소한 경우 추가 납부세액 계산방법 : 청년등상시근로자 감소인원에 대해서도 일반공제액 추가납부

(질의4) '18년 고용증대세액공제 적용 후 '20년 고용감소로 특례규정(「조세특례제한법」 제29조의7 제5항)에 따라 사후관리를 유예받았으나, '21년에 '20년보다 고용이 감소한 경우 추가납부세액 계산방법 : '20년에 납부하였어야 할 세액을 한도로 추가납부세액 계산

(11) "증가한 인원수 한도" 개정안 적용시점

[저자주]

2019.12.31. 개정된 「조세특례제한법」 제29조의7 제1항의 "증가한 상시근

로자의 인원 수를 한도로 한다"는 규정의 적용시점에 대하여 기획재정부는 2020.01.01. 이전 과세연도에도 적용된다고 해석하고 있으며(기획재정부 조세특례제도과-199, 2024.03.08.) 조세심판원은 2020.01.01. 이후 개시하는 과세연도분부터 적용되는 것(조심2024서4739, 2024.12.23., 조심2023부6839, 2023.07.21., 조심2023부443, 2023.05.17.)이라는 입장을 취하고 있어 현재 기재부의 해석과 조세심판원의 해석이 상충되고 있다.

* 조세심판원 해석 (조심2023부6839, 2023.07.21.)

2019사업연도 당시에는 쟁점규정에 "증가한 상시근로자의 인원 수를 한도로 한다"는 규정이 없었던 점, 2019.12.31. 법률 제16835호로 개정된 조특법의 부칙에서 개정된 쟁점규정에 대해 개별적용례를 규정하지 아니한 채 제1조(시행일)에서 "이 법은 2020년 1월 1일부터 시행한다"고 규정하였고, 제2조(일반적 적용례) 제1항에서 "이 법 중 소득세(양도소득세는 제외한다) 및 법인세에 관한 개정규정은 이 법 시행 이후 개시하는 과세연도분부터 적용한다"고 규정하고 있어 개정된 쟁점규정은 2020.01.01. 이후 개시하는 과세연도분부터 적용되는 것이고, 2019사업연도에 대해서도 적용하는 것으로 해석할 경우 소급과세금지의 원칙을 위배할 소지가 있는 점 등에 비추어 처분청이 쟁점세액공제와 관련하여 청구법인의 경정청구를 거부한 처분은 잘못이 있는 것으로 판단됨.

* 기획재정부 해석 (기획재정부 조세특례제도과-199, 2024.03.08.)

【질의】

「조세특례제한법」(2019.12.31. 법률 제16835호로 개정되기 전의 것) 제29조의7 제1항에 따른 고용증대세액공제 적용대상 인원 수 계산 시, 청년등 상시근로자 및 그 외 상시근로자의 증가한 인원 수 계산방법

〈제1안〉 전체 상시근로자의 증가한 인원 수 내에서 청년등 상시근로자 및 그 외 상시근로자의 증가한 인원 수 계산

〈제2안〉 청년등 상시근로자의 증가한 인원 수 및 그 외 상시근로자의 증가한 인원 수를 각각 계산

【회신】
귀 청 질의에 대하여 제1안이 타당함.

9) 주의사항

(1) 사후관리

소득세 또는 법인세를 공제받은 내국인이 공제를 받은 과세연도의 종료일부터 2년이 되는 날이 속하는 과세연도의 종료일까지의 기간 중 각 과세연도의 청년등 상시근로자 수 또는 전체상시근로자 수가 공제를 받은 과세연도보다 감소한 경우 추가공제를 적용하지 않고, 이미 공제받은 세액 (2년간)에 상당하는 금액을 소득세 또는 법인세로 납부하여야 한다. 이 경우 가산세 및 가산이자는 적용되지 않는다.

(2) 고용증대세액공제 효과

고용증대세액공제는 최초 공제 후 2년간 청년, 상시인원이 증가유지되었다면 2년간 추가 공제하여 3차례까지 공제가 되며, 최초 공제 후 2년 이내에 청년, 상시인원이 감소되었다면 추가공제 없이 감소인원에 대해서 기 공제받은 세액은 추가납부 하여야 한다.

이때 추가납부세액의 계산은 1년 이내 감소와 동일한 방법으로 계산하되 다만 공제받은 횟수를 곱하여야 한다(대부분 2년). 또한 2년 연속으로 인원이 감소하였다면 2년차 추가납부세액 계산시 당해 연도 추가납부세액에서 전년도 추가납부세액은 차감하여야 한다.

(3) 사후관리특례

사후관리에 의한 감소인원 계산시 공제받은 과세연도에 청년(29세 이하)이었으면 이후 과세연도에도 청년(29세 이하)으로 보고 감소인원을 계산한다.

따라서 사후관리에서 전체 인원이 감소하지 않았는데 청년이 감소하였으면 납부세액이 있는지 검토하여야 한다.

(4) 중복공제

원칙적으로 조세특례제한법상 세액공제와 세액감면은 중복적용이 허용되지 않지만, 고용증대세액공제의 경우 창업중소기업 등에 대한 세액감면 규정중 '고용증가에 따른 추가감면'을 제외하고 다른 세액감면 및 공제와 중복적용이 가능하다.

※ 25년 이후 부터는 창업중소기업 감면과 아예 중복이 불가능하다(24.12.31 개정사항).

다른 공제, 감면규정에 비해 세제혜택이 매우 크기 때문에 중소기업 및 중견기업이라면 반드시 적용하는 것이 유리하다.

※ 2024년까지 통합고용세액공제와 고용증대세액공제, 사회보험료 세액공제 중 선택하여 적용할 수 있다(「조특법」 제127조 ⑪항).

(5) 추계과세시 등의 감면배제

(6) 최저한세의 적용 및 농어촌특별세 과세

(7) 세액공제액의 이월공제

해당 과세연도에 납부할 세액이 없거나 최저한세 규정을 적용받아 해당 과세연도에 공제받지 못한 금액이 있는 경우에는 해당 과세연도의 다음 과세연도 개시일로부터 10년 이내에 종료하는 각 과세연도에 이월하여 공제받을 수 있다.

(8) 세액공제 신청

본 조의 세액공제를 받으려는 내국인은 과세표준 신고와 함께 세액공제 신청서 및 공제세액계산서를 납세지 관할 세무서장에게 제출하여야 한다.

10) 관련 서식

■ 조세특례제한법 시행규칙 [별지 제10호의8서식] 〈개정 2024.03.22.〉

고용 증대 기업에 대한 공제세액계산서

(3쪽 중 제1쪽)

❶ 신청인	① 상호 또는 법인명		② 사업자등록번호	
	③ 대표자 성명		④ 생년월일	
	⑤ 주소 또는 본점소재지			
	(전화번호:)			

❷ 과세연도   년 월 일부터   년 월 일까지

❸ 공제세액 계산내용

가. 1차년도 세제지원 요건 : ⑧ 〉 0

1. 상시근로자 증가 인원

⑥ 해당 과세연도 상시근로자 수	⑦ 직전 과세연도 상시근로자 수	⑧ 상시근로자 증가 인원 수 (⑥-⑦)

2. 청년등 상시근로자 증가 인원

⑨ 해당 과세연도 청년등 상시근로자 수	⑩ 직전 과세연도 청년등 상시근로자 수	⑪ 청년등 상시근로자 증가 인원 수 (⑨-⑩)

3. 청년등 상시근로자 외 상시근로자 증가 인원

⑫ 해당 과세연도 청년등 상시 근로자 외 상시근로자 수	⑬ 직전 과세연도 청년등 상시 근로자 외 상시근로자 수	⑭ 청년등 상시근로자 외 상시 근로자 증가 인원 수(⑫-⑬)

4. 1차년도 세액공제액 계산

구분	구분		직전 과세연도 대비 상시근로자 증가 인원 수 (⑧ 상시근로자 증가 인원 수를 한도)	1인당 공제금액	⑮ 1차년도 세액공제액
중소 기업	수도권 내	청년등		1천1백만원	
		청년등 외		7백만원	
	수도권 밖	청년등		1천2백만원	
		청년등 외		7백7십만원	
	계				
중견 기업	청년등			8백만원	
	청년등 외			4백5십만원	
	계				
일반 기업	청년등			4백만원	
	청년등 외				
	계				

210mm×297mm[백상지 80g/㎡ 또는 중질지 80g/㎡]

(3쪽 중 제2쪽)

나. 2차년도 세제지원 요건 : ⑱ ≥ 0

1. 상시근로자 증가 인원

⑯ 2차년도(해당 과세연도) 상시근로자 수	⑰ 1차년도(직전 과세연도) 상시근로자 수	⑱ 상시근로자 증가 인원 수(⑯-⑰)

2. 2차년도 세액공제액 계산(상시근로자 감소 여부)

1차년도(직전 과세연도) 대비 상시근로자 감소 여부	1차년도(직전 과세연도) 대비 청년 등 상시근로자 수 감소 여부	⑲ 1차년도(직전 과세연도) 청년 등 상시근로자 증가 세액공제액	⑳ 1차년도(직전 과세연도) 청년 등 외 상시근로자 증가 세액공제액	㉑ 2차년도 세액공제액
부	부			
	여			
여				

다. 3차년도 세제지원 요건(중소·중견기업만 해당) : ㉔ ≥ 0

1. 상시근로자 증가 인원

㉒ 3차년도(해당 과세연도) 상시근로자 수	㉓ 1차년도(직전전 과세연도) 상시근로자 수	㉔ 상시근로자 증가 인원 수(㉒-㉓)

2. 3차년도 세액공제액 계산(상시근로자 감소 여부)

1차년도(직전전 과세연도) 대비 상시근로자 감소 여부	1차년도(직전전 과세연도) 대비 청년 등 상시근로자 수 감소 여부	㉕ 1차년도(직전전 과세연도) 청년 등 상시근로자 증가 세액공제액	㉖ 1차년도(직전 과세연도) 청년 등 외 상시근로자 증가 세액공제액	㉗ 3차년도 세액공제액
부	부			
	여			
여				

❹ 세액공제액
[⑮ 1차년도 세액공제액 + ㉑ 2차년도 세액공제액 + ㉗ 3차년도 세액공제액]

「조세특례제한법 시행령」 제26조의7 제10항에 따라 위와 같이 공제세액계산서를 제출합니다.

년 월 일

신청인 (서명 또는 인)

세무서장 귀하

210mm×297mm[백상지 80g/㎡ 또는 중질지 80g/㎡]

※ 고용을 증대시킨 기업에 대한 세액공제 검토서식

검 토 사 항		적합 여부
대상자	내국법인에 해당하는지 여부	예 아니요
업종 요건	소비성서비스업을 제외한 업종을 영위하는지 여부 소비성서비스업(조세특례제한법 시행령§29③) 호텔업 및 여관업(관광진흥법에 따른 관광숙박업은 제외), 주점업 (관광진흥법에 따른 외국인전용유흥음식점 및 관광유흥음식점업은 제외)	예 아니요
고용 요건	상시근로자 수가 증가하였는지 여부 상시근로자수 = 해당 기간의 매월 말 현재 상시 근로자수의 합 / 해당 기간의 개월 수 ① 상시근로자* 수 ― 명 ② 직전 과세연도 상시근로자 수 ― 명 ③ 증 감(①-②) ― 명 * 상시근로자는 근로기준법에 따라 근로계약을 체결한 근로자로 조세특례제한법 시행령 §23⑩ 각호에 해당하는 사람은 제외 ① 근로계약기간이 1년 미만인 근로자 ② 근로기준법 제2조 제1항 제8호에 따른 단시간근로자 ③ 법인세법 시행령 제42조 제1항 각 호의 어느 하나에 해당하는 임원 ④ 해당 기업의 최대주주 또는 최대출자자와 그 배우자 ⑤ 제4호에 해당하는 자의 직계존비속(배우자 포함) 및 국세기본법 시행령 제1조의2 제1항에 따른 친족관계인 사람 ⑥ 소득세법 시행령 제196조에 따른 근로소득원천징수부에 의하여 근로소득세를 원천징수한 사실이 확인되지 아니하고, 다음 각 목의 어느 하나에 해당하는 금액의 납부사실도 확인되지 아니하는 자 가. 국민연금법 제3조 제1항 제11호 및 제12호에 따른 부담금 및 기여금 나. 국민건강보험법 제69조에 따른 직장가입자의 보험료	예 아니요
공제 금액	위의 요건을 충족하였을 경우 고용증가인원 1인당 다음 금액을 공제하였는지 여부 (만원) | 구 분	중소기업		중견기업		대기업	
	수도권	지방	수도권	지방	수도권	지방
그 외 상시근로자	700	770	450	450		
청년정규직, 장애인, 60세 이상 근로자 등	1,100	1,200	800	800	400	400 | * 청년정규직 근로자란 15세이상 29세 이하로서 기간제·단시간 근로자, 파견근로자, 청소년유해업소 근무 청소년 등을 제외한 근로자 * 장애인근로자란 「장애인복지법」의 적용을 받은 장애인과 「국가유공자 등 예우 및 지원에 관한 법률」에 따른 상이자	예 아니요

04 통합고용 세액공제 (조특법 제29조의8)

※ 개정연혁

고용증대세액공제를 중심으로 여러 규정으로 분산 되어있는 5개 고용지원 개별 세액공제를 "통합 고용세액공제"를 신설하고 일부 세액공제 조건을 확대하고 사후 관리 규정을 신설하여 2023년부터 적용한다. 또한 2023년, 2024년은 사업자의 선택에 의하여 신설된 통합고용세액공제 또는 종전 고용관련 개별 세액공제(고용증대 세액공제와 사회보험료 세액공제)를 선택하여 적용할 수 있다.

다만, 제127조 (중복지원배제) 제11항에 의하여 통합고용과 고용증대 중복 적용은 불가하다.

※ **기본공제 : 고용증대 세액공제, 사회보험료 세액공제, 경력단절여성 세액공제를 통합고용세액공제로 일원화하여 상시근로자 수 증가에 대해 기본공제를 적용**

- 고용증대 세액공제(§29의7) 고용증가 인원 × 1인당 공제금액
- 사회보험료 세액공제(§30의4) 고용증가 인원 ×사용자분 사회보험료 × 공제율
- 경력단절여성 세액공제(종전§29의3① 폐지) 경력단절여성 채용자 인건비 × 공제율

※ **추가공제 : 종전 개별공제에서 통합고용세액공제 중 추가공제로 이전(종전 조항 폐지)**

- 정규직 전환 세액공제 : 정규직 전환 인원 × 공제액(종전§30의2 폐지, §29의8③ 신설)
- 육아휴직 복귀자 세액공제 : 육아휴직복귀자 인건비 × 공제율(종전§29의3② 폐지, §29의8④ 신설)

종 전

① 고용증대 세액공제(모든 기업):
   고용증가인원 × 1인당 세액공제액

구 분	공제액(단위 : 만원)		
	중소(3년)		중견(3년)	대기업(2년)
	수도권	지방		
상시 근로자	700	770	450	-
청년 정규직 장애인, 60세 이상 등	1,100	1,200	800	400

② 사회보험료 세액공제(중소) :
   고용증가인원(2년) × 사용자분 사회보험료 × 공제율(일반 50%, 청년·경력단절여성 100%)
   * 청년 범위(①, ②) : 15~29세

③ 경력단절여성 세액공제(중소, 중견):
   경력단절여성 채용자 인건비(2년) × 공제율(중소 30%, 중견 15%)

④ 정규직 전환 세액공제(중소, 중견) :
   정규직 전환 인원(1년) × 공제액(중소 1,000, 중견 700)

⑤ 육아휴직 복귀자 세액공제(중소, 중견):
   육아휴직 복귀자 인건비(1년) × 공제율(중소 30%, 중견 15%)

⇒

현 행

〈 통합고용세액공제 신설 〉

■ **기본공제**

: 고용증가인원 × 1인당 세액공제액

구 분	공제액(단위 : 만원)		
	중소(3년)		중견(3년)	대기업(2년)
	수도권	지방		
상시근로자	850	950	450	-
청년 정규직 장애인, 60세 이상, **경력단절여성** 등	1,450	1,550	800	400

* **청년 범위 : 15~34세**

■ **추가공제**

: 인원수 × 1인당 세액공제액(1년)

구 분	공제액(단위 : 만원)	
	중소	중견
정규직 전환자, 육아휴직 복귀자	1,300	900

1) 기본공제

내국인의 해당 과세연도의 상시근로자의 수가 직전 과세연도의 상시근로자의 수보다 증가한 경우에는 일정 금액을 해당 과세연도와 해당 과세연도의 종료일부터 1년(중소기업 및 중견기업의 경우에는 2년)이 되는 날이 속하는 과세연도까지의 소득세(사업소득에 대한 소득세만 해당) 또는 법인세에서 공제한다.

(1) 세액공제요건

① 세액공제 대상

가. 내국인(소비성서비스업9) 등을 경영하는 내국인은 제외)일 것

나. 2025.12.31.이 속하는 과세연도까지의 기간 중 해당 과세연도의 상시근로자의 수가 직전 과세연도의 상시근로자의 수보다 증가한 경우일 것

② 상시근로자 : 근로기준법에 따라 근로계약을 체결한 내국인 근로자

● 상시근로자 배제대상 :
1. 근로계약기간이 1년 미만인 근로자
   → 다만, 근로계약의 연속된 갱신으로 인하여 그 근로계약의 총 기간이 1년 이상인 근로자는 제외한다.
2. 「근로기준법」 제2조 제1항 제9호에 따른 단시간근로자.
   → 다만, 1개월간의 소정근로시간이 60시간 이상인 근로자는 상시근로자로 본다.
3. 다음의 어느 하나에 해당하는 임원
   ① 법인의 회장, 사장, 부사장, 이사장, 대표이사, 전무이사 및 상무이사 등 이사회의 구성원 전원과 청산인
   ② 합명회사, 합자회사 및 유한회사의 업무집행사원 또는 이사
   ③ 유한책임회사의 업무집행자
   ④ 감사
4. 해당 기업의 최대주주 또는 최대출자자(개인사업자의 경우에는 대표자를 말한다)와 그 배우자
5. 제4호에 해당하는 자의 직계존비속(그 배우자를 포함한다) 및 「국세기본법 시행령」 제1조의2 제1항에 따른 친족관계인 사람
6. 「소득세법 시행령」 제196조에 따른 근로소득원천징수부에 의하여 근로소득세를 원천징수한

---

9) **소비성서비스업** : 호텔업, 여관업, 유흥주점, 단란주점을 말하며 관광숙박업, 외국인 전용유흥음식점, 관광유흥음식점은 제외한다.

사실이 확인되지 아니하고, 다음 각 목의 어느 하나에 해당하는 금액의 납부사실도 확인되지 아니하는 자
가. 「국민연금법」에 따른 부담금 및 기여금
나. 「국민건강보험법」에 따른 직장가입자의 보험료

③ 청년등 상시근로자

가. 15세 이상 34세(병역을 이행한 사람의 경우에는 6년을 한도로 병역을 이행한 기간을 현재 연령에서 빼고 계산한 연령을 말한다) 이하인 사람 중 다음의 어느 하나 해당하는 사람을 제외한 사람

㉠ 「기간제 및 단시간근로자 보호 등에 관한 법률」에 따른 기간제근로자 및 단시간근로자

㉡ 「파견근로자 보호 등에 관한 법률」에 따른 파견근로자

㉢ 「청소년 보호법」에 따른 청소년유해업소에 근무하는 같은 법에 따른 청소년

나. 「장애인복지법」의 적용을 받는 장애인, 「국가유공자 등 예우 및 지원에 관한 법률」에 따른 상이자, 「5·18민주유공자예우 및 단체설립에 관한 법률」=에 따른 5·18민주화운동부상자와 「고엽제후유의증 등 환자지원 및 단체설립에 관한 법률」에 따른 고엽제후유의증환자로서 장애등급 판정을 받은 사람

다. 근로계약 체결일 현재 연령이 60세 이상인 사람

라. 다음 요건을 충족하는 경력단절 여성

㉠ 해당 기업 또는 한국표준산업분류상의 중분류를 기준으로 동일한 업종의 기업에서 1년 이상 근무(근로소득세가 원천징수되었던 사실이 확인되는 경우로 한정한다)한 후 다음의 사유로 퇴직하였을 것

- 퇴직한 날부터 1년 이내에 혼인한 경우(가족관계기록사항에 관한 증명서를 통하여 확인되는 경우로 한정한다)

- 퇴직한 날부터 2년 이내에 임신하거나 난임시술을 받은 경우(의료기관의 진단서 또는 확인서를 통하여 확인되는 경우에 한정한다)

- 퇴직일 당시 임신한 상태인 경우(의료기관의 진단서를 통하여 확인되는 경우로 한정한다)

- 퇴직일 당시 8세 이하의 자녀가 있는 경우

- 퇴직일 당시 「초·중등교육법」 제2조에 따른 학교에 재학 중인 자녀가 있는 경우

㉡ 가.에 따른 사유로 퇴직한 날부터 2년 이상 15년 미만의 기간이 지났을 것

㉢ 해당기업의 최대 주주 또는 최대출자자(개인사업자의 경우에는 대표자)나 그와 특수관계인[10]이 아닐 것.

V. 고용지원을 위한 조세특례

④ 상시근로자 수

   가. 상시근로자 수의 계산

      상시근로자 수와 청년 등 상시근로자 수는 다음의 계산식에 따라 계산한 수로 하고, 100분의 1 미만의 부분은 없는 것으로 한다.

      ㉠ 상시근로자 수 : 해당 과세연도의 매월 말 현재 상시근로자 수의 합 / 해당 과세연도의 개월 수

      ㉡ 청년등 상시근로자 수 : 해당 과세연도의 매월 말 현재 청년등 상시근로자 수의 합 / 해당 과세연도의 개월 수

   나. 단시간근로자 수의 계산

      단시간근로자 중 1개월간의 소정근로시간이 60시간 이상인 근로자 1명은 0.5명으로 하여 계산하되, 다음의 요건을 모두 충족하는 경우에는 0.75명으로 하여 계산한다.

> ㉠ 해당 과세연도의 상시근로자 수(1개월간의 소정근로시간이 60시간 이상인 근로자는 제외)가 직전 과세연도의 상시근로자 수(1개월간의 소정근로시간이 60시간 이상인 근로자는 제외)보다 감소하지 아니하였을 것
> ㉡ 기간의 정함이 없는 근로계약을 체결하였을 것
> ㉢ 상시근로자와 시간당 임금(「근로기준법」제2조 제1항 제5호에 따른 임금, 정기상여금·명절상여금 등 정기적으로 지급되는 상여금과 경영성과에 따른 성과금을 포함한다), 그 밖에 근로조건과 복리후생 등에 관한 사항에서 차별적 처우가 없을 것
> ㉣ 시간당 임금이 「최저임금법」제5조에 따른 최저임금액의 100분의 120 이상일 것

※ 해당 과세연도에 창업 등을 한 기업의 경우에는 다음의 구분에 따른 수를 직전 또는 해당 과세연도의 청년등 상시근로자 수 또는 상시근로자 수로 본다.

  ① 창업한 경우의 직전 과세연도의 상시근로자 수 : 0

단, 다음의 경우 창업으로 보지 않는다.

---

10) 국기법 제1조의2 제1항
  1. 4촌 이내의 혈족
  2. 3촌 이내의 인척
  3. 배우자(사실상의 혼인관계에 있는 자를 포함)
  4. 친생자로서 다른 사람에게 친양자 입양된 자 및 그 배우자·직계비속
  5. 본인이 「민법」에 따라 인지한 혼인 외 출생자의 생부나 생모(본인의 금전이나 그 밖의 재산으로 생계를 유지하는 사람 또는 생계를 함께하는 사람으로 한정)

> 가. 합병·분할·현물출자 또는 사업의 양수를 통하여 종전의 사업을 승계하거나 종전의 사업에 사용되던 자산을 인수 또는 매입하여 같은 종류의 사업을 하는 경우. 다만, 다음 각 목의 어느 하나에 해당하는 경우는 제외한다.
> ㉠ 종전의 사업에 사용되던 자산을 인수하거나 매입하여 같은 종류의 사업을 하는 경우 그 자산가액의 합계가 사업 개시 당시 토지·건물 및 기계장치 등 대통령령으로 정하는 사업용자산의 총가액에서 차지하는 비율이 100분의 30 이하인 경우
> ㉡ 사업의 일부를 분리하여 해당 기업의 임직원이 사업을 개시하는 경우로서 대통령령으로 정하는 요건에 해당하는 경우
> 나. 거주자가 하던 사업을 법인으로 전환하여 새로운 법인을 설립하는 경우
> 다. 폐업 후 사업을 다시 개시하여 폐업 전의 사업과 같은 종류의 사업을 하는 경우

② 위 ①의 가.에서 다.까지 어느 하나에 해당하는 경우(합병·분할·현물출자 또는 사업의 양수 등을 통하여 종전의 사업을 승계하는 경우는 제외한다)의 직전 과세연도의 상시근로자 수: 종전 사업, 법인전환 전의 사업 또는 폐업 전의 사업의 직전 과세연도 청년 등 상시근로자 수 또는 상시근로자 수

③ 해당 과세연도에 합병·분할·현물출자 또는 사업의 양수 등에 의하여 종전의 사업부문에서 종사하던 청년 등 상시근로자 또는 상시근로자를 승계하는 경우 및 특수관계인으로부터 청년 등 상시근로자 또는 상시근로자를 승계하는 경우 직전 또는 해당 과세연도의 상시근로자 수 :

가. 직전 과세연도의 상시근로자 수

㉠ 승계시킨 기업 : 직전 과세연도 청년 등 상시근로자 수 또는 상시근로자 수 − 승계시킨 청년 등 상시근로자 수 또는 상시근로자 수

㉡ 승계한 기업 : 직전 과세연도 청년 등 상시근로자 수 또는 상시근로자 수 + 승계한 청년 등 상시근로자 수 또는 상시근로자 수

나. 해당 과세연도의 상시근로자 수
해당 과세연도 개시일에 상시근로자를 승계시키거나 승계한 것으로 보아 계산한 청년 등 상시근로자 수 또는 상시근로자 수

(2) 세액공제 효과

청년등 상시근로자, 청년외 상시근로자 증가인원 수에 다음의 공제액을 곱한 금액을 세액공제한다.

V. 고용지원을 위한 조세특례

구분	중소기업(3년 지원)		중견기업(3년 지원)	대기업(2년 지원)
	수도권	지방		
청년 외 상시근로자	850만 원	950만 원	450만 원	-
청년 등 상시근로자	1,450원	1,550만 원	800만 원	400만 원

① 청년 등 상시근로자 : 청년(34세 이하) 정규직 근로자, 장애인 근로자, 60세 이상인 근로자, 경력단절 여성 상시근로자(이하 청년 등 상시근로자)

- 청년의 범위를 29세 이하에서 34세 이하로 연령범위를 확대하여 적용한다.

② 수도권 : 서울특별시. 경기도 전 지역

2) 추가공제

※ 기본공제는 신청한 과세연도의 종료일부터 1년(중소기업 및 중견기업은 2년)간 공제가 가능하지만 <u>추가공제는 해당연도에만 적용되는 것임을 유의</u>

※ 추가공제 적용시 출산전후휴가를 사용 중인 상시근로자를 대체하는 상시근로자가 있는 경우 해당 출산전후휴가를 사용 중인 상시근로자는 상시근로자 수와 청년등상시근로자 수에서 제외한다(2024.02.29. 이후 과세표준 신고분부터 적용).

(1) 정규직 전환 세액공제

① 세액공제 요건

가. 다음의 어느 하나에 정규직 근로자로의 전환에 해당하는 인원일 것

㉠ 중소기업 또는 중견기업이 2023년 6월 30일 당시 고용하고 있는 「기간제 및 단시간근로자 보호 등에 관한 법률」에서 규정하고 있는 기간제근로자 및 단시간근로자, 「파견근로자 보호등에 관한 법률」에서 규정하고 있는 파견근로자, 「하도급거래 공정화에 관한 법률」에 따른 수급사업자에게 고용된 기간제근로자 및 단시간근로자를 2024년 12월 31일까지 기간의 정함이 없는 근로계약을 체결한 근로자로 전환하는 경우

㉡ 「파견근로자 보호 등에 관한 법률」에 따라 사용사업주가 직접 고용하거나 「하도급거래 공정화에 관한 법률」 제2조 제2항 제2호에 따른 원사업자가 기간의 정함이 없는 근로계약을 체결하여 직접 고용하는 경우

나. 해당 기업의 최대주주 또는 최대출자자(개인사업자의 경우에는 대표자를 말한다)나 「국세기본법 시행령」 제1조의2 제1항에 따른 친족관계[11]인 사람이 아닐 것

다. 해당 과세연도에 해당 중소기업 또는 중견기업의 상시근로자 수가 직전 과세연도의 상시근로자 수보다 감소하지 않을 것

② 세액공제 효과

정규직 근로자로의 전환 인원에 다음의 공제액을 곱한 금액을 해당 과세연도의 소득세 또는 법인세에서 공제한다.

구분	중소기업 (1년 지원)	중견기업 (1년 지원)	대기업
정규직 전환 근로자	1,300만 원	900만 원	-

[참고] 파견근로자 보호 등에 관한 법률

제2조[정의]
1. "근로자파견"이란 파견사업주가 근로자를 고용한 후 그 고용관계를 유지하면서 근로자파견계약의 내용에 따라 사용사업주의 지휘·명령을 받아 사용사업주를 위한 근로에 종사하게 하는 것을 말한다.
2. "근로자파견사업"이란 근로자파견을 업(業)으로 하는 것을 말한다.
3. "파견사업주"란 근로자파견사업을 하는 자를 말한다.
4. "사용사업주"란 근로자파견계약에 따라 파견근로자를 사용하는 자를 말한다.
5. "파견근로자"란 파견사업주가 고용한 근로자로서 근로자파견의 대상이 되는 사람을 말한다.

제5조[근로자파견 대상 업무 등]
① 근로자파견사업은 제조업의 직접생산공정업무를 제외하고 전문지식·기술·경험 또는 업무의 성질 등을 고려하여 적합하다고 판단되는 업무로서 대통령령으로 정하는 업무를 대

---

11) 다음의 어느 하나에 해당하는 관계를 말한다.
   1. 4촌 이내의 혈족
   2. 3촌 이내의 인척
   3. 배우자(사실상의 혼인관계에 있는 자를 포함한다)
   4. 친생자로서 다른 사람에게 친양자 입양된 자 및 그 배우자·직계비속
   5. 본인이 「민법」에 따라 인지한 혼인 외 출생자의 생부나 생모(본인의 금전이나 그 밖의 재산으로 생계를 유지하는 사람 또는 생계를 함께하는 사람으로 한정한다)

상으로 한다.
② 제1항에도 불구하고 출산·질병·부상 등으로 결원이 생긴 경우 또는 일시적·간헐적으로 인력을 확보하여야 할 필요가 있는 경우에는 근로자파견사업을 할 수 있다.
③ 제1항 및 제2항에도 불구하고 다음 각 호의 어느 하나에 해당하는 업무에 대하여는 근로자파견사업을 하여서는 아니 된다.
1. 건설공사현장에서 이루어지는 업무
2. 「항만운송사업법」 제3조 제1호, 「한국철도공사법」 제9조 제1항 제1호, 「농수산물 유통 및 가격안정에 관한 법률」 제40조, 「물류정책기본법」 제2조 제1항 제1호의 하역(荷役)업무로서 「직업안정법」 제33조에 따라 근로자공급사업 허가를 받은 지역의 업무
3. 「선원법」 제2조 제1호의 선원의 업무
4. 「산업안전보건법」 제58조에 따른 유해하거나 위험한 업무
5. **그 밖에 근로자 보호 등의 이유로 근로자파견사업의 대상으로는 적절하지 못하다고 인정하여 대통령령으로 정하는 업무**
④ 제2항에 따라 파견근로자를 사용하려는 경우 사용사업주는 해당 사업 또는 사업장에 근로자의 과반수로 조직된 노동조합이 있는 경우에는 그 노동조합, 근로자의 과반수로 조직된 노동조합이 없는 경우에는 근로자의 과반수를 대표하는 자와 사전에 성실하게 협의하여야 한다.
⑤ 누구든지 제1항부터 제4항까지의 규정을 위반하여 근로자파견사업을 하거나 그 근로자파견사업을 하는 자로부터 근로자파견의 역무를 제공받아서는 아니 된다.

제6조(파견기간)

① 근로자파견의 기간은 제5조 제2항에 해당하는 경우를 제외하고는 1년을 초과하여서는 아니 된다.
② 제1항에도 불구하고 파견사업주, 사용사업주, 파견근로자 간의 합의가 있는 경우에는 파견기간을 연장할 수 있다. 이 경우 1회를 연장할 때에는 그 연장기간은 1년을 초과하여서는 아니 되며, 연장된 기간을 포함한 총 파견기간은 2년을 초과하여서는 아니 된다.
③ 제2항 후단에도 불구하고 「고용상 연령차별금지 및 고령자고용촉진에 관한 법률」 제2조 제1호의 고령자인 파견근로자에 대하여는 2년을 초과하여 근로자파견기간을 연장할 수 있다.
④ 제5조 제2항에 따른 근로자파견의 기간은 다음 각 호의 구분에 따른다.
1. 출산·질병·부상 등 그 사유가 객관적으로 명백한 경우 : 해당 사유가 없어지는 데 필요한 기간
2. 일시적·간헐적으로 인력을 확보할 필요가 있는 경우 : 3개월 이내의 기간. 다만, 해당 사유가 없어지지 아니하고 파견사업주, 사용사업주, 파견근로자 간의 합의가 있는 경우에는 3개월의 범위에서 한 차례만 그 기간을 연장할 수 있다.

제6조의2【고용의무】
① 사용사업주가 다음 각 호의 어느 하나에 해당하는 경우에는 해당 파견근로자를 직접 고용하여야 한다.
1. 제5조 제1항의 근로자파견 대상 업무에 해당하지 아니하는 업무에서 파견근로자를 사용하는 경우(제5조 제2항에 따라 근로자파견사업을 한 경우는 제외한다)
2. 제5조 제3항을 위반하여 파견근로자를 사용하는 경우
3. 제6조 제2항을 위반하여 2년을 초과하여 계속적으로 파견근로자를 사용하는 경우
4. 제6조 제4항을 위반하여 파견근로자를 사용하는 경우
5. 제7조 제3항을 위반하여 근로자파견의 역무를 제공받은 경우
② 제1항은 해당 파견근로자가 명시적으로 반대의사를 표시하거나 대통령령으로 정하는 정당한 이유가 있는 경우에는 적용하지 아니한다.
③ 제1항에 따라 사용사업주가 파견근로자를 직접 고용하는 경우의 파견근로자의 근로조건은 다음 각 호의 구분에 따른다.
1. 사용사업주의 근로자 중 해당 파견근로자와 같은 종류의 업무 또는 유사한 업무를 수행하는 근로자가 있는 경우 : 해당 근로자에게 적용되는 취업규칙 등에서 정하는 근로조건에 따를 것
2. 사용사업주의 근로자 중 해당 파견근로자와 같은 종류의 업무 또는 유사한 업무를 수행하는 근로자가 없는 경우 : 해당 파견근로자의 기존 근로조건의 수준보다 낮아져서는 아니 될 것
④ 사용사업주는 파견근로자를 사용하고 있는 업무에 근로자를 직접 고용하려는 경우에는 해당 파견근로자를 우선적으로 고용하도록 노력하여야 한다.

파견근로자 보호등에 관한 법률 시행령 제2조【근로자파견의 대상 및 금지업무】
① 「파견근로자 보호 등에 관한 법률」(이하 "법"이라 한다) 제5조 제1항에서 "대통령령으로 정하는 업무"란 **별표1**의 업무를 말한다.
② 법 제5조 제3항 제5호에서 "대통령령으로 정하는 업무"란 다음 각 호의 어느 하나에 해당하는 업무를 말한다.
1. 「진폐의 예방과 진폐근로자의 보호 등에 관한 법률」 제2조제3호에 따른 분진작업을 하는 업무
2. 「산업안전보건법」 제137조에 따른 건강관리카드의 발급대상 업무
3. 「의료법」 제2조에 따른 의료인의 업무 및 같은 법 제80조의2에 따른 간호조무사의 업무
4. 「의료기사 등에 관한 법률」 제3조에 따른 의료기사의 업무
5. 「여객자동차 운수사업법」 제2조 제3호에 따른 여객자동차운송사업에서의 운전업무

6. 「화물자동차 운수사업법」 제2조 제3호에 따른 화물자동차 운송사업에서의 운전업무

파견근로자 보호 등에 관한 법률 시행령 [별표 1]

한국표준직업분류 (통계청고시 제2000-2호)	대 상 업 무	비 고
120	컴퓨터관련 전문가의 업무	
16	행정, 경영 및 재정 전문가의 업무	행정 전문가(161)의 업무는 제외한다.
17131	특허 전문가의 업무	
181	기록 보관원, 사서 및 관련 전문가의 업무	사서(18120)의 업무는 제외한다
1822	번역가 및 통역가의 업무	
183	창작 및 공연예술가의 업무	
184	영화, 연극 및 방송관련 전문가의 업무	
220	컴퓨터관련 준전문가의 업무	
23219	기타 전기공학 기술공의 업무	
23221	통신 기술공의 업무	
234	제도 기술 종사자, 캐드 포함의 업무	
235	광학 및 전자장비 기술 종사자의 업무	보조업무에 한정한다. 임상병리사(23531), 방사선사(23532), 기타 의료장비 기사(23539)의 업무는 제외한다.
252	정규교육이외 교육 준전문가의 업무	
253	기타 교육 준전문가의 업무	
28	예술, 연예 및 경기 준전문가의 업무	
291	관리 준전문가의 업무	
317	사무 지원 종사자의 업무	
318	도서, 우편 및 관련 사무 종사자의 업무	
3213	수금 및 관련 사무 종사자의 업무	
3222	전화교환 및 번호안내 사무 종사자의 업무	전화교환 및 번호안내 사무 종사자의 업무가 해당 사업의 핵심업무인 경우는 제외한다.
323	고객 관련 사무 종사자의 업무	

한국표준직업분류 (통계청고시 제2000-2호)	대 상 업 무	비 고
411	개인보호 및 관련 종사자의 업무	
421	음식 조리 종사자의 업무	「관광진흥법」 제3조에 따른 관광 숙박업에서의 조리사 업무는 제외한다.
432	여행안내 종사자의 업무	
51206	주유원의 업무	
51209	기타 소매업체 판매원의 업무	
521	전화통신 판매 종사자의 업무	
842	자동차 운전 종사자의 업무	
9112	건물 청소 종사자의 업무	
91221	수위 및 경비원의 업무	「경비업법」 제2조 제1호에 따른 경비업무는 제외한다.
91225	주차장 관리원의 업무	
913	배달, 운반 및 검침 관련 종사자의 업무	

(2) 육아휴직 복귀자 세액공제

① 세액공제 요건

　가. 중소기업 또는 중견기업이 다음의 요건을 모두 충족하는 사람을 2025년 12월 31일까지 복직시키는 경우

㉠ 해당 기업에서 1년 이상 근무하였을 것(해당 기업이 육아휴직 복귀자의 근로소득세를 원천징수하였던 사실이 확인되는 경우로 한정)
㉡ 「남녀고용평등과 일·가정 양립 지원에 관한 법률」 제19조 제1항에 따라 육아휴직한 경우로서 육아휴직 기간이 연속하여 6개월 이상일 것

[참고] 「남녀고용평등과 일·가정 양립 지원에 관한 법률」 제19조[육아휴직]
① 사업주는 임신 중인 여성 근로자가 모성을 보호하거나 근로자가 만 8세 이하 또는 초등학교 2학년 이하의 자녀(입양한 자녀를 포함)를 양육하기 위하여 휴직을 신청하는

> 경우에 이를 허용하여야 한다(육아휴직을 시작하려는 날의 전날까지 해당 사업에서 계속 근로한 기간이 6개월 미만인 근로자 제외).
> ② 육아휴직의 기간은 1년 이내로 한다. 다만, 다음 각 호의 어느 하나에 해당하는 근로자의 경우 6개월 이내에서 추가로 육아휴직을 사용할 수 있다.
> 1. 같은 자녀를 대상으로 부모가 모두 육아휴직을 각각 3개월 이상 사용한 경우의 부 또는 모
> 2. 「한부모가족지원법」 제4조 제1호의 부 또는 모
> 3. 고용노동부령으로 정하는 장애아동의 부 또는 모
> ③ 사업주는 육아휴직을 이유로 해고나 그 밖의 불리한 처우를 하여서는 아니 되며, 육아휴직 기간에는 그 근로자를 해고하지 못한다. 다만, 사업을 계속할 수 없는 경우에는 그러하지 아니하다.
> ④ 사업주는 육아휴직을 마친 후에는 휴직 전과 같은 업무 또는 같은 수준의 임금을 지급하는 직무에 복귀시켜야 한다. 또한 제2항의 육아휴직 기간은 근속기간에 포함한다.
> ⑤ 기간제근로자 또는 파견근로자의 육아휴직 기간은 「기간제 및 단시간근로자 보호 등에 관한 법률」 제4조에 따른 사용기간 또는 「파견근로자 보호 등에 관한 법률」 제6조에 따른 근로자파견기간에서 제외한다.
>
> ㉢ 해당 기업의 최대주주 또는 최대출자자(개인사업자의 경우에는 대표자를 말한다)나 그와 「국세기본법 시행령」 제1조의 2 제1항에 따른 친족관계인 사람이 아닐 것
> ㉣ 육아휴직 복귀자의 자녀 1명당 한 차례에 한정하여 적용한다.

나. 해당 과세연도에 해당 중소기업 또는 중견기업의 상시근로자 수가 직전 과세연도의 상시근로자 수보다 감소하지 않을 것

② 세액공제 효과

육아휴직 복귀자 인원에 다음의 공제액을 곱한 금액을 해당 과세연도의 소득세 또는 법인세에서 공제한다.

구분	중소기업 (1년 지원)	중견기업 (1년 지원)	대기업
육아휴직 복귀자	1,300만 원	900만 원	-

3) 사후관리

(1) 기본공제 사후관리

통합고용세액공제를 받은 내국인이 공제받은 과세연도의 종료일부터 2년이 되는 날이 속하는 과세연도의 종료일까지의 기간 중

① 전체 상시근로자의 수가 최초로 공제를 받은 과세연도에 비하여 감소한 경우

② 청년 등 상시근로자의 수가 최초로 공제를 받은 과세연도에 비하여 감소한 경우
감소한 과세연도부터 공제를 적용하지 아니하고 다음의 산식에 따라 계산한 금액(최초공제금액 중 이월된 금액이 있는 경우 그 금액을 차감한 후의 금액)을 법인세 또는 소득세로 납부해야 한다.
※ 가산세 및 가산이자는 적용되지 않는다.

(2) 납부세액의 계산

① 최초로 공제받은 과세연도 종료일부터 1년이 되는 날이 속하는 과세연도 종료일까지 기간 중 전체 상시근로자 수 또는 청년등 상시근로자 수가 감소하는 경우
한도 : 해당 과세연도의 직전 1년 이내의 과세연도에 법 제29조의8 제①항에 따라 공제받은 금액

①-1) 전체 상시근로자 수가 감소하는 경우

> ㄱ. 청년등 상시근로자의 감소한 인원수가 전체상시근로자의 감소한 인원수 이상인 경우
>
> = 그 초과인원[*1] × 청년등과 청년외 상시근로자 공제액 차이 + 상시근로자 감소인원× 청년등 공제액
> [*1] 그 초과인원 : 청년 등 감소한 인원- 상시근로자의 감소한 인원
> ※ 단, 청년 등 감소한 인원 : 최초로 공제받은 과세연도의 청년 등 증가한 인원을 한도로 한다.
>
> ㄴ. 그 밖의 경우
>
> = 청년 등 감소인원[*] × 청년 등 세액공제 + 청년 외 감소인원[*] × 청년 외 세액공제
> [*] 상시근로자의 감소한 인원수를 한도로 한다.

V. 고용지원을 위한 조세특례

①-2) 전체 상시근로자 수는 감소하지 않으면서 청년등 상시근로자수가 감소한 경우

= 청년 등 감소인원 × (청년 등 세액공제 - 청년 외 세액공제)
※ 단, 청년 등 감소인원 : 최초 공제받은 연도의 청년 등 증가인원을 한도로 한다.

② ①에 따른 기간의 다음날부터 최초로 공제받은 과세연도의 종료일부터 2년이 되는 날이 속하는 과세연도 종료일까지 기간 중 전체 상시근로자 수 또는 청년 등 상시근로자 수가 감소하는 경우
한도 : 해당 과세연도의 직전 2년 이내의 과세연도에 법 제29조의8 제①항에 따라 공제받은 금액의 합계

②-1) 전체 상시근로자 수가 감소하는 경우

ㄱ. 청년 등 상시근로자의 감소한 인원수가 전체상시근로자의 감소한 인원수 이상인 경우
= 그 초과인원[*1] × 청년등과 청년 외 상시근로자 공제액 차이 × <u>직전 2년간 공제받은 횟수</u> + 상시근로자 감소인원 × 청년 등 공제액 × <u>직전 2년간 공제 받은 횟수</u>
[*1] 그 초과인원 : 청년 등 감소한 인원 - 상시근로자의 감소한 인원
※ 단, 청년 등 감소한 인원 : 최초로 공제받은 과세연도의 청년 등 증가한 인원을 한도로 한다.

ㄴ. 그 밖의 경우
= (청년 등 감소인원 × 청년 등 세액공제 + 청년 외 감소인원 × 청년 외 세액공제) × <u>직전 2년간 공제 받은 횟수</u>
※ 단, 청년 등과 청년 외 감소인원은 각각 상시근로자 감소인원을 한도로 한다.

②-2) 전체 상시근로자 수는 감소하지 않으면서 청년등 상시근로자수가 감소한 경우

= 청년 등 감소인원 × (청년 등 세액공제 - 청년 외 세액공제) × **직전 2년간 공제받은 횟수**
※ 단, 청년 등 감소인원 : 최초 공제받은 연도의 청년 등 증가인원을 한도로 한다.

※ 사후관리 계산시 최초공제연도에 청년등 상시근로자에 해당한 사람은 이후 과세연도에도 청년 등 상시근로자로 보아 청년등 상시근로자 수를 계산한다.

(3) 추가공제 사후관리

정규직 근로자로의 전환일 또는 육아휴직 복직일부터 2년이 지나기 전에 해당 근로자와의 근로관계를 종료하는 경우(공제금액 중 공제받지 못하고 이월된 금액이 있는 경우에는 그 금액을 차감한 후의 금액을 말한다)을 소득세 또는 법인세로 납부하여야 한다.

4) 개별 고용증대세액공제 등과 통합고용세액공제의 차이

구분	항 목	고용증대 세액공제 사회보험료 세액공제	통합 고용증대 세액공제(신설)
1	상시근로자 범위	법 제23조 제10항	왼쪽과 동일
2	인원수 계산	시행령 제26조의7 제7항	왼쪽과 동일 시행령 제26조의8 제6항
3	청년 등의 범위	청년, 장애인, 60세 이상 청년은 29세 이하	청년, 장애인, 60세 이상, **경력단절여성 추가** **청년은 34세 이하**
4	공제세액	- 중소 - 청년 외 상시 1인당 700만원 (수도권외 770만원) 청년 등 1인당 1,100만 원(수도권외 1,200만원12)) - 중견 : 청년 등 800만 원13)(청년외 450만원) - 대기업: 400만원14)	-중소- 청년 외 상시 1인당 **850만원(수도권외 950만원)** 청년 등 1인당 **1,450만원(수도권외 1,550만원)** - 중견 : 청년 등 800만원(청년외 450만 원) - 대기업 : 400만원
5	추가 납부세액	법 제29조의7 제2항	법 제29조의8 제2항(왼쪽과 동일) ※ 이월공제된 세액 우선 차감을 법령에 명시
6	개별 세액공제	정규직 전환 : 1인당 1,000만원 경력단절여성 : (중소)인건비의 30%(중견 15%)	**정규직 전환 : 1인당 1,300만원 (중견 900만원)** **경력단절여성 : 청년등에 포함**

V. 고용지원을 위한 조세특례

구분	항 목	고용증대 세액공제 사회보험료 세액공제	통합 고용증대 세액공제(신설)
		육아휴직복귀자 : (중소)인건비의 30%(중견 15%) =>경력단절여성, 육아휴직복귀자 24개월 지원 정규직 전환 1년 지원	**육아휴직복귀자 : 1인당 1,300만 원(중견 900만원)** **=> 정규직 전환, 육아휴직복귀자 1년 지원**
7	사후관리	• (본공제) 공제 후 2년 이내 상시근로자 수가 감소하는 경우 공제금액 상당액 추징 ⇒ 고용유지 시 2년(대기업 1년) 추가공제 • (추가공제) 전환일·복귀일로부터 2년 이내 해당 근로자와의 근로관계 종료 시 공제금액 상당액 추징(통합고용만 해당)	

[저자의견] 23년, 24년 통합고용증대 선택시

기존고용증대와 통합고용증대의 경우 청년의 나이 기준이 다르므로 23년, 24년 통합고용증대 선택시 기존 고용증대의 경우는 당해연도 세액공제금액 없이 추가고용세액공제 또는 추가납부세액에 대해서만 계산하여 서식을 작성하여 제출하고 통합고용증대는 23년, 24년에 대한 공제금액에 대해 별도로 서식 작성하여 제출하여야 할 것으로 판단됨(통합고용증대 서식에서 직전 22년 상시근로자 계산시 청년은 34세를 적용한 인원으로 계산해야함).

5) 주의사항

(1) 세액공제를 받은 과세연도부터 2년 이내(대기업 1년) 인원 감소 시 공제받은 세액을 추가납부하여야 하며, 2년 이상 공제받았으면 2년간 공제받은 세액을 추가납부하여야 한다. 이때 이자 및 가산세는 해당 없으며, 이전 고용증대세액공제와 다르게 추가납부시 이월공제금액을 우선 차감한다.

(2) 창업중소기업 감면 중 고용 증가에 따른 추가감면(조특법 제6조 제7항)을 제외하고 다른 감면 중 1을 선택하여(창업중소기업감면. 중소기업특별감면 등)

---

12) '20, '21년 청년 등 고용증가분에 대해 1인당 **1,300만 원** 한시 적용
13) '20, '21년 청년 등 고용증가분에 대해 1인당 **900만 원** 한시 적용
14) '20, '21년 청년 등 고용증가분에 대해 1인당 **500만 원** 한시 적용

중복적용 가능하며, 다른 세액공제와도 중복 적용된다.

※ 25년 이후 부터는 창업중소기업 감면과 아예 중복이 불가능하다(24.12.31 개정사항).

(3) 최저한세 및 농어촌특별세 해당된다.

(4) 결손, 최저한세 등으로 공제받지 못한 세액은 10년간 이월공제된다.

(5) 개인사업자의 경우 사업소득에 대한 소득세에서만 공제된다. 이때 부동산 임대소득은 해당되지 않는다.

(6) 2023년 및 2024년 과세연도 분에 대해서는 기업이 '통합 고용세액공제'와 기존 '고용증대 및 사회보험료 세액공제 중 선택하여 적용 가능하다(중복 적용 불가).

그러나 정규직 전환 세액공제와 육아휴직 복귀자 세액공제는 이전 조문은 삭제되었으며 신설된 통합 고용세액공제 중 추가공제를 받아야 한다. 23년, 24년 통합고용세액공제를 받는 경우 종전의 고용증대세액공제와 사회보험료 세액공제에 대한 추가공제를 받는 것은 가능하다.

6) 예규 및 판례

(1) '21.06.30. 계약기간이 만료되는 기간제 근로자를 '21.07.01. 정규직으로 전환한 경우 2022사업연도에 정규직 근로자로의 전환에 따른 세액공제를 적용할 수 있는지 여부

조세특례제한법 제30조의2(법률 제18634호, 2021.12.28.개정된 것)를 적용함에 있어서 중소기업 또는 중견기업이 2021년 6월 30일 당시 고용하고 있는 「기간제 및 단시간근로자 보호 등에 관한 법률」에 따른 기간제 근로자를 2022년 1월 1일부터 12월 31일까지 기간 동안 "정규직 근로자로 전환"하는 경우에는 정규직 근로자로의 전환에 따른 세액공제를 적용하는 것이나 근로계약기간이 2020년 7월 1일부터 2021년 6월 30일까지인 기간제 근로자를 2021년 7월 1일 "정규직 근로자로 전환"하여 조세특례제한법 제30조의2(법률 제18634호) 시행일(2022.01.01.) 현재 이미 정규직 근로자에 해당되는

경우에는 정규직 근로자로의 전환에 따른 세액공제를 적용할 수 없는 것임(서면-2023-법인-2947, 2023.11.06.).

(2) 인턴기간 이후 정규직전환 평가를 거쳐 근로자의 채용여부를 결정하는 채용제도로 채용한 근로자를 정규직으로 고용한 경우, 조특법 제30의2에 따른 세액공제를 적용받을 수 있는지 여부

청구법인은 근로자의 능력과 업무 적성 등을 평가하기 위하여 일정 기간 동안 근로자를 기간제 근로계약의 형식을 빌려 시험적으로 고용한 뒤 해당 기간 동안 당해 근로자의 업무능력, 자질 등 업무적격성을 관찰·판단하여 최종 채용 여부를 결정하고 있는 정규직 전환형 인턴제도를 운영하고 있고, 세액공제신청 근로자의 경우 인턴기간(3개월) 종료 후 100% 정규직으로 전환된바, 당초부터 정규직 채용이 전제되었다고 보이는 점 등에 비추어 청구주장을 받아들이기 어려움(조심2021중6074, 2022.09.29.).

(3) 「파견근로자 보호 등에 관한 법률」에 따른 「파견대상 업무에 해당하지 아니하는 업무」에 파견된 근로자를 정규직으로 고용한 경우, 조특법§30의2에 따른 세액공제를 적용받을 수 있는지 여부

사용사업주인 내국법인이 「파견근로자 보호 등에 관한 법률」(이하 '파견법') 제5조의 '근로자파견 대상 업무'에 해당하지 아니하는 업무에 파견된 근로자를 파견법에 따라 직접 고용한 경우, 「조세특례제한법」 제30조의2에 따른 세액공제를 적용받을 수 없는 것임(서면-2022-법규법인-5222, 2023.04.12.).

(4) 비정규직의 정규직 전환으로 세액공제를 받은 후 해당 근로자의 자발적 이직 및 사망 등으로 근로관계를 끝내는 경우 추징 여부

「조세특례제한법」 제30조의2 제2항에서 "근로관계를 끝내는 경우"라 함은 근로관계에 있어 퇴직, 해고, 자동소멸(정년 등) 등 모든 사유로 근로자와 사용자 간의 근로계약관계가 종료되는 경우를 의미하는 것임(서면-2018-법인-3041, 2019.12.27., 기획재정부 조세특례제도과-721,2019.12.09.).

(5) 영업양도 등으로 근로자의 고용이 승계된 경우 승계 前 기업의 재직기간 또는 육아휴직기간까지 포함하여 쟁점세액공제의 적용여부를 판단할 수 있는지 여부

「조세특례제한법」 제29조의3 제2항의 육아휴직 복귀자 세액공제 적용을 위한 같은 항 제1호의 근무기간요건 판단 시, 영업양도로 근로자들의 근로관계가 양수하는 기업에 포괄적으로 승계된 경우에는 승계 전 기업의 근무기간도 포함하는 것임(서면-2022-법규소득-5660, 2023.06.20.).

(6) 출산휴가 및 육아휴직 직원에 대한 대체인력을 고용한 사업자가 출산휴가 기간 동안 휴가직원 및 대체인력의 4대 보험료를 모두 납부한 경우에 육아휴직 복귀자의 복직에 따른 세액공제 등의 적용을 위한 상시근로자 수 계산방법

「조세특례제한법」 제29조의7에 따라 고용을 증대시킨 기업에 대한 세액공제 적용 시 상시근로자는 「근로기준법」에 따라 근로계약을 체결한 내국인 근로자로서 「조세특례제한법 시행령」 제23조 제10항 각 호의 어느 하나에 해당하지 않는 사람을 말하는 것이며, 「근로기준법」에 따라 1년 이상의 근로계약을 체결하고 근무하다가 육아휴직을 한 근로자가 이에 해당하는지 여부는 사실 판단할 사항임(사전-2020-법령해석법인-0272, 2020.06.22.).

즉, 육아휴직자라 하더라도 4대보험료를 납부하고 있었다면 상시근로자에 해당하는 것으로 판단됩니다(아래의 국세청 발간 사례를 참고바람).

[참고사례][15]

① **산재로 휴직 중인 직원에 대한 4대 보험을 납부유예 하지 않고 납부 중인경우에는 상시근로자에 포함될 수 있나요?**
조세특례제한법 시행령 제23조 제10항 제1호에서 제5호까지에 해당하지 않는 직원이 산재로 휴직 중인 경우에도 국민연금법에 따른 부담금 및 기여금, 국민건강보험법에 따른 직장 가입자의 보험료 등이 납부되고 있는 경우라면 상시근로자에 포함될 수 있습니다.

② **육아휴직자가 육아휴직 기간 동안 상시근로자에 해당될 수 있나요?**
조세특례제한법 시행령 제23조 제10항 제1호에서 제5호까지에 해당하지 않는 육아휴직 한 직원이 육아휴직기간 중 국민연금법에 따른 부담금 및 기여금, 국민건강보험법에 따른 직장 가입자의 보험료 등이 납부되지 않은 경우에는 상시근로자에 포함되지 않습니다.

③ **상시근로자로 보는 직원이 근무 중에 군입대로 휴직하고, 그 직원에 대한 근로소득세, 국민연금법 및 국민건강보험법에 따른 직장 가입자의 보험료가 납부되지 않은 경우 군복무 기간 중 상시근로자로 볼 수 있나요?**
조세특례제한법 시행령 제23조 제10항 제1호에서 제5호까지에 해당하지 않는 육아휴직 한 직원이 육아휴직기간 중 국민연금법에 따른 부담금 및 기여금, 국민건강보험법에 따른

> 직장 가입자의 보험료 등이 납부되지 않은 경우에는 상시근로자에 포함되지 않습니다.
>
> ④ **무급 휴직자도 상시근로자에 포함될 수 있나요?**
> 조세특례제한법 시행령 제23조 제10항 제1호에서 제5호까지에 해당하지 않는 무급휴직자이고, 국민연금법에 따른 부담금 및 기여금, 국민건강보험법에 따른 직장 가입자의 보험료 등도 납부되지 않는 경우에는 상시근로자에 포함되지 않습니다.

(7) 통합고용세액공제 중 육아휴직복귀자 세액공제(조특법 제29의8④)와 고용증대(사회보험료)세액공제를 동시에 적용할 수 있는지 여부

내국법인은 2023 및 2024과세연도분에 대하여「조세특례제한법」제29조의8에 따른 통합고용세액공제를 적용받지 아니하고 같은 법 제29조의7에 따른 고용을 증대시킨 기업에 대한 세액공제 또는 같은 법 제30조의4에 따른 중소기업 사회보험료 세액공제를 선택하여 적용받을 수 있으며, 이 경우 같은 법 제29조의8 제4항에 따른 육아휴직 복귀자 세액공제 요건을 충족한 경우 해당 세액공제를 추가로 적용받을 수 있는 것임(서면-2024-법인-1055, 2024.04.22.).

---

15) 황진하 외3, "알기쉬운 고용증대 세액공제", 국세청 법인납세국 법인세과, 2023

7) 관련 서식

■ 조세특례제한법 시행규칙 [별지 제10호의9 서식] 〈개정 2024.03.22.〉

통합고용세액공제 공제세액계산서

(3쪽 중 제1쪽)

① 신청인	① 상호 또는 법인명		② 사업자등록번호	
	③ 대표자 성명		④ 생년월일	
	⑤ 주소 또는 본점소재지 (전화번호:)			

② 과세연도   년   월   일부터   년   월   일까지

③ 상시근로자 현황 (작성방법 2,3번을 참고하시기 바랍니다.)

구분	직전전 과세연도	직전 과세연도	해당 과세연도
⑥ 상시근로자 수 (⑦+⑧)			
⑦ 청년등상시근로자 수			
⑧ 청년등상시근로자를 제외한 상시근로자 수			
⑨ 정규직 전환 근로자 수			
⑩ 육아휴직 복귀자 수			

④ 기본공제 공제세액 계산내용

가. 1차년도 세제지원 요건 : ⑬)0

1. 상시근로자 증가 인원

⑪ 해당 과세연도 상시근로자 수	⑫ 직전 과세연도 상시근로자 수	⑬ 상시근로자 증가 인원 수 (⑪-⑫)

2. 청년등상시근로자 증가 인원

⑭ 해당 과세연도 청년등상시근로자 수	⑮ 직전 과세연도 청년등상시근로자 수	⑯ 청년등상시근로자 증가 인원 수 (⑭-⑮)

3. 청년등상시근로자를 제외한 상시근로자 증가 인원

⑰ 해당 과세연도 청년등상시근로자를 제외한 상시근로자 수	⑱ 직전 과세연도 청년등상시근로자를 제외한 상시근로자 수	⑲ 청년등상시근로자를 제외한 상시근로자 증가 인원 수(⑰-⑱)

V. 고용지원을 위한 조세특례

(3쪽 중 제2쪽)

4. 1차년도 세액공제액 계산

구분	구분		직전 과세연도 대비 상시근로자 증가 인원 수 (⑲상시근로자 증가 인원 수를 한도로 함)	1인당 공제금액	⑳ 1차년도 세액공제액
중소 기업	수도권 내	청년등		1천4백5십만원	
		청년등 외		8백5십만원	
	수도권 밖	청년등		1천5백5십만원	
		청년등 외		9백5십만원	
	계				
중견 기업	청년등			8백만원	
	청년등 외			4백5십만원	
	계				
일반 기업	청년등			4백만원	
	청년등 외				
	계				

나. 2차년도 세제지원 요건 : ㉓ ≥ 0

1. 상시근로자 증가 인원

㉑ 2차년도(해당 과세연도) 상시근로자 수	㉒ 1차년도(직전 과세연도) 상시근로자 수	㉓ 상시근로자 증가 인원 수(㉑-㉒)

2. 2차년도 세액공제액 계산(상시근로자 감소여부)

1차년도(직전 과세연도) 대비 상시근로자 감소여부	1차년도(직전 과세연도) 대비 청년등상시근로자 수 감소여부	㉔ 1차년도(직전 과세연도) 청년등상시근로자 증가 세액공제액	㉕ 1차년도(직전 과세연도) 청년등 외 상시근로자 증가 세액공제액	㉖ 2차년도 세액공제액
부	부			
	여			
여				

다. 3차년도 세제지원 요건(중소·중견기업만 해당) : ㉙ ≥ 0

1. 상시근로자 증가 인원

㉗ 3차년도(해당 과세연도) 상시근로자 수	㉘ 1차년도(직전전 과세연도) 상시근로자 수	㉙ 상시근로자 증가 인원 수(㉗-㉘)

2. 3차년도 세액공제액 계산(상시근로자 감소여부)

1차년도(직전전 과세연도) 대비 상시근로자 감소여부	1차년도(직전전 과세연도) 대비 청년등상시근로자 수 감소여부	㉚ 1차년도(직전전 과세연도) 청년등 상시근로자 증가 세액공제액	㉛ 1차년도(전전 과세연도) 청년등 외 상시근로자 증가 세액공제액	㉜ 3차년도 세액공제액
부	부			
	여			
여				

(3쪽 중 제3쪽)

● 추가공제 공제세액 계산내용

가. 세제지원 요건: ㉟ ≥ 0

㉝ 해당 과세연도 상시근로자 수	㉞ 직전 과세연도 상시근로자 수	㉟ 상시근로자 증가 인원 수 (㉝-㉞)

나. 세액공제액 계산

구분	구분	인원 수	1인당 공제금액	㊱ 추가공제 세액공제액
중소기업	정규직 전환자		1천3백만원	
	육아휴직 복귀자			
	계			
중견기업	정규직 전환자		9백만원	
	육아휴직 복귀자			
	계			

⑥ 세액공제액: ㉑ 1차년도 세액공제액 + ㉘ 2차년도 세액공제액 + ㉜ 3차년도 세액공제액 + ㊱ 추가공제 세액공제액

「조세특례제한법 시행령」 제26조의8제11항에 따라 위와 같이 공제세액계산서를 제출합니다.

　　　　　　　　　　　　　　　　　　　　년　　월　　일

　　　　　　　　　　　신청인　　　　　　　　(서명 또는 인)

세무서장　귀하

작성방법

1. 근로자 수는 다음과 같이 계산하되, 100분의 1 미만의 부분은 없는 것으로 합니다.
   가. 상시근로자 수: 매월 말 현재 상시근로자 수의 합 ÷ 과세연도의 개월 수
   나. 청년등상시근로자 수: 매월 말 현재 청년등상시근로자 수의 합 ÷ 과세연도의 개월 수
   다. 청년등상시근로자 외 상시근로자 수: 매월 말 현재 청년등상시근로자 외 상시근로자 수의 합 ÷ 과세연도의 개월 수

2. ③란의 상시근로자란 「근로기준법」에 따라 근로계약을 체결한 내국인 근로자로서 다음의 어느 하나에 해당하는 사람을 제외한 근로자를 말합니다.
   가. 근로계약기간이 1년 미만인 근로자. 다만, 근로계약의 연속된 갱신으로 인하여 그 근로계약의 총 기간이 1년 이상인 근로자는 상시근로자로 봅니다.
   나. 「근로기준법」 제2조제1항제9호에 따른 단시간근로자. 다만, 1개월간의 소정근로시간이 60시간 이상인 근로자는 상시근로자로 봅니다.
   다. 「법인세법 시행령」 제40조제1항 각 호의 어느 하나에 해당하는 임원
   라. 해당 기업의 최대주주 또는 최대출자자(개인사업자의 경우에는 대표자를 말합니다)와 그 배우자
   마. 라목에 해당하는 자의 직계존비속(그 배우자를 포함합니다) 및 「국세기본법 시행령」 제1조의2제1항에 따른 친족관계인 사람
   바. 「소득세법 시행령」 제196조에 따른 근로소득원천징수부에 의하여 근로소득세를 원천징수한 사실이 확인되지 않고, 「국민연금법」 제3조제1항제11호 및 제12호에 따른 부담금 및 기여금 또는 「국민건강보험법」 제69조에 따른 직장가입자의 보험료에 해당하는 금액의 납부사실도 확인되지 않는 자

3. ㉗란 등의 청년등상시근로자란 상시근로자 중 15세 이상 34세 이하인 사람으로서 다음 각 목의 어느 하나에 해당하는 사람을 제외한 사람(해당 근로자가 병역을 이행한 경우에는 6년을 한도로 병역을 이행한 기간을 현재 연령에서 빼고 계산한 연령이 34세 이하인 사람을 포함)과 「장애인복지법」의 적용을 받는 장애인, 「국가유공자 등 예우 및 지원에 관한 법률」에 따른 상이자, 「5・18민주유공자예우 및 단체설립에 관한 법률」 제4조제2호에 따른 5・18민주화운동부상자와 「고엽제후유의증 등 환자지원 및 단체설립에 관한 법률」 제2조제3호에 따른 고엽제후유의증환자로서 장애등급 판정을 받은 사람, 근로계약 체결일 현재 연령이 60세 이상인 사람, 「조세특례제한법」 제29조의3제1항에 따른 경력단절 여성을 말합니다.
   가. 「기간제 및 단시간근로자 보호 등에 관한 법률」에 따른 기간제근로자 및 단시간근로자
   나. 「파견근로자보호 등에 관한 법률」에 따른 파견근로자
   다. 「청소년 보호법」 제2조제5호 각 목에 따른 업소에 근무하는 같은 조 제1호에 따른 청소년

4. 청년등 외 상시근로자란 상시근로자 중 청년등상시근로자가 아닌 상시근로자를 말합니다.

5. ⑳, ㉘, ㉜ 계산 시 각 공제금액(청년/청년 외) 전체 상시근로자 수 증가분을 한도로 합니다.

6. ㉝, ㉞란의 상시근로자 수는 「근로기준법」 제74조에 따른 출산전후휴가를 사용 중인 상시근로자를 대체하는 상시근로자가 있는 경우 해당 출산전후휴가를 사용 중인 상시근로자를 제외하고 계산한 상시근로자 수를 말합니다.

7. 해당 과세연도의 상시근로자 수가 전년 대비 증가하여 「조세특례제한법」 제29조의8 통합고용세액공제 1차년도 공제를 신청할 경우 「조세특례제한법」 제29조의7의 고용 증대 기업에 대한 세액공제 1차년도 공제를 중복하여 신청할 수 없습니다.

210mm×297mm[백상지 80g/㎡]

V. 고용지원을 위한 조세특례

05 중소기업 사회보험료 세액공제 (조특법 제30조의4)

※ 2023년 통합고용증대 세액공제가 신설되었으며 2023년, 2024년은 사회보험료세액공제와 고용증대세액공제 또는 통합고용세액공제 중 선택적용이 가능하다.

※ **개정연혁**

(1) 2020년 개정사항

국가 지원과 중복지원을 배제하기 위하여 세액공제대상 사회보험료 부담금액에서 국가 등이 지급한 보조금등은 제외하도록 개정하였다.

(2) 2021년 개정사항

상시근로자 수 감소 시 공제받은 세액을 납부하는 사후관리규정을 신설하였으며 세액공제 적용기한을 2024.12.31.까지 연장하였다.

1) 의의

중소기업이 해당 과세연도의 상시근로자 수가 직전 과세연도의 상시근로자수보다 증가한 경우에는 사용자가 부담하는 사회보험료의 일정 금액을 해당 과세연도와 해당 과세연도 종료일부터 1년이 되는 날이 속하는 과세연도까지의 소득세(부동산임대소득을 제외한 사업소득에 대한 소득세에 한함) 또는 법인세에서 공제한다.

2) 세액공제 요건

중소기업으로서 2024년 12월 31일이 속하는 과세연도까지의 기간 중 해당 과세연도의 상시근로자 수가 직전 과세연도의 상시근로자 수보다 증가한 경우

(1) 상시근로자의 범위

① 근로계약기간이 1년 미만인 근로자(근로계약의 연속된 갱신으로 인하여 그 근로계약의 총 기간이 1년 이상인 근로자는 제외한다)
② 「근로기준법」 제2조 제1항 제9호에 따른 단시간근로자. 다만, 1개월간의 소정근로시간이 60시간 이상인 근로자는 상시근로자로 본다.
③ 다음의 어느 하나에 해당하는 임원
　가. 법인의 회장, 사장, 부사장, 이사장, 대표이사, 전무이사 및 상무이사 등 이사회의 구성원 전원과 청산인
　나. 합명회사, 합자회사 및 유한회사의 업무집행사원 또는 이사
　다. 유한책임회사의 업무집행자
　라. 감사
　마. 그 밖에 가.부터 라.에 준하는 직무에 종사하는 자
④ 해당 기업의 최대주주 또는 최대출자자(개인사업자의 경우에는 대표자를 말한다)와 그 배우자
⑤ 제4호에 해당하는 자의 직계존비속(그 배우자를 포함한다) 및 「국세기본법 시행령」 제1조의2 제1항에 따른 친족관계인 사람
⑥ 「소득세법 시행령」 제196조에 따른 근로소득원천징수부에 의하여 근로소득세를 원천징수한 사실이 확인되지 아니하는 사람
⑦ 법 제30조의4 제4항에 따른 사회보험에 대하여 사용자가 부담하여야 하는 부담금 또는 보험료의 납부 사실이 확인되지 아니하는 근로자

상시근로자란 「근로기준법」에 따라 근로계약을 체결한 내국인 근로자를 말한다. 다만, 다음의 어느 하나에 해당하는 사람은 제외한다.

(2) 청년등 상시근로자의 범위

청년 및 경력단절 여성 상시근로자로 다음의 어느 하나에 해당하는 자

① 청년 상시근로자 : 15세 이상 29세 이하인 상시근로자[병역을 이행한 경우에는 그 기간(6년을 한도로 한다)을 근로계약 체결일 현재 연령에서 빼고 계산한 연령이 29세 이하인 사람을 포함한다]
② 경력단절 여성 상시근로자 : 다음의 요건을 충족하는 경력단절 여성인 상시근로자

가. 해당 기업 또는 한국표준산업분류상의 중분류를 기준으로 동일한 업종의 기업에서 1년 이상 근무(근로소득세가 원천징수되었던 사실이 확인되는 경우로 한정한다)한 후 다음의 사유로 퇴직하였을 것
  ⊙ 퇴직한 날부터 1년 이내에 혼인한 경우(가족관계기록사항에 관한 증명서를 통하여 확인되는 경우로 한정한다)
  ⓒ 퇴직한 날부터 2년 이내에 임신하거나 난임시술을 받은 경우(의료기관의 진단서 또는 확인서를 통하여 확인되는 경우에 한정한다)
  ⓒ 퇴직일 당시 임신한 상태인 경우(의료기관의 진단서를 통하여 확인되는 경우로 한정한다)
  ⓔ 퇴직일 당시 8세 이하의 자녀가 있는 경우
  ⑩ 퇴직일 당시 「초·중등교육법」 제2조에 따른 학교에 재학 중인 자녀가 있는 경우
나. 가.에 따른 사유로 퇴직한 날부터 2년 이상 15년 미만의 기간이 지났을 것
다. 해당기업의 최대 주주 또는 최대출자자(개인사업자의 경우에는 대표자)나 그와 특수관계인[16]이 아닐 것.

(3) 상시근로자 수

① 상시근로자 수의 계산

상시근로자 수와 청년등 상시근로자 수는 다음의 계산식에 따라 계산한 수로 하고, 100분의 1 미만의 부분은 없는 것으로 한다.

가. 상시근로자 수 : 해당 과세연도의 매월 말 현재 상시근로자 수의 합 / 해당 과세연도의 개월 수

나. 청년 등 상시근로자 수 : 해당 과세연도의 매월 말 현재 청년 등 상시근로자 수의 합 / 해당 과세연도의 개월 수

② 단시간근로자 수의 계산

단시간근로자 중 1개월간의 소정근로시간이 60시간 이상인 근로자 1명은 0.5명으로 하여 계산하되, 다음의 요건을 모두 충족하는 경우에는 0.75명으로 하여 계산한다.

---

16) 국기법 제1조의2 제1항
  1. 4촌 이내의 혈족
  2. 3촌 이내의 인척
  3. 배우자(사실상의 혼인관계에 있는 자를 포함)
  4. 친생자로서 다른 사람에게 친양자 입양된 자 및 그 배우자·직계비속
  5. 본인이 「민법」에 따라 인지한 혼인 외 출생자의 생부나 생모(본인의 금전이나 그 밖의 재산으로 생계를 유지하는 사람 또는 생계를 함께하는 사람으로 한정)

> 가. 해당 과세연도의 상시근로자 수(1개월간의 소정근로시간이 60시간 이상인 근로자는 제외)가 직전 과세연도의 상시근로자 수(1개월간의 소정근로시간이 60시간 이상인 근로자는 제외)보다 감소하지 아니하였을 것
> 나. 기간의 정함이 없는 근로계약을 체결하였을 것
> 다. 상시근로자와 시간당 임금(「근로기준법」 제2조 제1항 제5호에 따른 임금, 정기상여금·명절상여금 등 정기적으로 지급되는 상여금과 경영성과에 따른 성과금을 포함한다), 그 밖에 근로조건과 복리후생 등에 관한 사항에서 차별적 처우가 없을 것
> 라. 시간당 임금이 「최저임금법」 제5조에 따른 최저임금액의 100분의 120 이상일 것

3) 세액공제 금액

사용자가 부담하는 사회보험료(국민연금, 고용보험, 산재보험, 국민건강보험, 노인장기요양보험)를 사용자의 법인세, 소득세(부동산 임대소득을 제외한 사업소득에 대한 소득세에 한함)에 대하여 세액공제를 적용하며, 2018년부터 공제 적용한 해당과세연도 이후 과세연도에 인원이 감소하지 않았으면 해당 과세연도와 그 다음 과세연도까지(2년간) 세액공제한다.

또한 2020년 부터는 사용자가 부담하는 사회보험료 상당액에 국가 등의 보조금, 감면액은 제외한다.

> ∴ 중소기업의 상시근로자 증가인원에 대한 사회보험료에 대해 50% (청년·경력단절여성의 경우에는 100%, 신성장서비스업의 경우에는 75%) 2년간 세액공제됨.

(1) 공제금액

① 청년상시근로자, 경력단절여성 (2017년부터) 세액공제
 청년 등 상시근로자 고용증가 인원에 대하여 사용자가 부담하는 사회보험료 상당액
 = 청년 등 상시근로자 고용증가인원 × 청년 등 상시근로자에 대한 사용자의 사회보험료 부담금액 × 100%

※ 청년 등 상시근로자 증가인원은 상시근로자 증가인원을 한도로 한다.

※ 사용자의 사회보험료 부담액

= 해당과세연도 청년 등 상시근로자에게 지급하는 소득세법상 총급여 / 해당과세연도 청년 등 상시근로자수 × 사회보험료율

② 청년 외 상시근로자 사회보험료 세액공제

청년 외 상시근로자 고용증가인원에 대하여 사용자가 부담하는 사회보험료상당액

= 청년 외 상시근로자 고용증가인원 × 청년 외 상시근로자에 대한 사용자의 사회보험료 부담금액 × 50%(2017부터 신성장서비스업을 영위하는 중소기업의 경우 75%)

※ 청년 외 상시근로자 증가인원은 해당과세연도에 직전과세연도 대비 증가한 상시근로자수에서 청년상시근로자 증가인원수를 뺀 금액으로 한다(0이하는 0으로 본다).

※ 사용자의 사회보험료부담액

= 해당과세연도 청년외 상시근로자에게 지급하는 소득세법상 총 급여/(해당과세연도 상시근로자수 – 해당과세연도의 청년등 상시근로자수) × 사회보험료율

※ 신성장서비스업

신성장서비스업 중 어느 하나에 해당하는 사업을 주된 사업으로 영위하는 중소기업을 말한다.

이 경우 둘 이상의 서로 다른 사업을 영위하는 경우에는 사업별 사업수입금액이 큰 사업을 주된 사업으로 본다.

신성장 서비스업이란?

1. 컴퓨터 프로그래밍, 시스템 통합 및 관리업, 소프트웨어 개발 및 공급업, 정보서비스업 또는 전기통신업
2. 창작 및 예술관련 서비스업(자영예술가 제외), 영화·비디오물 및 방송프로그램 제작업, 오디오물 출판 및 원판 녹음업 또는 방송업
3. 엔지니어링사업, 전문디자인업, 보안시스템 서비스업 또는 광고업 중 광고물 작성업
4. 서적, 잡지 및 기타 인쇄물출판업, 연구개발업, 「학원의 설립·운영 및 과외교습에 관한 법률」에 따른 직업기술 분야를 교습하는 학원을 운영하는 사업 또는 「국민 평생 직업능력 개발법」에 따른 직업능력개발훈련시설을 운영하는 사업(직업능력개발훈련을 주된 사업으로 하는 경우로 한정한다)
5. 관광진흥법에 따른 관광숙박업, 국제회의업, 유원시설업 또는 관광객이용시설업
6. 물류산업
7. 전시산업발전법에 따른 전시산업
8. 그밖의 과학기술서비스업
9. 시장조사 및 여론조사업
10. 광고업 중 광고대행업, 옥외 및 전시 광고업

※ 해당 과세연도에 창업 등을 한 기업의 경우에는 다음의 구분에 따른 수를 직전 또는 해당 과세연도의 청년등 상시근로자 수 또는 상시근로자 수로 본다.

① 창업한 경우의 직전 과세연도의 상시근로자 수 : 0

   단 다음의 경우 창업으로 보지 않는다.

> 가. 합병·분할·현물출자 또는 사업의 양수를 통하여 종전의 사업을 승계하거나 종전의 사업에 사용되던 자산을 인수 또는 매입하여 같은 종류의 사업을 하는 경우. 다만, 다음 각 목의 어느 하나에 해당하는 경우는 제외한다.
>   ㉠ 종전의 사업에 사용되던 자산을 인수하거나 매입하여 같은 종류의 사업을 하는 경우 그 자산가액의 합계가 사업 개시 당시 토지·건물 및 기계장치 등 대통령령으로 정하는 사업용자산의 총가액에서 차지하는 비율이 100분의 30 이하인 경우
>   ㉡ 사업의 일부를 분리하여 해당 기업의 임직원이 사업을 개시하는 경우로서 대통령령으로 정하는 요건에 해당하는 경우
> 나. 거주자가 하던 사업을 법인으로 전환하여 새로운 법인을 설립하는 경우
> 다. 폐업 후 사업을 다시 개시하여 폐업 전의 사업과 같은 종류의 사업을 하는 경우

② 위 ①의 가.에서 다.까지 어느 하나에 해당하는 경우(합병·분할·현물출자 또는 사업의 양수 등을 통하여 종전의 사업을 승계하는 경우는 제외한다)의 직전 과세연도의 상시근로자 수 : 종전 사업, 법인전환 전의 사업 또는 폐업 전의 사업의 직전 과세연도 청년등 상시근로자 수 또는 상시근로자 수

③ 해당 과세연도에 합병·분할·현물출자 또는 사업의 양수 등에 의하여 종전의 사업부문에서 종사하던 청년등 상시근로자 또는 상시근로자를 승계하는 경우 및 특수관계인으로부터 청년등 상시근로자 또는 상시근로자를 승계하는 경우 직전 또는 해당 과세연도의 상시근로자 수 :

가. 직전 과세연도의 상시근로자 수

㉠ 승계시킨 기업 : 직전 과세연도 청년 등 상시근로자 수 또는 상시근로자 수 – 승계시킨 청년 등 상시근로자 수 또는 상시근로자 수

㉡ 승계한 기업 : 직전 과세연도 청년 등 상시근로자 수 또는 상시근로자 수 + 승계한 청년 등 상시근로자 수 또는 상시근로자 수

나. 해당 과세연도의 상시근로자 수
해당 과세연도 개시일에 상시근로자를 승계시키거나 승계한 것으로 보아 계산한 청년 등 상시근로자 수 또는 상시근로자 수

4) 사후관리

중소기업이 최초로 공제를 받은 과세연도의 종료일부터 1년이 되는 날이 속하는 과세연도의 종료일까지의 기간 중 전체 상시근로자의 수 또는 청년 등 상시근로자의 수가 최초로 공제를 받은 과세연도에 비하여 감소한 경우에는 감소한 과세연도에 대하여 추가 공제를 적용하지 않는다. 이 경우 아래와 같이 계산한 금액을 소득세 또는 법인세로 납부하여야 한다.

(1) 상시근로자 수가 감소한 경우 : 다음 구분에 따라 계산한 금액

① 감소한 청년등근로자 수 ≥ 감소한 상시근로자수

$$A - B + C$$

A : [최초공제연도 대비 **감소한 청년등근로자수**(최초공제연도 청년등근로자수 증가한 인원수 한도) - 최초공제연도 대비 **감소한 상시근로자수**]에 대하여 법 제30조의4 제1항 제1호의 계산식*을 준용하여 계산한 금액

B : [최초공제연도 대비 **감소한 청년등근로자수**(**최초공제연도 청년등근로자수 증가한 인원수 한도**) - 최초공제연도 대비 **감소한 상시근로자수**]에 대하여 법 제30조의4 제1항 제2호의 계산식*을 준용하여 계산한 금액

C : 최초공제연도 대비 **감소한 상시근로자수**에 대하여 법 제30조의4 제1항 제1호의 계산식을 준용하여 계산한 금액

② 그 밖의 경우

$$A + B$$

A: 최초공제연도 대비 **감소한 청년등근로자수**(최초공제연도 청년등근로자수 증가한 인원수 한도)에 대하여 법 제30조의4 제1항 제1호의 계산식을 준용하여 계산한 금액

B: 최초공제연도 대비 **감소한 청년등외근로자수**(최초공제연도 대비 감소한 상시근로자 수 한도)에 대하여 법 제30조의4 제1항 제2호의 계산식을 준용하여 계산한 금액

(2) 상시근로자 수는 감소하지 않으면서 청년등근로자수가 감소한 경우

$$A - B$$

A : 최초공제연도 대비 **감소한 청년등근로자수**(최초공제연도 청년등근로자수 증가한 인원수 한도)에 대하여 법 제30조의4 제1항 제1호의 계산식을 준용하여 계산한 금액

B : 최초공제연도 대비 **감소한 청년등근로자수**(최초공제연도 청년등근로자수 증가한 인원수 한도)에 대하여 법 제30조의4 제1항 제2호의 계산식을 준용하여 계산한 금액

※ 법 제30조의4 제1항 제1호, 제2호의 계산식

> 제1호 청년등 상시근로자 고용증가인원으로서 대통령령으로 정하는 인원 × 청년등 상시근로자 고용증가인원에 대한 사용자의 사회보험료 부담금액으로서 대통령령으로 정하는 금액 × 100분의 100
>
> 제2호 청년등 외 상시근로자 고용증가인원으로서 대통령령으로 정하는 인원 × 청년등 외 상시근로자 고용증가인원에 대한 사용자의 사회보험료 부담금액으로서 대통령령으로 정하는 금액 × 100분의 50(대통령령으로 정하는 신성장 서비스업을 영위하는 중소기업의 경우 100분의 75)

※ 사후관리 계산시 최초공제연도에 청년등 상시근로자에 해당한 사람은 이후 과세연도에도 청년 등 상시근로자로 보아 청년등 상시근로자 수를 계산한다.

(일몰규정)

중소기업 중 다음의 요건을 모두 충족한 중소기업이 2020.01.01. 현재 근로기준법에 따라 근로계약을 체결하여 고용 중인 내국인 근로자 중 시간당 임금이 최저임금법에 따른 최저임금액의 100% 이상 120% 이하인 근로자가 2020.12.31.까지 사회보험에 신규가입한 경우에는 신규가입일부터 2년이 되는 날이 속하는 달까지 사용자가 부담하는 사회보험료 상당액의 50%에 상당하는 금액을 해당 과세연도의 사업소득에 대한 소득세 또는 법인세에서 공제한다(시행령 제27조의4 제11항, 제12항)

- 해당 과세연도의 상시근로자 수가 10명 미만일 것
- 해당 과세연도의 사업소득에 대한 소득세 과세표준 또는 법인세 과세표준이 5억 원 이하일 것

(1) 대상기업

조특법상 중소기업 중 상시근로자수가 10인 미만이고, 과세표준(사업소득에 한정)이 5억원 이하인 기업

※ 개인사업자의 경우 종합소득과세표준 × (사업소득금액 / 종합소득금액)으로 산정

(2) 대상근로자

「최저임금법」에 따른 최저임금을 준수하면서, 시간당임금이 최저임금의100% 이상 120% 이하인 근로자

(3) 사회보험료 상당액 계산방법

사업자가 부담하는 사회보험료총액에서 정부보조금(두루누리사업) 및 건보료 감면금액 차감하여 계산한다.

6) 중소기업 사회보험료 세액공제 실무계산 사례

[사례] 2024년 추가공제 및 추가납부 사례
2023년 세액공제금액
청년 등 고용증가 인원 1인당 사회보험료 부담금(서식 ⑮) : 4,020,417
청년 외 고용증가 인원 1인당 사회보험료 부담금(서식 ㉜) : 3,377,150

〈사례1〉 24년 추가공제

구분	2022(전전년)		2023(전년)		2024(당해년)	
	인원수	총 급여	인원수	총 급여	인원수	총 급여
전체	6	250,000,000	8	320,000,000	10	400,000,000
청년	5	200,000,000	6	250,000,000	7	300,000,000
청년 외	1	50,000,000	2	70,000,000	3	100,000,000

V. 고용지원을 위한 조세특례

중소기업 고용증가 인원에 대한 사회보험료 세액공제
공제세액계산서

● **공제세액 계산내용**

⑥ 해당년도 공제세액 합계(⑦+㉒)	5,743,452

1. 청년 및 경력단절 여성 상시근로자 고용증가 인원의 사회보험료 부담증가 상당액에 대한 공제세액계산

⑦ 공제세액(⑩×⑮)	4,137,428

가. 고용증가 인원 계산

⑧ 해당 과세연도 청년등 상시근로자 수	⑨ 직전 과세연도 청년등 상시근로자 수	⑩ 증가한 청년등 상시근로자 수 [(⑧-⑨), ⑩≤⑯]
7	6	1

나. 고용증가 인원 1인당 사용자의 사회보험료 부담금액

⑪ 해당 과세연도에 청년등 상시근로자에게 지급하는「소득세법」제20조제1항에 따른 총급여액	⑫ 해당 과세연도 청년등 상시근로자 수(=⑧)	⑬ 사회보험료율 (=㉑)	⑭ 국가 등이 지급한 보조금 및 감면액의 1인당 금액	⑮ 사회보험료 부담금 (⑪/⑫×⑬-⑭)
300,000,000	7	9.654 (%)		4,137,428

다. 사회보험료율

⑯ 국민건강보험	⑰ 장기요양보험	⑱ 국민연금	⑲ 고용보험	⑳ 산업재해 보상보험	㉑ 계 (⑯+⑰+⑱+⑲+⑳)
3.545 (%)	0.459 (%)	4.5 (%)	1.15 (%)	(%)	9.654 (%)

2. 청년 및 경력단절 여성 외 상시근로자 고용증가 인원의 사회보험료 부담증가 상당액에 대한 공제세액계산

㉒ 공제세액(㉗×⑮×0.5, 신성장 서비스업을 영위하는 중소기업의 경우에는 ㉗×⑮×0.75)	1,608,999

가. 고용증가 인원 계산

㉓ 해당 과세연도 상시근로자 수	㉔ 직전 과세연도 상시근로자 수	㉕ 증가한 상시근로자 수 (㉓-㉔)	㉖ 증가한 청년등 상시근로자 수 (=⑩)	㉗ 증가한 청년등 외 상시근로자 수 (㉕-㉖)
10	8	2	1	1

나. 고용증가 인원 1인당 사용자의 사회보험료 부담금액

㉘ 해당 과세연도에 청년등 외 상시근로자에게 지급하는「소득세법」제20조제1항에 따른 총급여액	㉙ 해당 과세연도 상시근로자 수 - 해당 과세연도 청년등 상시근로자 수(㉓-⑧)	㉚ 사회보험료율 (=㉑)	㉛ 국가 등이 지급한 보조금 및 감면액의 1인당 금액	㉜ 사회보험료 부담금 (㉘/㉙×㉚-㉛)
100,000,000	3	9.654 (%)		3,217,999

3. 2차년도 세제지원 요건 : ㉟ ≥0

가. 상시근로자 증가 인원

㉝ 2차년도(해당 과세연도) 상시근로자 수	㉞ 1차년도(직전 과세연도) 상시근로자 수	㉟ 상시근로자 증가 인원 수(㉝-㉞)
10	8	2

나. 2차년도 세액공제액 계산(상시근로자 감소여부)

직전 과세연도 대비 상시근로자 감소여부	직전 과세연도 대비 청년등 상시근로자수 감소여부	㉠ 직전 과세연도 청년등 상시근로자 증가에 대한 사회보험료 세액공제액	㉡ 직전 과세연도 청년등 외 상시근로자 증가에 대한 사회보험료 세액공제액	㊱ 2차년도 세액공제액 (㉠+㉡)
부	부	4,020,417	1,688,575	5,708,992
	여			

㊲ 세액공제액 : ⑥ 해당년도 세액공제액 + ㊱ 2차년도 세액공제액   11,452,444

〈사례2〉 24년 추가납부

구분	2022(전전년)		2023(전년)		2024(당해년)	
	인원수	총 급여	인원수	총 급여	인원수	총 급여
전체	6	250,000,000	8	320,000,000	4	200,000,000
청년	5	200,000,000	6	250,000,000	3	160,000,000
청년 외	1	50,000,000	2	70,000,000	1	40,000,000

> **추가납부금액 계산(조특령 제27조의4 11항 1호 나목)_그밖의 경우**
>
> A + B = 5,708,992
> A : 최초공제연도 대비 감소한청년등근로자수(최초공제연도 청년등근로자수 증가한 인원수 한도) × 청년등근로자에 대한 사회보험료부담액 × 100%
> => 1 × 4,020,417 × 100% = 4,020,417
> B : 최초공제연도 대비 감소한 청년등외근로자수(최초공제연도 대비 감소한 상시근로자수 한도) × 청년등외근로자에 대한 사회보험료부담액 × 50%(신성장서비스업 영위 중소기업 75%)
> => 1 × 3,377,150 × 50% = 1,688,575

※ 사회보험료 세액공제 추가납부세액의 경우 '공제감면세액 및 추가납부세액합계표(을)' 서식에 기재하게 된다.

7) 최신 예규 및 판례

(1) 중소기업 사회보험료 세액공제 적용여부

중소기업 사회보험료 세액공제를 받은 중소기업이 공제를 받은 과세연도의 종료일부터 1년이 되는 날이 속하는 과세연도의 종료일까지 기간 중 전체 상시근로자의 수가 공제를 받은 과세연도의 전체 상시근로자수 보다 감소하지 아니한 경우에는 공제를 받은 과세연도의 종료일부터 1년이 되는 날이 속하는 과세연도의 소득세에서도 공제하는 것임(사전-2020-법령해석소득-0215, 2020.10.07.).

(2) 외국인 근로자를 고용한 중소기업의 중소기업 사회보험료 세액공제 적용 여부

「조세특례제한법」 제30조의4에 따른 중소기업 사회보험료 세액공제를 적용함에 있어 상시근로자는 「근로기준법」에 따라 근로계약을 체결한 내국인근로자로서, 외국인 근로자가 「소득세법」에 따른 거주자에 해당하는 경우 상시근로자에 포함되는 것임(사전-2020-법령해석소득-0239, 2020.06.24.).

(3) 고용증가인원 사회보험료 세액계산시 상시근로자 수 산정방법

신규로 사업을 개시한 개인사업자가 고용증가인원 사회보험료 세액계산 시 상시근로자의 수를 계산함에 있어 해당 기간의 개월 수는 해당 과세기간의 개시일부터 과세기간의 종료일까지의 개월 수를 의미하는 것임(기획재정부 조세특례제도과-184, 2019.02.28.).

(4) 중소기업 고용증가 인원에 대한 사회보험료 세액공제 적용 시 상시근로자의 범위

「조세특례제한법」 제30조의4를 적용함에 있어서 상시근로자는 「근로기준법」에 따라 근로계약을 체결한 내국인근로자를 말하는것이며, 당초근로계약기간이 1년 미만이었으나, 근로계약의 연속된 갱신으로 총 근로계약기간이 1년 이상인 근로자는 상시근로자에 해당하는 것임(서면-2016-법인-3937, 2016.12.01.).

(5) 중소기업 사회보험료 세액공제 적용 대상 상시근로자에 해당하는지 여부

「국민연금법」, 「국민건강보험법」 상 가입 제외되는 내국인 근로자에 대하여 국민연금 또는 국민건강보험료 외 「조세특례제한법」 제30조의4 제4항 각 호에 따른 사회보험에 대하여 사용자가 부담하여야 하는 부담금 또는 보험료의 납부 사실이 확인되는 경우, 동 근로자는 「조세특례제한법시행령」 제27조의4 제1항 제7호에 해당하지 않는 것임(서면-2020-법령해석소득-5976, 2021.06.17.).

(6) 1차공제 당시 중소기업이었던 법인이 추가공제 당시 일반기업에 해당하게 된 경우 추가공제 적용여부

'19사업연도에 중소기업에 해당하여 중소기업 사회보험료 세액공제를 적용받은 법인이, '20사업연도에는 일반기업에 해당하는 경우,'20사업연도에 일반기업에 해당하더라도 「19사업연도분 추가공제」를 적용받을 수 있음(기준-2024-법규법인-0071, 2024.06.12.).

8) 주의사항

(1) 최저한세 해당되며 농어촌특별세는 해당되지 않는다. 즉, 농특세 비과세

(2) 2022년부터 사후관리 규정이 신설되어 최초로 공제를 받은 과세연도의 종료일부터 1년이 되는 날이 속하는 과세연도의 종료일까지 최초로 사회보험료 세액공제를 적용받은 과세연도에 비해 인원이 감소하는 경우 감소인원만큼 추가납부해야 한다.

(3) 2018년부터 고용인원이 감소하지 않으면 해당연도와 다음연도(2년간) 세액공제가 적용된다.

(4) 중복적용

① 외국인투자에 대한 법인세 등의 감면규정에 의하여 소득세 또는 법인세를 감면받는 내국인에 있어서는 사회보험료 세액공제 계산시 내국인 투자비율에 상당하는 금액 범위 내에서만 공제가능.

② 내국인이 동일한 과세연도에 창업중소기업 등에 대한 세액감면 규정 등에 의해 감면되는 경우에는 사회보험료 세액공제와 중복 적용하지 않는다.
다만, 2018년부터 중소기업특별세액감면(조특법 제7조)과는 중복 적용가능하다.

ex) 사회보험료 세액공제 + 고용증대세액공제 + 기타 각종 투자세액공제

사회보험료 세액공제 + 고용증대세액공제 + 중소기업특별세액감면

고용증대 세액공제 + 창업중소기업감면

③ 본조의 세액감면을 적용받는 사업과 그 밖의 사업을 구분경리하는 경우로서 그밖의 사업에 공제규정이 적용되는 경우에는 해당 세액감면과 공제는 중복지원에 해당하지 않는다.

※ 2024년까지 통합고용세액공제와 고용증대세액공제, 사회보험료 세액공제 중 선택하여 적용할 수 있다(「조특법」 제127조 ⑪항).

(5) 추계과세시 적용배제

(6) 개인사업자의 경우 사업소득(부동산 임대소득 제외)에 대한 소득세에서만 공제된다.

(7) 2020년부터는 사용자가 부담하는 사회보험료 상당액에 국가 등의 보조금, 감면액(두루누리 지원금)은 제외한다.

(8) 과세특례의 신청

본 조의 세액공제를 적용받으려는 중소기업은 해당 과세연도의 과세표준신고 시 세액공제 신청서 및 공제세액계산서를 제출해야 한다.

9) 관련 서식

[별지 제11호의5서식] (2022. 3. 18. 개정)

(3쪽 중 제1쪽)

중소기업 고용증가 인원에 대한 사회보험료 세액공제 공제세액계산서

❶ 신청인	① 상호 또는 법인명		② 사업자등록번호	
	③ 대표자 성명		④ 생년월일	
	⑤ 주소 또는 본점소재지)			(전 화 번 호 :

❷ 과세연도	년 월 일부터 년 월 일까지

❸ 공제세액 계산내용

⑥ 해당년도 공제세액 합계(⑦+㉒)	

1. 청년 및 경력단절 여성 상시근로자 고용증가 인원의 사회보험료 부담증가 상당액에 대한 공제세액계산

⑦ 공제세액(⑩×⑮)	

가. 고용증가 인원 계산

⑧ 해당 과세연도 청년등 상시근로자 수	⑨ 직전 과세연도 청년등 상시근로자 수	⑩ 증가한 청년등 상시근로자 수 [(⑧-⑨), ⑩≤㉕]

나. 고용증가 인원 1인당 사용자의 사회보험료 부담금액

⑪ 해당 과세연도에 청년등 상시근로자에게 지급하는 「소득세법」 제20조제1항에 따른 총급여액	⑫ 해당 과세연도 청년등 상시근로자 수(=⑧)	⑬ 사회보험료율 (=㉑)	⑭ 국가 등이 지급한 보조금 및 감면액의 1인당 금액	⑮ 사회보험료 부담금 (⑪/⑫×⑬-⑭)
		(%)		

다. 사회보험료율

⑯ 국민건강보험	⑰ 장기요양보험	⑱ 국민연금	⑲ 고용보험	⑳ 산업재해보상보험	㉑ 계 (⑯+⑰+⑱+⑲+⑳)
(%)	(%)	(%)	(%)	(%)	(%)

2. 청년 및 경력단절 여성 외 상시근로자 고용증가 인원의 사회보험료 부담증가 상당액에 대한 공제세액계산

㉒ 공제세액(㉗×㉜×0.5, 신성장 서비스업을 영위하는 중소기업의 경우에는 ㉗×㉜×0.75)	

가. 고용증가 인원 계산

㉓ 해당 과세연도 상시근로자 수	㉔ 직전 과세연도 상시근로자 수	㉕ 증가한 상시근로자 수 (㉓-㉔)	㉖ 증가한 청년등 상시근로자 수 (=⑩)	㉗ 증가한 청년등 외 상시근로자 수 (㉕-㉖)

210mm×297mm[백상지 80g/m² 또는 중질지 80g/m²]

(3쪽 중 제2쪽)

나. 고용증가 인원 1인당 사용자의 사회보험료 부담금액

㉘ 해당 과세연도에 청년등 외 상시근로자에게 지급하는 「소득세법」 제20조제1항에 따른 총급여액	㉙ 해당 과세연도 상시근로자 수 - 해당 과세연도 청년등 상시근로자 수 (㉓-⑧)	㉚ 사회보험료율 (=㉑)	㉛ 국가 등이 지급한 보조금 및 감면액의 1인당 금액	㉜ 사회보험료 부담금 (㉘/㉙×㉚-㉛)
		(%)		

3. 2차년도 세제지원 요건 : ㉟ ≥ 0

가. 상시근로자 증가 인원

㉝ 2차년도(해당 과세연도) 상시근로자 수	㉞ 1차년도(직전 과세연도) 상시근로자 수	㉟ 상시근로자 증가 인원 수(㉞-㉝)

나. 2차년도 세액공제액 계산(상시근로자 감소여부)

직전 과세연도 대비 상시근로자 감소여부	직전 과세연도 대비 청년등 상시근로자 수 감소여부	㉠ 직전 과세연도 청년등 상시근로자 증가에 대한 사회보험료 세액공제액	㉡ 직전 과세연도 청년등 외 상시근로자 증가에 대한 사회보험료 세액공제액	㊱ 2차년도 세액공제액 (㉠+㉡)
부	부			
	여			
여				

㊲ 세액공제액 : ⑥ 해당년도 세액공제액 + ㊱ 2차년도 세액공제액

「조세특례제한법」 제30조의4제5항에 따라 공제세액계산서를 제출합니다.

년 월 일

신청인 (서명 또는 인)

세무서장 귀하

첨부서류	없음	수수료 없음

210mm×297mm[백상지 80g/㎡ 또는 중질지 80g/㎡]

(3쪽 중 제3쪽)

작 성 방 법

1. 상시근로자 수를 계산할 때 「근로기준법」 제2조제1항제9호에 따른 단시간근로자 중 1개월간의 소정근로시간이 60시간 이상인 근로자 1명은 0.5명으로 계산하되, 「조세특례제한법 시행령」 제27조의4제6항제2호 각 목의 지원요건을 모두 충족하는 상시근로자는 0.75명으로 하여 계산하며, 상시근로자 수 중 100분의 1 미만은 없는 것으로 합니다.

   가. 상시근로자 수: 해당 과세연도의 매월 말 현재 상시근로자 수의 합 / 해당 과세연도의 개월 수

   나. 청년 및 경력단절 여성 상시근로자 수: 해당 과세연도의 매월 말 현재 청년 및 경력단절 여성 상시근로자 수의 합 / 해당 과세연도의 개월 수

   다. 청년 상시근로자의 의미: 15세 이상 29세 이하인 상시근로자[「조세특례제한법 시행령」 제27조제1항제1호 단서에 따라 병역을 이행한 경우에는 그 기간(6년을 한도로 합니다)을 근로계약 체결일 현재 연령에서 빼고 계산한 연령이 29세 이하인 경우를 포함하며, 최대 35세까지 가능합니다]입니다.

   라. 경력단절 여성 상시근로자의 의미: 해당 중소기업에서 1년 이상 근무한 여성이 결혼·임신·출산·육아·자녀교육의 사유로 퇴직한 날부터 2년 이상 15년 미만의 기간 내에 해당 중소기업에서 상시근로자로 재고용하는 것을 의미합니다(「조세특례제한법」 제29조의3 제1항 각 호의 규정에 해당되는 자를 의미하며, 해당 중소기업의 최대주주 또는 최대출자자 등의 경우에는 제외됨).

   마. 청년등 상시근로자의 의미: 청년 상시근로자와 경력단절 여성 상시근로자를 의미합니다.

2. ⑩란의 "증가한 청년등 상시근로자 수"는 ㉕란의 "증가한 상시근로자 수"를 한도로 합니다.

3. ⑩, ㉗란의 수가 음수인 경우 영으로 합니다.

4. ⑭ 보조금 및 감면액은 국가 및 「공공기관의 운영에 관한 법률」 제4조에 따른 공공기관이 지급하였거나 지급하기로 한 보조금 및 감면액의 1인당 금액(청년등 상시근로자와 관련된 보조금 및 감면액/⑫)을 말합니다.

5. ⑯란부터 ⑳란까지의 사회보험료율은 해당 과세연도 종료일 현재 적용되는 보험료율을 말합니다.

   ⑯ 국민건강보험: 「국민건강보험법 시행령」 제44조제1항에 따른 보험료율의 2분의 1

   ⑰ 장기요양보험: ⑯란의 보험료율에 「노인장기요양보험법 시행령」 제4조에 따른 장기요양보험료율을 곱한 수

   ⑱ 국민연금: 「국민연금법」 제88조에 따른 보험료율

   ⑲ 고용보험: 「고용보험 및 산업재해보상보험의 보험료 징수 등에 관한 법률」 제13조제4항 각 호에 따른 수를 합한 수

   ⑳ 산업재해보상보험: 「고용보험 및 산업재해보상보험의 보험료 징수 등에 관한 법률」 제14조제3항에 따른 산재보험료율

6. ㉒란의 신성장 서비스업을 영위하는 중소기업이란 「조세특례제한법 시행령」 제27조의4제5항 각 호에 따른 업종을 주된 사업으로 영위하는 중소기업을 말합니다.

7. ㉛ 보조금 및 감면액은 국가 및 「공공기관의 운영에 관한 법률」 제4조에 따른 공공기관이 지급하였거나 지급하기로 한 보조금 및 감면액의 1인당 금액(청년등 외 상시근로자와 관련된 보조금 및 감면액/㉙)을 말합니다.

210mm×297mm[백상지 80g/㎡ 또는 중질지 80g/㎡]

V. 고용지원을 위한 조세특례

※ 중소기업 고용증가 인원 사회보험료 세액공제 검토서식

검 토 사 항		적합 여부
중소기업 기준	중소기업 여부 검토표를 충족하는지 여부	예 / 아니요
고용요건	상시근로자 수가 증가하였는지 여부 상시근로자수 = 해당 기간의 매월 말 현재 상시 근로자수의 합 / 해당 기간의 개월 수 ① 상시근로자 수: 명 ② 직전 과세연도 상시근로자 수: 명 ③ 증 감(①-②): 명 * 상시근로자는 근로기준법에 따라 근로계약을 체결한 근로자로 다음 각 호의 어느 하나에 해당하는 사람은 제외 ① 근로계약기간이 1년 미만인 근로자 ② 근로기준법 제2조 제1항 제8호에 따른 단시간근로자 ③ 법인세법 시행령 제42조 제1항 각 호의 어느 하나에 해당하는 임원 ④ 해당 기업의 최대주주 또는 최대출자자와 그 배우자 ⑤ 제4호에 해당하는 자의 직계존비속(배우자 포함) 및 국세기본법 시행령 제1조의2 제1항에 따른 친족관계인 사람 ⑥ 소득세법 시행령 제196조에 따른 근로소득원천징수부에 의하여 근로소득세를 원천징수한 사실이 확인되지 아니하는 사람 ⑦ 국민연금, 고용보험, 산업재해보상보험, 국민건강보험, 장기요양보험에 대하여 사용자가 부담하여야 할 부담금 또는 부담료의 납부사실이 확인되지 아니하는 근로자	예 / 아니요
감면율	① 청년 15세 이상 29세 이하인 상시 근로자인 경우 * 병역이행시 현재 연령에서 복무기간(6년 한도)을 차감하여 계산한 연령이 29세 이하인 경우 포함 감면율 100%	예 / 아니요
	② 경력단절 여성 해당 기업 또는 해당기업과 동종 업종의 기업에서 1년 이상 근무한 여성이 결혼·임신·출산·육아·자녀교육 사유로 퇴직한 후, 퇴직한 날부터 2년이상 15년 이내에 동종업종기업과 1년 이상 근로계약을 체결한 경우 감면율 100%	
	③ 신성장 서비스업 조특령§27의4⑥에 따른 신성장서비스업을 주된 사업으로 영위하는 경우 감면율 75%	
	④ 이 외 상시근로자 ①, ②, ③외 상시 근로자인 경우 감면율 50%	

지역 간의 균형발전을 위한 조세특례

01 지방이전 기업에 대한 조세지원

해당 규정들은 기업의 대도시 집중현상을 조세정책적 목적에서 방지하기 위한 지역간 균형발전을 위한 조세특례로, 기업 지방이전을 지원하는 주요 규정들이다.

1) 공장의 대도시 밖 이전에 대한 법인세 과세특례 : 조세특례제한법 제60조
2) 법인 본사를 수도권과밀억제권역 밖으로 이전하는데 따른 양도차익에 대한 법인세 과세특례 : 조세특례제한법 제61조
3) 수도권 밖으로 공장을 이전하는 기업에 대한 세액감면 등 : 조세특례제한법 제63조
4) 수도권 밖으로 본사를 이전하는 법인에 대한 세액감면 등 : 조세특례제한법 제63조의2
5) 지방세 감면

1. 공장의 대도시 밖 이전에 대한 법인세 과세특례 (조특법 제60조)

※ 주요 개정연혁

(1) 2022.12.31. 개정에 따른 적용례

2022.12.31. 법률 개정시 신설하였으며, 수도권과밀억제권역 외의 지역의 산업단지에 위치한 공장 중 산업단지로 지정되기 전부터 사업을 하고 있는 공장이 그 공장을 지방으로 이전하는 경우에는 대도시에서 이전하는 것으로 보아 과세특례를 적용하도록 하였다.
개정규정은 2023.01.01. 이후 공장의 대지와 건물을 양도하는 경우부터 적용한다.

1) 의의

본 규정은 기업의 대도시 집중현상을 조세정책적인 차원에서 방지하기 위하여 기업의 지방이전을 지원하는 규정으로서, 대도시공장을 지방으로 이전하기 위하여 대도시 공장을 양도함에 따라 발생하는 양도차익 중 일정 금액은 양도일이 속하는 사업연도에 익금불산입하고, 익금불산입된 금액은 양도일이 속하는 사업연도 종료일 이후 5년이 되는 날이 속하는 사업연도부터 5개 사업연도의 기간에 균등액 이상을 익금에 산입할 수 있도록 과세를 이연하는 효과가 있다.

2) 대상업종 및 대도시, 공장의 의의

(1) 업종 동일요건

한국표준산업분류상의 세분류를 기준으로 이전 전의 공장에서 영위하던 업종과 이전 후의 공장에서 영위하는 업종이 같아야 한다.

> 1996.12.31. 조세감면규제법 시행령 개정시 그 요건을 완화하여 공장이전에는 한국표준산업분류상의 세분류를 기준으로 이전 전의 공장에서 영위하던 업종과 이전 후의 공장에서 영위하는 업종이 같아야 하는 것으로 하여, 세분류가 동일한 범위 내에서는 업종의 동일성이 유지되는 것으로 보아 이전 전·후의 공장에서 생산하는 품목이 다른 경우에도 조세특례규정이 적용되도록 하였다. 다만, 생산공정을 추가하는 것은 사업변경으로 보지 아니한다(재일 46014-2482, 1994.09.17.).

(2) 대도시의 의의

대도시라 함은 시행령 제56조 제2항에서 규정하는 지역을 말하며, 다음과 같다.
- 수도권*과밀억제권역
- 부산광역시(기장군 제외), 대구광역시(달성군 및 군위군 제외), 광주광역시, 대전광역시 및 울산광역시의 관할 구역. 다만, 산업입지 및 개발에 관한 법률에 의하여 지정된 산업단지는 제외

> * 수도권 : 서울특별시, 인천광역시 및 경기도 일원의 지역 (수도권정비계획법 제2조 제1호 및 동법 시행령 제2조)

[수도권역별 구분]

구분	기준
1. 과밀억제권역	인구와 산업이 지나치게 집중되었거나 집중될 우려가 있어 이전하거나 정비할 필요가 있는 지역
2. 성장관리권역	과밀억제권역으로부터 이전하는 인구 및 산업을 계획적으로 유치하고 산업의 입지와 도시의 개발을 적정하게 관리할 필요가 있는 지역
3. 자연보전권역	한강수계의 수질과 녹지 등 자연환경을 보전할 필요가 있는 지역

※ 수도권정비계획법 시행령 [별표 1] (2017.06.20. 개정)

과밀억제권역	성장관리권역	자연보전권역
1. 서울특별시
2. 인천광역시[강화군, 옹진군, 서구 대곡동·불로동·마전동·금곡동·오류동·왕길동·당하동·원당동, 인천경제자유구역(경제자유구역에서 해제된 지역을 포함한다) 및 남동 국가산업단지는 제외한다]
3. 의정부시
4. 구리시
5. 남양주시(호평동, 평내동, 금곡동, 일패동, 이패동, 삼패동, 가운동, 수석동, 지금동 및 도농동만 해당한다)
6. 하남시
7. 고양시
8. 수원시
9. 성남시
10. 안양시
11. 부천시
12. 광명시
13. 과천시
14. 의왕시
15. 군포시
16. 시흥시[반월특수지역(반월특수지역에서 해제된 지역을 포함한다) 은 제외한다]	1. 인천광역시[강화군, 옹진군, 서구 대곡동·불로동·마전동·금곡동·오류동·왕길동·당하동·원당동, 인천경제자유구역(경제자유구역에서 해제된 지역을 포함한다)및 남동 국가산업단지만 해당한다]
2. 동두천시
3. 안산시
4. 오산시
5. 평택시
6. 파주시
7. 남양주시(별내동, 와부읍, 진전읍, 별내면, 퇴계원면, 진건읍 및 오남읍만 해당한다)
8. 용인시(신갈동, 하갈동, 영덕동, 구갈동, 상갈동, 보라동, 지곡동, 공세동, 고매동, 농서동, 서천동, 언남동, 청덕동, 마북동, 동백동, 중동, 상하동, 보정동, 풍덕천동, 신봉동, 죽전동, 동천동, 고기동, 상현동, 성복동, 남사면, 이동면 및 원삼면 목신리·죽릉리·학일리·독성리·고당리·문촌리만 해당한다)
9. 연천군	1. 이천시
2. 남양주시(화도읍, 수동면 및 조안면만 해당한다)
3. 용인시(김량장동, 남동, 역북동, 삼가동, 유방동, 고림동, 마평동, 운학동, 호동, 해곡동, 포곡읍, 모현면, 백암면, 양지면 및 원삼면 가재월리·사암리·미평리·좌항리·맹리·두창리만 해당한다)
4. 가평군
5. 양평군
6. 여주시
7. 광주시
8. 안성시(일죽면, 죽산면 죽산리·용설리·장계리·매산리·장릉리·장원리·두현리 및 삼죽면 용월리·덕산리·율곡리·내장리·배태리만 해당한다)

VI. 지역 간의 균형발전을 위한 조세특례

과밀억제권역	성장관리권역	자연보전권역
	10. 포천시 11. 양주시 12. 김포시 13. 화성시 14. 안성시(가사동, 가현동, 명륜동, 숭인동, 봉남동, 구포동, 동본동, 영동, 봉산동, 성남동, 창전동, 낙원동, 옥천동, 현수동, 발화동, 옥산동, 석정동, 서인동, 인지동, 아양동, 신흥동, 도기동, 계동, 중리동, 사곡동, 금석동, 당왕동, 신모산동, 신소현동, 신건지동, 금산동, 연지동, 대천동, 대덕면, 미양면, 공도읍, 원곡면, 보개면, 금광면, 서운면, 양성면, 고삼면, 죽산면 두교리·당목리·칠장리 및 삼죽면 마전리·미장리·진촌리·기솔리·내강리만 해당한다) 15. 시흥시 중 반월특수지역(반월특수지역에서 해제된 지역을 포함한다)	

(3) 공장의 의의

공장이란 제조장 또는 자동차정비공장(자동차관리법 시행규칙 제131조의 규정에 의한 자동차종합정비업 또는 소형자동차정비업의 사업장)으로서 제조 또는 사업단위로 독립된 것을 말하며(조특법 시행령 제22조), 생산에 직접 공여되는 공장구내의 창고, 사무실, 종업원을 위한 기숙사, 식당 및 사내훈련시설 등을 포함한다.

① 이때 '공장'이라 함은 영업을 목적으로 물품의 제조·가공·수선이나 인쇄 등의 목적에 사용할 수 있도록 생산설비를 갖춘 건축물 또는 사업장과 그 부속토지를 갖추고 제조 또는 사업단위로 독립된 것을 말하는 것으로, 공장시설은 일체 없이 제조활동의 대부분을 외주가공에 의하는 경우에는 공장시설을 갖춘 경우에 해당하지 아니한다(서이 46012-11810, 2003.10.20.).
② 조세특례제한법 제63조의 규정을 적용함에 있어서 이전 전후의 공장이 해당 "공장"의 정의에 부합하는 경우로서 제조활동의 일부만을 외주가공에 의하는 경우에는 동 규정에 의한 공장시설을 갖춘 것으로 보는 것이나, 제조활동의 대부분을 외주가공에 의하는 경우에는 그러하지 아니하는 것임(서이-569, 2008.03.28.).
③ 공장시설을 갖추지 아니하고 임가공에 의해 제품을 납품받아 수출하는 경우에는 조세특례제한법 제63조제1항의 요건을 갖춘 것으로 보지 아니하는 것임(법인-749, 2009.06.30.).
④ '공장'이라 함은 독립된 제조장으로서 동일부지 내에 원재료투입공정으로부터 제품생산공정까지 일관된 작업을 할 수 있는 제조설비를 갖춘 장소와 그 부속토지로 하는 것임(법인-737, 2011.10.10.).

3) 감면요건

(1) 대도시 공장의 지방이전 요건

과세특례 규정이 적용되는 대도시 공장의 지방이전은 다음의 경우로 한다.

① 지방으로 공장을 이전하여 사업을 개시한 날*부터 2년 이내 대도시공장을 양도하는 경우

* 사업을 개시한 날은 신공장 시설을 이용하여 정상상품으로 판매할 수 있는 완성품제조를 개시한 날을 말하며, 공장을 양도하는 경우에는 공장용도 외의 다른 용도로 일시 사용 후 양도하는 경우를 포함한다(기본통칙 60-56-1, 60-56-3).

② 대도시 공장을 양도한 날부터 1년 이내에 지방에서 기존공장을 취득하여 사업을 개시하는 경우

③ 대도시 공장을 양도한 날부터 3년 이내에 지방공장을 준공*하여 사업을 개시하는 경우

> * 준공이라 함은 사용의 허가, 인가 또는 검사 등의 완료와 관계없이 공장건설과 기계장치를 완비하여 사실상 사업의 목적에 공 할 수 있는 상태에 있게 된 날을 말하는 것이나, 그 시기를 판단하기 어려운 때에는 사용의 허가, 인가, 또는 검사일을 준공일로 본다(기본통칙 60-56-2).

다만, 대도시 공장 또는 지방공장의 대지가 기획재정부령으로 정하는 공장입지기준면적*을 초과하는 경우 그 초과하는 부분에 대해서는 특례규정을 적용하지 아니한다.

> * 기획재정부령으로 정하는 공장입지 기준면적
> 다음의 각 호의 구분에 따른 면적을 말함
> 1. 제조공장의 경우에는 지방세법 시행규칙 별표3에 따른 공장입지 기준면적
> 2. 자동차정비공장의 경우에는 건축물의 바닥면적(시설물의 경우에는 그 수평투영면적)에 지방세법 시행령 제101조 제2항에 따른 용도지역별 적용배율을 곱하여 산정한 면적과 당해 사업의 등록당시의 관계법령에 의한 최소기준면적의 1.5배에 해당하는 면적 중 큰 면적

> ● 휴업중이던 공장을 지방으로 이전하거나 타인에게 임대하던 공장을 지방으로 이전하는 경우 등 다음에 해당하는 경우에는 과세특례를 적용하지 아니한다. (기본통칙 60-0-1)
> 1. 휴업중이던 공장을 지방으로 이전하는 경우
> 2. 타인에게 임대하던 공장을 지방으로 이전하는 경우
> 3. 이전 전의 대도시공장을 양도하기 전에 이전후의 지방공장을 양도 또는 임대한 경우
> 4. 이전 전의 공장건물을 철거하고 그 부지위에 건물을 신축하여 양도하는 경우
> 5. 이전 후 공장의 사업이 이전전 공장의 사업과 다른 경우. 다만, 한국표준산업분류상의 세분류가 동일한 경우를 제외한다.
> 6. 이전 후 이전전의 대도시공장을 증·개축하여 임대하다 양도하는 경우

4) 과세특례 내용

(1) 세액감면 내용

아래의 어느 하나에 해당하는 지역에서 공장시설을 갖추고 사업을 하는 내국법인이 대도시에 있는 공장을 대도시 밖(지방)으로 이전(수도권 밖에 있는 공장을 수도권으로 이전하는 경우는 제외함)하기 위하여 해당 공장의 대지와 건물을 2025년 12월 31일까지 양도함으로써 발생하는 양도차익에 대해서는 해당 양도차익에서 대통령령으로 정하는 바에 따라 계산한 금액을 해당 사업연도의 소득금액을 계산할 때 익금에 산입하지 않을 수 있다. 단, 해당 금액은 양도일이 속하는 사업연도 종료일 이후 5년이 되는 날이 속하는 사업연도부터 5개 사업연도의 기간 동안 균분한 금액 이상을 익금에 산입하여야 한다.

1. 수도권과밀억제권역
2. 수도권과밀억제권역 외의 지역으로서 대통령령으로 정하는 지역. 다만, 해당 지역에 위치한 「산업입지 및 개발에 관한 법률」에 따른 산업단지(이하 이 조에서 "산업단지"라 한다)는 제외한다.

위의 단서에도 불구하고 「산업입지 및 개발에 관한 법률」에 따라 산업단지로 지정되기 전부터 해당 지역에서 공장시설을 갖추고 사업을 하는 내국법인이 그 공장을 지방으로 이전하기 위하여 해당 공장의 대지와 건물을 양도하는 경우에는 해당 지역을 대도시로 보아야 한다.

(2) 익금불산입액의 계산

해당 공장의 대지와 건물을 2025년 12월 31일까지 양도함으로써 발생하는 양도차익에 대해서는 해당 양도차익에서 <u>대통령령으로 정하는 바에 따라 계산한 금액</u>*을 해당 사업연도의 소득금액을 계산할 때 익금에 산입하지 않을 수 있다.

단, 해당 금액은 양도일이 속하는 사업연도 종료일 이후 5년이 되는 날이 속하는 사업연도부터 5개 사업연도의 기간 동안 균분한 금액 이상을 익금에 산입하여야 한다.

* **대통령령으로 정하는 바에 따라 계산한 금액**

(대도시공장 양도가액[*1] − 장부가액 − 이월결손금[*2]) × 이전공장건물 및 부속토지 취득가액[*3] + (기계장치취득, 개체, 증축 및 증설 비용 + 공장시설이전비용/대도시공장의 양도가액)[*4]

[*1] **대도시공장 양도가액**

이전 전 대도시공장의 '장부가액'이라 함은 해당 사업연도의 감가상각을 한 후의 장부가액으로서 취득가액과 자본적 지출의 합계액에서 감가상각누계액을 차감한 금액을 말하며, 법인세법상 자산의 평가차익을 포함한다. 이 경우 감가상각누계액에는 공사부담금·보험차익 또는 국고보조금으로 취득한 고정자산의 일시상각충당금을 포함하는 것으로 한다.

[*2] 양도일이 속하는 사업연도의 직전 사업연도 종료일 현재 법인세법상 이월결손금

[*3] 이전공장건물 및 부속토지 취득가액(조세특례제한법 기본통칙 60-56-5)

이전 전 대도시공장의 '장부가액'이라 함은 해당 사업연도의 감가상각을 한 후의 장부가액으로서 취득가액과 자본적 지출의 합계액에서 감가상각누계액을 차감한 금액을 말하며, 법인세법상 자산의 평가차익을 포함한다. 이 경우 감가상각누계액에는 공사부담금·보험차익 또는 국고보조금으로 취득한 고정자산의 일시상각충당금을 포함하는 것으로 한다.

[*4] 대도시 공장의 양도가액에서 공장시설의 이전비용과 이전한 공장건물 및 그 부속토지와 기계장치의 취득, 개체, 증축 및 증설에 소요된 금액의 합계액이 차지하는 비율(단, 100%를 한도로 함)

단, 대도시 공장을 양도한 날부터 1년 이내에 지방에서 기존공장을 취득하여 사업을 개시하는 경우 또는 대도시 공장을 양도한 날부터 3년 이내에 지방공장을 준공하여 사업을 개시하는 경우에 해당하는 경우에는 공장의 사업개시일까지는 이전계획서상의 예정가액으로 계산한다.

5) 사후관리

과세특례를 적용받는 내국법인이 해당 익금불산입액 전액을 익금에 산입하기 전에 지방공장을 취득하여 사업을 개시하지 않거나 사업을 폐업 또는 해산하는 경우

등 일정한 사유*가 있는 경우에는 사유가 발생한 날이 속하는 사업연도의 소득금액 계산시 익금에 산입하지 아니한 금액을 익금에 산입한다.

> *** 일정한 사유**
> 1. 시행령 제56조 제1항 각호에서 정하는 바에 따라 사업을 개시하지 아니한 경우
>   - 지방으로 공장을 이전하여 사업을 개시한날부터 2년 이내 대도시공장을 양도하는 경우
>   - 대도시 공장을 양도한 날부터 1년 이내에 지방에서 기존공장을 취득하여 사업을 개시하는 경우
>   - 대도시공장을 양도한 날부터 3년 이내에 지방공장을 준공하여 사업을 개시하는 경우
> 2. 사업을 폐지 또는 해산한 경우
> 3. 이전계획서상의 예정가액에 의하여 익금에 산입하지 않은 금액이 시행령 제56조 3항에 따라 계산한 금액을 초과하는 경우
>
> ※ 익금에 산입한 금액에 대해서는 이자상당가산액을 추가로 납부해야한다.
> **단, 합병 또는 분할 및 분할합병에 의하여 사업을 폐업 또는 해산함으로써 익금산입한 경우에는 제외한다.**

6) 조세특례시 주의사항

(1) 감면신청서의 제출

① 지방으로 공장을 이전하여 사업을 개시한 날부터 2년 이내에 대도시공장을 양도하는 경우에는 기획재정부령이 정하는 이전완료보고서

② 대도시공장을 양도한 날부터 1년 이내에 지방에서 기존공장을 취득하여 사업을 개시하는 경우와 대도시공장을 양도한 날부터 3년 이내에 지방공장을 준공하여 사업을 개시하는 경우에는 기획재정부령이 정하는 이전계획서. 이 경우 제1항 제2호 또는 제3호의 규정에 의하여 사업을 개시한 때에는 그 사업개시일이 속하는 과세연도의 과세표준신고와 함께 기획재정부령이 정하는 이전완료보고서를 제출하여야 한다.

(2) 최저한세의 적용

최저한세 대상에 해당된다.

7) 관련 예규 및 판례

① 공장의 대도시 밖 이전 시 사업개시일의 정의

「조세특례제한법」제60조 및 같은 령 제56조 공장의 대도시 밖 이전에 대한 법인세 과세특례를 적용함에 있어서 '사업 개시일'이라 함은 대도시 밖 공장에서 정상제품으로 판매할 수 있는 완성품의 제조를 개시한 날이며, 귀 질의의 경우 이 시점이 언제인지는 구체적인 사실관계에 따라 판단할 사항임(서면법인2023-2785, 2023.10.06.).

② 공장의 대도시 밖 이전에 대한 법인세 과세특례 대상 범위

기존 보유 부지에 공장을 준공하여 이전하는 경우 새로이 취득하는 지방공장의 가액은 대도시공장 양도일로부터 사업개시일까지 기간 중에 동일한 업종을 영위하기 위해 취득·증설에 소요된 금액을 포함하되 기존에 보유하고 있던 토지가액은 제외하는 것임(서면법인2016-4409, 2017.09.18.).

2. 법인 본사를 수도권과밀억제권역 밖으로 이전하는데 따른 양도차익에 대한 법인세 과세특례 (조특법 제61조)

※ 주요개정연혁

(1) 2021.2.17. 개정에 따른 적용례

2021.2.17. 시행령 개정시 수도권과밀억제권역 밖으로 공장을 이전하는 중소기업에 대한 세액감면과 법인의 공장 및 본사를 수도권 밖으로 이전하는 경우에 대한 세액감면을 공장이전기업 및 본사이전법인에 대한 세액감면으로 개편하고, 서로 다르게 정하고 있던 추징세액을 동일하게 정비하는 법률 개정 내용에 맞추어 조문 체계를 정비하며, 이전한 곳에서 일정기간 내 사업을 개시하지 않는 등 추징요건이 발생하면 소급하여 최대 5년간의 감면세액을 추징하도록 하였다.

(2) 2020.12.29. 개정에 따른 적용례

2020.12.29. 법률 개정시 종전의 공장(시설)을 수도권과밀억제권역 밖으로 이전하는 중소기업에 대한 세액감면과 공장 및 본사를 수도권 밖으로 이전하는 법인에 대한 법인세 등 감면을 수도권 밖으로 공장을 이전하는 모든 기업 등에 대한 세액감면과 수도권 밖으로 본사를 이전하는 법인에 대한 세액감면으로 개편하고, 국토균형발전을 지원하기 위하여 해당 세액감면의 적용기한을 2022.12.31.까지로 2년 연장하였다.

1) 의의

본 조는 기업의 대도시 내 집중현상을 조세정책적 목적으로 방지하기 위해 기업의 지방이전을 지원하는 규정으로서, 수도권 과밀억제권역 내의 본사를 과밀억제권역 밖으로 이전하기 위하여 수도권 과밀억제권역 내의 본사를 양도함에 따라 발생하는 양도차익 중 일정금액은 양도일이 속하는 사업연도에 익금불산입하고, 동 익금불산입된 금액은 양도일이 속하는 사업연도 종료일 이후 5년이 되는 날이 속하는 사업연도부터 5개 사업연도의 기간동안 균분한 금액 이상을 이연하여 익금에 산입할 수 있다.

2) 감면요건

(1) 업종 동일요건

한국표준산업분류상의 세분류를 기준으로 이전 전의 본점 또는 주사무소에서 영위하던 업종과 이전후의 본점 또는 주사무소에서 영위하는 업종이 같아야 한다.

(2) 지방이전 요건

수도권 과밀억제권역이나 본점이나 주사무소를 둔 내국법인이 본점이나 주사무소를 수도권 과밀억제권역 밖으로 이전하기 위하여 당해 본점 또는 주사무소의 대지와 건물을 2025년 12월 31일 까지 양도하는 경우에 과세특례를 적용받을 수 있다. 이 경우 과세특례 규정이 적용되는 지방이전 요건은 다음의 경우로 한다.

> 1. 수도권 과밀억제권역 외의 지역으로 수도권 과밀억제권역 안의 본점 또는 주사무소를 이전한 날*부터 2년 이내에 수도권 과밀억제권역 내의 본사의 대지와 건물을 양도하는 경우
> 2. 수도권 과밀억제권역 내 본사의 대지와 건물을 양도한 날부터 3년 이내에 수도권 과밀억제권역 외의 지역으로 본점 또는 주사무소를 이전하는 경우

> * "수도권 과밀억제권역 외의 지역으로 수도권 과밀억제권역 안의 본점 또는 주사무소를 이전한 날"이라 함은 본점 또는 주사무소의 이전등기일로 한다. 다만, 이전등기일 이후에 실제로 이전한 경우에는 실제로 이전한 날로 한다.

3) 과세특례 내용

(1) 익금불산입 계산

수도권과밀억제권역에 본점이나 주사무소를 둔 내국법인이 본점이나 주사무소를 수도권과밀억제권역 밖으로 이전하기 위하여 해당 본점 또는 주사무소의 대지와 건물을 2025년 12월 31일까지 양도하여 발생한 양도차익은 해당 양도차익에서 <u>대통령령으로 정하는 바에 따라 계산한 금액</u>*을 해당 사업연도의 소득금액을 계산할 때 익금에 산입하지 아니할 수 있다.

이 경우 해당 금액은 양도일이 속하는 사업연도 종료일 이후 5년이 되는 날이 속하는 사업연도부터 5개 사업연도의 기간 동안 균분한 금액 이상을 익금에 산입하여야 한다.

> * 대통령령으로 정하는 바에 따라 계산한 금액
>
> (본점양도가액 - 장부가액 - 이월결손금) × 수도권 과밀억제권역 외 본점 대지·건물취득가액 또는 임차보증금 + 양도 후 1년 내 사업용 고정자산 취득가액 + 본점 이전비용/수도권 내 본점 양도가액

> ● 수도권과밀억제권역 내 본사건물 일부를 임차한 경우

수도권과밀억제권역 내 본사 건물의 일부를 해당 법인이 직접 업무용으로 사용하고, 나머지 일부를 다른 사람이 사용하는 경우에는 해당 건물의 연면적 중 해당 법인이 양도일(본사 이전한날부터 2년 내에 수도권 과밀억제권역 내 본사의 대지와 건물을 양도하는 경우 수도권과밀억제권역 내 본사를 이전한 날을 말함)부터 소급하여 2년 이상 업무용으로 직접 사용한 면적이 차지하는 비율에 한정하여 과세특례를 적용한다.

'법인 본사 양도차익에 대한 법인세 과세특례'를 적용함에 있어 법인이 수도권과밀억제권역("수도권") 내에 있는 본사의 일부는 해당 법인이 직접 업무용으로 사용하고 일부는 다른 사람이 사용하다가 본사를 수도권 밖으로 이전한 경우로서, 이전한 날부터 2년 이내에 수도권 내 본사를 양도하기까지 공실이 발생하여 해당 본사를 일시적으로 임대하는 경우, '해당 법인이 양도일부터 소급하여 2년 이상 업무용으로 직접 사용한 면적'은 '해당 법인이 이전일부터 소급하여 2년 이상 업무용으로 직접 사용한 면적'으로 하는 것임(법령해석법인2014-535, 2015.01.21.).

(2) 예정가액에 의한 익금불산입액 계산

양도 후 이전의 경우에는 이전완료 또는 사용완료시까지 이전계획서 또는 처분대금사용계획서상의 예정가액[*]에 의한다.

> [*] 수도권 과밀억제권역 외 본점 대지·건물취득가액 및 임차보증금, 이전 후 1년 내 사업용 고정자산 취득가액 등

4) 조세특례시 주의사항

과세특례를 적용받는 내국법인이 해당 익금불산입액 전액을 익금에 산입하기 전에 사업을 폐업 또는 해산하는 경우 등 일정한 사유[*1]가 있는 경우에는 사유가 발생한 날이 속하는 사업연도의 소득금액 계산시 익금에 산입하지 아니한 금액을 익금에 산입한다. 익금에 산입한 금액에 대해서는 이자상당가산액을 추가로 납부해야 한다. **단, 합병 또는 분할 및 분할합병에 의하여 사업을 폐업 또는 해산함으로써 익금산입한 경우에는 제외한다.**

> ***1 일정한 사유**
> 1. 본점 또는 주사무소를 수도권과밀억제권역 밖으로 이전한 경우에 해당하지 아니하는 경우
> 2. 수도권 과밀억제권역에 **대통령령으로 정하는 기준 이상의 사무소****를 둔 경우
> 3. 수도권과밀억제권역의 본점 또는 주사무소의 대지와 건물을 처분한 대금을 **대통령령 용도 외에 사용한 경우*****
> 4. 해당 사업을 폐업하거나 법인이 해산한 경우

> ****대통령령으로 정하는 기준 이상의 사무소**
> 수도권과밀억제권역 밖으로 수도권과밀억제권역 내 본사를 이전한 날부터 3년이 되는 날이 속하는 과세연도가 지난 후 수도권과밀억제권역 안의 사무소에서 본사업무에 종사하는 연평균 상시근무인원이 본사업무에 종사하는 연평균 상시근무인원의 50% 이상인 경우를 말한다.

> *****대통령령으로 정하는 용도 외에 사용한 경우**
> 다음 각호의 용도가 아닌 다른 용도로 사용한 때를 말한다.
> 1. 규정에 의한 기한 내에 수도권 과밀억제권역 외의 본사의 대지와 건물을 취득 또는 임차한 때
> 2. 수도권 과밀억제권역 내 본사 양도일부터 1년 이내에 수도권 과밀억제권역 외의 본사의 사업용 고정자산(본사의 대지와 건물 제외)을 취득한 때
> 단, 수도권 과밀억제권역 외의 본사의 대지와 건물을 당해 법인이 직접 사용하지 아니하는 부분이 있는 때에는 그 부분은 이를 용도 외에 사용한 것으로 본다.

5) 세부사항

(1) 양도차익명세서 등의 제출

본조의 규정을 적용받고자 하는 내국법인은 토지 등 양도차익명세서 등을 납세지 관할세무서장에게 제출하여야 한다.

(2) 최저한세 적용

6) 관련 예규 및 판례

① 본사 수도권 밖 이전에 따른 과세특례 적용시 업무용으로 직접 사용한 면적 적용방법

내국법인이 수도권 내에 있는 본사의 일부는 당해 법인이 직접 업무용으로 사용하고 일부는 다른 사람이 사용하다가 본사를 수도권 밖으로 이전한 경우로서, 이전한 날부터 본사를 양도하기까지 공실이 발생하여 해당 본사를 일시적으로 임대하는 경우, 일시적 임대기간은 제외하고 당해 법인이 양도일부터 소급하여 2년 이상 업무용으로 직접 사용한 면적을 계산함(사전법령해석법인2014-21708, 2015.01.21.).

② 등기부상 뿐만 아니라 실질적인 본점의 지방이전 해당여부
수도권외의 지역으로 이전하는 중소기업에 대한 조세특례규정을 적용함에 있어, 이사회가 지방에서 개최된 사실, 지방금융기관과의 거래실적 등을 감안하여 볼 때 등기부상 뿐만 아니라 실질적인 본점의 지방이전이 있었다고 본 사례(취소)(국심1996전2814, 1997.10.16.)

3. 수도권 밖으로 공장을 이전하는 기업에 대한 세액감면 (조특법 제63조)

※주요 개정사항

(1) 2022.12.31. 개정에 따른 적용례

2022.12.31. 법률 개정시 성장촉진지역·인구감소지역·위기지역 등으로 이전하는 경우에 대한 감면기간을 최대 12년까지로 확대하였다.

또한 2023.01.01. 이후 본사를 이전하는 경우로서 아래의 어느 하나에 해당하는 행위를 한 경우에는 개정규정에도 불구하고 종전의 규정을 적용할 수 있다.

① 본사를 신축하는 경우로서 이전계획서를 제출한 경우

② 본사 이전을 위하여 기존 본사의 부지나 본사용 건축물을 양도(양도 계약을 체결한 경우를 포함한다)하거나 본사를 철거·폐쇄 또는 본사 외의 용도로 전환한 경우

③ 본사 이전을 위하여 신규 본사의 부지나 본사용 건축물을 매입(매입 계약을 체결한 경우를 포함한다)한 경우

④ 본사를 신축하기 위하여 건축허가를 받은 경우

⑤ 위①~④에 준하는 행위를 한 경우로서 실질적으로 이전에 착수한 것으로 볼 수 있는 경우

(2) 2021.02.17. 개정에 따른 적용례

2021.02.17. 시행령 개정시 수도권과밀억제권역 밖으로 공장을 이전하는 중소기업에 대한 세액감면과 법인의 공장 및 본사를 수도권 밖으로 이전하는 경우에 대한 세액감면을 공장이전기업 및 본사이전법인에 대한 세액감면으로 개편하고, 서로 다르게 정하고 있던 추징세액을 동일하게 정비하는 법률 개정 내용에 맞추어 조문 체계를 정비하며, 이전한 곳에서 일정기간 내 사업을 개시하지 않는 등 추징요건이 발생하면 소급하여 최대 5년간의 감면세액을 추징하도록 하였다.

1) 의의

공장이전기업이 공장을 이전하여 2025년 12월 31일(공장을 신축하는 경우로서 공장의 부지를 2025년 12월 31일까지 보유하고 2025년 12월 31일이 속하는 과세연도의 과세표준 신고를 할 때 이전계획서를 제출하는 경우에는 2028년 12월 31일)까지 사업을 개시하는 경우에는 이전 후의 공장에서 발생하는 소득(공장이전기업이 이전 후 합병·분할·현물출자 또는 사업의 양수를 통하여 사업을 승계하는 경우 승계한 사업장에서 발생한 소득은 제외한다)에 대하여 소득세 또는 법인세를 감면한다.

> ※ 단, 다음의 사업을 경영하는 내국인에 대해서는 세액감면 규정을 적용하지 아니한다. 부동산임대업, 부동산중개업, 부동산매매업, 건설업(한국표준산업분류에 따른 주거용 건물 개발 및 공급업을 포함함 단, 구입한 주거용 건물을 재판매하는 경우는 제외), 소비성서비스업, 유통산업발전법에 따른 무점포판매에 해당하는 사업, 해운법에 따른 해운중개업 (2024.12.31. 단서삭제)

2) 감면 기간 및 감면 요건

(1) 업종요건

공장 이전 기업은 한국표준산업분류상의 세분류를 기준으로 이전 전 2년(중소기업은 1년)의 공장에서 영위하던 업종과 이전후의 공장에서 영위하는 업종이 같아야한다.

따라서 공장이전 후 세분류를 기준으로 이전전의 업종과 다른 새로운 업종을 추가하여 그 추가한 업종에서 발생한 소득에 대해서는 본 조의 세액감면을 적용하지 아니한다.

다만, 부동산업, 건설업, 소비성서비스업, 무점포판매업 및 해운중개업을 경영하는 내국인인 경우에는 세액감면을 받지 못한다.

(2) 세액감면 요건

① 수도권과밀억제권역에 3년(중소기업은 2년) 이상 계속하여 공장시설을 갖추고 사업을 한 기업일 것

다만, 이전 전 10년 내에 감면을 적용 받은 기업은 제외

" 수도권 과밀억제권역내 본사를 둔 법인"이란 본사의 이전등기일부터 소급하여 5년 이상 계속하여 수도권 과밀억제권역안에 본사를 두고 사업을 영위한 실적이 있는 법인을 말하며 기간중 법인의 업종이 축소되거나 확대된 경우에도 감면대상이 되는 것임(재조예 46019-184, 2003.09.04.).

② 공장시설의 전부를 수도권(중소기업은 수도권과밀억제권역) 밖으로 이전할 것

　가. 수도권 밖으로 공장을 이전하여 사업을 개시한 날부터 2년 이내에 수도권과밀억제권역 안의 공장을 양도하거나 수도권과밀억제권역 안에 남아 있는 공장시설의 전부를 철거 또는 폐쇄하여 해당 공장시설에 의한 조업이 불가능한 상태일 것 또는

　나. 수도권과밀억제권역 안의 공장을 양도 또는 폐쇄한 날(공장의 대지 또는 건물을 임차하여 자기공장시설을 갖추고 있는 경우에는 공장이전을 위하여 조업을 중단한 날)부터 2년 이내에 수도권 밖에서 사업을 개시할 것. 다만, 공장을 신축하여 이전하는 경우에는 수도권과밀억제권역 안의 공장을 양도 또는 폐쇄한 날부터 3년 이내에 사업을 개시해야 한다.

③ 다음의 어느 하나에 해당하는 경우 다음의 구분에 따른 요건을 갖출 것

　가. 중소기업이 공장시설을 수도권 인구감소지역으로 이전하는 경우로서 본점이나 주사무소가 수도권과밀억제권역에 있는 경우 : 해당 본사도 공장시설과 함께 이전할 것

　나. 중소기업이 아닌 기업이 광역시로 이전하는 경우 : 산업입지 및 개발에 관한 법률 제2조 제8호에 따른 산업단지로 이전할 것

3) 조세특례 효과

(1) 공장 이전일 이후 해당 공장에서 최초로 소득이 발생한 과세연도(공장 이전일부터 5년이 되는 날이 속하는 과세연도까지 소득이 발생하지 아니한 경우에는 이전일부터 5년이 되는 날이 속하는 과세연도)의 개시일부터 다음의 구분에 따른 기간 이내에 끝나는 과세연도 : 소득세 또는 법인세의 100%에 상당하는 세액을 감면

① 수도권 등 다음의 지역으로 이전하는 경우 : 5년
  가. 당진시, 아산시, 원주시, 음성군, 진천군, 천안시, 춘천시, 충주시, 홍천군(내면은 제외한다) 및 횡성군의 관할구역
  나. 수도권정비계획법에 따른 성장관리권역 및 자연보전권역(이 경우 이전하는 기업이 중소기업만 해당)

② 수도권 밖에 소재하는 광역시등 아래의 지역으로 이전하는 경우
  수도권 밖에 소재하는 광역시의 관할구역과 구미시, 김해시, 전주시, 제주시, 진주시, 창원시, 청주시 및 포항시의 관할구역
  가. 위기지역, 「지방자치분권 및 지역균형발전에 관한 특별법」에 따른 성장촉진지역 또는 인구감소지역(이하 "성장촉진지역등"이라 한다)으로 이전하는 경우 : 7년
  나. 가.에 따른 지역 외의 지역으로 이전하는 경우: 5년

③ 가. 또는 나. 에 따른 지역 외의 지역으로서 수도권 밖의 지역으로 이전하는 경우
  가. 성장촉진지역등으로 이전하는 경우: 10년
  나. 성장촉진지역등에 따른 지역 외의 지역으로 이전하는 경우: 7년

(2) 위의 (1)의 과세연도의 다음 2년{위 (1)의 ② 가. 또는 (1) ③ 나. 에 해당하는 경우는 3년} 이내에 끝나는 과세연도 : 소득세 또는 법인세의 50% 상당하는 세액을 감면

구분	감면율
가) 1. 당진시, 아산시, 원주시, 음성군, 진천군, 천안시, 춘천시, 충주시, 홍천군(내면은 제외한다) 및 횡성군의 관할구역 　　2. 수도권정비계획법에 따른 성장관리권역 및 자연보전권역에 따른 지역으로서 수도권 밖의 지역으로 이전하는 경우(중소기업에 한한다.) : 5년 나) 수도권 밖에 소재하는 광역시의 관할구역과 구미시, 김해시, 전주시, 제주시, 진주시, 창원시, 청주시 및 포항시의 관할구역에 따른 지역으로 이전하는 경우 　　(가) 성장촉진지역등으로 이전하는 경우 : 7년 　　(나) 성장촉진지역등에 따른 지역 외의 지역으로 이전하는 경우 : 5년 다) 가) 또는 나)에 따른 지역 외의 지역으로서 수도권 밖의 지역으로 이전하는 경우 　　(가) 성장촉진지역등으로 이전하는 경우: 10년 　　(나) 성장촉진지역등에 따른 지역 외의 지역으로 이전하는 경우 : 7년	100%
위의 과세연도의 다음 2년(기타지역), 성장촉진지역에 해당하는 경우에는 3년 과세연도	50%

4) 사후관리 내용

과세특례를 적용받는 내국법인이 일정한 사유*가 있는 경우에는 사유가 발생한 날이 속하는 사업연도의 소득금액 계산시 이자상당가산액을 가산하여 납부해야한다.

> *일정한 사유
> 1. 공장을 이전하여 사업을 개시한 날부터 3년 이내에 그 사업을 폐업하거나 법인이 해산한 경우. 다만, 합병·분할 또는 분할합병으로 인한 경우에는 제외
> 2. 공장을 수도권(중소기업은 수도권과밀억제권역) 밖으로 이전하여 사업을 개시하지 아니한 경우
> 3. 수도권(중소기업은 수도권과밀억제권역)에 제1항에 따라 이전한 공장에서 생산하는 제품과 같은 제품을 생산하는 공장(중소기업이 수도권 안으로 이전한 경우에는 공장 또는 본사)을 설치한 경우

사후관리 위반사유	납부세액
1. 공장을 이전하여 사업을 개시한 날부터 3년 이내에 그 사업을 폐업하거나 법인이 해산한 경우	폐업일 또는 법인해산일부터 소급하여 3년 이내 감면된 세액
2. 공장을 수도권(중소기업은 수도권 밖 또는 수도권의 인구감소지역) 밖으로 이전하여 사업을 개시하지 아니한 경우	요건을 갖추지 못하게 된 날부터 소급하여 5년 이내에 감면된 세액
3. 수도권(중소기업은 수도권과밀억제권역)에 제1항에 따라 이전한 공장에서 생산하는 제품과 같은 제품을 생산하는 공장(중소기업이 수도권 안으로 이전한 경우에는 공장 또는 본사)을 설치한 경우	공장설치일부터 소급하여 5년 이내에 감면된 세액

5) 조세특례시 주의사항

(1) 감면신청

세액감면을 적용받으려는 자는 과세표준신고와 함께 세액감면신청서(시행규칙 별지 제2호 서식) 및 감면세액계산서(시행규칙 별지 제46호의2 서식)을 납세지 관할 세무서장에게 제출해야 한다.

(2) 구분경리

본조에 따라 세액감면을 적용받는 사업과 그 밖의 사업을 겸영하는 경우에는 구분경리 의무가 있다.

6) 관련 예규 및 판례

① 조특법 제63조의 중소기업 지방이전 관련 세액감면요건이 충족되지 않은 것으로 보아 세액 감면을 거부한 처분의 당부

파주출판문화단지 관할 중부지방국세청장이 2009.10.09. 출판업에 대한 사업장의 '공장' 판단기준 설정을 위한 감면법인의 사업운영실태를 확인한 결과에 의하면, 미국의 애플사가 1987년 매킨토시 컴퓨터 및 관련 소프트웨어를 개발한 이후 종전의 인쇄출판에서 전자출판으로 급속히 발전하여 1990년 이후에는 많은 인력과 공간 및 사진식자기, 도판, 활자 등의 장비를 요구하는 인쇄출판이 사라지고, 숙련된 소수의

인원과 좁은 공간에서도 컴퓨터 및 주변기기와 조판에 필요한 소프트웨어를 사용하여 인쇄·출판작업보다 더 높은 생산성을 유지하고 있는 것이 일반화됨에 따라 제조활동의 일부에 해당하는 공정(인쇄, 제본)을 외주가공처리하고 있거나, 사무실 내에 내부공정에 필요한 컴퓨터와 관련 소프트웨어 등의 장비를 갖추고 출판의 주요공정에 해당하는 기획, 원고입수, 조판, 교정 등을 수행한 후 투입비용에 비해 효율이 떨어지는 필름작업, 인쇄, 제본 등의 작업을 외주가공처리하고 있더라도 중소기업 이전에 따른 감면대상에 해당하는 것으로 출판업에 있어서 '공장'의 판단기준을 설정하여 세액감면업무를 집행하고 있는 점(조심 2013중4227, 2014.12.16. 참조), 청구인은 ○○부터 ○○까지 수도권 과밀억제권역 안에서 2년 이상 계속하여 서적출판·제조업을 영위한 사실이 있어, 공장시설을 갖추고 사업을 영위하는 중소기업에 해당하는 점, 현재의 출판업의 특성상 사업장의 물리적 실체를 보다 넓게 해석할 수 있는 점 등에 비추어 볼 때, 처분청이 청구인이 공장시설 요건을 충족하지 아니한 것으로 보아 청구인의 경정청구를 거부한 처분은 잘못이 있는 것으로 판단됨(조심2023인7536, 2023.09.26.).

② 중소기업이 수도권과밀억제권역에서 수도권과밀억제권역 밖으로 공장 이전시 감면 등 적용 여부

「조세특례제한법」 제63조 수도권 밖으로 공장을 이전하는 기업에 대한 세액감면을 적용함에 있어서 성남일반산업단지는 「수도권정비계획법」 제6조에 따라 수도권과밀억제권역에 포함됨(서면법인2023-1523, 2023.09.26.).

③ 수도권 밖으로 공장을 이전하는 기업이 세액감면 적용시 감면소득의 범위

수도권과밀억제권역에 3년(중소기업 2년) 이상 계속하여 공장시설을 갖추고 사업을 한 기업이 공장시설의 전부를 수도권(중소기업은 수도권과밀억제권역) 밖으로 이전하여 사업을 개시한 경우, 이전 후의 공장에서 발생하는 소득에 대하여 감면을 적용하는 것임(서면법인2023-2119, 2023.08.18.).

④ 수도권 밖으로 공장을 이전하는 기업에 대한 세액 감면 여부

수도권과밀억제권역 안에 소재하는 공장시설을 수도권 밖으로 이전하기 위하여 조업을 중단한 날부터 소급하여 2년 이상 계속 조업한 실적이 있는 중소기업이 선이전 후양도 방식으로 공장시설을 수도권 밖으로 이전하는 경우 공장이전일 이후 해당 공장에서 최초로 소득이 발생하는 과세연도부터 같은 법 제63조에 따른 감면이 적용되는 것임(서면법인2021-102, 2021.03.05.).

⑤ 본점의 일부 인력이 수도권과밀억제권역 내 잔류시「조세특례제한법」제63조 적용가능 여부

본점(주사무소)은 사업수행에 필요한 중요한 관리 및 결정이 이루어지는 장소를 의미하고, 본점의 이전여부는 제반사항을 종합적으로 고려하여 구체적 사안에 따라 개별 판단해야 하는 것임(서면법인2018-3162, 2019.07.02.).

⑥ 중소기업 유예기간이 종료된 지방이전 법인의 세액감면 계속 적용여부

지방이전 법인으로 조세특례제한법 제63조 제1항에 따라 감면을 받고 있는 법인이 규모의 확대로 중소기업에 해당하지 않게 된 경우에는 같은 법 제63조 제1항에 따른 감면을 적용받을 수 있는 것임(서면법인2017-2323, 2017.11.22.).

⑦ 수도권과밀억제권역 밖으로 공장이전하는 중소기업에 대한 세액감면 해당여부

지방이전 중소기업 세액감면은 수도권과밀억제권역에서 공장시설을 갖추고 2년 이상 계속하여 조업한 중소기업이 수도권과밀억제권역 밖으로 공장시설을 전부 이전한 후 이전일로부터 1년 이내에 구공장의 공장시설 전부를 철거 또는 폐쇄하여 당해 공장시설에 의한 조업이 불가능한 상태에 있는 구공장을 임대한 경우에도 적용하는 것임(서면법인2016-4582, 2017.09.04.).

⑫ 법인의 공장을 수도권 밖으로 이전하기 전에 손금산입한 연구·인력개발준비금을 공장 이전 후 익금산입한 경우 감면소득 해당 여부

법인의 공장을 수도권 밖으로 이전하기 전에 손금산입한 연구·인력개발준비금을 공장 이전 후 익금산입한 경우 해당 익금산입액은 감면대상소득임(기획재정부조세특례-776, 2018.10.22.).

⑬ 본사 지방이전 감면 적용 시 감면세액 계산 방법

'이전본사 근무 인원이 이전 후에 근로를 제공함에 따라 발생한 급여총액'은 이전본사 근무인원의 이전 후 근로제공기간에 대한 금액을 말함(기준법령해석법인2017-245, 2017.11.10.).

4. 수도권 밖으로 본사를 이전하는 법인에 대한 세액감면 (조특법 제63조의2)

1) 의의

(1) 감면 내용

감면요건을 모두 갖추어 본사를 이전하여 2025년 12월 31일(본사를 신축하는 경우로서 본사의 부지를 2025년 12월 31일까지 보유하고 2025년 12월 31일이 속하는 과세연도의 과세표준 신고를 할 때 이전계획서를 제출하는 경우에는 2028년 12월 31일)까지 사업을 개시하는 법인은 감면대상소득(이전 후 합병·분할·현물출자 또는 사업의 양수를 통하여 사업을 승계하는 경우 승계한 사업장에서 발생한 소득은 제외한다)에 대해 법인세를 감면한다.

단, 부동산업, 건설업, 소비성 서비스업, 무점포판매업 및 해운중개업을 경영하는 내국인인 경우에는 그러지 아니한다.

2) 세액감면 요건

(1) 업종요건

본사이전기업은 한국표준산업분류상의 세분류를 기준으로 이전 전 2년(중소기업은 1년)의 공장에서 영위하던 업종과 이전 후의 공장에서 영위하는 업종이 같아야한다. 다만 아래의 업종에 해당하는 경우에는 배제한다.

부동산임대업, 부동산중개업, 소득세법상 부동산 매매업, 건설업(한국표준산업분류에 따른 주거용 건물 개발 및 공급업포함. 단, 구입한 주거용 건물을 재판매하는 경우는 제외함), 소비성서비스업, 유통산업발전업에 따른 무점포판매에 해당하는 사업, 해운법에 따른 해운중개업

> 한국표준산업분류표상 세분류를 기준으로 본사의 이전등기일로부터 소급하여 3년간 영위하던 업종과 이전 후에 영위하는 업종이 동일한 경우 세액감면을 적용받을 수 있는 것임(서이-2323, 2007.12.21.).
>
> 수도권과밀억제권역에 본사를 두고 3년 이상 도소매업을 영위하던 법인이 본사를 지방으로 이전한 후 제조업을 추가 영위하는 경우, 이전 후 추가한 제조업에서 발생하는 소득은 조세특례제한법 제63조의2에 따른 감면대상소득에 해당하지 아니하는 것임(재조특-1192, 2011.12.26.).

(2) 세액감면 요건

수도권과밀억제권역에 3년(중소기업은 2년) 이상 계속하여 본사를 둔 법인일 것

다만, 이전 전 10년 내에 감면을 적용 받은 기업은 제외

① 본사를 수도권 밖으로 이전할 것

　가. 수도권 밖으로 본사를 이전하여 사업을 개시한 날부터 2년 이내에 수도권과밀억제권역 안의 본사를 양도하거나 본사 외의 용도(제12항에서 정하는 기준 미만의 사무소로 사용하는 경우를 포함한다.)로 전환할 것

　나. 수도권과밀억제권역 안의 본사를 양도하거나 본사 외의 용도로 전환한 날부터 2년 이내에 수도권 밖에서 사업을 개시할 것. 다만, 본사를 신축하여 이전하는 경우에는 수도권과밀억제권역 안의 본사를 양도하거나 본사 외의 용도로 전환한 날부터 3년 이내에 사업을 개시해야 한다.

　다. 수도권 밖으로 이전한 본사에 대한 투자금액[*1] 및 이전본사의 근무인원[*2]이 지역경제에 미치는 영향 등을 고려하여 기준을 충족할 것

> **[*1] 투자금액**
>
> 아래의 사업용자산에 대한 누적 투자액으로서 아래의 방법으로 계산한 금액이 10억원 이상일 것
>
> (1) 사업용 자산
> 1. 수도권 밖으로 이전한 본점 또는 주사무소에 소재하거나 이전본사에서 주로 사용하는 사업용 유형자산
> 2. 이전본사에 소재하거나 이전본사에서 주로 사용하기 위해 건설 중인 자산
>
> (2) 계산방법

> 아래의 1에서 2를 뺀 금액으로 한다.
> 1. 이전본사의 이전등기일부터 소급하여 2년이 되는 날이 속하는 과세연도부터 법인세를 감면받는 과세연도까지 사업용자산에 투자한 금액의 합계액
> 2. 1.에 따른 기간 중 투자한 위 사업용자산을 처분한 경우(임대한 경우를 포함하며, 조세특례제한법 시행령 제137조 제1항 각 호의 어느 하나에 해당하는 경우는 제외한다) 해당 자산의 취득 당시 가액
>
> *2 **근무인원**
> 해당 과세연도에 수도권 밖으로 이전한 본사(이하 이 조에서 "이전본사"라 한다)의 근무인원이 20명 이상일 것

3) 과세특례 내용

(1) 본사 이전일 이후 본사이전법인에서 최초로 소득이 발생한 과세연도(본사이전일부터 5년이 되는 날이 속하는 과세연도까지 소득이 발생하지 아니한 경우에는 이전일부터 5년이 되는 날이 속하는 과세연도)의 개시일부터 다음의 구분에 따른 기간 이내에 끝나는 과세연도 : 감면대상소득에 대한 법인세의 100%에 상당하는 세액을 감면

① 수도권 등 다음의 지역으로 이전하는 경우: 5년
   가. 당진시, 아산시, 원주시, 음성군, 진천군, 천안시, 춘천시, 충주시, 홍천군(내면은 제외한다) 및 횡성군의 관할구역
   나. 수도권정비계획법에 따른 성장관리권역 및 자연보전권역(이 경우 이전하는 기업이 중소기업만 해당)

② 수도권 밖에 소재하는 광역시등 아래의 지역으로 이전하는 경우
   수도권 밖에 소재하는 광역시의 관할구역과 구미시, 김해시, 전주시, 제주시, 진주시, 창원시, 청주시 및 포항시의 관할구역
   가. 위기지역, 「지방자치분권 및 지역균형발전에 관한 특별법」에 따른 성장촉진지역 또는 인구감소지역(이하 "성장촉진지역등"이라 한다)으로 이전하는 경우 : 7년
   나. 가.에 따른 지역 외의 지역으로 이전하는 경우 : 5년

③ 가. 또는 나. 에 따른 지역 외의 지역으로서 수도권 밖의 지역으로 이전하는 경우

가. 성장촉진지역 등으로 이전하는 경우 : 10년

나. 성장촉진지역 등에 따른 지역 외의 지역으로 이전하는 경우 : 7년

(2) 위의 (1)의 과세연도의 다음 2년{위 (1)의 ② 가. 또는 (1) ③ 나. 에 해당하는 경우는 3년} 이내에 끝나는 과세연도 : 감면대상소득에 대한 법인세의 50% 상당하는 세액을 감면

※ 공장과 본사를 함께 이전하는 경우에는 제63조의2에 따른 감면대상소득과 63조에 따라 이전한 공장에서 발생하는 소득을 합산하여 산출한 금액에 상당하는 소득을 감면대상소득으로 한다. 다만, 해당 과세연도의 소득금액을 한도로 함

구분	감면율
가) 1. 당진시, 아산시, 원주시, 음성군, 진천군, 천안시, 춘천시, 충주시, 홍천군(내면은 제외한다) 및 횡성군의 관할구역 2. 수도권정비계획법에 따른 성장관리권역 및 자연보전권역에 따른 지역으로서 수도권 밖의 지역으로 이전하는 경우(중소기업에 한한다.) : 5년 나) 수도권 밖에 소재하는 광역시의 관할구역과 구미시, 김해시, 전주시, 제주시, 진주시, 창원시, 청주시 및 포항시의 관할구역에 따른 지역으로 이전하는 경우 (가) 성장촉진지역등으로 이전하는 경우 : 7년 (나) 성장촉진지역등에 따른 지역 외의 지역으로 이전하는 경우 : 5년 다) 가) 또는 나)에 따른 지역 외의 지역으로서 수도권 밖의 지역으로 이전하는 경우 (가) 성장촉진지역등으로 이전하는 경우 : 10년 (나) 성장촉진지역등에 따른 지역 외의 지역으로 이전하는 경우 : 7년	100%
위의 과세연도의 다음 2년(기타지역1)), 성장촉진지역에 해당하는 경우에는 3년 과세연도	50%

---

1) 수도권 내 성장관리권역(중소기업 한정), 자연보전권역(중소기업 한정), 당진시 등 10개 시군지역과 수도권외 광역시 구미시등 8개 시군지역을 말한다.

4) 감면세액의 계산

(1) 감면대상소득

본사이전법인의 감면대상소득은 다음과 같이 산출한 금액으로 하며, 이전 후 합병·분할·현물출자 또는 사업의 양수를 통하여 사업을 승계하는 경우 승계한 사업장에서 발생한 소득은 감면대상소득에서 제외한다.

(① 해당 과세연도의 과세표준 - ② 부동산 양도차익등) × ③ 이전인원비율 × ④ 매출액비율

① 해당 과세연도의 과세표준
본사이전법인의 해당 사업연도의 과세표준을 말함

② 부동산 양도차익 등
토지, 건물 및 부동산을 취득할 수 있는 권리의 양도차익 및 가-나의 금액(단, 그 차액이 음수일 경우 0원으로 봄)

가. 고정자산처분이익, 유가증권처분이익, 수입이자, 수입배당금, 자산수증익을 합한 금액

나. 고정자산처분손실, 유가증권처분손실, 지급이자를 합한 금액

③ 이전인원비율 = 이전본사근무인원 / 법인전체 근무인원
해당과세연도의 이전한 본사의 근무인원이 법인전체 근무인원에서 차지하는 비율

> 1. 이전본사의 근무인원 : 가목에서 나목을 뺀 인원
>   가. 이전본사에서 본사업무에 종사하는 <u>상시 근무인원</u>*의 연평균 인원(매월 말 현재의 인원을 합하고 이를 해당 개월 수로 나누어 계산한 인원을 말한다). 다만, 이전일부터 소급하여 2년이 되는 날이 속하는 과세연도 이후 수도권 외의 지역에서 본사업무에 종사하는 근무인원이 이전본사로 이전한 경우는 제외한다.
>   나. 이전일부터 소급하여 3년이 되는 날이 속하는 과세연도에 이전본사에서 본사업무에 종사하던 상시 근무인원의 연평균 인원
> 2. 법인 전체 근무인원 : 법인 전체의 상시 근무인원의 연평균 인원

* 상시 근무인원은 상시 근무하는 자 및 같은 법에 따라 근로계약을 체결한 내국인 근로자로 한다. 다만, 다음 각 호의 어느 하나에 해당하는 사람은 제외한다.

1. 근로계약기간이 1년 미만인 근로자(근로계약의 연속된 갱신으로 인하여 그 근로계약의 총 기간이 1년 이상인 근로자는 제외한다)
2. 「근로기준법」 제2조 제1항 제9호에 따른 단시간근로자. 다만, 1개월간의 소정근로시간이 60시간 이상인 근로자는 상시근로자로 본다.
3. 비상근임원
4. 「소득세법 시행령」 제196조에 따른 근로소득원천징수부에 따라 근로소득세를 원천징수한 사실이 확인되지 않고, 다음 각 목의 어느 하나에 해당하는 금액의 납부사실도 확인되지 않는 자
   가. 「국민연금법」 제3조 제1항 제11호 및 제12호에 따른 부담금 및 기여금
   나. 「국민건강보험법」 제69조에 따른 직장가입자의 보험료

④ 매출액비율 = (전체매출액 − 위탁가공무역*매출액)/전체매출액

해당 과세연도의 전체 매출액에서 위탁가공무역에서 발생하는 매출액을 뺀 금액이 해당 과세연도의 전체 매출액에서 차지하는 비율을 말함.

* 위탁가공무역

가공임(加工賃)을 지급하는 조건으로 외국에서 가공(제조, 조립, 재생 및 개조를 포함한다. 이하 이 조에서 같다)할 원료의 전부 또는 일부를 거래 상대방에게 수출하거나 외국에서 조달하여 가공한 후 가공물품 등을 수입하거나 외국으로 인도하는 것을 말한다.

5) 조세특례시 주의사항

(1) 감면세액의 추가납부

과세특례를 적용받는 내국법인이 일정한 사유*가 있는 경우에는 사유가 발생한 날이 속하는 사업연도의 소득금액 계산시 이자상당가산액을 가산하여 납부해야 한다.

> *** 일정한 사유**
> 1. 본사를 이전하여 사업을 개시한 날부터 3년 이내에 그 사업을 폐업하거나 법인이 해산한 경우. 다만, 합병·분할 또는 분할합병으로 인한 경우에는 제외
> 2. 본사를 수도권(중소기업은 수도권과밀억제권역) 밖으로 이전하여 사업을 개시하지 아니한 경우
> 3. 수도권에 본사를 설치하거나 대통령령으로 정하는 기준이상**의 사무소를 둔 경우
> 4. 감면기간에 임원 중 이전본사의 근무 임원수가 수도권 안의 사무소에서 근무하는 임원과 이전본사 근무임원의 합계인원에서 차지하는 비율이 50%에 미달하게 된 경우

> ****대통령령으로 정하는 기준이상의 사무소**
> 본사를 수도권 밖으로 이전한 날부터 3년이 되는 날이 속하는 과세연도가 지난 후 본사업무에 종사하는 총 상시 근무인원의 연평균 인원 중 수도권 안의 사무소에서 본사업무에 종사하는 상시 근무인원의 연평균 인원의 비율이 50% 이상인 경우를 말한다.

사후관리 위반사유	납부세액
1. 본사를 이전하여 사업을 개시한 날부터 3년 이내에 그 사업을 폐업하거나 법인이 해산한 경우(단, 합병, 분할 또는 분할합병으로 인한 경우는 제외함)	폐업일 또는 법인해산일부터 소급하여 3년 이내에 감면된 세액
2. 본사를 수도권 밖으로 이전하여 사업을 개시하지 아니한 경우	요건을 갖추지 못하게 된 날부터 소급하여 5년 이내에 감면된 세액
3. 수도권에 본사를 설치하거나 일정 기준 이상의 사무소를 둔 경우 본사를 수도권 밖으로 이전한 날부터	본사설치일 또는 일정기준이상의 사무소를 둔 날부터 소급하여 5

VI. 지역 간의 균형발전을 위한 조세특례

사후관리 위반사유	납부세액
3년이 되는 날이 속하는 과세연도가 지난후 본사업무에 종사하는 총 상시 근무인원의 연평균 인원 중 수도권안의 사무소에서 본사업무에 종사하는 상시 근무인원의 연평균 인원의 비율이 50%이상인 경우를 말함	년 이내에 감면된 세액
4. 감면기간에 임원(단, 상시 근무하지 않는 임원은 제외함) 중 이전본사의 근무임원수가 수도권 안의 사무소에서 근무하는 임원과 이전본사 근무 임원의 합계 인원에서 차지하는 비율이 50%에 미달하게 된 경우 해당 비율이 50%에 미달하게 되는 날부터 소급하여 5년 이내에 감면된 세액	해당 비율이 50%미달하게 되는 날부터 소급하여 5년 이내에 감면된 세액

(2) 세액감면의 중지

임원 중 이전본사의 근무 임원수가 수도권 안의 사무소에서 근무하는 임원과 이전본사 근무 임원의 합계 인원에서 차지하는 비율이 100분의 50에 미달하게 되는 경우에는 해당 사업연도부터 법인세를 감면받을 수 없다.

(3) 수도권 밖으로 공장·본사를 이전하는 기업에 대한 세액감면 등에 관한 경과조치

① 법 시행 전에 공장·본사를 이전한 경우의 세액감면에 관하여는 개정규정에도 불구하고 종전의 규정에 따름.

② 법 시행 이후 공장·본사를 이전하는 경우로서 종전의 규정을 적용받기 위하여 이 법 시행 전에 공장·본사를 신축하는 경우로서 이전계획서를 제출한 경우, 이전을 위해 기존 부지나 건축물을 양도(양도 계약을 체결한 경우를 포함)하거나 철거 또는 폐쇄한 경우, 이전을 위해 신규 부지나 건축물을 매입한 경우 등의 행위를 한 경우에는 종전의 규정에 따름.

6) 신청절차

　(1) 감면신청

　　본 조에 따라 법인세의 감면을 받으려는 법인은 과세표준신고와 함께 세액감면신청서(시행규칙 별지 제2호 서식) 및 감면세액계산서(시행규칙 별지 제46호의2 서식 및 별지 제46호의2 서식)을 납세지 관할 세무서장에게 제출해야 한다.

　(2) 최저한세의 적용

　　최저한세는 적용 배제 된다. 다만 공장이전기업 중 법인이 공장을 수도권 밖으로 이전한 경우에는 수도권과밀억제권역에 있는 공장을 양도함으로써 발생한 양도차익에 대한 법인세는 최저한세에 해당한다.

7) 관련 예규 및 판례

　① 수도권 밖 본사 이전 세액감면 적용시, 연구전담요원이 이전본사 근무인원의 범위에 포함되는지 여부
　　「조세특례제한법」 제63조의2의 수도권 밖으로 본사를 이전하는 법인에 대한 세액감면 적용 시, 연구개발전담부서의 연구전담요원은 같은 조 제1항 제1호(세액감면요건) 다목과 제2호(감면대상소득) 나목의 이전본사의 근무인원에 포함하지 아니하는 것임 (서면법인2022-4718, 2023.07.25.).

　② 「제주도로 본사를 이전한 법인」의 직원이 제주도에서 재택근무 시 「이전본사 근무직원」에 포함되는지 여부 등
　　제주도로 본사를 이전함에 따라 제주도로 거주지를 이전한 후 「재택근무 또는 공유오피스에서의 근무」를 통하여 본사업무에 종사하는 경우, 재택근무인원은 「이전본사 근무인원」에 포함되고, 공유오피스에서의 근무인원은 구체적인 사실관계를 종합하여 판단할 사항임(서면법규법인2022-3376, 2023.05.18.).

　③ 쟁점제품에서 발생한 소득이 「조세특례제한법」 제63조의2 '법인의 지방이전에 따른 법인세 감면대상'인지 여부

쟁점제품이 폐쇄된 공장에서 생산되던 제품이 아니라는 것이 명확한 이상 쟁점제품으로 인하여 발생한 소득은 조특법 제63조의2에 따른 지방이전법인에 대한 법인세 감면요건인 '수도권 밖으로 공장시설 전부를 이전한 경우에 그 이전된 공장에서 발생한 소득'에 해당하지 않는다고 보는 것이 타당함(조심2022광5654, 2023.02.09.).

④ 수도권 밖의 모법인으로부터 도매사업 인수 및 영업사원 승계 후 3년 내에 수도권 밖으로 이전 시, 감면대상소득 산정방법

수도권 밖의 모법인으로부터 도매사업 및 주요 거래처를 인수하면서 그 영업사원을 승계한 후 3년 내에 본사를 수도권 밖으로 이전 시 해당 도매사업에서 발생한 소득은 감면대상소득의 과세표준에 불포함되며, 해당 영업사원도 이전본사근무인원에서 제외됨(서면법령해석법인2020-3826, 2021.03.11.).

02 지방이전 기업에 대한 조세지원 : 지방세편

1) 법인의 지방이전에 대한 감면 (지특법 제79조)

(1) 의의

과밀억제권역에 본점 등을 두고 사업을 직접하는 법인이 대도시 외의 지역으로 본점등을 이전하여 사업을 직접하기 위하여 취득하는 부동산 등에 대해서 지방세법상 세제지원을 규정하고 있다.

(2) 감면요건

과밀억제권역에 본점 또는 주사무소를 설치하여 사업을 직접 하는 법인이 해당 본점 또는 주사무소를 매각하거나 임차를 종료하고 대도시*외의 지역으로 본점 또는 주사무소를 이전하는 경우

* 대도시 : 과밀억제권역에서 산업단지를 제외한 지역

(3) 과세특례 내용

- 취득세 : 2027년 12월 31일까지 면제(해당 사업을 직접 하기 위하여 취득하는 부동산에 한함)
- 재산세 : 5년간 면제, 그 후 3년간 50% 경감
- 등록면허세 : 이전에 관련한 법인등기 및 부동산등기에 관해서는 2027년 12월 31일까지 면제
- 농어촌특별세 : 비과세

(4) 사후관리 및 추징

다음 각 호의 어느 하나에 해당하는 경우에는 감면한 취득세 및 재산세를 추징한다.

- 법인을 이전하여 5년 이내에 법인이 해산된 경우(합병·분할 또는 분할합병으로 인한 경우는 제외한다)
- 법인을 이전하여 과세감면을 받고 있는 기간에 과밀억제권역에서 이전 전에 생산하던 제품을 생산하는 법인을 다시 설치한 경우
- 해당 사업에 직접 사용한 기간이 2년 미만인 상태에서 매각·증여하거나 다른 용도로 사용하는 경우

(5) 관련예규 및 판례

① 대도시 외 지역으로 이전하는 감면 대상인 본점 범위

법인이 대도시 내 지역에서 사업장을 임차하여 의류 도·소매업 등 사업을 개시한 후 별도의 지점이나 사업장을 두지 않고 단일 사업장에서 2년 이상 사업을 영위한 실적이 있으며, 대도시 외 지역에 소재한 부동산을 취득하여 종전 본점 사업장을 전부 폐쇄를 준비하고 있고, 본점의 모든 시설을 대도시 외 지역으로 이전하는 등 감면요건을 충족하였는 바, 종전 본점용 부동산에 부속되어 실질적으로 본점의 일부 시설로 사용되었던 "물품보관 창고"는 본점의 부대시설로서 이전(移轉) 전 본점용 부동산의 가액에 포함하는 것이 입법 취지 및 사실 현황 등에 비추어 타당하다 할 것이며, 기존 건축물 취득 후 6개월 이내에 본점용 부동산으로 사용하기 위하여 사업

을 개시하기 전 "대수선" 공사를 시행한 해당 법인은 감면요건을 충족하였다 판단됨 (지방세특례-638, 2022.03.25.).

2) 공장의 지방 이전에 따른 감면 (지특법 제80조)

(1) 의의

대도시에서 공장시설을 갖추고 사업을 직접 하는 자가 그 공장을 폐쇄하고 대도시 외의 지역으로서 공장 설치가 금지되거나 제한되지 아니한 지역으로 이전하는 경우 적용한다.

(2) 과세특례 내용

- 취득세 : 2027년 12월 31일까지 면제(해당 사업을 직접 하기 위하여 취득하는 부동산에 한함)
- 재산세 : 5년간 면제, 그 후 3년간 50% 경감
- 농특세 : 비과세

(3) 사후관리 및 추징

다음 각 호의 어느 하나에 해당하는 경우에는 감면한 취득세 및 재산세를 추징한다.
- 공장을 이전하여 지방세를 감면받고 있는 기간에 대도시에서 이전 전에 생산하던 제품을 생산하는 공장을 다시 설치한 경우
- 해당 사업에 직접 사용한 기간이 2년 미만인 상태에서 매각·증여하거나 다른 용도로 사용하는 경우

(4) 관련 예규 및 판례

① 쟁점토지의 취득일부터 6개월 이내 공장용 건축물 공사를 시작하지 아니한 정당한 사유가 있다는 청구주장의 당부

처분청이 관계 법령 등을 벗어나 무리한 요구를 함으로써 행정절차가 지연되어 허가나 착공이 늦어진 사실을 인정할 만한 객관적이고 구체적인 증빙은 제출되지 아니하

였고, 또한 청구인들이 건축물의 착공신고필증을 받은 2019.04.08.은 쟁점토지의 취득일인 2017.04.14.부터 약 2년 정도 이후로서 유예기간 6개월과는 상당한 차이가 있는 점 등에 비추어 청구주장을 받아들이기는 어렵다고 보임(조심2022지634, 2022.12.29.).

② 공장을 지방이전하고 유예기간 이내 법인전환시 재산세 감면 여부
법인과 개인 별개의 인격체이므로 법인전환 경우는 감면 불가함(대법2015두51798, 2016.01.14.).

03 영농 · 영어 · 농업회사법인의 법인세 면제등

1. 영농조합법인에 대한 법인세 면제 등 (조특법 제66조)

1-1. 영농조합법인에 대한 법인세 면제

1) 의의

영농조합법인이란 농어업경영체 육성 및 지원에 관한 법률 제16조에 따라 농민이 농업생산성의 향상과 농가소득의 증대를 도모하기 위하여 설립한 법인을 말한다.

2) 과세특례 효과

(1) 법인세 감면 내용

「농어업경영체 육성 및 지원에 관한 법률」 제4조에 따라 농어업경영정보를 등록한 영농조합법인이 2026년 12월 31일 이전에 끝나는 과세연도까지의 소득 중

가. 식량작물재배업소득 (곡물 및 기타 식량작물재배업) 전액

나. 식량작물재배업소득 외의 소득 중 일정범위의 금액*에 대하여 법인세를 면제한다.

* 식량작물재배업소득 외의 소득 중 일정범위의 금액 (1+2)

1. 식량작물재배업 외의 작물재배업에서 발생하는 소득금액	식량작물재배업 외의 작물재배업에서 발생하는 소득금액 × {6억원 × 조합원 수 × (사업연도 월수 ÷ 12) ÷ 식량작물재배업 외의 작물재배업에서 발생하는 수입금액}
2. 작물재배업에서 발생하는 소득을 제외한 소득금액	1,200만원 × **조합원 수**** × (사업연도 월수 ÷ 12)}

** 조합원수

조합원수는 매 사업연도 종료일의 인원을 기준으로 하여 계산하는 것이며, 준조합원은 면제대상이 아님에 주의해야 한다.

(2) 조세특례시 주의사항

① 법인세 감면분은 최저한세 적용대상이 아니다.

② 농어촌특별세 비과세대상이다.

(3) 감면 신청 절차

법인세를 면제받으려는 영농조합법인은 과세표준신고와 함께 세액면제신청서(시행규칙 별지 제2호 서식)와 면제세액 계산서(시행규칙 별지 제47호 서식) 및 농어업경영체 등록확인서를 납세지 관할 세무서장에게 제출하여야 한다. 다만, 납부할 법인세가 없는 경우에는 그러하지 아니하다.

1-2. 조합원의 배당소득세 감면

1) 조합원의 배당소득세 감면

(1) 과세특례 효과

영농조합법인의 조합원이 영농조합법인으로부터 2026년 12월 31일까지 받는 배당소득 중

1. 식량작물재배업소득에서 발생한 배당소득 전액

2. 식량작물재배업소득 외의 소득에서 발생한 배당소득 중 일정범위의 금액에 대해서는 소득세 면제된다(과세연도별로 1,200만원 이하의 금액).

※ 일정범위금액 초과분 : 분리과세 배당소득
초과분에 대한 소득세 원천징수율은 5%이며 종합소득과세표준에 합산하지 않음에 주의해야 한다.

(2) 감면 신청 절차

배당소득에 대한 소득세를 면제받으려는 영농조합법인의 조합원은 해당 배당소득을 지급받는 때에 세액면제신청서(시행규칙 별지 제48호 서식)을 영농조합법인에 제출하여야한다. 이 경우 영농조합법인은 배당금을 지급한 날이 속하는 달의 다음달 말일까지 조합원이 제출한 세액면제신청서와 해당 영농조합법인의 농어업경영체 등록확인서를 원천징수 관할 세무서장에게 제출하여야한다.

1-3. 현물출자 양도소득세 면제

1) 현물출자 양도소득세 면제

(1) 과세특례 효과

농업인이 2026년 12월 31일 이전에 농지 또는 초지법상 초지조성허가를 받은 초지를 영농조합법인에 현물 출자함으로써 발생하는 소득에 대한 양도소득세의 경우 100% 감면된다.

단, 해당 농지 또는 초지가 국토의 계획 및 이용에 관한 법률에 따른 주거지역, 상업지역 및 공업지역에 편입되거나 도시개발법 또는 그밖의 법률에 따라 환지처분 전에 농지 또는 초지외의 토지로 환지예정지 지정을 받은 경우에는 주거지역등에 편입되거나, 환징예정지 지정을 받은 날까지 발생한 소득으로서 시행령에 따라 계산한 소득에 한하여 양도소득세의 100%에 상당하는 세액을 감면한다.

(2) 사후관리

단, 양도소득세를 감면받은자가 그 출자지분을 출자일부터 3년내에 다른 사람에게 양도하는 경우에는 추징한다. 이 경우 이자상당액은 가산되어 납부해야한다.

(3) 감면 신청 절차

현물출자하여 양도소득세를 감면받거나 이월과세를 적용받고자 하는 영농조합법인 조합원은 해당 농지 등을 양도한날이 속하는 과세연도의 과세표준신고와 함께 세액감면신청서(시행규칙 별지 제13호의 서식) 또는 이월과세적용신청서(시행규칙 별지 제12호의 서식)에 영농조합법인의 농어업경영체 등록 확인서와 현물출자계약서 사본을 첨부하여 납세지 관할 세무서장에게 제출하여야 한다. 이 경우 이월과세적용신청서는 영농조합법인과 함께 제출하여야 한다.

1-4. 현물출자 양도소득세 이월과세

1) 현물출자 양도소득세 이월과세

(1) 과세특례 효과

농업인이 2026년 12월 31일 이전에 농작물재배업, 축산업 및 임업에 직접 사용되는 부동산(단, 농지 또는 초지 제외)을 현물출자하는 경우에는 현물출자시에는 과세되지 아니하고, 당해 자산 처분시에 과세되는 양도소득세 이월과세를 적용받을 수 있다.

(2) 사후관리

단, 현물출자로 취득한 주식 또는 출자지분의 50% 이상을 출자일부터 3년 이내에 처분하는 경우에는 처분일이 속하는 달의 말일부터 2개월 이내에 이월과세액이 추징된다.

(3) 감면 신청 절차

현물출자하여 양도소득세를 감면받거나 이월과세를 적용받고자 하는 영농조합법인 조합원은 해당 농지 등을 양도한날이 속하는 과세연도의 과세표준신고와 함께 세액감면신청서(시행규칙 별지 제13호의 서식) 또는 이월과세적용신청서(시행규칙 별지 제12호의 서식)에 영농조합법인의 농어업경영체 등록확인서와 현물출자계약서 사본을 첨부하여 납세지 관할 세무서장에게 제출하여야 한다. 이 경우 이월과세적용신청서는 영농조합법인과 함께 제출하여야 한다.

1-5. 관련 예규 및 판례

① 영농조합법인 법인세 감면 시 농업경영체 등록의 필수요건 해당 여부
   영농조합법인, 농업회사법인 등에 대한 법인세 감면 적용 요건으로 농업경영체 등록을 필요로 하지 아니함(기준법무법인2023-146, 2023.12.14.).

② 영농조합법인의 고정자산처분이익이 법인세 면제대상 소득인지 여부
   영농조합법인이 작물재배업(부추)에 사용하던 부추 보관 창고를 양도하여 처분이익이 발생한 경우 해당 처분이익은 「조세특례제한법」 제66조 제1항에 따른 법인세 면제대상 소득에 해당하지 않음(서면법인2021-7077, 2021.11.24.).

1-6. 관련 서식

[별지 제47호서식] (2015. 3. 13. 개정)

영농조합법인 면제세액계산서

(앞쪽)

제출법인	① 법인명		② 사업자등록번호	
	③ 대표자 성명		④ 생년월일	
	⑤ 주소 또는 본점 소재지		(전화번호:)	

과세연도	년 월 일부터 년 월 일까지

면제세액 계산내용

소득금액	⑥ 식량작물재배업소득금액	
	⑦ 식량작물재배업소득 외의 소득 중 면제대상 소득금액 (⑧ + ⑨)	
	⑧ 식량작물재배업 외의 작물재배업에서 발생하는 소득금액	
	⑨ 작물재배업에서 발생하는 소득을 제외한 소득금액	
	⑩ 면제대상이 아닌 소득금액 (⑥ 및 ⑦ 외의 소득)	
	⑪ 소득금액 계(⑥ + ⑦ + ⑩)	

⑫ 식량작물재배업 외의 작물재배업 소득(⑧) 중 면제대상 소득금액 한도액	식량작물재배업 외의 작물재배업 소득금액 × 6억원 × $\dfrac{\text{조합원 수}}{(\text{명})}$ × $\dfrac{\text{사업연도 월수}}{12}$ / 식량작물재배업 외의 작물재배업에서 발생하는 수입금액 =
⑬ 작물재배업 외의 소득(⑨) 중 면제대상 소득금액 한도액	1,200만원 × $\dfrac{\text{조합원 수}}{(\text{명})}$ × $\dfrac{\text{사업연도 월수}}{12}$ =
⑭ 면제대상 소득금액 계 [⑥ + (⑧과 ⑫ 중 작은 금액) + (⑨와 ⑬ 중 작은 금액)]	
⑮ 면제세액 (법 제66조제1항 적용 전 산출세액 × $\dfrac{\text{면제대상 소득}}{\text{과세표준}}$)	

「조세특례제한법 시행령」 제63조제7항에 따라 위와 같이 영농조합법인에 대한 법인세 면제세액계산서를 제출합니다.

년 월 일

신청인 (서명 또는 인)

세무서장 귀하

210mm×297mm[백상지 80g/㎡ 또는 중질지 80g/㎡]

[별지 제48호서식] (2015. 3. 13. 개정)

세액면제신청서 (영농조합법인이 지급하는 배당소득)

접수번호		접수일			처리기간	즉시

신청인	① 성 명		② 주민등록번호	
	③ 주 소		(전화번호:	)

영농조합	④ 법 인 명		⑤ 사업자등록번호	
	⑥ 대표자 성명		⑦ 법인등록번호	
	⑧ 주소 또는 본점 소재지		(전화번호:	)

신 청 내 용

⑨	과세기간	년 월 일부터 년 월 일까지
⑩	해당 과세기간 중 영농조합법인으로부터 지급받은 배당소득	
⑪	배당확정일이 속하는 사업연도의 직전 사업연도 총소득금액	
⑫	배당확정일이 속하는 사업연도의 직전 사업연도 식량작물재배업소득 및 「조세특례제한법 시행령」 제63조제1항제1호에 따라 법인세가 면제되는 소득금액	
⑬	식량작물재배업소득 및 「조세특례제한법 시행령」 제63조제1항제1호에 따라 법인세가 면제되는 소득에서 발생한 배당소득[⑩ × (⑫ ÷ ⑪)]	
⑭	감면대상배당소득 [Min(⑩-⑬, 1,200만원) + ⑬]	
⑮	원천징수대상배당소득 (⑩ - ⑭)	

「조세특례제한법 시행령」 제63조제8항에 따라 위와 같이 영농조합법인이 지급하는 배당소득에 대한 소득세 세액면제신청서를 제출합니다.

년 월 일

신청인 (서명 또는 인)

세 무 서 장 귀하

210㎜×297㎜[백상지 80g/㎡ 또는 중질지 80g/㎡]

2. 영어조합법인에 대한 법인세의 면제 등 (조특법 제67조)

2-1. 영어조합법인에 대한 법인세의 면제

1) 의의

영어조합법인이란 농어업경영체 육성 및 지원에 관한 법률에 따라 어업인이 생산성을 높이고 어가소득을 증대시키기 위하여 설립한 조합이다.

2) 과세특례 효과

(1) 법인세 감면 내용

「농어업경영체 육성 및 지원에 관한 법률」 제4조에 따라 농어업경영정보를 등록한 영어조합법인에 대해서는 2026년 12월 31일 이전에 끝나는 과세연도까지 각 사업연도의 소득 중 일정범위의 금액*에 대해서 법인세를 면제한다.

* 일정범위의 금액 (1+2)

1. 어로어업소득**	3,000만 원 × 조합원 수 × (사업연도 월수 ÷ 12)
2. 어로어업소득 외의 소득금액	1,200만 원 × 조합원 수 × (사업연도 월수 ÷ 12)

** 어로어업소득 : 한국표준산업분류에 따른 연근해어업과 내수면어업에서 발생하는 소득금액을 말한다.

3) 조세특례시 주의사항

① 감면분은 최저한세 적용대상에 해당하지 아니한다.

② 농어촌특별세 비과세대상이다.

4) 감면 신청 절차

법인세를 면제받으려는 영어조합법인은 과세표준신고와 함께 세액면제신청서(시행규칙 별지 제2호 서식)와 면제세액 계산서(시행규칙 별지 제47호 서식) 및 농업경영체 등록확인서를 납세지 관할 세무서장에게 제출하여야 한다. 다만, 납부할 법인세가 없는 경우에는 그러하지 아니하다.

2-2. 조합원의 배당소득세 감면

1) 과세특례 효과

영어조합법인의 조합원이 영어조합법인으로부터 2026년 12월 31일까지 받는 배당소득 중 대통령령으로 정하는 일정범위의 금액에 대해서는 소득세를 면제함(과세연도별로 1,200만원 이하의 금액).

※ 일정범위 초과분 분리과세 배당소득
초과분에 대한 소득세 원천징수율은 5%이며 종합소득과세표준에 합산하지 않음에 주의해야 한다.

2) 감면 신청 절차

배당소득에 대한 소득세를 면제받으려는 영어조합법인의 조합원은 해당 배당소득을 지급받는 때에 세액면제신청서(시행규칙 별지 제50호 서식)을 영농조합법인에 제출하여야한다. 이 경우 영농조합법인은 배당금을 지급한 날이 속하는 달의 다음달 말일까지 조합원이 제출한 세액면제신청서와 해당 영어조합법인의 농어업경영체 등록확인서를 원천징수 관할세무서장에게 제출하여야 한다.

2-3. 현물출자 양도소득세 면제

1) 과세특례 효과

수산업법에 따른 어업인 또는 수산종자산업육성법에 따른 수산종자생산업자로서 현물출자하는 어업용 토지 또는 건물이 소재하는 시, 군, 구 그와 연접한 시, 군, 구 또는 해당 어업용 토지등으로부터 직선거리 30km이내에 거주하면서 해당 어업용 토지를 어업에 4년 이상 직접 사용한 자가 2026년 12월 31일 이전에 어업용 토지 등을 영어조합법인과 농어업경영체 육성 및 지원에 관한 법률에 따른 어업회사법인에 현물출자함으로써 발생하는 소득에 대해서는 양도소득세의 100%에 상당하는 세액을 감면한다.

※ 어업에 직접 사용한 기간을 판단함에 있어서 피상속인(그 배우자를 포함) 또는 거주자

각각의 소득세법상 사업소득금액과 총 급여의 합계액이 3,700만 원 이상인 과세기간이 있는 경우 그 기간은 피상속인 또는 거주자가 어업에 직접 사용한 기간에서 제외한다.

2) 사후관리

단, 양도소득세 감면받은자가 그 출자지분을 출자일부터 3년 이내에 다른 사람에게 양도하는 경우에는 그 양도일이 속하는 과세연도의 과세표준신고시 추징 된다.

3) 감면 신청 절차

어업용토지 등을 현물출자하여 양도소득세를 감면 받으려는 자는 해당 어업용 토지 등을 양도한 날이 속하는 과세연도의 과세표준신고와 함께 세액감면신청서(시행규칙 별지 제13호 서식)에 농어업경영체 등록확인서와 현물출자계약서 사본 1부를 첨부하여 납세지 관할세무서장에게 제출하여야 한다.

2-4 관련 예규 및 판례

① 영어조합법인에 대한 법인세가 면제되는 소득에 해당하는지 여부
조합원이 아닌 어업인 또는 어업경영체 등록이 되어 있는 어업법인으로부터 구매한 산지 수산물을 유통하는 사업에서 발생한 소득은 「조세특례제한법 시행령」 제64조 제1항 제2호가 적용되는 소득에 해당함(서면법인2021-2878, 2021.11.11.).

② 현물출자 당시 물건에 설정된 채무를 법인에서 부담하는 경우 양도소득세의 감면 여부
어업인이 2015년 12월 31일 이전에 어업용 토지 등을 영어조합법인에 현물출자하면서 토지 등이 담보하고 있는 채무를 함께 어업조합법인에 승계시키는 경우에 감면이 적용되는 '현물출자로 발생한 소득'은 양도소득 금액에 양도가액에서 해당 채무를 뺀 가액이 양도가액에서 차지하는 비율을 곱하여 산정한 가액으로 하는 것임(서면부동산2016-3473, 2016.09.27.).

VI. 지역 간의 균형발전을 위한 조세특례

2-5. 관련 서식

■ 조세특례제한법 시행규칙 [별지 제49호서식] 〈개정 2024. 3. 22.〉

영어조합법인 면제세액계산서

제출법인	① 법인명		② 사업자등록번호	
	③ 대표자 성명		④ 생년월일	
	⑤ 주소 또는 본점 소재지			
	(전화번호:)			

과세연도	년 월 일부터 년 월 일까지

면제세액 계산내용

소득금액	⑥ 어업소득금액	
	⑦ 어업소득 외의 소득 중 면제대상 소득금액	
	⑧ 면제대상이 아닌 소득금액 (⑥, ⑦ 외의 소득)	
	⑨ 소득금액 계(⑥+⑦+⑧)	

⑩ 어업소득금액 한도액	3,000만원 × 조합원수(명) × 사업연도 월수/12 =
⑪ 어업소득 외의 소득 중 면제대상 소득금액 한도액	1,200만원 × 조합원수(명) × 사업연도 월수/12 =
⑫ 면제대상 소득금액 계 [(⑥과 ⑩ 중 작은 금액) + (⑦과 ⑪ 중 작은 금액)]	
⑬ 면제세액 (법 제67조제1항 적용 전 산출세액 × 면제대상 소득금액/과세표준)	

「조세특례제한법 시행령」 제64조제8항에 따라 면제세액계산서를 제출합니다.

년 월 일

신청인 (서명 또는 인)

세무서장 귀하

작성방법

1. "⑥ 어업소득금액"란: "농어업경영체 육성 및 지원에 관한 법률 시행령」 제20조의5제2항 각 호의 사업에서 발생한 소득 중 한국표준산업분류에 따른 연근해어업, 내수면어업 또는 양식어업에서 발생한 소득금액을 적습니다.

2. "⑦ 어업소득 외의 소득 중 면제대상 소득금액"란: 「농어업경영체 육성 및 지원에 관한 법률 시행령」 제20조의5제2항 각 호의 사업에서 발생한 소득 중 "⑥ 어업소득금액"을 제외한 소득금액을 적습니다.

3. "⑧ 면제대상이 아닌 소득금액"란: 영어조합법인의 총 소득 중 "⑥ 어업소득금액"과 "⑦ 어업소득 외의 소득 중 면제대상 소득금액"을 제외한 소득금액을 적습니다.

3. "⑬ 면제세액"란의 면제대상 소득금액은 "⑫ 면제대상소득금액 계"에서 「법인세법 시행령」 제96조에 따라 이월결손금 · 비과세소득 · 소득공제액을 공제한 후의 소득으로서 해당 과세연도의 과세표준(「법인세법」 제13조에 따른 과세표준을 말합니다)을 한도로 합니다.

210mm×297mm[백상지 80g/㎡ 또는 중질지 80g/㎡]

■ 조세특례제한법 시행규칙 [별지 제50호서식] (2019.03.20 개정)

세액면제신청서 (영어조합법인이 지급하는 배당소득)

접수번호		접수일			처리기간	즉시
신 청 인	① 성 명		② 주민등록번호			
	③ 주 소				(전화번호:)	
영 어 조 합	④ 법 인 명		⑤ 사업자등록번호			
	⑥ 대표자 성명		⑦ 법인등록번호			
	⑧ 주소 또는 본점 소재지				(전화번호:)	

신 청 내 용

⑨	과세기간	년 월 일부터 년 월 일까지
⑩	해당 과세기간 중 영어조합법인으로부터 지급받은 배당소득	
⑪	감면대상배당소득(1,200만원 또는 ⑩ 중 적은 금액)	
⑫	원천징수대상배당소득 (⑩ - ⑪)	

「조세특례제한법 시행령」 제64조제9항에 따라 위와 같이 영어조합법인이 지급하는 배당소득에 대한 소득세 세액면제신청서를 제출합니다.

년 월 일

신청인

(서명 또는 인)

세 무 서 장 귀하

3. 농업회사법인에 대한 법인세 면제 등 (조특법 제68조)

3-1. 농업회사법인에 대한 법인세 면제

1) 과세특례 효과

〈2020 신설규정 : 2019년 2월 11일 이후에 신설된 농업회사법인의 경우〉

(1) 「농어업경영체 육성 및 지원에 관한 법률」 제4조에 따라 농어업경영정보를 등록한 농업회사법인이 2026년 12월 31일 이전에 끝나는 과세연도의 소득 중 작물재배업소득

- 식량작물재배업소득의 경우 전액 법인세 면제
- 식량작물재배업소득 외의 작물재배업에서 발생하는 소득의 경우 대통령령 범위의 금액*에 대해서 법인세를 감면.

1. 식량 작물재배업소득	전액 면제
2. 작물재배업소득	식량작물재배업 외의 작물재배업에서 발생하는 소득금액 × {50억 원 × (사업연도 개월 수 ÷ 12) ÷ 식량작물재배업 외의 작물재배업에서 발생하는 수입금액}

(2) 2026년 12월 31일 이전에 끝나는 과세연도의 소득중 작물재배업에서 발생하는 소득외의 소득

작물재배업 소득 외의 일정한 소득*에 한정하여 최초로 해당소득이 발생한 과세연도와 그다음 과세연도의 개시일부터 4년 이내에 끝나는 과세연도까지 : 해당소득에 대한 법인세의 50% 상당하는 세액을 감면함.

* 일정한 소득
1. 「농업·농촌 및 식품산업 기본법 시행령」 제2조에 따른 축산업, 임업에서 발생한 소득
2. 「농어업경영체 육성 및 지원에 관한 법률 시행령」 제19조 제1항에 따른 농업회사법인(이하 이 조에서 "농업회사법인"이라 한다)의 부대사업에서 발생한 소득
3. 「농어업경영체 육성 및 지원에 관한 법률」 제19조 제1항에 따른 농산물 유통·가공·판매 및 농작업 대행에서 발생한 소득
(단, 출자총액이 80억원을 초과하고 농업인 비중이 50% 미만인 농업회사법인의 경우에는 도·소매업 및 서비스업(작물재배 관련 서비스업 제외)에서 발생하는 소득은 제외한다.)

〈 종전규정 : 2019년 2월 11일 이전에 신설된 농업회사법인의 경우 〉

(1) 농업소득에 대한 법인세를 면제

(2) 농업소득외 소득에서 발생한 소득*에 대한 법인세는 해당 사업에서 최초로 소득이 발생한 날이 속하는 과세연도(사업개시일부터 5년이 되는 날이 속하는 과세연도까지 해당 사업에서 소득이 발생하지 아니하는 경우에는 5년이 되는 날이 속하는 과세연도)와 그 다음 과세연도의 개시일로부터 4년 이내에 종료하는 과세연도까지 : 일정%에 상당하는 세액을 감면한다.

창업중소기업의경우	가. 수도권과밀억제권역 외의 지역에서 창업한 청년창업중소기업의 경우 : 100% 나. 수도권과밀억제권역에서 창업한 청년창업중소기업 및 수도권과밀억제권역 외의 지역에서 창업한 창업중소기업의 경우 : 50%
창업보육센터사업자의 경우	50%

* 농업소득외 소득에서 발생한 소득(부대소득)
① 「농어업·농어촌 및 식품산업 기본법 시행령」 제2조에 따른 축산업, 임업에서 발생한 소득
② 「농어업경영체 육성 및 지원에 관한 법률 시행령」 제19조 제1항에 따른 농업회사법인(이하 이 조에서 "농업회사법인"이라 한다)의 부대사업에서 발생한 소득
③ 농산물 유통·가공·판매 및 농작업 대행에서 발생한 소득

(3) 감면 신청 절차

법인세 면제 또는 감면 받으려는 농업회사법인은 과세표준신고와 함께 세액면제신청서(시행규칙 별지 제2호 서식)와 면제세액계산서(시행규칙 별지 제50호의2 서식) 및 농어업경영체 등록확인서를 납세지 관할 세무서장에게 제출하여야한다.

3-2. 현물출자에 따른 양도소득 감면

1) 과세특례 효과

농업인이 2026년 12월 31일 이전에 농지 또는 초지를 농업회사법인에 현물출자함으로써 발생하는 소득에 대해서는 양도소득세 100% 감면

2) 감면 대상 농업인

농업, 농촌 및 식품산업 기본법에 따른 농업인으로서 현물출자하는 농지 등이 소재하는 시, 군, 구 그와 연접한 시, 군, 구 또는 해당 농지 등으로부터 직선거리 30km 이내에 거주하면서 4년 이상 직접 경작한 자를 말한다.

3) 감면 신청 절차

농지 등을 현물출자하여 양도소득세를 감면 받으려는 자는 과세표준신고와 함께 세액감면신청서(시행규칙 별지 제13호 서식)에 농어업 경영체 등록확인서와 현물출자계약서 사본을 첨부하여 납세지 관할세무서장에게 제출하여야 한다.

3-3. 현물출자에 따른 양도소득세 이월과세

1) 과세특례 효과

농업인이 2026년 12월 31일 이전에 농업회사법인에 농작물재배업, 축산업 및

임업에 직접 사용되는 부동산을 현물출자하는 경우에는 이월과세를 적용받을 수 있다.

2) 감면 대상 농업인

농업, 농촌 및 식품산업 기본법에 따른 농업인으로서 현물출자하는 농지 등이 소재하는 시, 군, 구 그와 연접한 시, 군, 구 또는 해당 농지 등으로부터 직선거리 30km 이내에 거주하면서 4년 이상 직접 경작한 자를 말한다(시행령 제63조 제4항).

3) 감면 신청 절차

농지등을 현물출자하여 양도소득세를 이월과세 받으려는 자는 과세표준신고와 함께 이월과세적용신청서(시행규칙 별지 제12호 서식)에 농어업경영체등록확인서를 첨부하여 납세지 관할세무서장에게 제출하여야 한다. 이 경우 이월과세적용신청서는 농업회사법인과 함께 제출하여야 한다.

3-4. 출자자의 배당소득

1) 과세특례 효과

농업회사법인에 출자한 거주자가 2026년 12월 31일까지 받는 배당소득 중
(1) 식량작물재배업소득에서 발생한 배당소득 전액에 대해서는 소득세를 면제
(2) 식량작물재배업소득 외의 소득 중 일정소득에서 발생한 배당소득은 종합소득 과세표준에 합산하지 않는다.

2) 감면 신청 절차

배당소득에 대한 소득세를 면제받으려는 자는 해당 배당소득을 지급받는 때에 세액면제신청서(시행규칙 별지 제51호 서식)을 농업회사법인에 제출하여야 한다. 이 경우 농업회사법인은 배당금을 지급한 날이 속하는 달의 다음달 말일까지 조합원이 제출한 세액면제신청서와 해당 농업회사법인의 농어업경영체 등록확인서를 원천징수 관할세무서장에게 제출하여야 한다.

3-5. 관련 최근 예규 및 판례

① 농업재해로 인해 발생한 식량작물재배손실에 대응하여 보상받는 보험금은 「조세특례제한법」 제68조의 규정에 의하여 법인세가 면제되는 식량작물재배업소득에 해당하는 것임(기획재정부 법인세제과-692, 2020.05.28.).

② 농업회사법인에 대한 법인세 감면을 적용받기 위해서는 감면대상 사업연도 종료일까지 농어업경영체 육성 및 지원에 관한 법률 제4조에 따라 법인 명의로 농업경영체 등록을 하여야 하며, 해당 사업연도말까지 법인 명의로 농업경영체 등록을 한 경우에는 법인세 과세표준 신고기한 내에 농업경영체 등록확인서를 미제출하더라도 감면을 적용받을 수 있는 것임(서면-2016-법령해석법인-6035, 2019.02.28.).

③ 조합원들이 직접 기른 한우를 판매하는 한우직매장에서 발생하는 소득은 작물재배업 외의 소득에 해당하나, 조합원들이 직접 기른 한우를 요리하여 판매하는 음식점에서 발생하는 소득은 작물재배업 외의 소득에 해당하지 않음(서면-2019-법인-0672, 2020.04.10.).

④ 처분청 담당공무원이 영농조합법인 관련 법인세 면제의 전제조건인 청구법인 명의의 농업경영체 등록확인서가 누락되었음에도 불구하고 청구법인 소속 조합원의 농업경영체 등록확인서만으로 청구법인에게 영농조합법인 관련 법인세를 면제하여 준 것은 담당공무원의 착오일 뿐 처분청의 권한 있는 공적인 견해 표명에 해당한다고 볼 수 없다. 즉, 신의성실 원칙에 위배되지 않음(조심2019중3721, 2020.03.04.).

⑤ 농업회사법인이 농민이 아닌 사업자로부터 매입한 농산물의 유통·가공·판매에서 발생한 소득은 조세특례제한법 시행령 제65조 제2항 제3호의 소득에 해당하며, 조세특례제한법 제68조제1항에 따라 법인세의 감면이 적용되는 것임(서면법규법인 2022-5220, 2023.09.12.).

3-6. 관련 서식

■ 조세특례제한법 시행규칙 [별지 제50호의2서식] 〈개정 2024. 3. 22.〉

농업회사법인 면제세액계산서

(앞쪽)

제출법인	① 법인명		② 사업자등록번호	
	③ 대표자 성명		④ 생년월일	
	⑤ 주소 또는 본점 소재지		(전화번호:)	

과세연도	년 월 일부터 년 월 일까지

면제세액 계산내용

소득금액	⑥ 식량작물재배업소득금액			
	⑦ 식량작물재배업 외의 작물재배업에서 발생하는 소득금액			
	⑧ 작물재배업 외의 소득 중 감면대상 소득금액			
	⑨ 면제(감면)대상이 아닌 소득금액(⑥, ⑦, ⑧ 제외)			
	⑩ 「조세특례제한법 시행령」 제65조제2항에 따라 감면이 배제되는 소득금액			
	⑪ 소득금액 계 (⑥ + ⑦ + ⑧ + ⑨)			
면제·감면세액	⑫ 식량작물재배업 외의 작물재배업 소득(⑦) 중 면제대상 소득금액 한도액	식량작물재배업 외의 작물재배업 소득금액 × $\dfrac{50억원 \times \dfrac{사업연도\ 월수}{12}}{식량작물재배업\ 외의\ 작물재배업에서\ 발생하는\ 수입금액}$ =		
	⑬ 작물재배업소득에 대한 면제대상 소득금액 계 [⑥ + (⑦과 ⑫ 중 작은 금액)]			
	⑭ 작물재배업 소득에 대한 세액면제	법 제68조 제1항 적용 전 산출세액 × $\dfrac{면제대상\ 소득}{과세표준}$ =		
	⑮ 작물재배업 외의 소득 중 감면대상 소득금액(⑧-⑩)			
	⑯ 작물재배업 외의 소득 중 감면대상 소득금액(⑮)에 대한 세액감면	법 제68조 제1항 적용 전 산출세액 × $\dfrac{감면대상\ 소득}{과세표준}$ × 감면율 (50%) =		
	⑰ 합계(⑭ + ⑯)			

「조세특례제한법 시행령」 제65조제5항에 따라 농업회사법인에 대한 법인세 면제세액계산서를 제출합니다.

년 월 일

신청인 (서명 또는 인)

세무서장 귀하

210mm×297mm[백상지 80g/㎡ 또는 중질지 80g/㎡]

(뒤쪽)

작성방법

1. "⑥ 식량작물재배업소득금액"란: 곡물 및 기타 식량작물재배업에서 발생한 소득금액을 적습니다.
2. "⑧ 작물재배업 외의 소득 중 감면대상 소득금액"란: 다음 각 목의 소득을 합한 금액을 적습니다.
   가. 「농업·농촌 및 식품산업 기본법 시행령」 제2조에 따른 축산업, 임업에서 발생하는 소득
   나. 「농어업경영체 육성 및 지원에 관한 법률 시행령」 제20조의5제1항제6호가목부터 마목까지에 따른 농업회사법인의 부대사업에서 발생하는 소득
   다. 「농어업경영체 육성 및 지원에 관한 법률」 제19조제1항에 따른 농산물 유통·가공·판매 및 농작업 대행에서 발생하는 소득
3. "⑨ 면제(감면)대상이 아닌 소득금액"란: 농업회사법인의 총 소득 중 "⑥ 식량작물재배업소득금액", "⑦ 식량작물재배업 외의 작물재배업에서 발생하는 소득금액", "⑧ 작물재배업 외의 소득 중 감면대상 소득금액"을 제외한 소득금액을 적습니다.
4. "⑩ 「조세특례제한법 시행령」 제65조제2항에 따라 감면이 배제되는 소득금액"란: '19.2.12. 이후 신설된 농업회사법인이 농업인 및 농업생산자 단체의 출자비중이 50% 미만이고 자본금이 80억 초과인 경우 그 농업회사법인의 도·소매업 및 서비스업(작물재배 관련 서비스업 제외) 소득금액과 「농어업경영체 육성 및 지원에 관한 법률」 제19조제1항에 따른 농산물 유통·가공·판매 및 농작업 대행에서 발생하는 소득 중 수입 농산물의 유통 및 판매에서 발생하는 소득금액을 적습니다.
5. "⑭ 작물재배업 소득에 대한 세액면제"란: "면제대상 소득"은 "⑬ 작물재배업소득에 대한 면제대상 소득금액 계"에서 「법인세법 시행령」 제96조에 따라 이월결손금·비과세소득·소득공제액을 공제한 후의 소득으로서 「법인세법」 제13조에 따른 해당 과세연도의 과세표준을 한도로 하여 적습니다.
6. "⑯ 작물재배업 외의 소득 중 감면대상 소득금액에 대한 세액감면"란: "감면대상 소득"은 "⑧ 작물재배업 외의 소득 중 감면대상 소득금액"에서 "⑩ 「조세특례제한법 시행령」 제65조제2항에 따라 감면이 배제되는 소득금액"을 차감한 뒤 「법인세법 시행령」 제96조에 따라 이월결손금·비과세소득·소득공제액을 공제한 후의 소득으로서 「법인세법」 제13조에 따른 해당 과세연도의 과세표준을 한도로 하여 적습니다.
7. "⑭ 작물재배업 소득에 대한 세액면제"란의 면제대상 소득과 "⑯ 작물재배업 외의 소득 중 감면대상 소득금액에 대한 세액감면"란의 감면대상 소득을 더한 금액은 「법인세법」 제13조에 따른 해당 과세연도의 과세표준을 초과하지 않아야 합니다.
8. "⑯ 작물재배업 외의 소득 중 감면대상 소득금액에 대한 세액감면"은 최초로 해당 소득이 발생한 과세연도(사업개시일부터 5년이 되는 날이 속하는 과세연도까지 해당 소득이 발생하지 않는 경우에는 5년이 되는 날이 속하는 과세연도를 말합니다)와 그 다음 과세연도의 개시일부터 4년 이내에 끝나는 과세연도까지 해당 소득에 대한 법인세의 100분의 50에 상당하는 세액을 감면하는 것입니다.

■ 조세특례제한법 시행규칙 [별지 제51호서식](2015.03.13 개정)

세액면제신청서 (농업회사법인이 지급하는 배당소득)

접수번호		접수일		처리기간	즉시

신 청 인	① 성 명		② 주민등록번호	
	③ 주 소			
			(전화번호:)	

농업회사법인	④ 법 인 명		⑤ 사업자등록번호	
	⑥ 대표자 성명		⑦ 법인등록번호	
	⑧ 주소 또는 본점 소재지			
			(전화번호:)	

신 청 내 용

		년 월 일부터
⑨	과세기간	년 월 일까지
⑩	해당 과세기간 중 농업회사법인으로부터 지급받은 배당소득	
⑪	배당확정일이 속하는 사업연도의 직전 사업연도의 총소득금액	
⑫	배당확정일이 속하는 사업연도의 직전 사업연도의 식량작물재배업소득	
⑬	배당확정일이 속하는 사업연도의 직전 사업연도의 식량작물재배업 외의 작물재배업에서 발생한 소득	
⑭	배당확정일이 속하는 사업연도의 직전 사업연도의 부대사업 등에서 발생한 소득	
⑮	식량작물재배업소득에서 발생한 배당소득(전액 면제) [⑩ × (⑫ ÷ ⑪)]	
⑯	부대사업 등 및 식량작물재배업 외의 작물재배업에서 발생한 소득에서 발생한 배당소득(분리과세)[⑩ × (⑬ + ⑭) ÷ ⑪]	

「조세특례제한법 시행령」 제65조제6항에 따라 위와 같이 농업회사법인이 지급하는 배당소득에 대한 소득세 세액면제신청서를 제출합니다.

년 월 일

신청인 (서명 또는 인)

세 무 서 장 귀하

210mm×297mm[백상지 80g/㎡ 또는 중질지 80g/㎡]

Ⅶ. 공익사업지원을 위한 조세특례

01 사회적기업 및 장애인 표준사업장에 대한 세액감면
(조특법 제85조의6)

1) 사회적기업 소득세 및 법인세 감면

(1) 감면대상

2025년 12월 31일까지 사회적 기업으로 인증 받은 내국인

(2) 과세특례 내용

① 해당 사업에서 최초로 소득이 발생한 과세연도(인증을 받은 날부터 5년이 되는 날이 속하는 과세연도까지 해당 사업에서 소득이 발생하지 아니한 경우에는 5년이 되는 날이 속하는 과세연도)와 그 다음 과세연도의 개시일부터 2년 이내에 끝나는 과세연도까지 : 해당 사업에서 발생한 소득에 대한 법인세 또는 소득세의 100% 세액을 감면

② 그 다음 2년 이내에 끝나는 과세연도에는 : 소득세 또는 법인세의 50% 세액을 감면한다.

※ 예비사회적기업은 감면해당 되지 않음.

2) 장애인표준사업장 소득세 및 법인세감면

(1) 감면대상

2025년 12월 31일까지 장애인 표준사업장으로 인증 받은 내국인

(2) 감면효과

① 해당 사업에서 최초로 소득이 발생한 과세연도(인증을 받은 날부터 5년이 되는 날이 속하는 과세연도까지 해당 사업에서 소득이 발생하지 아니한 경우에는 5년이 되는 날이 속하는 과세연도)와 그 다음 과세연도의 개시일부터 2년 이내에 끝나는 과세연도까지 : 해당 사업에서 발생한 소득에 대한 법인세 또는 소득세의 100% 세액을 감면

② 그 다음 2년 이내에 끝나는 과세연도에는 : 소득세 또는 법인세의 50% 세액을 감면한다.

3) 감면한도

1억원 + 취약계층상시근로자수(저소득층. 고령자*1, 장애인 등) × 2천만 원

*1 고령자는 55세 이상인 사람을 말함

☞ 상시근로자의 범위는 제23조 제10항을 준용하며, 상시근로자수는 다음의 계산식에 따라 계산한 수(100분의 1 미만의 부분은 없는 것으로 한다)로 한다.

※ 상시근로자수 = 해당 과세연도의 매월 말 현재 상시근로자수의 합 / 해당 과세연도의 개월 수

4) 사후관리

(1) 사회적기업 세액감면에 대한 사후관리

세액감면기간 중 다음의 어느 하나에 해당하여 사회적기업 육성법에 따라 사회적기업의 인증이 취소된 때에는 해당 과세연도부터 세액감면을 적용받을 수 없으며, 다음의 경우에는 그 사유가 발생한 과세연도의 과세표준신고시 감면받은 세액에 이자가산액을 가산하여 법인세 또는 소득세로 납부하여야 한다.

① 거짓이나 그 밖의 부정한 방법으로 인증을 받은 때
→ 단, 다음의 경우에는 그 사유가 발생한 과세연도의 과세표준 신고시 감면받는 세액에 이자상당액을 가산하며 법인세 또는 소득세로 납부하여야 한다.
② 사회적기업 육성법의 인증요건을 갖추지 못하게 된 때

(2) 장애인 표준사업장 세액감면에 대한 사후관리

장애인 표준사업장에 대한 세액감면규정을 적용할 때 세액감면기간 중 해당 장애인 표준사업장이 다음 중 어느 하나에 해당하는 경우에는 해당 과세연도부터 장애인 표준사업장에 대한 법인세 또는 소득세를 감면받을 수 없다.

① 장애인고용촉진 및 직업재활법에 따른 융자 또는 지원을 거짓이나 그 밖의 부정한 방법으로 받은 경우
→ 단, 다음의 경우에는 그 사유가 발생한 과세연도의 과세표준 신고시 감면받는 세액에 이자상당액을 가산하며 법인세 또는 소득세로 납부하여야 한다.
② 사업주가 장애인고용촉진 및 직업재활법에 따라 받은 융자금 또는 지원금을 같은 규정에 따른 용도에 사용하지 아니한 경우
③ 장애인고용촉진 및 직업재활법에 따라 인증이 취소된 경우

(3) 이자상당가산액

감면받은 세액에 가산하여 납부하는 이자상당가산액은 다음과 같이 계산한다.

이자상당가산액 = 납부하여야 할 세액상당액 × 일수 × 25/100,000

5) 조세특례시 주의사항

(1) 감면신청서 등의 제출

본 조의 세액감면을 적용받으려는 자는 과세표준신고와 함께 세액감면신청서(시행규칙 별지 제2호 서식)을 납세지 관할 세무서장에게 제출 하여야 한다.

(2) 중복지원의 배제

내국인이 동일한 사업장에 대하여 동일한 과세연도에 본 조의 규정에 의한 사회적기업 및 장애인 표준사업장에 대한 세액감면과 창업중소기업 등에 대한 세액감면 등 조세특례제한법 제127조 제5항에서 열거한 세액감면 중 중복적용이 될 수 있는 경우에는 그 중 하나만을 선택하여 이를 적용받을 수 있다.

6) 예규 및 판례

(1) 장애인 고용장려금이 감면대상 소득인 '해당 사업에서 발생한 소득'으로 볼 수 있는지 여부

조특법 제85조의6 제2항의 입법취지와 쟁점장려금의 성격 및 청구인은 쟁점장려금을 초과하여 장애인에 대한 인건비 등을 지급한 것으로 보이는 반면 현재까지 달리 청구인이 쟁점장려금을 다른 목적으로 전용하거나 부정한 방법으로 수령한 등의 사정이 보이지 아니하는 점 등에 비추어, 쟁점장려금은 장애인 표준사업장에서 발생한 소득에 해당하는 것으로 보이고 이를 감면대상소득으로 보지 아니할 경우 쟁점장려금 중 일부가 다시 소득세로 반납하게 되는 결과가 되어 위 입법취지에 반하게 된다고 할 것임(경정)(조심2020전0564, 2020.05.18.).

(2) 일자리지원금의 감면소득 여부

청구법인이 「사회적기업육성법」에 따라 수령하여 해당 사업의 인건비로 사용한 쟁점고용지원금은 조특법 제85조의6 제1항의 법인세 감면소득으로 보는 것이 타당함(조심2017중2515, 2017.07.26.).

(3) 사회적기업으로 당초 인증을 받은 날인지, 인증서를 재발급받은 날인지 여부

「조세특례제한법」제85조의6 제1항에 따른 '사회적기업의 인증'은 「사회적기업 육성법」제2조에 따라 고용노동부장관이 실질적으로 동일하다고 보는 사업부문 또는 법인에 대해 당초 인증한 날에 따르는 것임. 「조세특례제한법」

제85조의6 제1항에 따른 '해당사업에서 최초로 소득이 발생한 과세연도'는 감면대상사업이 아닌 사업에서 발생한 결손금과 관계없이 감면대상사업에서 각 사업연도의 소득이 최초로 발생한 과세연도를 말하는 것임(서면-2016-법인-5372, 2017.03.13.).

(4) 사회적기업이 국가 등으로부터 받은 지원금이 감면대상 소득에 해당하는지 여부

사회적 기업이 국가 등으로부터 받는 근로자에 대한 정부지원금 등은 조세특례제한법 제85조의6의 감면대상소득에 해당하지 않음(서면법인2020-1768, 2020.11.09.).

(5) 조특법상 장애인 표준사업장 소득세 감면시 '해당 사업에서 최초로 소득이 발생한 과세연도'의 의미

장애인 표준사업장으로 인증받은 내국인은 그 인증을 받은 날이 속하는 사업연도 이후 해당 사업에서 최초로 발생한 과세연도부터 장애인 표준사업장에 대한 소득세 감면을 적용하는 것임(사전법령해석소득2020-168, 2020.10.13.).

(6) 국가 등으로부터 지원받는 금액 감면소득 포함 여부

사회적기업으로 인정받은 내국법인이 국가 등으로부터 지원받은 사업개발비, 시설장비비, 일자리창출 인건비, 전문인력 지원비 등은 조특법 제85조의6 제1항의 법인세가 감면되는 "해당 사업에서 발생한 소득"에 해당하지 않는다(법규과-643, 2012.06.12.).

> [예외사례]
> 사회적 기업으로 인정받은 기업이 정부로부터 수령한 일자리지원금은 법인세 감면소득으로 보아야 한다는 심판결정이 내려졌다.
> 조세심판원은 사회적기업 육성법에 따라 고용노동부장관으로부터 수령한 일자리지원금을 법인세 감면소득으로 보아 법인세 환급경정청구를 구했으나, 이를 거부한 과세관청의 처분은 잘못이라는 요지의 심판결정문을 공개했다(2017.04.18.심판청구).
>
> 〈 판결문 일부 〉
> 관련 법령에 따른 정부의 국고보조금이 해당 사업의 비용을 보전하는 데 직접적으로 사용된 것이 확인된다면 동 국고보조금은 납세자의 해당 사업에서 발생한 소득에 포함되는 것으로 해석할 수 있는 점 등에 비추어 청구법인이 사회적기업 육성법에 따라 수령한 쟁점고용지원금을 해당 사업(블라인드 제조업 및 도소매업)의 운영에 필요한 인건비에 사용된 것에 다툼이 없는 이상 쟁점 고용지원금은 조특법 제85조의6 제1항의 법인세 감면소득으로 보는 것이 타당하다 하겠음.
> 따라서, 쟁점고용지원금이 조특법 제85조의6 제1항의 법인세가 감면되는 '해당사업에서 발생한 소득'에 해당하지 않는다는 이유로 청구법인의 경정청구를 거부한 처분은 잘못이 있다고 판단된다.

7) 부가가치세 면제

(1) 부가가치세 면제대상

「사회적 기업 육성법」 제7조에 따라 인증 받은 사회적 기업이 직접 제공하는 간병·산후조리·보육(부가령 제35조 제17호), 교육용역(부가령 제36조 제1항 제4호)

(2) 효과

부가가치세 면제되는 용역 등에 해당함.

9) 사회적기업에 대한 지방세감면 (지특법 제22조의4)

(1) 감면 요건

사회적 기업(「상법」에 따른 회사인 경우에는 「중소기업기본법」 제2조 제1항에 따른 중소기업으로 한정한다)

(2) 과세특례 효과

다음에 따라 지방세를 2024년 12월 31일까지 경감한다.

① 고유 업무에 직접 사용하기 위하여 취득하는 부동산에 대해서는 취득세의 50%를 경감한다.

② 그 법인등기에 대해서는 등록면허세의 50%를 경감한다.

③ 과세기준일 현재 그 고유 업무에 직접 사용하는 부동산에 대해서는 재산세의 25%를 경감한다.

(3) 사후관리

다음 각 목의 어느 하나에 해당하는 경우 그 해당 부분에 대해서는 경감된 취득세를 추징한다.

가. 취득일부터 3년 이내에 인증이 취소되는 경우

나. 정당한 사유 없이 그 취득일부터 1년 이내 해당 용도로 직접 사용하지 아니하는 경우

다. 해당 용도로 직접 사용한 기간이 2년 미만인 상태에서 매각·증여하거나 다른 용도로 사용하는 경우

(4) 관련 예규 및 판례

① 청구법인이 쟁점주택을 취득하고 취득일부터 1년이 경과할 때까지 해당 용도로 직접 사용하지 아니한 것으로 보아 기 감면한 취득세 등을 부과한 처분의 당부
유예기간에 사회적기업의 용도로 사용한 입증자료를 제출하지 아니한 점, 청구법인이 쟁점주택을 사회적기업의 용도로 사용할 계획을 가지고 있다 하여 이를 해당 용도에 직접 사용하였다고 어려운 점 등에 비추어 청구법인이 쟁점주택을 취득하고 유예기간에 사회적기업 용도로 직접 사용하지 아니한 것으로 보아 기 감면한 취득세 등을 부과한 처분은 달리 잘못이 없다고 판단됨(조심2021지5694, 2022.12.07.).

② 청구법인이 취득한 쟁점부동산이 '사회적기업이 그 고유업무에 직접 사용하기 위하여 취득하는 부동산'(지특법 제22조의4)에 해당하는 것으로 보아 감면 받은 것에 대하여, '1년 이내에 해당 용도에 직접 사용하지 아니한 것'으로 보아 그 감면적용을 배

제한 처분의 당부

청구법인은 2019.07.31. 쟁점부동산을 취득하여 쟁점부동산과 관련한 점유자들의 점유물과 관련하여 2019.08.06. 법원에 인도명령을 청구하였고 그러한 과정에서 인도명령에 대한 각 기각, 인용결정을 받으면서 2019.10.24., 2019.11.29. 및 2019.12.03. 위 점유자들에게 이주비 등을 송금하는 등 노력을 하였으나 이러한 점유자들의 점유물 존재는 청구법인이 쟁점부동산을 취득하기 전부터 이미 존재하였던 사정이자 쟁점부동산을 경매로 취득한 청구법인은 위 점유물 존재를 취득당시부터 인지하고 있었던 것으로 보이고, 쟁점토지 지상에 건축물 등을 신축하기 위해서는 「군사시설보호법」에 따른 군부대와의 협의가 필요한 사정 등 역시 청구법인이 쟁점부동산을 취득하기 전부터 존재하는 법령상의 장애사유에 불과하므로, 청구법인이 위의 이러한 장애를 해소하기 위하여 노력을 하고 그러한 과정에서 상당한 시간이 소요되었다고 하여 청구법인이 쟁점부동산을 유예기간 내에 고유업무에 직접 사용하지 못한 것에 대한 정당한 사유로 삼기 어렵다고 보임(조심2021지2809, 2022.06.15.).

VIII. 국민생활의 안정을 위한 조세특례

01 소형주택 임대사업자에 대한 세액감면 (조특법 제96조)

1) 의의

대통령령으로 정하는 내국인이 임대주택을 1호 이상 임대하는 경우에는 2025년 12월 31일 이전에 끝나는 과세연도까지 해당 임대사업에서 발생한 소득에 대해서는 다음 각호에 따른 세액을 감면한다.

(1) **임대주택을 1호 임대하는 경우 : 소득세 또는 법인세의 30%**

단, 임대주택 중 민간임대주택에 관한 특별법 제2조 제4호에 따른 공공지원민간임대주택 또는 제2조 제5호에 따른 장기일반민간임대주택의 경우에는 75%

(2) **임대주택을 2호 이상 임대하는 경우 : 소득세 또는 법인세의 20%**

단, 장기일반민간임대주택등의 경우에는 50%

※ 임대사업자가 임대하는 임대주택의 수를 계산할 때에는 해당 과세연도 종료일 현재 임대주택 수를 기준으로 한다.

2) 감면요건

(1) 대통령령으로 정하는 내국인

① 소득세법 또는 법인세법상 사업자등록을 하였을 것

② 민간임대주택에 관한 특별법 제5조에 따른 임대사업자등록을 하였거나 공공주택 특별법에 따른 공공주택 사업자로 지정되었을 것

(2) 임대주택 요건

① 임대주택으로 등록한 주택으로서, 민간임대주택에 관한 특별법에 따른 임대주택일 것

② 주택법에 따른 국민주택규모의 주택일것

　가. 국토의 계획 및 이용에 관한 법률에 따른 도시지역의 토지 : 5배 이내

　나. 그 밖의 토지 : 10배 이내

③ 주택 및 이에 부수되는 토지의 기준시가의 합계액이 해당 주택의 임대개시일 당시 6억 원을 초과하지 않을 것

④ 임대보증금 또는 임대료의 증가율이 5%를 초과하지 않을 것
이경우 임대료 등 증액청구는 임대차계약 또는 약정한 임대료 등의 증액이 있은 후 1년 이내에는 하지 못하고, 임대사업자가 임대료 등의 증액을 청구하면서 임대보증금과 월임대료를 상호간에 전환하는 경우에는 민간임대주택에 관한 특별법 및 공공주택 특별법 시행령에 따라 정한 기준을 준용한다.

3) 사후관리

(1) 사후관리 내용

세액감면을 받은 내국인이 1호 이상의 임대주택을 4년(장기일반민간임대주택 등의 경우에는 10년) 이상 임대하지 아니하는 경우 그 사유가 발생한 날이 속하는 과세연도의 과세표준신고를 할때 감면받은 세액을 이자상당가산액을 가산하여 납부하여야 한다.

다만, 민간임대주택에 관한 특별법에 따라 임대사업자 등록이 말소된 경우 등에 해당하여 등록이 말소된 경우에는 그러지 아니하다.

(2) 납부세액 계산

소득세 또는 법인세를 감면받은 내국인이 1호 이상의 임대주택을 4년(장기일반민간임대주택등의 경우에는 10년) 이상 임대하지 않은 경우에는 그 사유가 발생한 날이 속하는 과세연도의 과세표준 신고시 감면받은 세액 전액에 이자상당가산액을 가산한 금액을 소득세 또는 법인세로 납부하여야 한다. 단, 장기일반민간임대주택 등을 4년 이상 10년 미만 임대한 경우에는 해당 감면받은 세액의 60%에 상당하는 금액에 이자상당가산액을 가산한 금액을 소득세 또는 법인세로 납부해야한다.

(3) 이자상당가산액

원칙적으로 이자상당가산액(1일 2.5/10,000)을 가산한다.

단, 다음과 같은 부득이한 사유가 있는 경우에는 그러지 아니한다.

① 파산, 강제집행에 따라 임대주택을 처분하거나 임대를 할 수 없는 경우

② 법령상 의무를 이행하기 위하여 임대주택을 처분하거나 임대를 할 수 없는 경우

③ 「채무자 회생 및 파산에 관한 법률」에 따른 회생절차에 따라 법원의 허가를 받아 임대주택을 처분한 경우

4) 조세특례시 주의사항

(1) 세액감면의 신청

세액감면 받으려는 자는 해당 과세연도의 과세표준신고와 함께 세액감면신청서(시행규칙 별지 제60호의 16서식)에 다음의 서류를 첨부하여 납세지 관할 세무서장에게 제출하여야 한다.

① 임대사업자 등록증 또는 공공주택사업자로의 지정을 증명하는 자료

② 임대조건신고증명서

③ 표준임대차계약서 사본(단, 2019.02.11. 이전에 감면을 신청한 경우에는 임대차계약서 사본)

④ 민간임대주택에 관한 특별법 시행규칙 제19조 제8항에 따른 별지 제23호의 2서식 (단, 2019.03.20. 이후 감면을 신청하는 경우부터 적용)

(2) 최저한세의 적용

(3) 구분경리

세액감면의 대상이 되는 임대사업과 기타의 사업을 겸영하는 경우에는 구분경리를 하여야 함.

(4) 결정시 등의 감면배제

다음에 해당하는 경우에는 본 조의 규정을 적용하지 아니한다.

① 결정을 하는 경우와 기한 후 신고를 하는 경우

② 경정을 하는 경우와 과세표준 수정신고서를 제출한 과세표준과 세액을 경정할 것을 미리 알고 제출한 경우로서 부당과소신고 과세표준인 경우

③ 사업용계좌 신고의무 또는 현금영수증가맹점 가입의무를 불이행한 경우

④ 신용카드에 의한 거래 또는 현금영수증의 발급요청을 거부하거나 신용카드매출전표 또는 현금영수증을 사실과 다르게 발급한 경우로서 일정요건에 해당하는 경우

Ⅷ. 국민생활의 안정을 위한 조세특례

5) 관련 서식

[별지 제60호의16서식] (2021. 3. 16. 개정)

소형주택 임대사업자에 대한 세액감면신청서

※ 뒤쪽의 작성방법을 읽고 작성하여 주시기 바랍니다. (앞쪽)

접수번호		접수일		처리기간	즉시

❶ 신청인

① 상호 또는 법인명	② 사업자등록번호
③ 대표자 성명	④ 생년월일
⑤ 주소 또는 본점소재지	(전화번호:)

❷ 과세연도 　　　　　년　월　일부터　　년　월　일까지

❸ 세액감면 계산내용

⑥ 임대주택 소재지	⑦ 주거전용 면적	⑧ 임대개시 당시 기준시가 6억원 이하	⑨ 소득세법 등에 따른 사업자등록	⑩ 민간임대주택법 등에 따른 등록	⑪ 임대주택요건 충족	⑫ 임대료 증액 (5% 이내) 요건 충족
A		여, 부	여, 부	단기, 장기, 부	여, 부	여, 부
B		여, 부	여, 부	단기, 장기, 부	여, 부	여, 부
C		여, 부	여, 부	단기, 장기, 부	여, 부	여, 부
D		여, 부	여, 부	단기, 장기, 부	여, 부	여, 부
E		여, 부	여, 부	단기, 장기, 부	여, 부	여, 부

	⑬ 해당연도 임대개월수 요건 충족	⑭ 임대기간 요건 충족		⑮ 감면대상 임대사업소득	⑯ 감면대상 산출세액	⑰ 감면율	⑱ 감면세액 (⑯×⑰)
		단기	장기				
A	여, 부	여, 부, 4년 미도래	여, 부, 8년(10년) 미도래			단기 30% 장기 75%	
B	여, 부	여, 부, 4년 미도래	여, 부, 8년(10년) 미도래			단기 30% 장기 75%	
C	여, 부	여, 부, 4년 미도래	여, 부, 8년(10년) 미도래			단기 30% 장기 75%	
D	여, 부	여, 부, 4년 미도래	여, 부, 8년(10년) 미도래			단기 30% 장기 75%	
E	여, 부	여, 부, 4년 미도래	여, 부, 8년(10년) 미도래			단기 30% 장기 75%	
합계							

❹ 세액감면을 받은 후 1호 이상, 임대기간 요건을 충족하지 못한 경우의 납부세액 계산

⑲ 공제받은 세액(이월공제세액 포함)의 합계액(장기일반민간임대주택등을 4년 이상 8년(10년) 미만 임대한 경우에는 공제받은 세액의 60%)	
⑳ 이자상당액	
㉑ 납부 세액(⑲ + ⑳)	

「조세특례제한법 시행령」 제96조제8항에 따라 위와 같이 소형주택 임대사업자에 대한 세액감면신청서를 제출합니다.

　　　　　　　　　　　　　　　　　　　　　　　　　　　년　월　일

　　　　　　　　　　　　　　　　신청인　　　　　　　　(서명 또는 인)

세무서장 귀하

첨부서류	1. 「민간임대주택에 관한 특별법 시행령」 제4조제5항에 따른 임대사업자 등록증 또는 「공공주택 특별법」 제4조에 따른 공공주택사업자로의 지정을 증명하는 자료 2. 「민간임대주택에 관한 특별법 시행령」 제36조제4항에 따른 임대 조건 신고 증명서 3. 「민간임대주택에 관한 특별법」 제47조 또는 「공공주택 특별법」 제49조의2에 따른 표준임대차계약서 사본 4. 「민간임대주택에 관한 특별법 시행규칙」 제19조제8항에 따른 임대차계약 신고이력 확인서	수수료 없음

210mm×297mm[백상지 80g/㎡ 또는 중질지 80g/㎡]

02 상가건물 장기 임대사업자에 대한 세액감면 (조특법 제96조의2)

1) 의의

해당 과세연도의 부동산 임대업에서 발생하는 수입금액(과세기간이 1년 미만인 과세연도의 수입금액은 1년으로 환산한 총수입금액을 말함)이 7,500만 원 이하인 내국인이 2021년 12월 31일 이전에 끝나는 과세연도까지 다음 각 호의 요건을 모두 충족하는 상가건물임대사업을 하는 경우에는 해당 과세연도의 상가건물임대사업에서 발생한 소득에 대한 소득세 또는 법인세의 5%에 상당하는 세액을 감면한다.

2) 감면 요건

(1) 상가건물 임대차보호법에 따른 상가건물을 소득세법 및 부가가치세법에 따라 사업자등록을 한 개인사업자에게 영업용 사용을 목적으로 임대할 것

(2) 해당 과세연도 개시일 현재 동일한 임차인에게 계속하여 임대한 기간이 5년을 초과할 것

(3) 동일한 임차인에 대한 해당 과세연도 종료일 이전 2년 간의 연평균임대료 인상률이 상가건물 임대차 보호법에 따른 차임 또는 보증금의 증액 청구기준 이내에서 3% 이내일 것

3) 조세특례시 주의사항

(1) 영업용 사용을 목적으로 임대

상가건물 임대차 보호법에 따른 상가건물을 소득세법 또는 부가가치세법에 따라 사업자등록을 한 개인사업자에게 자기의 계산과 책임하에 계속적, 반복적으로 행하는 활동을 위해 임대한 것으로 한다.

(2) 계속성 계산

과세연도 개시일 현재 동일한 임차인에게 계속하여 임대한 기간이 5년을 초과했는지 여부는 월력에 따라 계산하되, 1개월 미만인 경우에는 1개월로 본다.

(3) 연평균 임대료 인상율

연평균 임대료 인상률 = (해당 과세연도 종료일부터 직전 2년 간의 매월말 임대료의 합계 × 1/2)/(해당 과세연도 종료일부터 직전 2년이 되는 월말의 임대료 × 12)

4) 감면 신청 절차

본 조에 따라 세액감면을 받으려는 자는 해당 과세연도의 과세표준신고와 함께 세액감면신청서(시행규칙 별지 제60호의24 서식)에 임대차계약서 사본을 첨부하여 납세지 관할 세무서장에게 제출하여야 한다.

5) 주의사항

(1) 결정시 등의 감면배제

다음에 해당하는 경우에는 본 조의 규정을 적용하지 아니한다.

① 결정을 하는 경우와 기한 후 신고를 하는 경우

② 경정을 하는 경우와 과세표준 수정신고서를 제출한 과세표준과 세액을 경정할 것을 미리 알고 제출한 경우로서 부당과소신고 과세표준인 경우

③ 사업용계좌 신고의무 또는 현금영수증가맹점 가입의무를 불이행한 경우

④ 신용카드에 의한 거래 또는 현금영수증의 발급요청을 거부하거나 신용카드매출전표 또는 현금영수증을 사실과 다르게 발급한 경우로서 일정요건에 해당하는 경우

(2) 최저한세의 적용

(3) 구분경리

세액감면의 대상이 되는 임대사업과 기타의 사업을 겸영하는 경우에는 구분경리의무가 있다.

6) 관련 서식

■ 조세특례제한법 시행규칙 [별지 제60호의26서식] 〈개정 2022. 3. 18.〉

상가건물 장기 임대사업자에 대한 세액감면신청서

※ 뒤쪽의 작성방법을 읽고 작성하여 주시기 바랍니다. (앞쪽)

접수번호		접수일		처리기간	즉시
❶ 신청인	① 상호 또는 법인명			② 사업자등록번호	
	③ 대표자 성명			④ 생년월일	
	⑤ 주소 또는 본점소재지				
			(전화번호:)		

❷ 과세연도 : 년 월 일부터 년 월 일까지

❸ 세액감면 계산내용

가. 상가건물 임대 현황 및 감면 요건 확인

⑥ 상가건물 소재지	임차인		⑨ 사용목적 요건 충족	⑩ 임대 시작일	⑪ 2년간 연평균 임대료 인상률	⑫ 감면요건 충족 여부	⑬ 감면대상 임대사업 소득
	⑦ 상호	⑧ 사업자 등록번호					
			여, 부	. .		여, 부	
			여, 부	. .		여, 부	
			여, 부	. .		여, 부	
			여, 부	. .		여, 부	
			여, 부	. .		여, 부	
			여, 부	. .		여, 부	
			여, 부	. .		여, 부	
			여, 부	. .		여, 부	
			여, 부	. .		여, 부	
			여, 부	. .		여, 부	
합계							⑭

나. 감면세액 계산

⑮ 감면대상 산출세액	⑯ 감면율	⑰ 감면세액(⑮×⑯)
	5%	

「조세특례제한법 시행령」 제96조의2제5항에 따라 위와 같이 상가건물 장기 임대사업자에 대한 세액감면신청서를 제출합니다.

년 월 일

신청인 (서명 또는 인)

세무서장 귀하

첨부서류	임대차계약서 사본 1부	수수료 없음

210mm×297mm[백상지 80g/㎡ 또는 중질지 80g/㎡]

Ⅷ. 국민생활의 안정을 위한 조세특례

(뒤쪽)

작성방법

1. 임대상가건물별·임차인별로 구분하여 작성합니다.

2. ⑨ 사용목적 요건 충족: 임대건물이 상시 주거용으로 사용하는 건물이 아닌 부가가치세가 과세되는 사업용 건물에 해당하는 경우 "여", 그렇지 않은 경우 "부"에 표기합니다.

3. ⑩ 임대시작일: 해당 임차인에게 계속하여 임대하고 있는 상가건물의 최초 임대시작일을 적습니다.

4. ⑪ 2년간 연평균 임대료 인상률: 해당 임차인에 대한 해당 과세연도 종료일 이전 2년간의 연평균 임대료 인상률을 적습니다.

5. ⑪ 해당 임차인에 대한 해당 과세연도 종료일 이전 2년간의 연평균 임대료 인상률을 적습니다.

6. ⑫ 총 임대기간란은 ⑮ 1호 이상 주택 임대개시일 현재 각 주택별로 임대를 개시한 날을 시작일로 하고, 해당 과세연도 말일 현재까지 임대한 기간을 종료일로 합니다.

7. ⑫ 감면요건 충족 여부: 다음 각호의 요건을 모두 충족하는 경우 "여", 그렇지 않은 경우 "부"에 표기합니다.

    가. 상시 주거용으로 사용하는 건물이 아닌 부가가치세가 과세되는 사업용 건물을 임대할 것

    나. 해당 과세연도 개시일 현재 동일한 임차인에게 계속하여 임대한 기간이 5년을 초과할 것

    다. 동일한 임차인에 대한 해당 과세연도 종료일 이전 2년간의 연평균 임대료 인상률이 3퍼센트 이내일 것

8. ⑬ 감면대상 임대사업: ⑫ 요건을 충족하는 임대사업소득을 적습니다.

9. ⑮ 감면대상 산출세액: [산출세액 × (⑬ 감면대상 임대사업소득 합계 ÷ 소득금액)]으로 계산합니다.

03 상가임대료를 인하한 임대사업자에 대한 세액공제 (착한임대인 세액공제) (조특법 제96조의3)

※ 주요 개정연혁

2021.03.16. 개정

(1) 부동산임대사업자 중 대통령령 상가건물에 대한 임대료를 소상공인인 임차인으로 부터 인하하여 지급 받는 경우 공제율을 임대료 인하액의 50%에서 70%(해당 과세연도의 기준소득금액이 1억원을 초과하는 경우에는 50%)로 상향하였다. 해당규정은 2021.01.01. 이후 발생한 임대료 수입금액부터 적용한다.

(2) 공제기간을 포함하는 계약기간 중 임대료를 인하하기 직전의 임대차계약에 따른 임대료나 보증금보다 인상한 경우 세액공제를 적용하지 않거나 이미 공제받은 세액을 추징한다. 해당규정은 2021.01.01. 이후 과세표준신고를 하는 분부터 적용한다.

1) 의의

착한임대인 세액공제란? (조특법 제96조의3 : 상가임대료를 인하한 임대사업자에 대한 세액공제)

전주 한옥마을 임대인들이 코로나로 인해 힘든 한옥마을 일대의 임차인을 위해 임대료를 할인 해 준 '임대료 인하운동'에서 부터 시작되었다.

상가 임대인이 임대상가건물에 대한 임대료를 임차소상공인으로 부터 2020.01.01.부터 2025.12.31.까지 인하하여 지급받는 경우 임대료 인하액의 일정금액을 소득세 또는 법인세에서 공제한다.

● 재산세 감면
선한 영향력의 활성화를 위해 지방자치단체에서도 일부 재산세 감면혜택을 준다.(각 지자체별 조례에 따라 상이)
→ 이미 재산세를 납부했다 하더라도 감면분에 대해 경정청구 가능

2) 세액공제 적용요건

(1) 세액공제 대상자 : 임대인요건

① 소득세법 또는 법인세법 또는 부가가치세법에 따라 상가건물에 대한 부동산 임대업 사업자등록을 한 자

② 공제배제 대상자
   가. 복식부기 의무자가 추계신고한 경우
   나. 무신고 및 기한 후 신고자의 경우
   다. 탈루 오류로 경정할 것을 미리 알고 제출하는 부정과소신고의 경우
   라. 현금영수증 등에 대한 의무불이행자의 경우

(2) 임대상가건물의 범위

상가건물 임대차 보호법 제2조 제1항 본문에 따른 상가건물을 말한다.

※ 주택임대사업자의 주택 등은 이에 해당하지 않음 주의해야 한다.

(3) 임차인 요건

① 다음의 요건을 모두 충족한 자

> 가. 다음을 모두 충족한 소상공인일 것
>   ㉠ 상시근로자 수 기준 5명 미만인 소상공인(제조, 광업, 건설, 운송업의 경우 : 10명 미만)
>   ㉡ <u>소기업 매출액 요건</u>[*1] 충족
> 나. 임대상가건물을 2021.06.30. 이전부터 계속 임차하여 영업용 목적으로 사용하는 임차인일 것.
> 다. <u>배제업종</u>[*2]을 영위하지 않는 임차인일 것
> 라. 상가임대인과 「국세기본법」 제2조 제20호에 따른 특수관계인[1]이 아닐 것
> 마. 소득세법, 법인세법 또는 부가가치세법에 따라 사업자등록을 한 자일 것.

---

1) 본인과 다음의 어느 하나에 해당하는 관계에 있는 자를 말한다. 이 경우 본인도 그 특수관계인의 특수관계인으로 본다.
   ① 혈족 · 인척 등 친족관계
      가. 4촌 이내의 혈족
      나. 3촌 이내의 인척

② 임대차계약이 종료되기 전에 폐업한 자로서 다음의 요건을 모두 갖춘 자

  가. 폐업하기 전에 ①의 요건에 해당할 것

  나. 2021년 1월 1일 이후에 임대차계약 기간이 남아 있을 것

(4) 임대료 및 보증금 인상시 적용 배제

2020.01.01.부터 2025.12.31.까지 기간 중 임대료 인하하기 직전 임대차계약에 따른 임대료나 보증금 보다 인상(임대차계약의 갱신 등을 한 경우에는 갱신 등에 따른 임대료나 보증금이 임대료를 인하하기 직전의 임대차계약에 따른 금액의 5%를 초과한 경우)한 경우 세액공제 적용불가능

※ 공제받은 후 해당 과세연도 종료일 이후 6개월 이내에 임대료, 보증금 인상한 경우에는 이미 공제받은 세액을 추징함

  다. 배우자(사실상의 혼인관계에 있는 자를 포함한다)
  라. 친생자로서 다른 사람에게 친양자 입양된 자 및 그 배우자·직계비속
  마. 본인이 「민법」에 따라 인지한 혼인 외 출생자의 생부나 생모(본인의 금전이나 그 밖의 재산으로 생계를 유지하는 사람 또는 생계를 함께하는 사람으로 한정한다)
② 임원·사용인 등 경제적 연관관계
  가. 임원과 그 밖의 사용인
  나. 본인의 금전이나 그 밖의 재산으로 생계를 유지하는 자
  다. 가, 나에 해당하는 자와 생계를 함께하는 친족
③ 주주·출자자 등 경영지배관계
  가. 본인이 개인인 경우
    ㉠ 본인이 직접 또는 그와 친족관계 또는 경제적 연관관계에 있는 자를 통하여 법인의 경영에 대하여 지배적인 영향력을 행사하고 있는 경우 그 법인
    ㉡ 본인이 직접 또는 그와 친족관계, 경제적 연관관계 또는 ㉠의 관계에 있는 자를 통하여 법인의 경영에 대하여 지배적인 영향력을 행사하고 있는 경우 그 법인
  나. 본인이 법인인 경우
    ㉠ 개인 또는 법인이 직접 또는 그와 친족관계 또는 경제적 연관관계에 있는 자를 통하여 본인인 법인의 경영에 대하여 지배적인 영향력을 행사하고 있는 경우 그 개인 또는 법인
    ㉡ 본인이 직접 또는 그와 경제적 연관관계 또는 ㉠의 관계에 있는 자를 통하여 어느 법인의 경영에 대하여 지배적인 영향력을 행사하고 있는 경우 그 법인
    ㉢ 본인이 직접 또는 그와 경제적 연관관계, ㉠ 또는 ㉡의 관계에 있는 자를 통하여 어느 법인의 경영에 대하여 지배적인 영향력을 행사하고 있는 그 법인
    ㉣ 본인이 「독점규제 및 공정거래에 관한 법률」에 따른 기업집단에 속하는 경우 그 기업집단에 속하는 다른 계열회사 및 그 임원

VIII. 국민생활의 안정을 위한 조세특례

*1 소규모 매출액 요건

해당 기업의 주된 업종	분류기호	규모 기준
1. 식료품 제조업	C10	평균매출액등 120억원 이하
2. 음료 제조업	C11	
3. 의복, 의복액세서리 및 모피제품 제조업	C14	
4. 가죽, 가방 및 신발 제조업	C15	
5. 코크스, 연탄 및 석유정제품 제조업	C19	
6. 화학물질 및 화학제품 제조업(의약품 제조업은 제외한다)	C20	
7. 의료용 물질 및 의약품 제조업	C21	
8. 비금속 광물제품 제조업	C23	
9. 1차 금속 제조업	C24	
10. 금속가공제품 제조업(기계 및 가구 제조업은 제외한다)	C25	
11. 전자부품, 컴퓨터, 영상, 음향 및 통신장비 제조업	C26	
12. 전기장비 제조업	C28	
13. 그 밖의 기계 및 장비 제조업	C29	
14. 자동차 및 트레일러 제조업	C30	
15. 가구 제조업	C32	
16. 전기, 가스, 증기 및 공기조절 공급업	D	
17. 수도업	E36	
18. 농업,임업 및 어업	A	평균매출액등 80억원 이하
19. 광업	B	
20. 담배 제조업	C12	
21. 섬유제품 제조업(의복 제조업은 제외한다)	C13	
22. 목재 및 나무제품 제조업(가구 제조업은 제외한다)	C16	

23. 펄프, 종이 및 종이제품 제조업	C17	
24. 인쇄 및 기록매체 복제업	C18	
25. 고무제품, 및 플라스틱제품 제조업	C22	
26. 의료, 정밀, 광학기기 및 시계 제조업	C27	
27. 그 밖의 운송장비 제조업	C31	
28. 그 밖의 제품 제조업	C33	
29. 건설업	F	
30. 운수 및 창고업	H	
31. 금융 및 보험업	K	
32. 도매 및 소매업	G	평균매출액등 50억원 이하
33. 정보통신업	J	
34. 수도, 하수 및 폐기물 처리, 원료재생업(수도업은 제외한다)	E(E36 제외)	
35. 부동산업	L	평균매출액등 30억원 이하
36. 전문·과학 및 기술 서비스업	M	
37. 사업시설관리, 사업지원 및 임대 서비스업	N	
38. 예술, 스포츠 및 여가 관련 서비스업	R	
39. 산업용 기계 및 장비 수리업	C34	평균매출액등 10억원 이하
40. 숙박 및 음식점업	I	
41. 교육 서비스업	P	
42. 보건업 및 사회복지 서비스업	Q	
43. 수리(修理) 및 기타 개인 서비스업	S	

*2 배제업종

업종분류	분류코드	세액공제 적용배제 업종
가. 제조업	C33402 C33409	1. 영상게임기 제조업(도박게임 등 사행행위에 사용되는 영상게임기로 한정한다) 2. 기타 오락용품 제조업(도박게임 등 사행행위에 사용되는 오락용품으로 한정한다)
나. 정보통신업	J5821	게임 소프트웨어 개발 및 공급업(도박게임 등 사행행위에 사용되는 게임소프트웨어로 한정한다)
다. 금융 및 보험업	K64 K65 K66	1. 금융업 2. 보험 및 연금업 3. 금융 및 보험 관련 서비스업[「전자금융거래법」 제2조 제1호에 따른 전자금융업무, 「자본시장과 금융투자업에 관한 법률」 제9조 제27항에 따른 온라인소액투자중개 및 「외국환거래법 시행령」 제15조의 2 제1항에 따른 소액해외송금업무를 업으로 영위하는 업종 중 그 외 기타 금융지원 서비스업(66199)은 제외한다]
라. 부동산업	L68	부동산업[부동산 관리업(6821) 및 부동산 중개 및 대리업(68221)은 제외한다]
마. 공공행정, 국방 및 사회보장 행정	O84	공공행정, 국방 및 사회보장 행정
바. 교육 서비스업	P851 P852 P853 P854	1. 초등, 중등, 고등 교육기관 2. 특수학교, 외국인학교 및 대안학교
사. 예술, 스포츠 및 여가관련 서비스업	R9124	사행시설 관리 및 운영업
아. 협회 및 단체, 수리 및 기타 개인 서비스업	S94	협회 및 단체
자. 가구 내 고용활동	T97	1. 가구 내 고용활동

업종분류	분류코드	세액공제 적용배제 업종
및 달리 분류되지 않은 자가소비 생산활동		2. 달리 분류되지 않은 자가소비를 위한 가구의 재화 및 서비스 생산활동
차. 국제 및 외국기관	U99	국제 및 외국기관
+ 「개별소비세법」 제1조 제4항에 따른 과세유흥장소를 경영하는 사업		

3) 세액공제 금액

(1) 2020년 귀속소득

임대료 인하액의 50%를 소득세 및 법인세에서 세액공제

(2) 2021년 이후 귀속소득

원칙 : 임대료 인하액^{*1}의 70%를 소득세 및 법인세에서 세액공제

예외 : 해당연도의 기준소득금액^{*2}이 1억 원을 초과하는 경우에는 임대료 인하액의 50%를 세액공제

※ 초과액의 50%가 아닌 임대료 인하액 전액분에 대한 50%임을 주의.

---

*1 **임대료 인하액(① - ②)**
① 임대료를 인하하기 직전의 임대차계약을 기준으로 계산한 해당 과세연도의 임대료(단, 2020.01.01.~2025.12.31. 기간 중 동일한 임차소상공인과 갱신하거나 재계약하고(갱신 등) 갱신 등의 임대차계약에 따른 임대료가 인하된 경우 갱신한 임대차계약이 적용되는 날부터 2023.12.31.까지는 갱신등에 따른 임대료를 기준으로 계산한다)
② 지급했거나 지급하기로 하여 해당 과세연도에 상가임대인의 수입금액으로 발생한 임대료

*2 **기준소득금액** : 해당 과세기간의 종합소득과세표준에 합산되는 종합소득금액에 임대료 인하액을 더한 금액

(3) 절세효과

건물주가 임대료를 인하해주면 소상공인의 비용부담 완화는 물론 건물주도 세정지원을 받을 수 있다.

> ex) 임대료 1,000만원을 인하한 건물주는 세액공제로 인한 절세와 건강보험료 절감 등으로 964만원을 지원받게 되는 것으로 계산된다.
> 조세특례제한법의 경우 소득세 최고 70%, 지방소득세 7% 포함 총 77% 세액공제를 받을 수 있으며, 임대료 인하에 따른 임대소득 감소로 인한 건강보험료(약 7%), 임대료를 인하하지 않았다면 납부했어야 할 소득세 및 지방소득세도 절감된다.

> ◉ **절세효과 사례**
> **(1) 착한임대인 세액공제 770만원 세액공제**
> 임대인이 종합소득금액 1억 원 이하인 자로 1,000만원 임대료를 인하한 경우 70%인 700만원과 지방소득세 70만원을 합한 770만원을 공제받는다.
> → **단, 세액공제 금액의 20%를 농어촌특별세로 납부해야하므로 140만원을 납부해야 한다. 즉, 세액공제 실효 혜택은 630만원으로 추정된다.**
> **(2) 소득세 절감액**
> 임대료를 인하하지 않았다면 납부했어야 할 1,000만 원에 해당하는 납부할 소득세 240만원(실효세율 24%가정)과 지방소득세 24,만 총 264만원을 덜 납부하게 된다.
> **(3) 건강보험료 절감액**
> 직장가입자인 경우 건강보험료도 임대료 인하분 1,000만원의 약 7%인 70만원을 덜 납부하게 된다.
> **총 964만 원 가량의 절세효과를 받을 수 있으며 추가로 일부 지자체의 경우 재산세를 감면해 주고 있다.**

4) 세부사항

(1) 최저한세 적용 배제대상

(2) 농어촌특별세 과세

(3) 10년간 이월공제가능

단, 개인사업자의 경우 사업소득(부동산임대소득 포함)에 대해서만 허용
※ 이월공제세액이 있는 경우에는 세액공제액 조정명세서를 작성하여 제출할 것.

5) 착한 임대인 세액공제 제출서류

(1) 세액공제신청서

(2) 임대료를 인하하기 직전에 체결한 임대차계약서 사본 (인하 후 임차만료사유로 재계약 하는 경우에는 그 재계약서 포함)

① 임대료 인하 합의사실 증명서류(확약서, 약정서, 변경계약서, 합의증명서)

② 세금계산서, 금융거래내역 등 임대료 지급확인서류

(3) 임차인 소상공인 확인서 (소상공인시장진흥공단에서 발급받은 서류)

※ 소상공인확인서 발급요령

① 온라인 발급가능
www.sbiz.or.kr/cose/main.do
소상공인시장진흥공단 '세액공제용 소상공인확인서'

② 방문 발급
전국 소상공인지역센터에서 발급가능

6) 관련 예규 및 판례

(1) 사업포괄양수도로 임차인이 변경된 경우 상가임대료를 인하한 임대사업자의 세액공제 적용 가부

임대상가건물을 2021년 6월 30일 이전부터 계속하여 임차하여 영업용 목적으로 사용하고 있던 임차인이 2021년 6월 30일 후 해당 사업을 포괄양도한 경우로서 임대차계약관계도 위 포괄양도시점에 새로운 임차인이 승계한 경우에, 새로운 임차인은 「조세특례제한법 시행령」 제96조의3 제3항 제1호 나목의 요

(2) **임대용 부동산의 증여로 인한 임대인 변경의 경우 세액공제 적용 여부**

임대용 상가건물의 증여로 인하여 임대인이 변경된 경우에도 「조세특례제한법시행령」 제96조의3에 규정된 요건을 충족하는 경우, 「조세특례제한법」 제96조의3에 따른 세액공제 적용 대상에 해당하는 것임(서면-2021-소득-3311, 2022.03.30.).

(3) **임대료를 인하하기 직전 임대차계약에 따라 임대차기간별로 임대료를 달리 적용한 경우 세액공제배제 대상에 해당하는지 여부**

임대료를 인하하기 직전의 임대차계약에서 정한 내용에 따라 임대차기간별로 임대료를 달리 적용한 경우는 「조세특례제한법 시행령」 제96조의3 제5항에 규정된 '임대료를 인하하기 직전의 임대차계약에 따른 임대료나 보증금보다 인상'한 경우에 해당하지 아니하는 것임(사전-2021-법령해석소득-0544, 2021.04.19.).

건을 갖춘 자에 해당하지 않는 것임(서면-2023-법규소득-1290, 2024.01.29.).

7) 관련 서식

[별지 제60호의27서식] (2022. 3. 18. 개정)

상가임대료를 인하한 임대사업자의 세액공제신청서

※ 뒤쪽의 작성방법을 읽고 작성하여 주시기 바랍니다. (앞쪽)

접수번호		접수일시		처리기간	즉시

❶ 신청인	① 상호 또는 법인명		② 사업자등록번호	
	③ 대표자 성명		④ 생년월일	
	⑤ 주소 또는 본점 소재지		(전화번호:)	

❷ 과세연도	년 월 일부터	년 월 일까지

❸ 세액공제 계산내용

가. 상가건물 임대 현황 및 공제 요건 확인

⑥ 상가건물 소재지	임차인			⑩ 세액공제 배제대상	⑪ 인하 전 임대수입금액	⑫ 인하 후 임대수입금액	⑬ 인하한 임대료 (⑪-⑫)
	⑦ 상호	⑧ 사업자 등록번호	⑨ 임차인 요건 충족				
			여, 부	여, 부			
			여, 부	여, 부			
			여, 부	여, 부			
			여, 부	여, 부			
			여, 부	여, 부			
			여, 부	여, 부			
			여, 부	여, 부			
			여, 부	여, 부			
			여, 부	여, 부			
합계							⑭

나. 공제세액 계산

⑭ 공제대상금액	⑮ 공제율(50%, 70%)	⑯ 공제대상세액(⑭×⑮)

「조세특례제한법 시행령」 제96조의3제8항에 따라 위와 같이 상가임대료를 인하한 임대사업자에 대한 세액공제신청서를 제출합니다.

년 월 일

신청인 (서명 또는 인)

세무서장 귀하

첨부서류	1. 임대료 인하 직전 체결한 임대차계약서 사본 1부 및 2020년 1월 1일 이후 임대차계약에 대한 갱신 등을 한 경우 해당 임대차계약서 사본 1부 2. 확약서, 약정서 및 변경계약서 등 공제기간 동안 임대료 인하에 합의한 사실을 증명하는 서류 1부 3. 세금계산서(전자세금계산서의 경우 제출하지 않습니다), 금융거래내역 등 임대료 지급을 확인할 수 있는 서류 1부 4. 임차소상공인이 「조세특례제한법 시행령」 제96조의3제3항제1호가목 및 다목의 요건을 갖췄음을 소상공인시장진흥공단에서 확인한 서류 1부	수수료 없음

210mm×297mm[백상지 80g/㎡ 또는 중질지 80g/㎡]

그 밖의 직접국세 특례

01 전자신고 세액공제 (조특법 제104조의8)

※ **개정연혁**

2020.12.29. 전자신고 세액공제 적용대상에 양도소득세를 추가하였다. 해당 규정은 2021년 1월 1일 이후 전자신고 방법으로 과세표준 신고하는 경우부터 적용한다.

1) 의의

전자신고등에 대한 세액공제는 전자신고제도의 정착 및 활성화를 유도하기 위하여 전자신고하는 납세자 및 세무대리인에 대한 세제혜택으로 2003년 도입되었다.

2) 공제세액

(1) 전자신고를 하는 납세자에 대한 세액공제

① 소득세, 양도소득세, 법인세 세액공제

납세자가 직접 전자신고 방법으로 소득세, 양도소득세, 법인세 과세표준 신고를 하는 경우에는 납부세액에서 2만 원을 공제한다. 단 「소득세법」 제73조에 따라 과세표준확정신고의 예외에 해당하는 자가 과세표준확정신고를 한 경우에는 추가로 납부하거나 환급받은 결정세액과 1만원 중 적은 금액을 공제한다.

② 부가가치세 세액공제

납세자가 직접 전자신고의 방법으로 부가가치세 신고를 하는 경우에는 1만 원을 납부세액에서 공제하거나 환급세액에 가산한다. 다만, 매출가액과 매입가액이 없는 일반과세자는 적용하지 않으며, 간이과세자는 납부세액에서 공제되는 금액(세금계산서 등 수취 공제 등)을 가감한 후의 금액을 초과할 때에는 그 초과하는 금액은 없는 것으로 본다.

(2) 전자신고를 대행하는 세무대리인에 대한 세액공제

세무사, 「세무사법」에 따라 등록한 공인회계사, 세무법인과 회계법인이 납세자를 대리하여 전자신고의 방법으로 직전 과세연도 동안 소득세, 양도소득세, 법인세신고를 한 경우에는 해당 세무사의 소득세(사업소득에 대한 소득세만 해당함) 또는 법인세의 납부세액에서 납세자 1인당 2만원을 공제하고, 직전 과세기간 동안 부가가치세 신고를 한 경우에는 해당 세무사의 부가가치세 납부세액에서 납세자 1인당 1만원을 공제한다.

※ 연간 세액공제 한도액은 세무사의 경우 2백만원, 세무법인 또는 회계법인의 경우에는 5백만원을 한도로 한다.

3) 주의사항

(1) 세액공제신청서 제출

전자신고세액공제를 받고자 하는 자는 전자신고를 하는 때(단, 세무사 등이 세액공제를 받고자 하는 경우에는 세무사 본인의 과세표준 신고시) 세액공제신청서를 관할세무서장에게 제출해야한다.

(2) 최저한세 적용

(3) 세액공제액의 이월공제

4) 관련 예규 및 판례

(1) 총괄납부자의 전자신고 세액공제

주사업장 총괄납부 승인을 얻은 사업자가 각 사업장별로 전자신고 방식에 의하여 확정신고를 하는 경우 사업장별 전자신고에 대한 세액공제를 하는 것임(서면인터넷방문상담3팀-1526, 2004.07.30.).

(2) 본·지점이 있는 세무법인이 납세자를 대리하여 전자신고 한 경우 전자신고 세액공제 연간 한도액 계산 기준

「세무사법」에 따른 세무법인이 본점과 지점을 설치한 후 납세자를 대리하여 전자신고의 방법으로 직전 과세연도 동안 소득세 또는 법인세를 신고하거나 직전 과세기간 동안 부가가치세를 신고한 경우 해당 세무법인의 전자신고에 따른 연간 세액공제 한도액(법인세의 납부세액에서 공제받을 금액과 부가가치세에서 공제받을 금액을 합한 금액)은 본점과 지점의 공제세액을 합하여「조세특례제한법 시행령」제104조의5 제5항을 적용하는 것임(부가가치세과-212, 2012.02.29.).

(3) 법인으로 전환한 세무법인의 전자신고 세액공제 연간 한도액

「세무사법」에 따른 세무사가 같은 법에 따른 세무법인으로 법인전환한 연도에 해당 세무법인의「조세특례제한법」제104조의8에 따른 전자신고에 대한 세액공제의 연간 공제 한도액은 1천만 원[*1]으로 하는 것임(서면-2015-법령해석법인-1098, 2015.09.06.).

[*1] 현행 규정은 세무법인 및 회계법인에 대해 한도 750만 원 적용

(4) 공동사업자인 세무사가 전자신고대리한 경우 조특법 제104의8 제3항의 세액공제 한도 적용방법

세무사업을 공동으로 영위하는 세무사가 납세자를 대리하여 전자신고의 방법으로 직전 과세연도 동안 소득세, 법인세 신고를 하거나 직전 과세기간 동안

부가가치세를 신고한 경우「조세특례제한법」제104조의8에 따라 전자신고에 대한 세액공제를 받는 것이며 이때「조세특례제한법 시행령」제104조의5에 따른 전자신고에 대한 세액공제 한도는 해당 공동사업을 영위하는 세무사 인별로 적용하는 것임(사전-2019-법령해석소득-0117, 2019.03.08.).

X. 그 밖의 소득공제 특례

01 개인투자조합의 벤처투자에 대한 소득공제 (조특법 제16조)

1) 의의

벤처투자에 필요한 사항을 정하여 창업기업, 중소기업, 벤처기업 등에 대한 투자를 촉진하고 중소기업 등의 건전한 성장기반 조성을 통한 국민경제의 균형 있는 발전에 기여함을 목적으로 정부에서 시행하는 제도로 벤처 인증기업에 투자하여 소득공제가 가능하도록 하는 세제혜택으로 도입되었다.

2) 공제세액

(1) 벤처기업 등에 투자하는 경우 소득공제

① 종합소득공제

거주자가 다음 각 호의 어느 하나에 해당하는 출자 또는 투자를 하는 경우에는 2025년 12월 31일까지 출자 또는 투자한 금액의 100분의 10(제3호·제4호 또는 제6호에 해당하는 출자 또는 투자의 경우에는 출자 또는 투자한 금액 중 3천만원 이하분은 100분의 100, 3천만원 초과분부터 5천만원 이하분까지는 100분의 70, 5천만원 초과분은 100분의 30)에 상당하는 금액(해당 과세연도의 종합소득금액의 100분의 50을 한도로 한다)을 그 출자일 또는 투자일이 속하는 과세연도(제3항의 경우에는 제1항 제3호·제4호 또는 제6호에 따른 기업에 해당하게 된 날이 속하는 과세연도를 말한다)의 종합소득금액에서 공제(거주자가 **출자일 또는 투자일이 속하는 과세연도부터 출자 또는 투자 후 2년이 되는 날이 속하는 과세연도까지 1과세연도를 선택하여 대통령령으로 정하는 바에 따라 공제시기 변경을 신청하는 경우에는 신청한 과세연도의 종합소득금액에서 공제)**한다. 다만, 타인의 출자지분이나 투자지분 또는 수익증권을 양수하는 방법으로 출자하거나 투자하는 경우에는 그러하지 아니한다.

> ● 출자 또는 투자의 경우
> 1. **벤처투자조합, 신기술사업투자조합 또는 전문투자조합에 출자하는 경우**
> 2. 대통령령으로 정하는 벤처기업투자신탁(이하 이 조에서 "벤처기업투자신탁"이라 한다)의 수익증권에 투자하는 경우
> 3. 개인투자조합에 출자한 금액을 벤처기업 또는 이에 준하는 창업 후 3년 이내의 중소기업으로서 대통령령으로 정하는 기업(이하 이 조 및 제16조의5에서 "벤처기업등"이라 한다)에 대통령령으로 정하는 바에 따라 투자하는 경우
> 4. 「벤처기업육성에 관한 특별법」에 따라 벤처기업등에 투자하는 경우
> 5. 창업·벤처전문사모집합투자기구에 투자하는 경우
> 6. 「자본시장과 금융투자업에 관한 법률」 제117조의10에 따라 온라인소액투자중개의 방법으로 모집하는 창업 후 7년 이내의 중소기업으로서 대통령령으로 정하는 기업의 지분증권에 투자하는 경우

(2) 소득공제 적용요건

개인투자조합에서 기업으로 투자 진행시점부터 만 3년 이상 유지를 필수로 해야 한다.

X. 그 밖의 소득공제 특례

● 용어정리

1) 개인투자조합

개인 등이 벤처투자와 그 성과의 배분을 주된 목적으로 결성하는 조합으로서 벤처투자 촉진에 관한 법률을 제12조에 따라 등록한 조합

(벤처투자 촉진에 관한 법률 제12조~제33조, 시행령 제6조~12조, 시행규칙 제5조~제10조, 개인투자조합 등록 및 투자확인서 발급규정)

① 출자총액 1억원 이상
② 출자금 1좌 100만원 이상(결성비 별도)
③ 조합원 수 49인 이하(업무집행조합원 포함)
④ 업무집행조합원의 출자지분 3% 이상
⑤ 존속기간 5년 이상(조합원 전체 동의시 조기해산 가능)

2) 조합원

(1) GP, 업무집행조합원
① 조합채무에 대하여 무한책임을 지고 조합 재산을 관리·운용 업무를 집행하는 1인 이상의 자
② 투자조합에 출자한 조합원 가운데, 조합의 채무에 대하여 무한 책임을 지는 조합원(조합장)
③ 조합의 결정, 투자기업 선정, 투자 협상, 조합 청산 등 모든 업무를 진행

(2) LP, 유한책임조합원
① 조합의 출자가액을 한도로 하여 유한책임을 지는 자
② 조합의 채무에 대하여 자신이 출자한 금액의 범위 안에서 책임을 지는 조합원(출자자)

3) 출자

조합에 출자금을 납입하고 출자지분을 취득하는 것을 말한다.

참고자료

01 조세특례법상 중소기업의 범위

1) 중소기업의 범위

아래의 요건을 모두 만족하는 기업을 말하며, 자산총액 5천억 원 이상인 경우에는 중소기업으로 보지 않는다.

(1) 규모기준

매출액이 업종별로 「중소기업기본법 시행령」 별표1에 따른 규모기준 이내

(2) 업종기준

아래의 시행령 제29조 제3항에 따른 소비성서비스업을 주된 사업으로 영위하지 아니하여야 한다.

① 호텔업 및 여관업(「관광진흥법」에 따른 관광숙박업은 제외한다)
② 주점업(일반유흥주점업, 무도유흥주점업 및 「식품위생법 시행령」 제21조에 따른 단란주점 영업만 해당하되, 「관광진흥법」에 따른 외국인전용유흥음식점업 및 관광유흥음식점업은 제외한다)

③ 그 밖에 오락·유흥 등을 목적으로 하는 사업으로서 기획재정부령으로 정하는 사업
('23.8.1.현재 규정 없음)

(3) 독립성 기준

① 「독점규제 및 공정거래에 관한 법률」 제31조 제1항에 따른 공시대상기업집단에 속하는 회사 또는 같은 법 제33조에 따라 공시대상기업집단의 국내 계열회사로 편입·통지된 것으로 보는 회사에 해당하지 않을 것

② 실질적인 독립성이 아래의 「중소기업기본법 시행령」 제3조 제1항 제2호에 적합할 것

「중소기업기본법 시행령」 제3조 제1항 제2호

- 자산총액이 5천억 원 이상인 법인(외국법인을 포함하되, 비영리법인 및 제3조의2 제3항 각 호의 어느 하나에 해당하는 자는 제외)이 주식등의 100분의 30 이상을 직접적 또는 간접적으로 소유한 경우로서 최다출자자인 기업. 이 경우 최다출자자는 해당 기업의 주식등을 소유한 법인 또는 개인으로서 단독으로 또는 다음의 어느 하나에 해당하는 자와 합산하여 해당 기업의 주식등을 가장 많이 소유한 자를 말하며, 주식등의 간접소유 비율[*1]에 관하여는 「국제조세조정에 관한 법률 시행령」 제2조 제3항을 준용한다.
 1) 주식등을 소유한 자가 법인인 경우 : 그 법인의 임원
 2) 주식등을 소유한 자가 1)에 해당하지 아니하는 개인인 경우 : 그 개인의 친족
 [*1] 간접소유 비율을 계산할 때 「자본시장과 금융투자업에 관한 법률」에 따른 집합투자기구를 통하여 간접소유한 경우는 제외한다.

관계기업에 속하는 기업[*1]의 경우에는 제7조의4에 따라 산정한 평균매출액등이 별표 1의 기준에 맞지 아니하는 기업[*2]
 [*1] 관계기업에 속하는 기업인지의 판단은 과세연도 종료일 현재를 기준으로 한다.
 [*2] 평균매출액등이 별표1의 기준에 맞지 아니하는 기업은 조특령 §2 ① 1에 따른 중소기업기준에 맞지 않는 기업으로 본다.

2) 중소기업 유예제도

(1) 개요

① 중소기업이 그 규모의 확대, 합병 등으로 규모기준, 자산기준, 독립성기준, 업종기준

의 요건을 갖추지 못하게 되어 중소기업에 해당하지 아니하게 된 때에는 최초로 그 사유가 발생한 날이 속하는 과세연도와 그 다음 3개 과세연도까지는 이를 중소기업으로 보고, 해당 기간이 경과한 후에는 과세연도별로 중소기업 해당여부를 판정한다.

② 다만, 중소기업이 다음의 어느 하나의 사유로 중소기업에 해당하지 아니하게 된 경우에는 유예기간을 적용하지 아니하고, 유예기간 중에 있는 기업에 대해서는 해당 사유가 발생한 날(아래 2.에 따른 유예기간 중에 있는 기업이 중소기업과 합병하는 경우에는 합병일로 한다)이 속하는 과세연도부터 유예기간을 적용하지 아니한다.

가. 「중소기업기본법」의 규정에 의한 중소기업외의 기업과 합병하는 경우

나. 유예기간 중에 있는 기업과 합병하는 경우

다. 제1항 제3호(「중소기업기본법 시행령」 제3조 제1항 제2호 다목의 규정은 제외한다)의 요건을 갖추지 못하게 되는 경우

라. 창업일이 속하는 과세연도 종료일부터 2년 이내의 과세연도 종료일 현재 중소기업 기준을 초과하는 경우

(2) 2 이상의 업종 겸업시

2 이상의 서로 다른 사업을 영위하는 경우에는 사업별 사업수입금액이 큰 사업을 주된 사업으로 본다.

(3) 매출액

매출액은 과세연도 종료일 현재 기업회계기준에 따라 작성한 해당 과세연도 손익계산서상의 매출액으로 한다. 다만, 창업·분할·합병의 경우 그 등기일의 다음 날(창업의 경우에는 창업일)이 속하는 과세연도의 매출액을 연간 매출액으로 환산한 금액을 말한다.

(4) 자산총액

자산총액은 과세연도 종료일 현재 기업회계기준에 따라 작성한 재무상태표상의 자산총액으로 한다.

※ 중소기업기본법 시행령 [별표 1]

주된 업종별 평균매출액등의 중소기업 규모 기준(제3조 제1항 제1호 가목 관련)

해당 기업의 주된 업종	분류기호	규모기준
1. 의복, 의복액세서리 및 모피제품 제조업	C14	평균매출액등 1,500억원 이하
2. 가죽, 가방 및 신발 제조업	C15	
3. 펄프, 종이 및 종이제품 제조업	C17	
4. 1차 금속 제조업	C24	
5. 전기장비 제조업	C28	
6. 가구 제조업	C32	
7. 농업, 임업 및 어업	A	평균매출액등 1,000억원 이하
8. 광업	B	
9. 식료품 제조업	C10	
10. 담배 제조업	C12	
11. 섬유제품 제조업(의복 제조업은 제외한다)	C13	
12. 목재 및 나무제품 제조업(가구 제조업은 제외한다)	C16	
13. 코크스, 연탄 및 석유정제품 제조업	C19	
14. 화학물질 및 화학제품 제조업(의약품 제조업은 제외한다)	C20	
15. 고무제품 및 플라스틱제품 제조업	C22	
16. 금속가공제품 제조업(기계 및 가구 제조업은 제외한다)	C25	
17. 전자부품, 컴퓨터, 영상, 음향 및 통신장비 제조업	C26	
18. 그 밖의 기계 및 장비 제조업	C29	
19. 자동차 및 트레일러 제조업	C30	
20. 그 밖의 운송장비 제조업	C31	
21. 전기, 가스, 증기 및 공기조절 공급업	D	
22. 수도업	E36	

해당 기업의 주된 업종	분류기호	규모기준
23. 건설업	F	
24. 도매 및 소매업	G	
25. 음료 제조업	C11	
26. 인쇄 및 기록매체 복제업	C18	
27. 의료용 물질 및 의약품 제조업	C21	
28. 비금속 광물제품 제조업	C23	
29. 의료, 정밀, 광학기기 및 시계 제조업	C27	평균매출액등 800억원 이하
30. 그 밖의 제품 제조업	C33	
31. 수도, 하수 및 폐기물 처리, 원료재생업(수도업은 제외한다)	E(E36 제외)	
32. 운수 및 창고업	H	
33. 정보통신업	J	
34. 산업용 기계 및 장비 수리업	C34	
35. 전문, 과학 및 기술 서비스업	M	
36. 사업시설관리, 사업지원 및 임대 서비스업(임대업은 제외한다)	N(N76 제외)	평균매출액등 600억원 이하
37. 보건업 및 사회복지 서비스업	Q	
38. 예술, 스포츠 및 여가 관련 서비스업	R	
39. 수리(修理) 및 기타 개인 서비스업	S	
40. 숙박 및 음식점업	I	
41. 금융 및 보험업	K	
42. 부동산업	L	평균매출액등 400억원 이하
43. 임대업	N76	
44. 교육 서비스업	P	

〈비고〉
1. 해당 기업의 주된 업종의 분류 및 분류기호는 「통계법」 제22조에 따라 통계청장이 고시한 한국표준산업분류에 따른다.
2. 위 표 제19호 및 제20호에도 불구하고 자동차용 신품 의자 제조업(C30393), 철도 차량 부품 및 관련 장치물 제조업(C31202) 중 철도 차량용 의자 제조업, 항공기용 부품 제조업(C31322) 중 항공기용 의자 제조업의 규모 기준은 평균매출액등 1,500억원 이하로 한다.

3) 중소기업기본법과 조세특례제한법상 중소기업의 분류상 차이

구분	중소기업기본법	조세특례제한법
업종	업종구분 없음	소비성서비스업 제외한 업종
규모기준	직전3개 사업연도 평균매출액	해당 사업연도 창업·분할·합병의 경우 그 등기일의 다음 날(창업의 경우에는 창업일)이 속하는 과세연도의 매출액을 연간 매출액으로 환산한 금액을 말한다.
자산총액	전년도말	해당 사업연도
독립성 기준 중 관계기업 판단시점	직전사업연도 종료일 현재기준	해당 사업연도 종료일 기준
졸업유예 기간 (최초 1회만 적용)	사유발생연도와 그 다음 3개 사업연도 - 유예기간 적용제외사유 • 중소기업외의 기업과 합병 • 유예기간 중에 있는 기업과 합병 • 유예기간 중의 기업이 중소기업규모를 초과하였다가 다시 중소기업규모	사유발생연도와 그 다음 3개 사업연도 - 유예기간 적용제외사유 • 중소기업외의 기업과 합병 • 유예기간 중에 있는 기업과 합병 • 창업일이 속하는 과세연도 종료일부터 2년 이내의 과세연도 종료일 현재 중소기업기준을 초과하는 경우

구분	중소기업기본법	조세특례제한법
	를 초과하게 된 경우	
적용시기	직전사업연도 말일에서 3개월이 경과한 날부터 1년간으로 한다.	해당 사업연도

4) 기업에 따른 매출액 적용방법

구 분	중소기업기본법	조세특례제한법		
	중소기업	중소기업	중견기업	소기업
매출액	직전3개 사업연도 평균매출액	해당 사업연도 매출액	직전3개 사업연도 평균매출액	해당 사업연도 매출액

[참고] 중견기업 범위(조특령 제9조)

다음의 요건을 모두 갖춘 기업(조특령 제4조)
① 중소기업이 아닐 것,
② 공공기관 및 지방공기업이 아닐 것.
③ 소비성서비스업, 금융업, 보험 및 연금업, 금융 및 보험 관련 서비스업을 주된 사업으로 영위하지 아니할 것. 이 경우 둘 이상의 서로 다른 사업을 영위하는 경우에는 사업별 사업수입금액이 큰 사업을 주된 사업으로 본다.
④ 소유와 경영의 실질적인 독립성이 「중견기업 성장촉진 및 경쟁력 강화에 관한 특별법 시행령」 제2조 제2항 제1호에 적합할 것
⑤ 직전 3개 과세연도의 매출액(과세연도가 1년 미만인 과세연도의 매출액은 1년으로 환산한 매출액을 말한다)의 평균금액이 일정금액* 미만인 기업일 것.
  * 일정금액
    - 연구개발비 세액공제는 5천억원 미만
    - 각종 투자세액공제 및 고용지원 세액공제는 3천억원 미만

02 상시근로자수 계산

1) 상시근로자 (조특령 제23조 제10항)

상시근로자는 「근로기준법」에 따라 근로계약을 체결한 내국인 근로자로 한다. 다만, 다음 각 호의 어느 하나에 해당하는 사람은 제외한다.

(1) 근로계약기간이 1년 미만인 근로자(근로계약의 연속된 갱신으로 인하여 그 근로계약의 총 기간이 1년 이상인 근로자는 제외한다)

(2) 「근로기준법」 제2조 제1항 제9호에 따른 단시간근로자.[1] 다만, 1개월간의 소정근로시간이 60시간 이상인 근로자는 상시근로자로 본다.

(3) 「법인세법 시행령」 제40조 제1항 각 호의 어느 하나에 해당하는 임원[2]

(4) 해당 기업의 최대주주 또는 최대출자자(개인사업자의 경우에는 대표자를 말한다)와 그 배우자

(5) 제4호에 해당하는 자의 직계존비속(그 배우자를 포함) 및 「국세기본법 시행령」 제1조의2 제1항에 따른 친족관계인 사람[3]

(6) 「소득세법 시행령」 제196조에 따른 근로소득원천징수부에 의하여 근로소득세를 원천징수한 사실이 확인되지 아니하고, 다음 각 목의 어느 하나에 해당하는 금액의 납부사실도 확인되지 아니하는 자

① 「국민연금법」 제3조 제1항 제11호 및 제12호에 따른 부담금 및 기여금

② 「국민건강보험법」 제69조에 따른 직장가입자의 보험료

---

1) "단시간근로자"란 1주 동안의 소정근로시간이 그 사업장에서 같은 종류의 업무에 종사하는 통상 근로자의 1주 동안의 소정근로시간에 비하여 짧은 근로자를 말한다.
2) 1. 법인의 회장, 사장, 부사장, 이사장, 대표이사, 전무이사 및 상무이사 등 이사회의 구성원 전원과 청산인
　 2. 합명회사, 합자회사 및 유한회사의 업무집행사원 또는 이사
　 3. 유한책임회사의 업무집행자
　 4. 감사
　 5. 그 밖에 제1호부터 제4호까지의 규정에 준하는 직무에 종사하는 자
3) 1. 4촌 이내의 혈족
　 2. 3촌 이내의 인척
　 3. 배우자(사실상의 혼인관계에 있는 자를 포함)
　 4. 친생자로서 다른 사람에게 친양자 입양된 자 및 그 배우자·직계비속
　 5. 본인이 「민법」에 따라 인지한 혼인 외 출생자의 생부나 생모(본인의 금전이나 그 밖의 재산으로 생계를 유지하는 사람 또는 생계를 함께하는 사람으로 한정)

2) 조특법상 상시근로자 제외대상 비교[4]

※ 근로소득증대세액공제, 고용유지중소기업 과세특례 등은 내국인 요건 없음

구 분	육아휴직 복귀자 인건비 세액공제 (조특법§29의3②)	근로소득증대 기업 세액공제 (조특법§29의4)	고용증대기업 세액공제 (조특법§29의7)
① 근로계약이 1년 미만인 근로자(근로계약의 연속된 갱신으로 인하여 계약 총 기간이 1년 이상 근로자 제외)	제외	제외	제외
② 근로기준법에 따른 단시간근로자 (월 60시간 이상인 근로자는 제외*) * 근로소득을 증대시킨 기업에 대한 세액공제는 단서 규정 적용 안됨	제외	제외	제외
③ 법인세법 시행령에서 규정하는 임원	제외	제외	제외
④ 최대주주	제외	제외	제외
⑤ 최대주주의 배우자	제외	제외규정 없음	제외
⑥ ④,⑤에 해당하는 자의 직계존비속과 그 배우자	제외	제외규정 없음	제외
⑦ ④에 해당하는 자와 「국세기본법 시행령」 제1조의2 제1항에 따른 친족 관계인 사람	제외	제외	제외
⑧ ⑤에 해당하는 자와 「국세기본법 시행령」 제1조의2 제1항에 따른 친족 관계인 사람	제외	제외규정 없음	제외
⑨ 원천징수 미이행자 중 국민연금·건강보험 미납자	제외	제외규정 없음	제외
⑩ 근로소득원천징수부에 의하여 근로소득세를 원천징수한 사실이 확인되지 아니하는 근로자	제외규정 없음	제외	제외규정 없음
⑪ 사회보험(국민연금·고용보험·산업재해보상보험·국민건강보험) 미납자	제외규정 없음	제외규정 없음	제외규정 없음
⑫ 근로소득금액이 7천만원 이상 근로자	제외규정 없음	제외	제외규정 없음

---

[4] 황진하 외3, "알기쉬운 고용증대 세액공제", 국세청 법인납세국 법인세과, 2023

구 분	정규직근로자 전환 세액공제 (조특법§29의4③)	고용유지 중소기업 과세특례 (조특법§30의3)	중소기업 사회보험료 세액공제 (조특법§30의4)
① 근로계약이 1년 미만인 근로자(근로계약의 연속된 갱신으로 인하여 계약 총 기간이 1년 이상 근로자 제외)	제외	제외	제외
② 근로기준법에 따른 단시간근로자5) (월 60시간 이상인 근로자6)는 제외) * 근로소득을 증대시킨 기업에 대한 세액공제는 단서 규정 적용 안됨	제외	제외	제외
③ 법인세법 시행령에서 규정하는 임원	제외	제외	제외
④ 최대주주	제외	제외	제외
⑤ 최대주주의 배우자	제외	제외	제외
⑥ ④,⑤에 해당하는 자의 직계존비속과 그 배우자	제외	제외	제외
⑦ ④에 해당하는 자와 「국세기본법 시행령」 제1조의2 제1항에 따른 친족관계인 사람	제외	제외규정없음	제외
⑧ ⑤에 해당하는 자와 「국세기본법 시행령」 제1조의2 제1항에 따른 친족관계인 사람	제외	제외규정없음	제외
⑨ 원천징수 미이행자 중 국민연금·건강보험 미납자	제외	제외	제외규정없음
⑩ 근로소득원천징수부에 의하여 근로소득세를 원천징수한 사실이 확인되지 아니하는 근로자	제외규정없음	제외규정없음	제외
⑪ 사회보험(국민연금·고용보험·산업재해보상보험·국민건강보험) 미납자	제외규정없음	제외규정없음	제외7)
⑫ 근로소득금액이 7천만원 이상 근로자	제외규정없음	제외규정없음	제외규정없음

5) 근로기준법 제2조 [정의]
① 이 법에서 사용하는 용어의 뜻은 다음과 같다.

3) 고용증대세액공제 vs 사회보험료 세액공제의 '청년 근로자'

고용증대세액공제 '청년 정규직 근로자'	사회보험료 세액공제 '청년 상시근로자'
15세 이상 29세 이하인 사람 중 다음의 어느 하나에 해당하는 사람을 제외한 사람[해당 근로자가 병역*을 이행한 경우에는 그 기간(6년 한도)을 현재 연령에서 빼고 계산한 연령이 29세 이하인 사람을 포함] ① 「기간제 및 단시간근로자 보호 등에 관한 법률」에 따른 기간제근로자 및 단시간근로자 ② 「파견근로자보호 등에 관한 법률」에 따른 파견근로자 ③ 「청소년 보호법」 제2조제5호 각 목에 따른 업소에 근무하는 같은 조 제1호에 따른 청소년	15세 이상 29세 이하인 상시근로자[병역을* 이행한 경우에는 그 기간(6년 한도)을 근로계약 체결일 현재 연령에서 빼고 계산한 연령이 29세 이하인 사람을 포함

* 병역법§16, 20에 따른 현역병(병역법§21, §25에 따라 복무한 상근예비역 및 의무경찰·의무소방원 포함),병역법§26①에 따른 사회복무요원, 군인사법§2(1)에 따른 현역에 복무하는 장교, 준사관 및 부사관

  9. "단시간근로자"란 1주 동안의 소정근로시간이 그 사업장에서 같은 종류의 업무에 종사하는 통상 근로자의 1주 동안의 소정근로시간에 비하여 짧은 근로자를 말한다.
6) 월 60시간 이상 근무하는 단시간 근로자는 상시근로자에 해당
  ① (원칙) 0.5명으로 계산
  ② (우대) 다음의 요건을 모두 충족 시 0.75명으로 계산
    가. 해당 과세연도의 상시근로자 수
    나. 기간의 정함이 없는 근로계약을 체결
    다. 시간당 임금, 그 밖에 근로조건과 복리후생 등에 관한 사항에서 통상근로자에 비해 차별적 처우 없음
    라. 시간당 임금이 「최저임금법」 제5조에 따른 최저임금액×130%(중소기업 120%) 이상
7) 사전-2020-법령해석소득-5976, 2021.06.17.
  내국법인이 고용하고 있는 만 60세 이상 내국인 근로자 및 「국민건강보험법」 제5조 제1항에 따라 국민건강보험 가입자에서 제외되는 내국인 근로자에 대하여 「국민연금법」 제88조 제3항 및 「국민건강보험법」 제77조 제1항에 따른 사용자 부담금 납부사실이 확인되지 않으나, 국민연금 또는 국민건강보험료 외 「조세특례제한법」 제30조의4 제4항 각 호에 따른 사회보험에 대하여 사용자가 부담하여야 하는 부담금 또는 보험료의 납부 사실이 확인되는 경우, 동 근로자는 「조세특례제한법시행령」 제27조의4 제1항 제7호에 해당하지 않는 것입니다.

4) 상시근로자 관련 공제·감면 유형

순번	상시근로자 관련 공제·감면 유형	조특법	공제·감면
1	ⓐ 고용증가 시 세액공제	§29의7	고용을 증대시킨 기업에 대한 세액공제
2		§30의4	중소기업 사회보험료 세액공제
3	ⓑ 고용유지 시 세액공제	§19	성과공유 중소기업의 경영성과급 세액공제
4		§29의3	육아휴직 후 고용유지 기업에 대한 세액공제
5		§29의4	근로소득을 증대시킨 기업에 대한 세액공제
6		§30의3	고용유지 중소기업 등에 대한 과세특례
7	ⓒ 고용증가 시 추가감면	§6	창업중소기업 등에 대한 세액감면
8	ⓓ 고용증가 시 감면한도 증가	§12의2	연구개발특구 입주기업에 대한 감면
9		§64	농공단지 입주기업에 대한 감면
10		§85의6	사회적기업 기업에 대한 감면
11		§85의6	장애인 표준사업장에 대한 감면
12		§99의9	위기지역 내 창업기업 세액감면
13		§121의8	제주첨단과학기술단지 입주기업에 대한 감면
14		§121의9	제주투자진흥지구 입주기업 감면
15		§121의17	기업도시 창업 기업 등에 대한 감면
16		§121의20	아시아문화중심도시 입주기업에 대한 감면
17		§121의21	금융중심지 창업 등에 대한 감면
18		§121의22	첨단의료복합단지 입주 기업 등 감면
19		§121의22	국가식품클러스터 입주기업에 대한 감면
20	ⓔ 고용감소 시 감면한도 축소	§7	중소기업에 대한 특별세액 감면

2025 세액공제·감면 바이블

발행일 : 2025년 2월
저 자 : 김선명 (e-mail: taxksm@naver.com)
       김준성 (e-mail: taxjunsung@gmail.com)
       민규태 (e-mail: ninetax9356@gmail.com)
       양진영 (e-mail: jy940507@naver.com)

발행인 : 구 재 이
발행처 : 한국세무사회
주 소 : 서울시 서초구 명달로 105(서초동)
등 록 : 1991.11.20. 제21-286호
TEL. 02-597-2941   FAX. 0508-118-1857
ISBN 979-11-5520-191-6   부가기호 93320

저 자 와
협의하에
인지생략

〈이 책의 내용을 한국세무사회의 허락없이 무단복제 출판하는 것을 금합니다.〉
본서는 항상 그 완전성이 보장되는 것은 아니기 때문에 실제 적용할 경우에는
충분히 검토하시고 저자 또는 전문가와 상의하시기 바랍니다.

정가 9,000원